Beltz Taschenbuch 27

Über dieses Buch:
Das Interesse an Reformen gehört seit der Aufklärung zur Praxis der modernen Erziehung. Die „reformpädagogische Bewegung" aber, die um 1900 entstand, ist bis heute das erfolgreichste Modell einer umfassenden Erneuerung geblieben, und das nicht nur in Deutschland. Angestoßen durch eine kultur- und gesellschaftskritische Analyse der deutschen und europäischen Gesellschaften des ausgehenden 19. Jahrhunderts, hat diese Bewegung öffentliche Erziehung zuerst umfassend thematisiert und im 20. Jahrhundert dann auch umfassend verändert. Schule und Sozialpädagogik, Erwachsenen- und Volksbildung, Jugendleben und pädagogische Wissenschaft haben sich dabei intensiv erneuert und werden bis heute von den um 1900 entstandenen Ideen und Konzepten immer neu inspiriert. Wolfgang Scheibe hat den pädagogischen Ertrag dieser Bewegung übersichtlich, eingängig und anregend zusammengefaßt. Sein Buch, 1969 erstmals publiziert, ist zu einem Standardwerk geworden. Die Neuausgabe gibt den Text der 10., erweiterten Auflage von 1994 unverändert wieder. Gemeinsam mit Scheibes eigenen Ergänzungen zum weiteren Gang der Forschung und dem für diese Ausgabe aktualisierten Nachwort von Heinz-Elmar Tenorth eröffnet der vorliegende Band aber nicht nur einen praxiorientierten Zugang zur reformpädagogischen Bewegung, sondern auch einen fundierten Einstieg in ihre historische Analyse und in die Kontroversen, die ja ebenfalls zur Reformpädagogik gehören.

Der Autor:
Wolfgang Scheibe, 1906–1993, war bis zu seiner Versetzung in den Ruhestand Honorarprofessor für Pädagogik an der Ludwig-Maximilian-Universität in München.

Wolfgang Scheibe

Die reformpädagogische Bewegung

1900–1932

Eine einführende Darstellung

Mit einem Nachwort von Heinz-Elmar Tenorth

Besuchen Sie uns im Internet:
http://www.beltz.de

Beltz Taschenbuch 27
1999 Weinheim und Basel

Unveränderter Nachdruck der 10., erw. Aufl. 1994
Nachwort: © 1999

© 1969, 1994 Beltz Verlag, Weinheim und Basel
Umschlaggestaltung: Federico Luci, Köln
Gesamtherstellung: Druckhaus Beltz, Hemsbach
Printed in Germany

ISBN 3 407 22027 8

Inhalt

XII

Vorwort

Wesentliche Grundlagen und Ansätze zur Reform unseres heutigen Erziehungs- und Bildungswesens liegen in den pädagogischen Strömungen, die in den ersten drei Jahrzehnten des Jahrhunderts in Erscheinung traten. Sie werden insgesamt als Reformpädagogische Bewegung, ihr Ideengehalt und ihr praktisches Wirken als Reformpädagogik bezeichnet.

Tiefergehende Besinnung über pädagogische Tatsachen, Probleme und Konzeptionen unserer Zeit in Familie, Schule, Jugendarbeit und Erwachsenenbildung muß sich daher mit der Reformpädagogik auseinandersetzen, d. h. sie aus sich und ihren Zeitbedingungen heraus verstehen und im Hinblick auf das grundsätzlich Gültige und das für unsere Gegenwart Bedeutsame zu ihr Stellung beziehen. In diesem Sinn ist nach wie vor die Reformpädagogische Bewegung in erziehungswissenschaftlicher Forschung und Lehre an Universitäten, Pädagogischen Hochschulen und Fachschulen von besonderer Bedeutung. Entsprechend liegen über sie heute zahlreiche Einzelschriften: Quellensammlungen, Untersuchungen und Monographien vor.

Es ist die Absicht der hiermit vorgelegten Arbeit, eine Gesamtdarstellung der Reformpädagogischen Bewegung zu geben, die das Wesentliche hervorhebt und die Zusammenhänge aufzeigt zur Verdeutlichung ihrer inneren Einheit. Die Intentionen der Schulreform stehen im Vordergrund, hinzu treten die Reformen im Bereich der Sozialpädagogik und der Erwachsenenbildung. Dieses weite Blickfeld erfordert Beschränkung im einzelnen und ermöglicht nicht die eingehendere kritische Auseinandersetzung, wie sie sich aus dem heutigen historischen Abstand mit Notwendigkeit ergibt. Ansätze dazu und die Grenzen der Bewegung sind angedeutet.

Einleitung

„Selten ist wohl eine so große pädagogische Bewegung durch die
Welt gegangen wie seit Beginn dieses Jahrhunderts durch unser
deutsches Volk; ja in manchen Nachbarvölkern scheint die Bewegung ebenso groß, wenn nicht größer zu sein. Solche Bewegungen
pflegen immer der Neugestaltung von Einrichtungen vorauszu-
gehen; und so scheint wirklich jetzt die Zeit gekommen zu sein, wo
wir durch den allgemeinen Willen des Volkes zu einer gänzlichen
Neugestaltung unserer Schuleinrichtungen gedrängt werden"[1]).
Dies schrieb im Jahre 1912 der führende Reformpädagoge Berthold
Otto in seiner Schrift „Die Reformation der Schule". Das Wort
„Bewegung", das hier zur Kennzeichnung pädagogischer Intentionen verwandt wurde, war in jenen Jahren nicht ungewöhnlich.
Schon lange zuvor war die Frauen-Bewegung in Aktion getreten,
seit dem Jahrhundertbeginn machte die Jugend-Bewegung von sich
reden, man sprach von einer sozialen Bewegung. Wo auch immer die-
ses Wort verwandt wurde, wies es darauf hin, daß etwas Neues im
Aufbruch war, starke Kräfte sich regten und vorwärts drängten.
Auch war in jenen Jahren der Begriff „Bewegung" als eine geisteswissenschaftliche Kategorie von dem Berliner Philosophen und
Pädagogen Wilhelm Dilthey entwickelt und verwandt worden. Im
Unterschied zu einer „Schule", etwa eines Wissenschaftlers, meint
„Bewegung" die Dynamik gleicher Gesinnungen, Überzeugungen
und Willensrichtungen auf Grund bestimmter geistiger Entscheidungen. „Bewegung" in diesem Sinn drängt immer zur Tat, will
sich ausbreiten und Ziele verwirklichen.
Der Ausdruck „Pädagogische Bewegung" oder „Reformpädagogische Bewegung" ist zu einem festen Begriff geworden, vor allem
seitdem Herman Nohl die erste Darstellung von dem Gesamt-

1

zusammenhang der Vielzahl pädagogischer Richtungen jener Jahre gegeben hat. Dabei hat er auch die einzelnen Richtungen innerhalb der Gesamtbewegung als „Bewegungen" bezeichnet, wie sie es selbst taten, und von der „Arbeitsschulbewegung", der „Kunsterziehungsbewegung", der „Landerziehungsheimbewegung", der „Sozialpädagogischen Bewegung", der „Volksbildungsbewegung", der „Volksbüchereibewegung" usw. gesprochen. Unter dieser Bezeichnung sind sie in die Geschichte der Pädagogik eingegangen. Viele „Strömungen", wie sie das in den 20er Jahren weit verbreitete Buch von Otto Karstädt „Die methodischen Strömungen der Gegenwart"[2]) nannte, sind also in dem enthalten, was sich im Ganzen als die Pädagogische Reformbewegung darstellt.

Die Pädagogische Bewegung erstreckte sich auf die Gesamtheit unseres Erziehungs- und Bildungswesens, ging also im Laufe der Zeit weit über den Bereich der Schule hinaus, den Otto in dem obigen Zitat noch vorwiegend im Auge hatte. Es ist dabei festzustellen, daß in einzelnen Richtungen, etwa der „Arbeitsschule", sehr unterschiedliche Auffassungen vertreten waren, die u. U. auch miteinander im Streit lagen, weil sie spezifische Ansätze verfolgten. Daher kann die Frage entstehen, ob und inwieweit zu Recht von einer Pädagogischen Bewegung im Ganzen gesprochen werden kann, ob es sich nicht vielmehr um einen Pluralismus von Richtungen handelte, die nebeneinander am Werk waren. Die Antwort muß lauten: Obwohl im einzelnen Unterschiede festzustellen sind, vor allem, wenn man den Fortgang der Intentionen über die drei Jahrzehnte der Bewegung hinweg berücksichtigt, Unterschiede, die eine generelle Aussage erschweren können, müssen doch die großen Übereinstimmungen in den wesentlichen Fragen gesehen und festgehalten werden. Hierzu Nohl 1926: „Wer unsere pädagogische Revolution von außen ansieht, für den zerfällt sie in lauter einzelne Bewegungen für Kunsterziehung, Arbeitsschule, Einheitsschule, Schulgemeinde, Lehrerbildung, Universitätsreform usw. Ja, jede einzelne dieser Bewegungen selbst ist noch umstritten und zerspalten, z. B. die Arbeitsschule. Und doch kann man von vornherein sagen: handelt es sich bei dem allen überhaupt um etwas Wahres und Lebendiges, dann *muß* eine letzte Einheit da sein, aus der es seinen besten Sinn und seine Lebenskraft bezieht: die Einheit eines neuen Ideals vom deutschen Menschen und von einer höheren geistigen Volkskultur"[3]). Die Anfänge dieser „pädagogischen Revolution" sind bereits im 18. und 19. Jahrhundert zu suchen, vor allem bei Rousseau, Pestalozzi und Fröbel, also den Pädagogen, deren Konzeption weniger von Kultur und Gesellschaft ausging als von dem jungen heranwachsenden Menschen und die vorwiegend dem frühkindlichen Lebensalter bis zum Ende des ersten Lebensjahrzehnts zugewandt waren. Sie sind über Einzelpersönlichkeiten hinaus in den geistigen Bewegungen der Wende vom 18. zum 19. Jahrhundert zu finden, wie Nohl dies in seiner Darstellung der „Deutschen Bewegung" aufgezeigt hat[4]). Als deren erste Phase sah er den Sturm und Drang mit der ihm eigenen Besinnung auf ursprüngliche deutsche Art und Kunst, als zweite die Romantik mit ihrem nationalen Erneuerungswillen aus den Kräften der Kultur- und Volkstradition und als dritte Phase die mit der Kulturkritik anbrechende Reformpädagogische Bewegung. Wie auch immer heute der Begriff einer deutschen Bewegung verstanden wird, mit ihm wurde die Reformpädagogik aus der pädagogischen Vereinzelung genommen und in den Zusammenhang der geistesgeschichtlichen Entwicklung gestellt.

Nicht zu Unrecht ist es üblich geworden, das im Jahre 1900 erschienene Buch der Schwedin Ellen Key „Das Jahrhundert des Kindes" als den Anfang der eigentlichen Pädagogischen Bewegung zu bezeichnen. Ihr Ende ist mit der Machtergreifung des Nationalsozialismus zu datieren, der sie als Ausdruck des liberalen Systems des Weimarer Staates verurteilte. In der Mitte der beiden damit gegebenen Daten lag der erste Weltkrieg. Er bedeutete mehr als eine äußere Zäsur, denn die durch ihn bewirkten inneren Erschütterungen und die Weiterentwicklung der Lebensauffassungen wirkten sich auf die Anschauungen uber die Erziehung aus. In der Vorkriegszeit wurden im Kampf gegen die alten Bildungs- und Schulformen sehr stark die Selbständigkeit und Freiheit des Individuums gefordert und in ihren pädagogischen Folgerungen durchdacht, in der Nachkriegszeit waren es der Gemeinschaftsgedanke und ein demokratischer Wille, die der pädagogischen Planung eine neue Richtung gaben, ohne daß dabei der individuelle Gesichtspunkt eliminiert wurde. Dazu kam in den zwanziger Jahren als Ausdruck einer gewissen Revision der Reformbewegung die verstärkte Frage nach verpflichtenden Zielen und Gehalten der Erziehung[5]).

Die Pädagogische Reformbewegung war keine isolierte und keine rein deutsche Angelegenheit, — im Gegenteil war sie, wie schon in Berthold Ottos obigem Zitat angedeutet, Teil einer sich zur gleichen Zeit in West und Ost abspielenden pädagogischen Bewegung. In fruchtbarer Wechselwirkung hat sie Anregungen mit Skandinavien, den USA und anderen westlichen Ländern ausgetauscht. Daß im Osten entsprechende pädagogische Reformtendenzen wirksam waren, ist uns erst in den letzten Jahren offenbar geworden. Das Interesse des Auslands für das, was sich im Bereich der Pädagogik in Deutschland ereignete, war beträchtlich, ohne daß bis heute schon klar zu umreißen ist, welche Einflüsse deutscher Reformpädagogik auf das Ausland effektiv geworden sind. — Nur andeutungsweise sind in unserem Zusammenhang diese bemerkenswerten übernationalen Aspekte berücksichtigt, die nach 1945 wieder aufgenommen werden konnten[6]).

Erster Abschnitt:
Motive der Bildungskritik im ausgehenden 19. Jahrhundert

Es ist eine bemerkenswerte Erscheinung, daß das Jahrhundert, an dessen Anfang die große Epoche der Klassik und Romantik stand, das dann auf wissenschaftlichem Gebiet, in Naturwissenschaft und Geschichte vor allem, außerordentliche Leistungen vollbrachte, in dessen Verlauf die Technik die Industrie hervorrief mit der Folge der „ersten technischen Revolution", das auf politischem Gebiet zur Einheit des Reiches führte und das in der Breite der Bevölkerung ein Bewußtsein des Fortschrittes, ein Gefühl des Stolzes auf die errungenen Erfolge entstehen ließ — daß dieses Jahrhundert an seinem Ausgang eine grundsätzliche geistige Selbstkritik erfuhr. Unter der Bezeichnung „Kulturkritik" ist sie in das moderne Bewußtsein eingegangen und die durch sie hervorgerufene Erschütterung der Selbstsicherheit hat bis in unsere Zeit hineingewirkt. Neue historische Ereignisse gaben dem Krisenbewußtsein weitere Begründungen. Die Kultur- und die Geschichtsphilosophie von Georg Simmel, Oswald Spengler und Karl Jaspers u. a. bestätigten sie. Es ist hier nicht auf diese Kulturkritik des fin de siècle näher einzugehen, sie muß nur aus zwei Gründen kurz erwähnt werden: einmal, weil sie den Untergrund der gesamten späteren pädagogischen Bewegung bildete, die immer und immer wieder von den negativen Erscheinungen ihrer Epoche ausging und aus dem Glauben, durch Erziehung eine bessere Zeit mit besseren Menschen herbeiführen zu können, ihre Kraft schöpfte, zum zweiten, weil diese Kulturkritik im Vorhof der Pädagogischen Bewegung bereits spezielle Akzente einer „Bildungskritik" enthielt, d. h. einer Kritik, die sich unter pädagogischen Gesichtspunkten mit der Bildungslage und den Bildungsproblemen der Zeit auseinandersetzte. Es war dies die Kritik am Rationalismus, am Intellektualismus und an der Verwissenschaftlichung der Bildung, getragen von den drei führenden Persönlichkeiten der Kulturkritik: Julius Langbehn, Friedrich Nietzsche und Paul de Lagarde.

I. Die Kritik am Rationalismus und an der Verwissenschaftlichung der Bildung (Julius Langbehn)

Julius Langbehn (1851—1907) war Kunsthistoriker, Kulturreformer, Schriftsteller mit Zügen des Sonderlings — Hans Thoma hat ihn gemalt mit entblößtem Oberkörper, ein Ei in der Hand haltend (Kunsthalle Karlsruhe). — Er wurde durch ein einziges Buch berühmt: „Rembrandt als Erzieher, von einem Deutschen" (1890 in erster Auflage, der zahlreiche weitere folgten)[1]. Von ihm wurde daher auch als dem „Rembrandtdeutschen" gesprochen. Das umfangreiche, apodiktisch, emotional und unsystematisch geschriebene Buch setzte sich polemisch mit der Zeit auseinander. „Deutsche Kunst", „Deutsche Wissenschaft", „Deutsche Politik", „Deutsche Bildung", „Deutsche Menschheit" heißen Kapitel seines heute zeitbedingt erscheinenden Buches, das jedoch damals erregend und aufrüttelnd wirkte und zu heftigen Diskussionen führte. Daß Langbehn in Rembrandt — dem Menschen, dem Maler, dem Genie — das große Vorbild für eine Erneuerung der deutschen Kultur sah und dies in vielfältigen Deutungen aufzuzeigen verstand, verstärkte das Echo dieses Buches, das besonders auch die spätere Kunsterziehungsbewegung anregte.

1. Verfall des geistigen Lebens des deutschen Volkes

„Es ist nachgerade zum öffentlichen Geheimnis geworden, daß das geistige Leben des deutschen Volkes sich gegenwärtig in einem Zustand des langsamen, einige meinen auch des rapiden Verfalls befindet. Die Wissenschaft zerstiebt allseitig im Spezialismus; auf dem Gebiet des Denkens wie der schönen Literatur fehlt es an epochemachenden Individualitäten; die bildende Kunst, obwohl durch bedeutende Meister vertreten, entbehrt doch der Monumentalität und damit ihrer besten Wirkung; Musiker sind selten, Musikanten zahllos. Die Architektur ist die Achse der bildenden Kunst, wie die Philosophie die Achse alles wissenschaftlichen Denkens ist; augenblicklich gibt es aber weder eine deutsche Architektur noch eine deutsche Philosophie. Die großen Koryphäen auf den verschiedenen Gebieten sterben aus; les rois s'en vont ... Zudem ist die gesamte Bildung der Gegenwart eine historische, alexandrinische, rückwärtsgewandte; sie richtet ihr Absehen weit weniger darauf, neue Werte zu schaffen als alte Werte zu registrieren." (S. 1) Mit diesen Worten beginnt das Buch des Rembrandtdeutschen, und eben diese Kennzeichnung des Verfalls der Bildung, überhaupt des geistigen Lebens seiner Zeit bildet sein Hauptthema. Der Verfall besteht für ihn darin, daß es auf allen Gebieten der Kultur und Bildung an Größe, an bedeutenden Persönlichkeiten fehlt. Dieser Mangel an schöpferischen Leistungen ist für ihn kein ein für allemal gegebenes Faktum deutschen Schicksals, sondern die Folge eines Niederganges in seiner geschichtlichen Entwicklung. Die großen kulturellen Epochen gehören der Vergangenheit an. Als Folge eines rückläufigen Prozesses befindet sich die Gegenwart im Zustand geringer kultureller Bedeutung mit dem niedrigen Bildungsniveau einer „Halbbildung".

Die Ursachen dieser geistigen Entwicklung und der Bildungssituation seiner Gegenwart lagen für Langbehn in der ständigen Zunahme der Rationalität, d. h. der Verstandesherrschaft, und in dem Verflochtensein der Bildung mit der Wissenschaft. Verstand und Vernunft, die in der neueren geschichtlichen Entwicklung bestimmend waren, und die Wissenschaft, die dem Jahrhundert bedeutende Leistungen ermöglicht hatte, kennzeichnete Langbehn als Ursachen des Niederganges. Die Bildung und die durch sie geförderte rationale Struktur der Zeit erschienen ihm fragwürdig.

„Es scheint in der menschlichen Natur tief begründet, daß sich die Völker zeitweilig von einer rein verstandesmäßigen Bildung beherrschen lassen und daß sie, solange sie unter dem Einfluß dieser Bildung stehen, nicht bemerken, wie hohl und unwahr dieselbe ist," (S. 173) sagte er, und weiter, die Wissenschaft ironisierend: „Der Professor ist die deutsche Nationalkrankheit." Er stellte der Wissenschaft die Kunst gegenüber: „Insbesondere werden Kunst und Wissenschaft sich darüber auseinandersetzen müssen, welcher von ihnen die Herrschaft im deutschen Geistesleben zukommt; der Streit muß ehrlich geführt werden und das deutsche Volk wird über dessen Ausgang richten; sein Wort entscheidet". Ihm selbst war gewiß, daß der Kunst der Vorrang zukommt, und Rembrandt, der größte Künstler des Abendlandes, war für ihn die geistige Gestalt, durch die sich das deutsche Geistesleben und die deutsche Bildung wieder erneuern sollten.

2. Argumente gegen die Wissenschaft

Langbehns Kritik an Wissenschaft und Verstandesherrschaft als den Ursachen von Sterilität, Tiefstand und Hohlheit der Bildung enthielt eine Mehrzahl von Gesichtspunkten, die sich als Gegensatzpaare darstellen:
Zum ersten war der Gegensatz von Gefühl und Verstand ein Leitmotiv seines Denkens. Von einer hohen Wertung des Gefühls, des Empfindungslebens, der Phantasie, der irrationalen Kräfte des Menschen aus, in denen die Grundlagen seiner schöpferischen Leistungen liegen, polemisierte er gegen den Verstand. Der Einseitigkeit der ratio stellte er die Fülle des Emotionalen gegenüber. Der Verstand erscheint „kalt" gegenüber der „Wärme" des Gefühls, er erscheint „tot" gegenüber der „Lebendigkeit" der Empfindungen, sein Urteil unsicher gegenüber der „Stimme des Herzens". Wie schon 100 Jahre zuvor im Sturm und Drang, bei Herder oder im „Werther" des jungen Goethe im Namen von Gefühl und Leidenschaft, von Herz und Leben der Kampf gegen den „kalten" Verstand der Aufklärung geführt wurde, zeigten sich bei Langbehn die Ansätze einer impulsiven Hinwendung zum gefühlsbetonten Leben, durch die die vorhandene Erstarrung überwunden werden sollte. „Eine Bildung, die keinerlei Herzenstöne anschlägt, ist tot, daß ·diese Töne in der landläufigen deutschen Bildung so gut wie ganz fehlen, weiß jedermann." (S. 240)
Ein weiteres Merkmal der Intellektualität der Bildung ist ihre Abstraktheit. Worte und Begriffe als Erzeugnisse des Verstandes sind

Abstraktionen, sind nicht die Sache selbst, nicht die lebendige Wirklichkeit. Die ratio tendiert immer dahin, sich von der Wirklichkeit zu entfernen, die Beziehung zur konkreten Welt einzubüßen und sich in die höheren Regionen der abstrakten Begriffe zu verlieren. Diesen Tendenzen ist nach Langbehns Meinung die deutsche Bildung verfallen. „Die deutsche Bildung, welche so lange zum Abstrakten und Glänzenden hinaufgegangen ist, muß nunmehr wieder zum Schlichten und Konkreten heruntergehen, sonst könnte sie sich gleich einer zu hoch gespannten Stimme überschlagen". (S. 167) In diesem Zitat sind abstrakt und konkret, sind glänzend und schlicht gegenübergestellt. Die Bildung ist „zu hoch", sie soll herunterkommen auf den Boden der Tatsachen und sie soll wieder schlicht und einfach werden wie die Volksbildung, die er als Vorbild der von der Wissenschaft her bestimmten gelehrten Bildung gegenüberstellte. (S. 182) Langbehn war einer der Begründer einer „volkstümlichen Bildung", wie sie lange Zeit, oft unter Berufung auf ihn, von Vertretern der Volksbildung in Volksschule und Erwachsenenbildung vertreten worden ist.

Langbehns dritten Ansatz seiner Kritik an der ratio bildete die Eigenschaft des Verstandes, durch Zergliederung eines Objektes in seine Bestandteile seiner Herr zu werden. Unter Bezug auf Goethe sprach er von der „mikroskopisch beobachtenden und mikroskopisch denkenden Wissenschaft". (S. 59) Das Mikroskop erschien ihm als Symbol des Haftens an der Einzelheit, über dem der Blick für das Ganze verloren geht; er erwähnte, daß Goethe Leute mit Brillen nicht leiden konnte und zitierte aus dem „Faust": „Dann hat er die Teile in seiner Hand, fehlt leider! nur das geistige Band". Die „Froschperspektive" kennzeichnet den beschränkten Horizont.

Langbehn verurteilte die Spezialisierung der Wissenschaft und die entsprechende Zerstückelung der Bildung, die in sich keine Einheit mehr darstellen. „Das einseitige Spezialistentum des deutschen Geisteslebens der Gegenwart", „die heutige Bildung, in ihrer spezialistischen Einseitigkeit und Äußerlichkeit" (S. 182), heißt es bei ihm. Da alle großen Leistungen nur aus dem Ganzen kommen können, muß wahre Bildung ganzheitlich sein. „Denn im rechten Sinne für das Ganze kann überhaupt nur der arbeiten, der aus dem Ganzen arbeitet". Er forderte: „Unsere zerstückelte moderne Bildung muß sich wieder zum Ganzen abrunden". (S. 175) Ganzheitlich ist ihrem Wesen nach die Kunst und ganzheitlich ist das Volk in seinem Denken und Empfinden. So ergibt sich auch unter diesem Gesichtspunkt wieder: „Die jetzige deutsche Gelehrtenbildung muß zu einer künftigen deutschen Volksbildung werden". (S. 182) Ein weiterer Gesichtspunkt der Kritik bestand für ihn im Gegensatz von „allgemein" und „individuell" im Denken und Sein seiner Zeit. Wie das Denken auf die allgemeine und grundsätzlich geltende Aussage hin tendiert, so liegt es im Wesen der Wissenschaft, zu allgemeingültigen Ergebnissen gelangen zu wollen. Entsprechend ist es der Wissenschaft eigen, über die nationalen Grenzen hinauszugreifen und den Anspruch der Universalität zu erheben. Langbehn sah in beidem eine Gefahr für die Bildung. Indem sie sich der Wissenschaft verschreibt und nicht der Kunst, verliert sie den Gesichtspunkt der Individualität. Er sagte, daß das ursprünglich ganz auf die ihm wesensgemäße Individualität eingestellte deutsche Volk den Sinn für das Individuelle und damit die Voraussetzung und Bedingung für große Leistungen verloren habe. Er bekannte sich ausdrücklich zum „Individualismus" und sah in der Individualität mit ihren Besonderheiten Sinn und Ziel der Menschenbildung. „Die Erziehung zum Individualismus und im Individualismus erweist sich mithin als die nächste Aufgabe des deutschen Volkes auf geistigem Gebiet." (S. 4) Ausgeprägte Individualität stellte sich ihm dar als Persönlichkeit, und Persönlichkeit war für ihn Ziel aller Menschenbildung.

Aus dem Gegensatz zur Wissenschaft und ihrem universalen Charakter ist auch Langbehns ausgesprochen nationale Einstellung zu verstehen, und zwar in dem Sinne, daß nur ein Volk mit sehr charakteristischer Ausprägung seines Wesens zu großen kulturellen Leistungen befähigt ist. Die markante und kraftvolle Ausbildung eines Volkscharakters ist die Bedingung für das Hervorbringen einer großen individuellen Persönlichkeit, etwa eines Genies wie Rembrandt. Der Nationalismus Langbehns bezog sich also weniger auf die staatlichen Mächte als auf kulturelle und geistige Werte. Er war dem Volksbegriff Herders und Fichtes verwandt,

die die Idee des Volkscharakters und der Kulturnation entwickelt hatten. Entsprechend lautete Langbehns Forderung für Bildung und Erziehung: „Schlichter Volkscharakter, reich nuanciert und vielseitig vertieft und zum Ausgangspunkt aller Bildung gemacht, würde dem heutigen deutschen Geistesleben einen vornehmen Stempel aufdrücken; aus ihm würde eine Saat von Persönlichkeiten hervorgehen; und nur solche können gebildet sein". (S. 45) Als „das größte Problem der Gegenwart" betrachtete Langbehn die Kluft zwischen den Gebildeten und dem Volke. Nur ein kleiner Teil des Gesamtvolkes hat eine höhere Bildung erfahren und gilt entsprechend als „gebildet", die Masse dagegen nicht. Die Spaltung in eine wissenschaftlich gebildete obere Schicht und das Volk, das von den Gebildeten her gesehen die „Ungebildeten" ausmacht, bezeichnete für ihn tiefste geistige Not. Er sah es als Ziel, „den so gewaltig klaffenden Riß zwischen Gebildeten und Ungebildeten zu überbrücken; vermittelst der bisher so beliebten Halbbildung läßt sich dasselbe nicht lösen. Nicht von oben aus rekonstruiert man Häuser und Nationen; nur wenn der Volksboden seine schöpferischen Tiefen auftut, kann neues geistiges Leben in Deutschland erblühen." (S. 168) Das Zitat weist auf einen weiteren Gesichtspunkt von konstruktiver Bedeutung bei Langbehn: Nicht „von oben" her, von der höheren wissenschaftlich geprägten Bildung aus ist die Erneuerung des geistigen Lebens zu erreichen, sondern „von unten" her. Im „Volksboden" liegt die schöpferische Kraft, das Volk ist der Urgrund alles Lebens und aller großen Leistung. Darum wird auch die Kluft im geistigen Leben der Nation nicht von der wissenschaftlichen Bildung her überwunden, sondern von einer Volksbildung aus, und zwar einer Volksbildung, die nicht von der Wissenschaft genährt ist, sondern von der Kunst. Sie allein ist dem Volke nah und ihm gemäß.
So stark auch die Vorbehalte sein mögen, die gegen die hier verkürzt vorgebrachten Gedanken Langbehns von der Sicht der Gegenwart aus zu erheben sind, er muß als einer der großen Initiatoren eines neuen Bildungsdenkens gesehen werden. Er war der Kritiker einer einseitig intellektuellen, ganz von der Wissenschaft her be-

stimmten Bildung, die er wegen ihrer Fragwürdigkeiten und Mängel anklagte. Er proklamierte eine neue Bildung, die von der Kunst erfüllt und getragen ist und in der die irrationalen Seiten des Lebens voll zur Geltung kommen können. Es gibt nur wenige Bücher seiner Zeit, die über Jahrzehnte hinweg so stark auf das deutsche Geistesleben und insbesondere auf die pädagogische Bewegung gewirkt haben, wie das Werk des Rembrandtdeutschen.

II. Die Kritik am Historismus der Bildung (Friedrich Nietzsche)

Das Lebenswerk des Philosophen Friedrich Nietzsche (1844—1900) ist durchzogen von geistiger Auseinandersetzung, scharfer Kritik und Anklage gegen seine Zeit, ihre geistige Verfassung, ihre Kultur in allen ihren Erscheinungen, ihre Bildung. In seinem Hauptwerk „Also sprach Zarathustra" mit dem Untertitel: „Ein Buch für Alle und Keinen" verbindet sich in dichterisch-prophetischer Weise die Anklage mit dem Aufruf zur Besinnung auf das, was not tut. Ein Abschnitt dieses Buches, „Vom Lande der Bildung", schließt mit dem Satz: „An meinen Kindern will ich es gut machen, daß ich meiner Väter Kind bin: und an aller Zukunft — diese Gegenwart! — "
Nietzsche hat sich in mehreren Arbeiten mit den Fragen der Bildung und Erziehung im besonderen auseinandergesetzt, am tiefsten und bedeutendsten mit der Bildung des altsprachlichen Gymnasiums in der Fragment gebliebenen Vortragsfolge von 1871/72: „Über die Zukunft unserer Bildungsanstalten". Eingekleidet in ein Gespräch zwischen einem Philosophen und Studenten bei einem Treffen auf Rolandseck entwarf er seine Gedanken für eine „völlig erneute und gereinigte Bildung", die nur von einer geistigen im wahren Sinne bildungsfähigen Elite auf reformierten Gymnasien mit hohen Ansprüchen an Lehrer und Schüler und auf Universitäten zu leisten ist. Der Volksbildung gegenüber zeigte er sich fern und ablehnend.

1. „Unzeitgemäße Betrachtungen"

Die eigentliche Bildungskritik Nietzsches enthalten mehrere Aufsätze, die gesammelt, schon in ihrem Titel provozierend, als „Unzeitgemäße Betrachtungen" erschienen. Die „Bildung" der Zeit, er setzte das Wort häufig in Anführungsstriche, und der „Bildungsphilister", den er an David Friedrich Strauß (1808—1874) demonstrierte, sind Objekte seiner Anklage. Er argumentierte gegen ihre Nützlichkeit, gegen alle Selbstsucht und Oberflächlichkeit in einer Zeit des Epigonentums. Pseudokultur und Pseudobildung sind Zeichen eines Verfalls. In dem Aufsatz „Schopenhauer als Erzieher" würdigte er Schopenhauer in der Wahrhaftigkeit seiner Aussage, in der Strenge seines Denkens und der Tiefe seiner Überlegung als den großen Philosophen und als Vorbild für eine geistige Renaissance. Ein besonderer Aspekt seiner Kritik an der „Bildung" und an der hinter ihr stehenden Wissenschaft ist in der dritten, bedeutendsten der „Unzeitgemäßen Betrachtungen" enthalten: „Vom Nutzen und Nachteil der Historie für das Leben". In systematischer Analyse werden die Prinzipien der Geschichtswissenschaft und die Bedeutung der Geschichte für das Leben und die Bildung verdeutlicht. Zugleich enthält sie, als ein Hauptthema, die Kritik an der durch ein Übermaß von Geschichte korrumpierten Bildung der Zeit, den Kampf gegen den Traditionalismus, gegen die Stoffüberfüllung und damit gegen eine Bildung mit gegenwartsfernen Inhalten.

Nietzsches Schrift muß aus der historischen Situation verstanden werden, in der sie im 19. Jahrhundert entstand. — Es war ein bedeutsamer Schritt auf eine neue geistesgeschichtliche Stufe gewesen, als Johann Gottfried Herder (1744—1803) im ausgehenden 18. Jahrhundert ein neues historisches Bewußtsein begründete und die geschichtliche Bedingtheit alles menschlichen Daseins aufzeigte. Ihm folgte die die Geschichte Europas auf allen Gebieten von Kultur und Gesellschaft neu entdeckende Romantik, folgten teils unmittelbar zu ihr gehörig, teils an sie anschließend die Generationen der großen Historiker und geschichtlich orientierten Philosophen. Sie schufen durch eine umfassende bedeutende historische Forschung und ein entsprechendes Geschichtsdenken eine neue Grundlage für das abendländische Bewußtsein.

In solcher geistesgeschichtlichen Situation stellte Nietzsche seine Thesen „Vom Nutzen und Nachteil der Historie für das Leben" auf²). Der Titel ist charakteristisch genug. Er stellt die Geschichte in ihrer Bildungsbedeutung zur Diskussion und fragt nach beidem: Nutzen und Nachteil. Sein Ausgangs- und Richtpunkt ist das Leben — das Leben, dessen geistiger Gestaltung Nietzsches Lebenswerk dienen wollte. —

2. Die drei Arten, Geschichte zu treiben

In dreifacher Hinsicht sah Nietzsche die Geschichte sinnvoll dem Leben zugeordnet und damit in ihrem „Nutzen" bezeichnet:
Eine erste Art Historie ist die monumentalische. Sie entspricht dem Tätigkeitsdrang des Menschen, seinem strebenden Bemühen. Sie kann ihm behilflich sein, indem sie ihm Vorbilder gibt, denn sie nährt das Andenken an die großen Menschen, die Erinnerung an eine bedeutende Vergangenheit, sie ermutigt und hält aufrecht, auch in einer Gegenwart, die vielleicht klein und erbärmlich ist. Der Glaube an die Humanität begründet sich in der Reihe der großen Persönlichkeiten im Verlauf der Jahrtausende und von ihm geht die Forderung zum Tätigsein in ihrem Sinne aus.
Die zweite Art, die antiquarische Historie, gehört dem Bewahrenden und Verehrenden. Ihr Sinn ist die Ehrfurcht der Vergangenheit gegenüber, aus der wir leben, und sie pflegt das Erbe vergangener Völker und Zeiten. Nicht alles Alte ist ehrwürdig, und ehrwürdig ist das Alte nicht, weil es alt ist. Der Mensch sollte mit Liebe und Treue dorthin blicken, woher er gekommen ist. Aber: „Die antiquarische Historie entartet selbst in dem Augenblicke, in dem das frische Leben der Gegenwart sie nicht mehr beseelt und begeistert." (S. 25)
Die dritte Art, die kritische Geschichtsschreibung, „muß die Kraft haben und von Zeit zu Zeit anwenden, eine Vergangenheit zu zerbrechen und aufzulösen, um leben zu können." Sie ist deswegen notwendig, weil in der Geschichte auch Schwächen und Verirrungen des Menschen zur Auswirkung kommen, „denn da wir nun einmal die Resultate früherer Geschlechter sind, sind wir auch die Resultate ihrer Verirrungen, Leidenschaften und Irrtümer, ja Verbrechen. Es ist nicht möglich, sich ganz von dieser Kette zu lösen." (S. 27) Die

kritische, d. h. richtende und verurteilende Historie ist dann ein Mittel, sich von dem beklemmenden Druck einer Not zu befreien.

Auf der Grundlage dieser dreifachen positiven Einschätzung der Geschichte zeichnete Nietzsche, und das ist das kritische Thema seiner Schrift, das negative Bild der Geschichte in der Wissenschaft und Bildung seiner Zeit: die im Übermaß und ohne Bezug zum tätigen Leben betriebene Geschichte.

Er greift die „Übersättigung" mit Geschichte an, ihre Übersteigerung in der Forschung, ihr Eindringen in alle geistigen Bereiche und ihre Geltung im geistigen Leben, die sich dahingehend auswirken, daß das Leben darunter leidet. „Aber es gibt einen Grad, Historie zu treiben, und eine Schätzung derselben, bei der das Leben verkümmert: ein Phänomen, welches an merkwürdigen Symptomen unserer Zeit sich zur Erfahrung zu bringen jetzt ebenso notwendig ist, als es schmerzlich sein mag". (S. 3) Die übertriebene Einschätzung der Geschichte ist nicht als ein Zuviel, ein Luxus zu sehen, der niemandem schadet und der leicht zu beseitigen wäre, sondern sie hat Schädigungen elementarer Bedürfnisse und Lebensnotwendigkeiten zur Folge. Das Überflüssige ist der Feind des Notwendigen, denn die historische Bildung lenkt die Aufmerksamkeit und die Lebenskräfte weg von der Gegenwart und ihren vordringlichen Aufgaben und schwächt damit den Willen zu Leben und Tat. Eine Bildung, die nicht hervorgegangen ist aus Bedürfnissen und motiviert von notwendigen Aufgaben, kann nicht fruchtbar und dem Leben dienlich sein. Sie ist nicht Bildung im eigentlichen Sinne, „sie ist gar keine wirkliche Bildung, sondern nur eine Art Wissen um die Bildung, es bleibt in ihr bei dem Bildungs-Gedanken, bei dem Bildungs-Gefühl, es wird kein Bildungs-Entschluß daraus". (S. 30) „Der moderne Mensch schleppt zuletzt eine ungeheure Menge von unverdaulichen Wissenssteinen mit sich herum, die dann bei Gelegenheit auch ordentlich im Leibe rumpeln, wie es im Märchen heißt". (S. 29) Darauf aber kam es Nietzsche in erster Linie an: auf das Leben und auf die Tat, und über den Eingang seiner Schrift stellte er das Goethewort: „Übrigens ist mir alles verhaßt, was mich bloß belehrt, ohne meine Tätigkeit zu vermehren oder unmittelbar zu beleben".

15

3. Das Übermaß historisch orientierter Bildung

„In fünffacher Hinsicht scheint mir die Übersättigung einer Zeit in Historie dem Leben feindlich und gefährlich zu sein" (S. 36): Den Gebildeten seiner Zeit kennzeichnet der „Kontrast von Innerlich und Äußerlich". (S. 36) Zwischen seiner Innerlichkeit, seinem Denken und Wissen, seiner Bildung und seinem Auftreten, Sichäußern und Handeln besteht ein Gegensatz. Seiner inneren Verfassung entspricht nicht sein tatsächliches Leben. Nietzsche ironisierte die Deutschen als „das berühmte Volk der Innerlichkeit" und ihre enzyklopädische Literatur, die man überschreiben könnte: „Handbuch innerlicher Bildung für äußerliche Barbaren". (S. 31) Insofern fehlt den Deutschen auch die eigentliche Kultur, denn Kultur im Gegensatz zur Barbarei ist „die Einheit des künstlerischen Stils in allen Lebensäußerungen eines Volkes". (S. 32) Die Kluft zwischen innerer Bildung und äußerem Sein als Folge der historisch orientierten Bildung wirkt sich in einer Schwächung der Persönlichkeit aus. Der Mangel an starken Persönlichkeiten ist ein Kennzeichen der Zeit — bedenklich im Gedanken an die Zukunft, denn „die Geschichte wird nur von starken Persönlichkeiten ertragen, die schwachen löscht sie vollends aus". (S. 40) Der „ausgehöhlte Bildungsmensch" (S. 42) ist keine Persönlichkeit, „in dem Mangel der Herrschaft über sich selbst, in dem was die Römer impotentia nennen, verrät sich die Schwäche der modernen Persönlichkeit." (S. 42) Nietzsches Ruf nach der starken Persönlichkeit, nach dem „Übermenschen" wie er später sagte, hat wesentlich mit bewirkt, daß das Thema der „Persönlichkeit" im geistigen Leben der folgenden Jahrzehnte und insbesondere im pädagogischen Denken eine markante Rolle spielte.

Als zweiten Gesichtspunkt warf Nietzsche die Frage auf, ob und inwieweit die Wissenschaft und die ihr entsprechende Bildung in ihrem Streben nach Objektivität und Wahrheit die Tugend der Gerechtigkeit des „Gebildeten" hervorgerufen habe und was diese Tugend wert sei. Indem er in diesen Qualitäten höchste Werte sah, griff er die Historiker und die Vertreter historischer Bildung an, daß sie zwar den Anspruch auf diese Qualitäten erhöben, aber ihnen nicht entsprächen. Sie hätten dafür weder die innere Größe noch die geistige Kraft noch das sittliche Ethos, und sie seien nicht fähig, zur Geschichte kritisch Stellung zu nehmen, gar über sie zu richten. Viele haben zwar das „Pathos des Richtertums" (S. 46), „mehrere bringen es nur zur Toleranz, zum Geltenlassen des einmal nicht Wegzuleugnenden, zum Zurechtlegen und maßvoll-wohlwollenden Beschönigen" (S. 46), andere legen sich „naiv" die Geschichte zurecht, wieder andere versenken sich in die Zeiten und bringen ästhetisch schöne Bilder ihrer Beschaulichkeit hervor. Stets fehlt ihnen die Größe der eigenen Persönlichkeit, die Überlegenheit und Souveränität, die der Zeit überhaupt fehlen. Aber „nur aus der höchsten Kraft der Gegenwart dürft ihr das Vergangene deuten, nur in der stärksten Anspannung eurer edelsten Eigenschaften werdet ihr erraten, was in dem Vergangenen wissens- und bewahrenswürdig und groß ist" (S. 51). Die Gegenwart aber hat die Menschen nicht gefördert und reif werden lassen, und so gilt es, eine neue Generation von Historikern und geschichtlich Orientierten heranzubilden, die fähig sind, Geschichte im eigentlichen Sinne zu betreiben. „Mit einem Hundert solcher unmodern erzogener, das heißt reif gewordener und an das Heroische gewöhnter Menschen ist jetzt die ganze lärmende Afterbildung dieser Zeit zum ewigen Schweigen zu bringen". (S. 53)

In einem dritten Gedankengang wies Nietzsche darauf hin, wie die Wissenschaftlichkeit lebendige geistige Kräfte gefährden, schwächen und zerstören kann. „. . . das kann man an allem, was Leben hat, studieren: daß es aufhört zu leben, wenn es zu Ende seziert ist, und schmerzlich und krankhaft lebt, wenn man anfängt, an ihm die historischen Sezierübungen zu machen." (S. 55) Er zeigte es an der Religion, die in dem Maße zurückgeht, wie sie wissenschaftlich-historisch behandelt wird, an der Musik, die nicht gefördert wird, sondern verfällt, wenn sie nicht ausgeübt, sondern „mit dem Foltersystem historischer Kritik zu Antworten auf tausend zudringliche Fragen gezwungen" wird (S. 55), wie sie etwa in Musiker-Biographien behandelt sind.

Entwicklung, Reife und Produktivität sind nur dort möglich, wo eine lebendig wirkende Kraft vorhanden ist und die irrationalen

Momente wirksam sind, die Nietzsche mit dem Begriff der „Atmosphäre" umschreibt. „Alles Lebendige braucht um sich eine Atmosphäre, einen geheimnisvollen Dunstkreis; wenn man ihm diese Hülle nimmt, wenn man eine Religion, eine Kunst, ein Genie verurteilt, als Gestirn ohne Atmosphäre zu kreisen, so soll man sich über das schnelle Verdorren, Hart- und Unfruchtbarwerden nicht mehr wundern." (S. 56) Es sei ein zweifelhafter Triumph, daß jetzt „die Wissenschaft anfange, über das Leben zu herrschen" (S. 56), sie mag dies erreichen, aber gewiß ist ein derartig beherrschtes Leben nicht viel wert, weil es seine eigentliche Substanz verloren hat. Und damit polemisierte Nietzsche gegen die Universitäten, die „wissenschaftlichen Fabriken", gegen die Unfruchtbarkeit ihrer Arbeit, die Fragwürdigkeit des Studiums, insbesondere der Geschichte und schließlich auch gegen die historische Schulbildung. „Der junge Mensch wird durch alle Jahrtausende gepeitscht: Jünglinge, die nichts von einem Kriege, einer diplomatischen Aktion, einer Handelspolitik verstehen, werden der Einführung in die politische Geschichte für würdig befunden. So aber, wie der junge Mensch durch die Geschichte läuft, so laufen wir Moderne durch die Kunstkammern, so hören wir Konzerte". (S. 57)
Ein vierter Vorwurf richtete sich gegen die historische Bildung als Ausdruck einer Spätzeit, die mit Skepsis und „ironischem Selbstbewußtsein" (S. 60) auf die Vergangenheit zurückblickt statt in die Zukunft. „Die historische Bildung ist auch wirklich eine Art angeborener Grauhaarigkeit und die, welche ihre Zeichen von Kindheit her an sich tragen, müssen wohl zu dem instinktiven Glauben vom Alter der Menschheit gelangen: dem Alter aber gebührt jetzt eine greisenhafte Beschäftigung, nämlich Zurückschauen, Überrechnen, Abschließen, Trost suchen im Gewesenen, durch Erinnerungen, kurz historische Bildung." (S. 61)
Nietzsche greift in seiner Darstellung der Endzeitsituation eines Lebens als „Nachkommen" vor allem den Philosophen Hegel (1770—1831) an, in dessen Philosophien, seiner Geschichtsphilosophie, seiner Ästhetik und Rechtsphilosophie, das 19. Jahrhundert als „Vollendung der Weltgeschichte", also als Höhepunkt und zugleich aber auch als Abschluß und Ende des geschichtlichen Welt-

prozesses dargestellt war. Nietzsche spottete, daß damit der Höhepunkt der Weltgeschichte und Hegels eigene Berliner Existenz zusammenfielen. „Wahrhaftig, lähmend und verstimmend ist der Glaube, ein Spätling der Zeiten zu sein". (S. 66)

Seinen fünften Gesichtspunkt bei der Aufzählung der lebensfeindlichen Wirkungen eines Übermaßes an Historie bezeichnete Nietzsche so: „Durch dieses Übermaß gerät eine Zeit in die gefährliche Stimmung der Ironie über sich selbst und aus ihr in die noch gefährlichere des Zynismus: in dieser aber reift sie immer mehr einer klugen egoistischen Praxis entgegen, durch welche die Lebenskräfte gelähmt und zuletzt zerstört werden." (S. 36) Die Geschichtsphilosophie Eduard von Hartmanns (1842—1906) nahm er zum Anlaß, sich gegen alle Behauptung angeblichen Wissens über den Sinn und Zweck der Geschichte zu wenden und jede Art von zynischer und ironischer Überlegenheit gegenüber dem tatsächlichen geschichtlichen Ablauf zu verurteilen. Er lächelte über den historisch eingestellten Menschen seiner Zeit: „Er steht hoch und stolz auf der Pyramide des Weltprozesses" und rief ihm entgegen: „Überstolzer Europäer des neunzehnten Jahrhunderts, du rasest!" (S. 71)

Nietzsches Werk „Vom Nutzen und Nachteil der Historie für das Leben", das erfüllt ist von beißender Kritik an der Bildung seiner Zeit, an deren „historischer Krankheit" (S. 88) und das dem Gedanken an eine Wiedergesundung kaum offen zu sein scheint, klingt dann aber doch aus in einer starken Zuversicht. Er vertraute der Jugend und ihrem gesunden Empfinden, er erwartete, daß sie die Krise der Zeit durchschauen und überwinden werde. Er glaubte, daß eine neue, „unsere erste Generation" (S. 87) so erzogen werden könne, bzw. sich selbst so erzöge, daß eine bessere Zukunft zu erwarten sei. Die letzten Seiten der Schrift sind ein starker Appell an diese Jugend, auf die sich alle Hoffnung richtet.

III. „Über die Klage, daß der deutschen Jugend der Idealismus fehle" (Paul de Lagarde)

Paul de Lagarde (1827—1891) war zuerst Gymnasiallehrer und wurde dann ein bedeutender Sprachforscher (Orientalist) an der

Göttinger Universität und zugleich ein vielbeachteter Kulturpolitiker und Kulturphilosoph. Er hat seine wichtigsten kulturpolitischen Schriften, seine „theologisch-politischen Traktate", wie er sie selbst nannte, unter dem Titel „Deutsche Schriften" erstmalig 1878—81 in zwei Bänden herausgegeben. Diese Sammlung, die seitdem erweitert und in unterschiedlicher Auswahl wiederholt herausgegeben wurde, enthält im Zusammenhang zahlreicher allgemeiner zeitkritischer, geistesgeschichtlicher, politischer Abhandlungen auch wiederholt pädagogisch-bildungspolitische Stellungnahmen. In ihnen kommen einerseits konservativ-nationale Züge zum Ausdruck, andererseits eine realistische Einstellung und ein Reformwille im Blick auf die zukünftigen Aufgaben.

In diesem Zusammenhang sei nur auf eines seiner „Traktate" eingegangen, das sich in seiner Thematik und Blickrichtung den bisherigen bildungskritischen Ausführungen anschließt und dessen Fragestellung eine eigentümliche Aktualität bewahrt hat: „Über die Klage, daß der deutschen Jugend der Idealismus fehle", 1885 in Rom geschrieben und in die Deutschen Schriften aufgenommen.

1. Die Vielzahl der Bildungsideale

Der Aufsatz beginnt mit dem Satz: „Unter den vielen Klagen, welche in Deutschland wie eine Epidemie umgehen, hört man nicht am seltensten die, mit dem Idealismus sei es, wenigstens für unsere jungen Leute, vorbei, und darum sei von Deutschland im Ernste nichts mehr zu erwarten"[3]). Die Klage, bemerkt er, werde sowohl von denen erhoben, die die Ideale ihrer eigenen Entwicklung in der gegenwärtigen Jugend vermissen, als auch von denen, „die in einer kommenden oder nicht kommenden Zukunft leben" und ihre eigenen Gedanken und Ideen „schon heuer als Gemeingut der Nation anerkannt wünschen" (S. 406). Sie treten damit von vornherein der Jugendgeneration ohne das erforderliche Verständnis für deren Eigenart und -recht gegenüber.

Den Vorwurf dieser seitdem oft wiederholten These wies Lagarde weniger zurück, als daß er ihn weitergab, nämlich an die Erwachsenengeneration selbst, die immer zuerst zu prüfen habe, inwieweit sie nicht selbst die Schuld an den Fehlern trage, die sie der Jugend vorzuwerfen geneigt sei. In diesem Falle liege die Schuld ganz eindeutig bei ihr, da sie ihrerseits zwar dem Idealismus huldige, jedoch einem solchen, der in sich fragwürdig sei, so daß die Jugend ihn zu Recht nicht akzeptiere und akzeptieren könne. Der problematische Idealismus, der traditionelle Bildungsidealismus seiner Zeit ist der eigentliche Gegenstand der Bildungskritik Lagardes, dem er vor allem mit den folgenden drei Argumenten begegnete:

Zum ersten warf er seiner Zeit vor, daß sie nicht von einem Ideal erfüllt sei, sondern eine Vielzahl von Idealen sie beherrsche. „Deutschland ahnt gar nicht einmal, wie es sich durch seinen Harem von Idealen dem Spotte preisgibt". (S. 412) Die Vielzahl von Idealen hat zur Folge, daß sich die Ideale gegenseitig in Frage stellen und damit aufheben und daß sie die Gewinnung eines einheitlichen alle überzeugenden Ideals unmöglich machen. Der Pluralismus der Standpunkte, Anschauungen und Ideale ist pädagogisch dann besonders fragwürdig, wenn er es der Jugend überläßt, selbst die Auslese und auch die Entscheidung zu treffen, zu welchen sie sich bekennen will. „Ihr habt einen Kehricht von Idealen zusammengefegt, und ihr mutet der Jugend zu, wie ein Lumpensammler in diesem Kehricht nach dem zu suchen, was sie brauchen kann." (S. 408)

Lagardes zweiter Vorwurf gegen den Bildungsidealismus seiner Zeit lag in deren historischem Charakter. Es sind allein geschichtliche Ideale, getragen von der Verherrlichung der Vergangenheit und nicht Ideale der Gegenwart, wie sie den heutigen Menschen, ihrer Wesensart und ihren Zielen entsprechen würden. „Das achtzehnte, siebenzehnte, sechzehnte Jahrhundert mögen wunderschöne Jahrhunderte gewesen und vor ihnen werden auch schon Zeiten über die Erde gezogen sein, in denen die Sonne schien, Quellen sprangen, das Meer glänzte, Bäume blühten und Frucht trugen, und Menschen gut waren und gut handelten. Aber alle diese Zeiten sind vergangen: was in ihnen nicht vergangen ist, sind Wir, ihrer Aller Söhne, aus ihnen hervorgewachsen, aber unweigerlich von ihnen fortwachsend, Männer mit eigenen Herzen und eigenen Zielen". (S. 408)

Es mag die Aufnahme von Gedanken Friedrich Nietzsches sein, aber ist doch sicher zugleich der Ausdruck eines verbreiteten allgemeinen

21

Empfindens, daß auch er sich ausgesprochen gegen den Historismus in der Bildung wandte. Er hatte das Gymnasium vor Augen und dessen Lehrplan, wenn er spottete: „Was unsere sogenannte Erziehung der Jugend als Ideal bietet, ist die volle Barbarei unserer Museen, ... nur mit der Verschärfung, daß gebildete Menschen dem gebildeten Vieh überlassen können, alles in den Museen aufgespeicherte Futter Halm für Halm abzuweiden, und selbst was sie genießen wollen, wählen zu dürfen, während unsere Jugend von Krippe zu Krippe getrieben, um acht Uhr Religion, um neun Sophokles, um zehn Cicero, um elf Shakespeare, um zwölf den alten Fritz niederwürgt." (S. 410)

2. Ideal und Alltag

Das Ideal, sagte Lagarde, das „die Inventarisierung der Träume, Gedanken, Erwerbungen der Vergangenheit ist" und nicht „das auf der Vergangenheit erwachsene wahre, der Zukunft, der Ewigkeit zustrebende Leben der Gegenwart", muß die Gegenwart am Fortschreiten hindern, bringt sie geradezu „zum Straucheln und Fallen" (S. 414). Eine ideale Welt außerhalb und fern der Realität der Gegenwart kann deswegen nicht wirksam werden, weil der unmittelbare Bezug zum wirklichen Dasein in ihr enthalten sein muß. „Das Ideal, ich habe das meinen Schülern seit mehr als einem Vierteljahrhundert immer aufs Neue eingeschärft, ist nicht über den Dingen, sondern in den Dingen: wie Gott nicht bloß sonntags von neun bis elf in der Kirche, sondern jederzeit und überall ist und gefunden werden kann. Das Ideal ist kein Leckerbissen, sondern tägliches Brot. Daraus ergibt sich für mich die Folgerung, daß die Idealität aus den Dingen des alltäglichen Lebens erwachsen muß." (S. 414) Nur dann kann es als verpflichtend erfahren werden und kann seine Verwirklichung angestrebt werden.

Aus diesen Gründen war es Lagarde nicht nur verständlich, wenn die deutsche Jugend den Bildungsidealismus der Erwachsenengeneration ablehnt, sondern er empfand diese bewußte Ablehnung als Ausdruck ihres gesunden Empfindens und richtigen Wollens. Die Jugend will nicht das „buntscheckige" Ideal, sie will nicht das Einerlei „wiederkäuen, das ihre Großväter bereits gekaut haben", sie will vielmehr ein „lebendiges", ein „konkretes Ideal", das „in Personen existiert", das ein „Programm der Pflichten der nächsten Zukunft" ist.

Lagarde schließt sein Traktat mit dem Hinweis darauf, daß Klage und Kritik nicht defätistisch zu sein brauchen und nicht ausschließlich negativ zu sehen sind, vielmehr: „Daß wir klagen, ist der sicherste Erweis, daß wir leben, wenn anders Leben darin besteht, aus Unzufriedenheit mit der Gegenwart in die Zukunft hinein zu wachsen. Faust verfällt dem Teufel nur dann, wenn er zum Augenblicke sagt: Verweile doch, du bist so schön. Unzufriedenheit ist der erste Schritt zum Streben, und wer immer — das heißt jeder der — strebend sich bemüht, der ist nicht erlöst, den können wir, die himmlischen Mächte erlösen." (S. 416) Dies Wort darf für die Kultur- und Bildungskritik im Ganzen gelten.

Bei aller Verschiedenheit der genannten Persönlichkeiten, Langbehn, Nietzsche und Lagarde, und bei der Unterschiedlichkeit der geistesgeschichtlichen Bedeutung ihrer Werke dürfte schon die knappe Hervorhebung wesentlicher Motive ihrer Bildungskritik das einheitliche Bild ihrer Grundhaltung gegenüber ihrer Zeit gezeigt haben: Die Skepsis gegenüber dem Totalanspruch der Wissenschaft an die Bildung, die Kritik gegenüber der durch die Wissenschaft bewirkten Intellektualisierung der Bildung mit dem besonderen Vorwurf der durch sie herbeigeführten Vereinseitigung, Leere und Lebensfremdheit der Bildung und die Verurteilung des historischen Charakters der Bildung. In der Bildungskritik war enthalten die Kritik an der damaligen Schule als der Stätte solcher Bildung.

Die genannten Motive sind von den verschiedensten Ansätzen aus und vielfältig erweitert von den nachfolgenden pädagogischen Generationen immer wieder aufgenommen worden. Daß alle drei Autoren nicht bei der Feststellung der Fragwürdigkeit der Bildung stehenblieben, sondern sich voll Hoffnung und Zuversicht der Jugend zuwandten und für ihre Erziehung und Bildung auf neue Wege wiesen, verstärkte ihre Bedeutung als Initiatoren der Pädagogischen Bewegung. — Auf die spätere erneute Hinwendung zur Rationalität im Bildungsdenken der Reformbewegung selbst, der jüngsten Vergangenheit und Gegenwart ist hier nicht einzugehen.

Zweiter Abschnitt:
Soziale Bewegung, Frauenbewegung, Jugendbewegung

Die Pädagogische Bewegung stand mit den gleichzeitigen geistigen Bewegungen in Wechselwirkung. Sie wird darum in diesem zweiten Abschnitt noch nicht selbst behandelt, sondern es wird versucht, zunächst die zeitgeschichtliche Situation zu Beginn des neuen Jahrhunderts anzudeuten und dann die drei pädagogisch bedeutsamen Bewegungen aufzuzeigen: die soziale Bewegung, die Frauenbewegung und die Jugendbewegung. Sie haben vom Jahrhundertbeginn an im gesamten Zeitraum bis 1933 für die pädagogische Entwicklung eine besondere Rolle gespielt.

I. Bemerkungen zur Vorkriegszeit

1. „Bruch mit der Vergangenheit"

Die Zeit vor dem ersten Weltkrieg erscheint in manchen späteren Darstellungen in recht negativer Beurteilung. Aber es ist kein Zweifel, daß sie in vielfacher Beziehung als eine bedeutende Epoche gewürdigt werden muß, deren eingehende objektive Darstellung von beachtenswerten und für die Folgezeit wichtigen Leistungen zu sprechen hätte. Nur eine einzelne Meinung sei hier zitiert, die den europäischen Aspekt bei der Beurteilung zur Geltung bringt: „Für Kunst, Musik, Literatur, Wissenschaft und für die Erforschung des Menschen war die Zeit vor dem ersten Weltkrieg eine der bedeutendsten Perioden, die es je gegeben hat. Im wahrsten Sinne des Wortes kennen wir eine Literatur vor Proust und eine nach ihm, eine vor- und nachkubistische Malerei, eine Musik vor und nach der Entdekkung des Zwölftonsystems, eine Physik vor und nach Einstein und Rutherford. Was unser Wissen vom Menschen betrifft, so haben Psychoanalyse und die systematische Erforschung primitiver Gesellschaftsformen selbst bei den Widerstrebenden zu einem vollständigen Bruch mit der Vergangenheit geführt"[1]). Wollte man die Aufzählung großer Schöpfungen im deutschen Geistesleben weiterführen, dann müßte von Rainer Maria Rilke, von Thomas Mann, von Hermann Hesse, von Gerhart Hauptmann, ebenso von den radikalen Neuansätzen des Expressionismus, vom „Blauen Reiter", von der „Brücke" gesprochen werden, von der Plastik Lehmbrucks, Kolbes, Hallers, Klimschs, von dem neuen Baustil, vom Bauhaus, von der Musik eines Richard Strauß u. a. Ein starker Einfluß des Auslandes läßt den europäischen Charakter der geistigen Situation und der Leistungen jener Jahre erkennen. Die Problemstücke von Ibsen und Björnson, in denen Konfliktsituationen des gesellschaftlichen und individuellen Lebens aufgezeigt werden, der neue Realismus der Romane Hamsuns, Dostojewskis, Tolstois seien nur beispielhaft genannt für eine sich im Aufbruch zu neuen Anschauungen befindenden Zeit.

2. „Lebensfragen"

Charakteristisch für jene Jahre war das leidenschaftliche Erörtern von Lebensfragen, weltanschaulichen Problemen und Reformbestrebungen, wie sie auch außerdeutsche, in Deutschland damals viel diskutierte Autoren anregten. So fand der Engländer John Ruskin (1819—1900) weite Verbreitung, der ein großes sozial-wirtschaftliches wie ethisches Reformprogramm entwickelt hatte und eine neue Volkserziehung zur Reinheit im Sittlichen, zu Dienstwilligkeit und Fähigkeiten der praktischen Nächstenliebe forderte. In ähnlicher Weise wirkten Thomas Carlyle (1795—1887), dessen Bücher viel gelesen wurden, zumal sie sich zu einem Teil mit deutscher Kultur und Geschichte befaßten, „Arbeiten und nicht verzweifeln" (deutsche Ausgabe 1902) und „Über Helden, Heldenverehrung und das Heldentümliche in der Geschichte" (1841) sowie der Belgier, Nobelpreisträger, Maurice Maeterlinck (1862—1949), dessen Dichtung und lebensphilosophisch-religiöse Werke das Suchen eines großen Denkers zeigten, der das Leben bejahte und seine Würde und Schönheit zu zeigen versuchte.

Sehr ausgeprägt bezog sich in Deutschland die neue Theologie liberaler Provenienz auf Lebensfragen; sie wollte sich nicht abschließen in einen isolierten Bereich fachlicher Terminologie. Johannes Müller etwa schuf im Schloß Elmau bei Garmisch-Partenkirchen eine Stätte der Besinnung für Laien. Die „Lebensfragen" standen bei ihm wie bei anderen im Vordergrund und sollten Antwort bekommen. In einer „Lebensfragen" betitelten Schriftenreihe schrieb Rudolf Otto, der Verfasser des bekannt gewordenen Werkes „Das Heilige" im Jahre 1904 ein Werk mit dem Titel „Naturalistische und religiöse Weltansicht", das eine Auseinandersetzung mit den naturalistischen Richtungen des Darwinismus, Mechanismus, der Lehre Ernst Häckels vom religiösen Glaubensstandpunkt aus enthielt. Schließlich ist der Hinweis auf die philosophische Richtung internationaler Art unerläßlich, die sich selbst als „Lebensphilosophie" bezeichnete, weil sie in neuer Auffassungsweise „das Leben" zum Gegenstand ihrer Betrachtung machte und die Wirkung auf das Leben als den letzten Sinn ihres Forschens und Denkens ansah.

3. Stilwandel und Lebensreform

Es ist auffallend, wie in jener Zeit versucht wurde, im Alltag des Wohnens, Kleidens und der Ernährung neue Wege zu gehen. Gerade in den letzten Jahren ist jener Stil wieder beachtet worden, den man nach der Münchner Kunstzeitschrift „Die Jugend" den „Jugendstil" genannt hat. Dieser Stil hat keine überragenden Werke hervorgebracht — wenn man nicht bei Hodler oder Munch seine Züge erkennen will; fur andere, wie Corinth, war er eine Durchgangsphase — aber er hat auf die Gestaltung der Inneneinrichtung, der Möbel und der Buchillustration gewirkt. Ihn kennzeichnen pflanzliche Formen, Blattmotive, sich schlängelnde Linien. Die aufgehende Sonne, mit ausgebreiteten Armen ein Jüngling ihr zugewandt, der Acker, der Sämann, der Fischer, der Wald — das sind Motive, die gegenüber dem Schwulst des vorangegangenen Makart-

Stiles eine neue Einfachheit, Naturnähe und Natürlichkeit der Gestaltung bringen wollten.

Kennzeichnend für diese Jahre war das Wort Reform: Ernährungsreform (damals kamen die „Reformhäuser" auf), Kleidungsreform — „Reformkleidung" bezeichnete einen neuen Stil weiblicher Kleidung, die „natürlich" sein sollte. Lebensreform war die allgemeine Bezeichnung dafür, daß man die tradierten Formen nicht mehr bejahte, da sie erstarrt, künstlich, unnatürlich erschienen, und daß man nach neuen Formen suchte, die als natürlich, echt, einfach dem Lebenswillen der Zeit mehr entsprachen. Waren noch überaus konventionelle gesellschaftliche Formen auf der Grundlage ständischer Gliederung vorherrschend, so regte sich doch an vielen Stellen der Wille zur Befreiung von Umgangsformen, die nicht mehr den Erfordernissen gemäß schienen. „Reform" war das Schlagwort derer, die im Kampf gegen Traditionen nach einer neuen, echteren und natürlicheren Gestaltung drängten, den Lebensformen der Zukunft. Charakteristischer Ausdruck für die damalige Grundstimmung war das vielzitierte Wort aus dem „Stundenbuch" (1899) von Rainer Maria Rilke: „Man fühlt den Glanz von einer neuen Seite, auf der noch alles werden kann."

II. Aus der sozialen Bewegung

1. Strukturwandel

„Soziale Bewegung" meint zusammenfassend die zahlreichen Strömungen, die schon im 19. Jahrhundert zunehmend die Aufgaben einer zu schaffenden menschenwürdigen Existenz aller in einer sich als Massengesellschaft formierenden Gesellschaft in Angriff nahmen. Im 20. Jahrhundert wirkten sie weiter und waren die Ursache entscheidender politischer Ereignisse und gesellschaftlicher Strukturänderungen.

Die Entwicklung der Naturwissenschaft und die mit ihr zusammengehende Technisierung der abendländischen Welt ist die einschneidendste Erscheinung der Neuzeit. Die Entdeckung der Antriebskräfte, Dampf, Elektrizität und Öl, ließ die Maschine entstehen, die in einer neuen Weise, anders als handwerkliche Werkzeuge, dem Menschen die Arbeit abnahm, seine Leistungs- und Produktionsfähigkeit dadurch vervielfachte und Kraftentfaltungen bis dahin unbekannten Ausmaßes ermöglichte, die in der neu geschaffenen Industrie ihre Auswertung und kommerzielle Verwendung fanden. Mit der technischen und der mit ihr zusammenhängenden wirtschaftlichen Entwicklung einhergehend vollzog sich innerhalb weniger Generationen jene ungeheure Vermehrung der Bevölkerung, nachdem die Bevölkerungszahl Europas bis zum Ausgang des 18. Jahrhunderts im ganzen unverändert geblieben war; Ortega y Gasset hat den „Aufstand der Massen" beschrieben. Großstadtbildungen, Industrieballungen, Mietskasernen zeugen davon, wie wenig zunächst die neue Entwicklung geistig bewältigt wurde. Die durch die „erste technische Revolution" geschaffene neue Arbeitswelt wurde vom privaten wirtschaftlichen Interesse her auf- und ausgebaut.

Mit Industrialisierung, Massengesellschaft und Verstädterung begann die alte gesellschaftliche Ordnung, die von der Tradition des Mittelalters her bis dahin noch eine ständische Gliederung gezeigt hatte, sich aufzulösen. Der Stand der Arbeiter bildete sich und drängte im Kampf gegen die herrschenden Klassen des Bürgertums zum Umsturz. Bis dahin kaum angefochtene Privilegien wurden zweifelhaft, unberechtigte Vorrangstellungen erschienen angesichts einer neu sich anbahnenden Ordnung nicht mehr berechtigt. Die Entwicklung drängte zur egalitären Gesellschaft, in der jeder auf Grund seines Menschseins die gleichen Rechte hat wie der andere und die entsprechenden Ansprüche stellen kann: Ansprüche der personalen Achtung, der wirtschaftlichen Sicherung, der Mitbestimmung und der Bildung.

Auf politischem Gebiet war das Jahrhundert widersprüchlich wie keines zuvor. Das System war monarchisch. Auf Thron und Altar, auf den nationalen Anspruch und die soldatischen Tugenden war der das Bürgertum und den Adel beherrschende Nationalismus ausgerichtet. Zunehmend aber drängten sich die in der Französischen Revolution propagierten und zum Durchbruch gekommenen neuen politischen Ideen auch in Deutschland hervor: der demokratische Gedanke der Gleichheit, der liberale Gedanke der Freiheit und der soziale Gedanke der Brüderlichkeit. Die revolutionären Gärungen kamen nicht zur vollen Auswirkung, die demokratischen Reformversuche blieben zunächst (1848) stecken, der Sozialismus erreichte zwar eine starke Parteibildung, gelangte aber in diesem Jahrhundert noch nicht zur Führung.

Richtet man an dieses Jahrhundert die Frage nach dem Menschen, dann wird die Antwort so lauten, daß bei Erfolgen und Fortschritten, die dieses Jahrhundert aufzuweisen hat, im ganzen der Selbstwert des Menschen an Geltung verlor. Er wurde weniger als Mensch, als nach seinen Leistungen und seiner Stellung beurteilt. An die Stelle der personalen Betrachtung, wie sie am Anfang des Jahrhunderts durch den Idealismus und Neuhumanismus und auch in den Anschauungen der Romantik entwickelt worden war, traten die äußeren Gesichtspunkte sachlicher unpersonaler Wertung. Der Begriff der „Humanität", in dem die vorangegangene Geistesepoche kulminierte, verlor seine Vorrangstellung gegenüber dem Materialismus und gegenüber einer zunehmenden Profanierung.

2. Soziale Not und Erziehungshilfe

Mit dieser Minderbewertung des Humanen ging die große soziale Not einher, von der am stärksten die Arbeiterklasse betroffen war. Bei langer Arbeitszeit und schlechter Bezahlung, ungeschützt bei Unfall und Krankheit leistete der Arbeiter an oft gefährlichen Arbeitsplätzen schwerste Arbeit. Frauen mußten mitverdienen, Kinderarbeit war weit verbreitet, damit die Familie das Nötigste erwerben konnte. Die Wohnverhältnisse in Mietskasernen, in Kellerwohnungen, in Hinterhöfen waren weitgehend menschlich unzumutbar. Romane und Dramen des Naturalismus, Zeichnungen wie die der Käthe Kollwitz haben Bilder tiefgreifender menschlicher Not der Nachwelt aufbewahrt.

Politische Aktionen zur Behebung der sozialen Not wurden von der politischen Linken und auch von den bürgerlichen Parteien und Kreisen unternommen, die dann schließlich zu Gesetzgebungen, wie den Sozialistengesetzen, den Arbeiterschutzgesetzen, den Bestimmungen über Invalidenrente u. a. führten. Zugleich wurde die soziale Frage auch unter einem erzieherischen Aspekt gesehen, und es waren vor allem die Kirchen, die Träger einer sozialen, pädagogischen Hilfe wurden.

Hilfe für den Menschen, der in Not ist, leistete die „Innere Mission". Johann Hinrich Wichern (1808—1881) hatte sie ins Leben gerufen mit dem Ziel, das Volk mit dem Gedanken der sozialen Verantwortung zu durchdringen. Neben das Wort der Predigt und die Seelsorge sollte die helfende Tat treten. Seine „Denkschrift an die Deutsche Nation" von 1849 weckte das Gewissen für die praktische Nächstenhilfe im Sinne kirchlicher Liebestätigkeit. Das kirchliche Wirken schien zu stagnieren; er wollte es wieder mit Leben erfüllen, das Gemeindeleben erwecken, die Liebestätigkeit aktivieren. Er selbst griff die Jugenderziehungsaufgabe praktisch an und schuf im „Rauhen Haus" bei Hamburg ein Erziehungsheim. Mit ihm erwachte eine neue pädagogische Energie, die sich besonders der erziehungsschwierigen jungen Menschen annahm. Wicherns Werk stellte einen der entscheidenden Ansätze neuerer Sozialpädagogik zur Überwindung der Jugendverwahrlosung dar[2].

In den gleichen Jahren war auf der katholischen Seite der Bischof Freiherr von Ketteler (1811—1877) der Führer einer christlich-sozialen Bewegung. Sein Buch „Die Arbeiterfrage und das Christentum" (1864) ging aus von dem Caritasgedanken des frühen Christentums und legte dar, daß die Arbeiterfrage nicht nur eine Frage der Erwerbsmöglichkeiten und der politischen Maßnahmen sei, sondern eine innere Frage der Bindung an den Glauben und einer religiösen Erneuerung. Adolf Kolping (1813—1865), der Gründer der katholischen Gesellenvereine, schuf Einrichtungen, die der von ihnen erfaßten Jugend Hilfe, Heimstatt, Betreuung und das Bewußtsein verpflichtender Werte gaben. Durch seine „Rheinischen Volks blätter für Haus, Familie und Handwerk" (seit 1854) und seinen „Kalender für das katholische Volk" wirkte er als Volksschriftsteller in die Breite und schuf Voraussetzungen für das Verständnis sozialerzieherischer Forderungen[3].

III. Ziele und Wirkungen der Frauenbewegung

Die Frauenbewegung gehört zu dem weiteren Problemkreis der „Frauenfrage", also der Frage nach der Stellung der Frau in der Gesellschaft, nach ihren Pflichten und Rechten, insbesondere ihrem Verhältnis zum männlichen Teil der Gesellschaft. Jede Gesellschaft hat, entsprechend ihrer jeweiligen sozialen Auffassung, der Frau eine bestimmte gesellschaftliche Zuordnung gegeben. Wird man sich dessen bewußt oder ergeben sich gesellschaftsbedingte Veränderungen, wird die „Frauenfrage" akut[4]).

Die Frauenbewegung hebt sich ab als eine in Europa erstmalige historische Erscheinung, deren Wurzeln in der Aufstellung der Menschenrechte im 18. Jahrhundert und in den revolutionären demokratischen Grundbegriffen der Gleichheit, Freiheit und Brüderlichkeit lagen. Bereits im 19. Jahrhundert ereigneten sich die entscheidenden Vorstöße der Frauenbewegung, wobei in England die Suffragetten (suffrage = Stimmrecht) eine führende Rolle spielten. In Deutschland war die Jahrhundertwende der Höhepunkt der Frauenbewegung. In den Jahren 1901—1906 erschien das „Handbuch der Frauenbewegung" in 5 Bänden, Herausgeberinnen waren die beiden Führerinnen der Frauenbewegung, Helene Lange (1848—1930) und Gertrud Bäumer (1873—1952). In den folgenden Jahrzehnten wirkte sich die Frauenbewegung praktisch in vollem Umfang aus und konnte ihre Ideen insbesondere auf den Gebieten des Erziehungs- und Bildungswesens verwirklichen. Noch Anfang der 30er Jahre wurde sie als aktuell empfunden: „Ziele und Aufgaben der Frauenbewegung sind noch heute die gleichen wie vor 80 Jahren"[5]). Heute gibt es bei uns keine Frauenbewegung mehr, wohl aber noch eine Frauenfrage und Themen wie „Gleichberechtigung", „Frau und Beruf", „weibliche Bildung" bleiben akut.

1. Die drei Aufgaben

Auf drei Gebieten sah die Frauenbewegung ihre Ziele und Aufgaben:
Bis in das 19. Jahrhundert hatte die Frau keinen selbständigen

eigentlichen Beruf und keine Berufsausbildung. Ihre Erziehung und Bildung waren darauf abgestellt, daß sie heiraten und als Ehefrau die Hauswirtschaft führen würde. Heiratete sie nicht, so befand sie sich lebenslang in der Versorgungsabhängigkeit von ihrer Familie. Ihr Leben entbehrte nach allgemeiner Anschauung der eigentlichen Erfüllung. — Es war das Ziel der Frauenbewegung, der Frau das Berufsleben zu erschließen und ihr hierin die gleichberechtigte Partnerschaft zum Mann zu verschaffen. Sie sollte die Möglichkeit haben, im Berufe nicht nur frei und unabhängig zu sein, sondern auch durch ihn eine Erfüllung ihres Wesens zu finden, verbunden mit dem Bewußtsein, ein nützliches Glied der Gesellschaft zu sein.

Am öffentlichen Leben und an der Politik hatte die Frau bis in die jüngste Vergangenheit keinen Anteil, weder konnte sie wählen noch gewählt werden, sie hatte keinen Zugang zu öffentlichen Ämtern und man erwartete von ihr kein überfamiliäres Interesse und keine eigene Meinung auf diesen Gebieten. Was seit je für die Kirche galt: „mulier tacet in ecclesia", hatte für sie auch in bezug auf Staat und Gesellschaft Geltung. — Die Frauenbewegung wollte die Frau aus dieser Unmündigkeit befreien, ihr das aktive und das passive Wahlrecht geben und Sorge tragen, daß sie bewußt und selbständig am öffentlichen Leben teilnimmt. Ihre Gleichberechtigung sollte wie im beruflichen so auch im politischen Bereich verwirklicht werden. Die Fragen der Rechte der Frau waren in den beruflichen und politischen Problemstellungen mit enthalten.

Aus den Aufgaben und Zielen in beiden Bereichen, dem wirtschaftlich-beruflichen wie dem politisch-gesellschaftlichen, ergaben sich unmittelbare Konsequenzen für Bildung und Erziehung. Hatte es bis dahin über die Volksschulbildung hinaus kaum eine weiterführende Mädchenschulbildung gegeben und für die Frau keinen Zugang zur Universität und damit zu den akademischen Berufen, so mußte es nun das Ziel der Frauenbewegung sein, auch auf diesem pädagogischen Gebiet die Gleichberechtigung herzustellen: ein neues höheres Mädchenschulwesen zu schaffen und die Tore der Universität den Frauen zu öffnen.

Es ist eine bewunderungswürdige Leistung der Frauenbewegung, daß es ihr trotz eines weitgehend starken Widerstandes, vor allem von seiten des männlichen Teils der Gesellschaft, gelungen ist, auf allen drei Gebieten zu entscheidenden Erfolgen zu kommen.

2. Das Leitbild

Die Frauenbewegung ist unzureichend interpretiert, wenn sie etwa nur als der Aufstand der Frau gegen die Vorherrschaft des Mannes, als Emanzipationsbewegung, als Kampf um Gleichberechtigung gesehen wird. Sie wollte nicht nur der Frau eine neue Stellung in der Gesellschaft zukommen lassen. Sie wollte vielmehr einen wesentlichen Beitrag für die Gestaltung und Sinnerfüllung der menschlichen Gesellschaft leisten. Die Gesellschaft erschien ihr unter der Vorherrschaft des Mannes nur einseitig entwickelt: Mit der Verselbständigung der objektiven Mächte des Staates, der Wirtschaft und der Technik war das „Eigentlich-Menschliche" in Gefahr geraten und das gesellschaftliche Leben noch nicht voll zur Entfaltung gekommen. Die Frau habe die Möglichkeit und die Aufgabe, aus ihrem Wesen heraus die Bildung einer neuen Gesellschaft einzuleiten und durchzuführen, eine Entwicklung, die beiden Geschlechtern zugute käme. Helene Lange sagte:
„Zur Blüte gelangen kann aber diese edlere Kultur nur in der Freiheit. Und wenn sie, die die Eigenart des Mannes entwickelte und ihn zu bewußter Selbstbehauptung erzog, auch die der Frau gereift haben wird, wenn beide Hälften des Menschengeschlechts zu ihrer vollen Bestimmung herangewachsen sind, dann wird der Augenblick gekommen sein, wo die Grenzlinien, die heute noch trennen, zu Verbindungslinien werden, wo man die Verschiedenartigkeit der Geschlechter auch für die gemeinsame Kulturarbeit als Segen empfinden und die törichte Frage nach der Mehr- oder Minderwertigkeit der Geschlechter — auch sie ein Symptom einer Kinderkrankheit — nicht mehr aufgeworfen werden wird, da jedes weiß, daß es bei aller Gemeinsamkeit am anderen auch etwas Eigenes, Köstliches, nicht zu Ersetzendes besitzt"[6]).
Damit war auch gesagt, daß die Frauenbewegung weder eine Vermännlichung der Frau noch eine rivalisierende Stellung zum Mann noch eine Entwicklung der Frau vom Manne weg anstrebte, son-

dern daß sie in einer neuen, in der Freiheit erlangten Reifung der Frau auch die Voraussetzung zu einer tieferen Partnerschaft zum Manne sah. Es ist die Aufgabe, daß die Frau zu ihrem Wesen, „als Mensch zum Menschen schlechtweg gebildet wird". Helene Lange und mit ihr die Frauenbewegung wiesen dabei auf die biologische Funktion der Frau und die zugleich mit ihr gegebenen sittlichen und seelischen Qualitäten: die Mütterlichkeit, in ihrer geistigen Bedeutung und Verpflichtung: „... in der weiblichen Bestimmung steckt ein Unveräußerliches und Unabänderliches: ihre mütterliche Aufgabe. Alles, was unmittelbar zu dieser Aufgabe gehört — auf physischem Gebiet Gesundheit und Kraft, auf geistigem alle für die Erziehung vorzugsweise notwendigen Eigenschaften der seelischen Beweglichkeit, Einfühlungskraft, Aufopferungsfähigkeit und inneren Sicherheit —, wird immer zur Kulturidee der Weiblichkeit gehören"[7]). Mütterlichkeit als Wesenszug der Frau ist nicht gebunden an das Muttersein, kann sich also entwickeln und auswirken, wo immer· eine Frau in der Gemeinschaft lebt und arbeitet, auch wenn sie selbst keine Familie hat. Es sollte kein Widerspruch bestehen zwischen der Hinführung zur weiblichen Bestimmung und der Erschließung der Berufswelt. Die Frauenbewegung zog eine Konsequenz·aus dieser Konzeption: Sie strebte an, grundsätzlich alle Berufe der Frau zu öffnen und sie ihr zu ermöglichen, aber sie gab den Vorzug den Berufen, in denen das Sorgen und Helfen, das Einfühlen und der menschliche Bezug ganz besonders zur Auswirkung kommen· können, also den sozialen und den pädagogischen Berufen.

3. Pädagogische Folgerungen

Es entstanden Höhere Mädchenschulen, von denen ein Teil so weit ausgebaut wurde, daß er zum Abitur führte. Ihrem Lehrplan nach gehörten diese Schulen meist zum realgymnasialen Typ. Höhere Schulen, die bis dahin ausschließlich Jungenschulen waren, öffneten sich auch den Mädchen, was bei anhaltendem Widerstand erst von 1918 an in größerem Umfang gelang. Lange Zeit waren die Mädchen hier in der Minderzahl. Es ergaben sich, vor allem in den Landerziehungsheimen, die leidenschaftlich diskutierten Probleme der

Koedukation. Die Bestrebungen, neben den nach dem Lehrplan der Jungengymnasien arbeitenden Höheren Schulen für Mädchen einen eigenen Typ Höhere Schule zu schaffen, der den spezifisch weiblichen Aufgaben der Frau in Leben, Familie und Beruf stärker entspräche, führte zur Gründung der „Frauenoberschulen", denen es dann allerdings nicht gelang, die volle Hochschulreife zu erreichen. Es entstand die Frage, ob nicht die Mädchenschulen, die Mädchenklassen und auch die Koedukationsschulen und -klassen einen besonderen Lehrplan erforderten, der nicht nur in den sogenannten praktischen Fächern, sondern auch in den geistigen die Interessen und Ziele der Mädchen stärker berücksichtigen könne. Zahlreiche sozialpädagogische Ausbildungsstätten für Mädchen mit und ohne Abitur entstanden in der Folge der Frauenbewegung und der durch sie bewirkten Umstrukturierung des weiblichen Berufs- und Bildungswesens.

Der erregendste und in seinen Auswirkungen bedeutendste Erfolg der Frauenbewegung war die Öffnung der Universität und der ihr gleichgestellten Hochschulen für die Abiturientinnen. Der Widerstand der traditionsgebundenen, ehrwürdigen alma mater war beträchtlich. So lauteten Gegenstimmen von Professoren: „Ich halte die Frauen zum akademischen Studium und zur Ausübung der durch dieses Studium bedingten Berufszweige in körperlicher und geistiger Beziehung für völlig ungeeignet." Und: „Das sieht so aus, als ob das Frauenstudium Mode werden wollte, und das wäre nicht gut . . . Unsere Kinder sollen von Müttern geboren werden, die ein ausgeruhtes Gehirn und genügend Zeit zur Aufzucht einer zahlreichen Nachkommenschaft haben"[8]). Das Frauenstudium setzte sich jedoch durch, von 1909 an stieg die Zahl der Studentinnen rapide, nachdem in diesem Jahr erstmalig die Frauen zur Immatrikulation zugelassen wurden. Unter den akademischen Berufen wurde vor allem der Lehrerinnenberuf das Ausbildungsziel.

Pädagogische Bewegung und Frauenbewegung waren verbunden bei der Neugestaltung der Mädchenbildung und des weiblichen Berufswesens. Zahlreiche Frauen waren infolge ihres neuen Einbezogenseins in das Bildungswesen dort beteiligt, wo Reformen in Angriff genommen wurden. Es erwies sich auch, daß die Frauen, sei es nun als Mutter, Lehrerin oder in anderer Situation, eine besondere Aufgeschlossenheit gegenüber den neuen Reformideen und Praktiken zeigten. Am stärksten jedoch wirkte sich die Frauenbewegung für den neu sich auftuenden Bereich der Sozialpädagogik aus, der als ein Zweig der Pädagogischen Reformbewegung im wesentlichen von Frauen getragen war und in dem sich die pädagogischen Zielsetzungen der Frauenbewegung in besonderer Weise realisieren lassen konnten[9]).

IV. Die Jugendbewegung und ihre pädagogische Bedeutung

Die deutsche Jugendbewegung, die um 1900 aufbrach und 1933 ihr erzwungenes Ende fand, war als eine selbständige profilierte Bewegung ein einmaliges und unwiederholbares geistesgeschichtliches Ereignis. Insofern war sie der Frauenbewegung verwandt, als auch sie eine Emanzipation, die der Jugend, anstrebte und verwirklichte. Ausgesprochener noch als die Frauenbewegung stand sie in unmittelbarem Zusammenhang mit der Pädagogischen Reformbewegung. Wenn sie sich ihr auch keineswegs ausdrücklich zuordnete und erst in einer späteren Phase ihre Bünde sich als „Erziehungsbünde" verstanden, so haben Jugendbewegung und Pädagogische Reformbewegung doch in vielfältiger Wechselbeziehung gestanden, und im historischen Aspekt muß die Jugendbewegung in ihrem Wollen und Wirken als ein entscheidender Bestandteil der Pädagogischen Bewegung gewertet werden. Herman Nohl sagte in den zwanziger Jahren:
„Die Jugendbewegung ist die merkwürdigste und tiefgreifendste Erscheinung der pädagogischen Gegenwart. Sie ist nicht bloß darum pädagogisch so erregend, weil sie das grundlegende Verhältnis aller Pädagogik, das Verhältnis der Generationen, radikal verändert, sondern auch, weil sie sich selbst als eine erzieherische weiß und weil die wichtigsten Führer der pädagogischen Bewegung aus ihr stammen und ihren Geist in jede pädagogische Arbeit hineingetragen haben. Wo heute in der Pädagogik mehr ist als bloße Organisation, Methode und Technik, nämlich ein Suchen nach dem

einheitlichen Ideal einer neuen Humanität, ein neues Verhältnis zur Jugend und ein neuer Stil pädagogischer Gemeinschaft und pädagogischen Wirkens, da ist ein Einfluß der Jugendbewegung festzustellen"[10]). Die Verdeutlichung dieser Zusammenhänge setzt die Skizzierung dessen voraus, was die Jugendbewegung war, was sie wollte und was sie verwirklichte.

1. Zum Verlauf

Die Jugendbewegung begann in den 90er Jahren des vorigen Jahrhunderts mit den Wanderungen von Magdeburger und Steglitzer Gymnasiasten. Bei der vierwöchigen Böhmerwaldfahrt der Steglitzer Schüler führte Herrmann Hoffmann, Karl Fischer war Unterführer. 1901 wurde der Verein „Wandervogel, Ausschuß für Schülerfahrten" gegründet, 1904 entstanden der „Altwandervogel" (Karl Fischer) und der „Wandervogel e. V. Steglitz". Unter den Gründungen der folgenden Jahre sind hervorzuheben: 1907: Knud Ahlborn gründete die „Deutsche akademische Freischar Göttingen"; 1911: Gründung des „Deutschen Pfadfinderbundes"; 1912: Gründung der „Akademischen Vereinigung Marburg (AV)"; 1913: Gründung des Einigungsbundes „Wandervogel e. V.".

Vom 11.—13. Oktober 1913 fand auf dem Hohen Meißner bei Kassel der Freideutsche Jugendtag — der Höhepunkt der Jugendbewegung — statt, zu dem folgende Verbände eingeladen hatten: Deutsche Akademische Freischar, Bund abstinenter Studenten, Deutscher Vortruppbund, Bund deutscher Wanderer, Wandervogel e. V., Jungwandervogel, Österreichischer Wandervogel, Germania Bund abstinenter Schüler, Freie Schulgemeinde Wickersdorf, Bund für freie Schulgemeinden, Landschulheim am Solling, Akademische Vereinigungen Marburg und Jena, Serakreis-Jena, Burschenschaft Vandalia Jena.

Im ersten Weltkrieg stand der größte Teil der Wandervögel im Felde; viele sind gefallen. Nach dem Kriege entstanden weitere Bünde, wie: 1919: „Neudeutschlandbund", „Quickborn"; 1920: „Adler und Falken", „Kronacher Bund der alten Wandervögel",

„Neupfadfinder"; 1922: „Nibelungen", „Schlesische Jungmann-
schaft"; 1924: „Großdeutscher Jugendbund". Ihren Abschluß fand
die deutsche Jugendbewegung, als nach der Machtergreifung des
Nationalsozialismus die zum Großdeutschen Bund vereinigten Verbände der Jugendbewegung aufgelöst wurden, bzw. sich unter dem
Druck der neuen politischen Verhältnisse selbst auflösten[11]).
Soweit zur äußeren Geschichte, deren ausführlichere Darstellung
einzugehen hätte auf die Kundgebungen und Treffen, auf die Fahrten und Lager, auf die Schriften und Zeitschriften — im ganzen ein
überaus reiches und vielgestaltiges Bild eines frei sich entfaltenden
Jugendlebens in Gruppen und Bünden, — bei aller Differenziert-
heit und Mannigfaltigkeit doch ein Bild der Einheit, das berechtigt,
von „der" Jugendbewegung zu sprechen.

2. Wesenszüge

Das Wesen dieser Bewegung ist schwierig zu fassen. Die „Grundschriften der deutschen Jugendbewegung", wie sie heute im Nachdruck vorliegen, sind wichtige Dokumente, lassen aber nur bedingt
das sichtbar werden, was Worte wie Erlebnis, Haltung, Einstellung bezeichnen. Hermann Mau sagte: „Die Jugendbewegung entwickelt sich nicht . . . Ihre bewegende Kraft geht von einem gleich-
bleibenden keiner Wandlung unterworfenen Erlebnis aus"[12]). Diese
Deutung weist auf die innere Einheit dieser Bewegung hin, zugleich
auch auf einen irrationalen Erlebnisgrund, der sich gesprochenem
Wort entzieht. — Es gehört zu den Merkwürdigkeiten der Geschichte und Nachgeschichte der Jugendbewegung, daß die ihr Zuge-
hörigen sich oft erkannten, bevor sie noch gesagt hatten, daß sie zur
Jugendbewegung gehörten und zu welcher Gruppe.
Die Jugendbewegung hat kein anerkanntes größeres literarisches
Dokument oder allgemeines Programm gehabt, so groß die Viel-
zahl ihrer Proklamationen und Bekenntnisse war. Wohl aber ist
die auf dem Freideutschen Jugendtag von einem ihrer bedeutenden
Wortführer, von Gustav Wyneken angeregte sogenannte Meißner-
Formel damals wie heute als überzeugende Formulierung dessen
angesehen worden, was die Jugendbewegung war und wollte. Sie

lautet: „Die Freideutsche Jugend will aus eigener Bestimmung, vor eigener Verantwortung, mit innerer Wahrhaftigkeit ihr Leben gestalten. Für diese innere Freiheit tritt sie unter allen Umständen geschlossen ein. Zur gegenseitigen Verständigung werden Freideutsche Jugendtage abgehalten. Als Grundsatz für gemeinschaftliche Veranstaltungen gilt: Alle gemeinsamen Veranstaltungen der Freideutschen Jugend sind alkohol- und nikotinfrei."

Unausgesprochen liegt in diesen Worten, daß diese Jugend nicht mehr nur als Vorstufe zum Erwachsensein angesehen und daß sie in der Führung und Gestaltung ihres Lebens nicht mehr von den Erwachsenen, d. h. dem Anspruch der Gesellschaft, bestimmt sein wollte. Sie wollte ihr Jugendalter als eine eigene in sich begründete Lebensphase verstehen, wollte ihr Leben selbst in die Hand nehmen und es „aus eigener Bestimmung, vor eigener Verantwortung" leben und gestalten. Darin sah sie ihre innere Freiheit, für die sie geschlossen eintreten wollte. Innere Wahrhaftigkeit bezeichnete das Ethos der neuen Haltung dieser Jugend. Der Entschluß, in weiteren Tagungen zusammenzukommen, war Ausdruck der in einer gemeinsamen Haltung begründeten und immer wieder neu erlebten Solidarität. Der Grundsatz der Freiheit von Alkohol und Nikotin entsprang ihrem Protest gegen die Geselligkeitsformen der bürgerlichen Gesellschaft und ihrem Willen zu einer natürlichen und gesunden Lebensführung.

Der größere Auftrag, den diese Jugend für das Geistesleben ihres Volkes übernehmen wollte, kam in den Worten der Einladung zum Meißner-Tag zum Ausdruck: „Die deutsche Jugend steht an einem entscheidenden Wendepunkt. Die Jugend, bisher nur ein Anhängsel der älteren Generation, aus dem öffentlichen Leben ausgeschaltet und auf eine passive Rolle verwiesen, beginnt sich auf sich selbst zu besinnen. Sie versucht, unabhängig von den Geboten der Konvention sich selbst ihr Leben zu gestalten. Sie strebt nach einer Lebensführung, die jugendlichem Wesen entspricht, die es ihr aber zugleich auch ermöglicht, sich selbst und ihr Tun ernst zu nehmen und sich als einen besonderen Faktor in die allgemeine Kulturarbeit einzugliedern. Sie möchte das, was in ihr an reiner Begeisterung für höchste Menschheitsaufgaben, an ungebrochenem Glauben

und Mut zu einem adligen Dasein lebt, als einen erfrischenden ver-
jüngenden Strom dem Geistesleben des Volkes zuführen"[13]).

Auf den Voraussetzungen solcher Willensäußerungen zeichnen sich
neue Erfahrungen, Einstellungen und Erlebnisweisen dieser Jugend
der Jugendbewegung ab, die für sie als signifikant anzusehen sind.

3. Protesthaltung und Zielsetzung

Mit innerer Notwendigkeit mußte diese Jugend, die darum rang,
selbständig ihrem Leben eigene Formen zu geben, im Gegensatz zur
Erwachsenengeneration stehen, die sie bis dahin geführt und über
sie bestimmt hatte. Der Gegensatz verschärfte sich dadurch, daß
man die Lebensform der Erwachsenen nicht nur als für sich selbst,
die Jugend, nicht gemäß ablehnte, sondern sie von neu ergriffenen
Maßstäben aus überhaupt beurteilte und — disqualifizierte. Mehr
oder weniger stark kam immer wieder von neuem der Protest gegen
die bürgerliche Gesellschaft jener Tage zum Ausdruck, vor allem
gegen ihr Beherrschtsein von Konvention, von ständischen Vorurteilen, von übersteigerten Ehrbegriffen, von doppelter Moral im
Verhältnis der Geschlechter. Man verurteilte die Sitten und Gepflogenheiten der Geselligkeit, wie sie etwa auch im Korporations-
wesen mit seinem Komment zur Geltung kamen, man lehnte den
bürgerlichen Stil des Wohnens mit Plüsch, Kitsch und Nippes ebenso
ab wie die Kleidung jener Tage mit Hut, Korsett, Stehkragen und
Schlips. Der Protest richtete sich dabei gegen das Unnatürliche, das
Unwahrhaftige und das Unechte des traditionellen Lebensstils.

In solcher Verurteilung stand diese Jugend unter den Einwirkungen
der Kulturkritik, und zu Recht ist darauf hingewiesen worden, daß
dieser Protest sich nicht zufällig in eben den Jahren ereignet hat, in
denen die bürgerliche Erwachsenenwelt ihrer Selbstsicherheit und
Überlegenheit, ihrer eigenen Wertwelt und ihrer Lebensformen un-
gewiß wurde[14]). Zugleich aber fand die Jugendbewegung unter den
Erwachsenen und besonders bei denen Verständnis, die das Brüchig-
werden der Kultur empfanden und auf Erneuerung, auf Reform
drängten und von der Jugend bedeutende Wandlungen erhofften.

Fragt man nach dem Bilde, das die Jugendbewegung selbst als

Sinn und Ziel ihres auf den Grundwerten der Freiheit und Wahrhaftigkeit, der eigenen Bestimmung und Selbstverantwortung neu zu gestaltenden Lebens sah, lautet die Antwort:

„Mensch" zu sein, „wirklich" Mensch, ein „neuer" Mensch, Mensch im „wesentlichen" Sinne zu sein — wo man sich solcherart betont des Wortes Mensch bediente und ihm dabei einen neuen Klang und Gehalt gab, war die Ablehnung alles dessen gemeint, was als Verfremdung des Menschen empfunden wurde, wie Rationalität, Konventionalität, Berufsbestimmtheit, Massendasein. Dem eigenen Lebensgefühl entsprach das neue Menschenbild der Ganzheit und inneren Erfülltheit, mit starker Betonung der Emotionalität, der Tiefe, der Innerlichkeit, des Schöpferischen und ebenso auch der Tat. Ursprünglichkeit, Unmittelbarkeit und Echtheit waren wesentliche Momente dieses Bildes. Die Jugendbewegung hat nicht ausgesprochen die „Persönlichkeit" verherrlicht — das Wort erschien ihr abgegriffen — wohl aber galt ihr der Einzelne viel und den Zügen des Individuellen und Originalen maß sie besondere Bedeutung bei. Sie war dabei auf Auslese der besonders Qualifizierten bedacht.

Wenn die Jugendbewegung von Verantwortung sprach, bezog sie die darin gelegenen konkreten tätigen Verpflichtungen auf die größere Gemeinschaft der Jugend selbst und ebenso auch auf ihre Aufgabe gegenüber dem größeren Ganzen der Gesellschaft. Sie wollte einen Beitrag zur Kulturarbeit „des Volkes" leisten, wie es in der Einladung zum Meißner-Tage zum Ausdruck kam und wie Bruno Lemke es in den Diskussionen weiter ausführte[15]). In den zwanziger Jahren kamen Vorstellungen eines neu zu schaffenden Volkes, einer neuen Gesellschaft auf, Entwürfe eines „neuen Reiches" entstanden, bei denen Deutungen mittelalterlicher Geschichte („Der weiße Ritter") sich mit der Prophetie eines Stefan George verbanden. Es entwickelten sich konkrete politische Konzeptionen nach den Parteiprogrammen, vor allem bei den Bünden, die politisch orientiert waren. Bedeutend waren auch die religiösen Jugendverbände. Wie auch immer diese Vorstellungen waren, der Weg zur Verwirklichung führte über die selbst gelebte und gestaltete Jugendgemeinschaft als Vorform und Vorbild zukünftiger neuer Lebensformen der Gesellschaft.

4. Gemeinschaft

Das stärkste, das eigentlich tragende Erlebnis der Jugendbewegung war das Erlebnis der Gemeinschaft. In Freundschaft, Kameradschaft und Bruderschaft erfüllte es sich und in Bund und Gruppe bildeten sich die neuen Formen heraus. Die wechselseitige Verbundenheit aller, die zu ihr gehörten, war außergewöhnlich intensiv, auch wenn man berücksichtigt, daß das Jugendalter das Alter der Freundschaften ist. Die inneren Beziehungen erwuchsen aus der erfahrenen Übereinstimmung der Gesinnung im gemeinsamen Leben und Tun der Gruppe, man vertraute und wußte in dem anderen, dem die selbstverständliche Du-Anrede galt, den Menschen gleicher Art.

Die Jugendbewegung umschloß Jungen und Mädchen. Nachdem in den ersten Jahren nur Jungen den Wandervogelgruppen angehört hatten, kam später das Mädchenwandern auf, und es bestanden dann die Gruppen überwiegend aus Jungen und Mädchen. Mit Selbstverständlichkeit war man in Kameradschaft und Freundschaft verbunden. Gegenüber einer bürgerlichen Jugend mit Tanzstunde, Flirt, Poussiererei, gegenüber der sich mit offizieller Distanz verbindenden Sicht des anderen als Geschlechtswesen und gegenüber einer bürgerlichen Gesellschaft, in der der Primaner und das Dienstmädchen, der Herr Leutnant und der Backfisch pikante Themen abgaben, entwickelte sich hier eine neue Beziehung der Geschlechter, die auf menschlicher Achtung aufbaute. Das Mädchen war die unentbehrliche Gefährtin in der Gemeinschaft und diese war „kein Tummelplatz geschlechtlicher Verführungen und Trivialisierungen, sondern der Schauplatz einer bemerkenswerten Disziplin"[16]). Der homoerotische Zug, den Hans Blüher publizistisch herausstellte, betraf nur eine kleine Minderheit.

In Gruppe und Bund lebte die Jugendgemeinschaft, lernte sie, Kameradschaft zu halten, sich einzuordnen, sich zu helfen und gemeinsam etwas zu unternehmen. Nicht jeder wurde aufgenommen, er mußte den jeweiligen Auffassungen und dem gewonnenen Stil entsprechen. Das Eliteprinzip ist in der Jugendbewegung stark zum Tragen gekommen. Der Auslesegedanke auf der Grundlage der Gesinnungsgemeinschaft verhinderte, daß die Jugendbewegung ihren Erziehungscharakter verlor und daß sie Massenbewegung wurde. — Das Führer-Gefolgschaftsverhältnis strukturierte die Gruppen und Bünde der Jugendbewegung. Der Führer wurde gewählt, und damit war seine Autorität von allen mitgetragen. Er hatte sich ständig neu zu qualifizieren, und seine Stellung beruhte auf dem personalen Bezuge zu seiner Gefolgschaft. Wohl beschloß man gemeinsam, aber im Zweifelsfall entschied der Führer der Gruppe. Jugend wurde durch Jugend geführt — dies entsprach ihrer Lebensform und erschien zugleich als Muster für eine neue Volksordnung. Die bildende Kraft einer Bewährung als Jugendführer gehörte zu den stärksten pädagogischen Momenten der Jugendbewegung.

Unter den Inhalten des Gemeinschaftslebens der Jugendbewegung ist das Wandern an erster Stelle zu nennen. Aus dem „Wandervogel" war die Bewegung hervorgegangen; zunächst waren Wandervogel und Jugendbewegung identisch. Nur dort, wo „gewandert" und nicht „marschiert" wurde, war der Geist der Jugendbewegung lebendig. Die Jugend war großstadtfeindlich. Wenn sie „aus grauer Städte Mauern" „ins weite Feld" zog, wollte sie sich nicht entspannen, erholen, den ästhetischen Reiz der Landschaft genießen; ihr Erlebnis des Wanderns war vital und geistig zugleich, es entsprach einem neuen Körpergefühl, wie es sich in der Jugendbewegung entwickelte, und zugleich einer neuen geistigen Haltung. Im Fahrtenleben mit Wandern und Singen, mit Lager und Lagerfeuer, mit Wettkampf und Spiel erschloß sich die Jugend eine neue Welt, gewann sie, wie sie meinte, ein ursprüngliches, verlorengegangenes Leben wieder. Das Wandern war ihr „eine freie und geistige Lebensbetätigung, ebenso reich wie schlicht."

„Sich morgens am Ziehbrunnen zu waschen, dem Bauern für die Bleibe zu danken, längs der Knicks durch das Ackerland zu gehen, den Bach zur Mittagsrast zu wählen und das Feuer zu hüten, dem Wilde nachzuspüren und sich wieder zurechtzufinden, am Abend auf ein Gut zu ziehen, um ein Heulager zu bitten und vielleicht das Abendbrot mit dem Gesinde zu teilen, wohl auch draußen im Windschutz der Tannen zu nächtigen — das alles ließ jeweils ein Stückchen Welt ursprünglich erfahren und lehrte, mit Dingen und Menschen auf kernhaft-schlichte Weise umzugehen. Je geübter sie darin wurden, um so freier konnten sie schweifen und schauen; das Leben der gewachsenen Natur wurde ihnen vertraut"[17]).

Zum Wandern gehörte das Singen, gehörten Klampfe und Geige, Volkstanz und Laienspiel. Fritz Jöde hat von der „neuen Musikgesinnung" gesprochen, die sich hier entwickelte: „Da kam der Wandervogel, stellte unbekümmert um Musik einen neuen Menschen hin, und mit dem neuen Menschen ungerufen gewachsen, wurde ein neuer Volksgesang. Einmal wieder wirklicher Volksgesang, denn Mensch und Musik verwuchsen innerlich. Dieser Gesang ist ein Stück unseres Ich geworden. Daher wuchs bei uns eine Sangesfreudigkeit, die bis heute keine Schule, kein Verein, keine Verbindung aufgebracht hat"[18]).

Die Jugendbewegung hatte ein neues Verhältnis zum „Volk", dem der Romantik verwandt, die 100 Jahre zuvor das Volk wiederentdeckt hatte. In Verbundenheit mit dem bäuerlichen Menschen, den sie auf Fahrt in den Dörfern traf, fühlte die Jugend sich dem Volke verwandt, weil es einfach und ursprünglich war und noch natürlich lebte. Sie sah bei ihm auch die Kunst beheimatet, von der sie selbst erfüllt war: in Handwerk, Lied und Tanz. Mit der Ablehnung des kultivierten Konzertliedes und des konventionellen Gesellschaftstanzes verband sich die leidenschaftliche Liebe zum Volkslied — der „Zupfgeigenhansl" von Hans Breuer war die Liedersammlung dieser Jugend — und zum „Volkstanz", der im Freien als offener Paar- und Reigentanz in vielfältigen Formen mit großer Hingabe getanzt wurde. Dazu kam das Laienspiel, improvisiert auf Fahrt oder im Heim, ebenso wie Tanzen und Singen nur denkbar in der Gemeinschaft der Jungen und Mädchen. Singgilden und Spielgruppen sind aus dem Singen, Tanzen und Spielen dieser Jugend hervorgegangen.

„Die Wandervögel sind überhaupt im gewachsenen Volkstum, in seinen Bräuchen, Liedern und Spielen, seinem Gerät und Schmuck auf manches gestoßen, das echter anmutete als das gespreizte und unstete städtische Wesen, und das volkhaft Tradierte hatte für sie nicht nur musealen Wert, sondern sie übernahmen daraus in ihr eigenes Leben, was sie sich anverwandeln konnten. Das augenfälligste Beispiel dafür ist das Volkslied. Aber ebenso bezeichnend ist, daß sie bei der tradierten Weise, es zu singen, nicht stehen blieben; schon vor dem ersten Weltkrieg begannen sie mit Stimmen und Instrumenten nach alten und neuen Sätzen polyphon zu musizieren, und das führte sie über folkloristische Elemente beträchtlich hinaus"[19]).

Beim Wandern, am Lagerfeuer, im Heim ergab sich das Gespräch, und diese problemerfüllte junge Generation konnte bis tief in die Nacht hinein im Gespräch letzten Fragen des Daseins nachgehen. Hier kamen das Suchen und Ringen jedes einzelnen zum Ausdruck, hier fanden die religiösen Fragen ihre Erörterung aus der Tiefe des persönlichen Empfindens, hier standen drängende Lebensprobleme zur Diskussion. Die Worte der Dichter, die Heilige Schrift wurden herangezogen, um den eigenen Weg in die Zukunft zu klären und die Orientierung an letzten entscheidenden Werten zu finden. Die Geistigkeit dieser Jugend, verbunden mit natürlicher Vitalität, war eines ihrer auffallendsten Merkmale, das sich freilich nur dem offenbarte, der mit zu ihr gehörte oder dem sie sich vertrauend öffnete. Hinzu kam der Wille zur Tat, der sich in den Unternehmungen der Jugendbewegung realisierte, ihren Grenzlandfahrten, ihrer Volkstumsarbeit, ihren Arbeitslagern und dann in den beruflichen Tätigkeiten, die ergriffen wurden. Hierbei stand die Sozialarbeit an erster Stelle. Freilich fiel dann manchem der Übergang vom Reich der Jugend in die Wirtschaftswelt und zu beruflichen Anforderungen nicht leicht und gelegentlich hat ein gewisser Typ des „ewig Jugendbewegten", war er der Zahl nach auch klein, bei Außenstehenden gehegte Zweifel am Werte dieser Bewegung verstärkt.

Die Angehörigen der Jugendbewegung kleideten sich anders, als es der konventionellen Mode entsprach und sie sahen sehr ausdrücklich in dem neuen Stil ihrer „Kluft", ihrer „Tracht" ein Moment ihrer neuen Lebensauffassung. Man trug den offenen Kragen, den „Schillerkragen", die kurze Hose, eventuell Kniestrümpfe, vielfach Sandalen, man trug keinen Hut, höchstens die Baskenmütze, und auch bei Regenwetter durchaus keinen Regenschirm. Das lange Haar trat an die Stelle des Militärschnittes. Die Mädchen trugen lange Kleider ohne Taille, möglichst aus handwerklich gewebten

Stoffen gefertigt, geschmückt mit den großen Silber- und Bronzebroschen, die, oft in Anlehnung an germanische Motive, ein neues Kunsthandwerk herstellte und die die neu entstandenen „Dürerhäuser" verkauften. Zöpfe, Zopfkränze, der Haarreif waren häufig. Am Abzeichen war zu erkennen, welchem Bunde man angehörte.

Schließlich sind die ungeschriebenen Gesetze zu erwähnen, die sehr konsequent und unnachsichtig gehalten wurden. Rauchen und Alkoholtrinken waren „unmöglich" und wurden erst auf den Voraussetzungen mit Leidenschaft geführter Diskussionen in der letzten Phase der Jugendbewegung bis zu einem gewissen Grade akzeptiert. Das gleiche galt für den gesellschaftlichen Tanz. Freilich haben in äußeren Formen Unterschiede bestanden, aber im ganzen blieben die bewußte Distanzierung von der bürgerlichen Konvention und das Auferlegen von eigenen Formen in der Jugendbewegung maßgebend, wobei sich in der Form mehr ausdrückte, als es zunächst scheinen mochte.

5. „Erziehungsgemeinschaften"

Die Jugendbewegung verstand ihre Gruppen und Bünde zunehmend als Erziehungsgemeinschaften: „Was bedeutet dies Wort? Nun doch wohl, daß sich diese Gemeinschaften die Erziehung zur Aufgabe setzen. Nicht etwa die Erziehung zu guten Musikanten oder eifrigen Philologen, sondern die Erziehung schlechthin. Auch nicht zu guten oder bösen Menschen, überhaupt nicht in diesem Sinne zu etwas, sondern sie wollen ganz allgemein: erziehen. Es muß also wohl in dem Begriff der Erziehung selbst schon eine gewisse Richtung liegen, die, wenn sie nur streng genug erforscht wird, weiterführt. — Aber wer erzieht denn? Wohl einer, der es besonders kann oder es besonders gelernt hat? Nein. Alle erziehen. Wen? Sich selber. Und warum nicht jeder für sich, warum tun sie sich zusammen? Weil es im Wesen der Erziehung liegt, daß sie sich in der Gemeinschaft entfaltet, daß sie Gemeinschaften begründet. Wohl kann sich jeder im stillen Kämmerlein belehren, unterrichten; aber um sich zu erziehen, muß er sich mit andern vertragen, bekämpfen und wieder vereinen.

Daher Gemeinschaftserziehung. Aber sie geht durchaus auf das Selbst aus. Wie wird die Gemeinschaft ihre Glieder auf einen bestimmten Zweck einschwören, wenn sie Erziehungsgemeinschaft sein will?"[20])

In mehrfacher Richtung wirkte sich die Jugendbewegung auf das Erziehungs- und Bildungswesen und damit auf die neuere Pädagogik aus:

Mit der Jugendbewegung trat zum erstenmal die Jugend als eine eigene Lebensphase mit ihrem Anspruch auf eigene Lebens- und Ausdrucksformen hervor. Gewiß gab es schon früher den Jüngling und die Jungfrau als Vorstufen der Erwachsenen, es gab Vereine, in denen sie zusammengeschlossen waren, und es gab die beruflichen Ausbildungsstufen, aber erst mit der Jugendbewegung erlangte die Jugend ein Eigenrecht als Jugend.

Die Jugendbewegung gewann neue Wertgehalte und Maßstäbe und damit Zielsetzungen der Erziehung, das „einheitliche Ideal einer neuen Humanität". Als solche Maßstäbe, Werte und Gehalte nannte Hans Bohnenkamp: „Die wohltätige Kraft asketischer Zucht und auf deren Grunde die Bejahenswürdigkeit des menschlichen Leibes, die eigene Würde der belebten Natur und die Aufgabe des Menschen als ihres Hüters, Vertrauen als Bedingung wahrer Sozietät und Autorität, die Verwurzelung der Kunst im musischen Tun des Laien, das Gespräch mit der Bereitschaft zu vorurteilslosem Zuhören und unbefangener Überprüfung der eigenen Position als Erkenntnisweg, das Erfordernis, daß Wissen im Tun und Anschauen in der Lebensführung sich rechtfertigen, den Unterschied zwischen menschlicher Qualität und sozialem Rang, den Unterschied zwischen spezieller Berufsleistung und menschlicher Bedeutung, schließlich — und erst in der Reflexion — einerseits den Unterschied zwischen eigentlicher und konventioneller Teilhabe am Geist, andererseits die soziale und politische Gebundenheit des menschlichen Seins"[21]).

Mit der Jugendbewegung entstand die neue Form der Jugendarbeit als ein neuer pädagogischer Bereich neben der Familie und der Schule, bemerkenswert durch die das Grundgesetz der Erziehung dieser Jugend ausmachende Selbsterziehung und durch die dabei neu gewonnenen Formen. Die sogenannte „Freizeit" erschien als neues pädagogisches Feld. Zu der schon vorher vorhandenen und von der Gesellschaft aus organisierten Jugendpflege bestand zunächst ein Spannungsverhältnis, das sich dann aber weitgehend ausglich in dem Maße, in dem die Zielsetzungen und Formen der Jugendbewegung in die Jugendpflege aufgenommen wurden und vor allem Angehörige der Jugendbewegung mitarbeiteten.

Die Jugendbewegung war an sich zunächst an der öffentlichen Schule durchaus uninteressiert, wenn sie ihr nicht sogar ganz kritisch gegenüberstand und sie als Repräsentanten einer überholten traditionellen Pädagogik negierte. Ihr Wirkungsraum lag gerade in der Freizeit, in der allein die Möglichkeiten der Entfaltung des eigentlichen Jugendlebens gegeben waren. Zunehmend wurden jedoch Brücken zwischen der Jugendbewegung und der Schule geschlagen, und zwar dort, wo ein neuer Typus Schule geschaffen wurde. In den neuen Reformschulen lebte der Geist der Jugendbewegung und konnte er sich entfalten. Die Landerziehungsheime sind hier hervorzuheben. Gustav Wyneken war der Wortführer der freien Schulgemeinde als Stätte einer neuen „Jugendkultur." „... ein Wanderbund allein kann die neue Jugendkultur nicht schaffen. Die Wandervogelbewegung, der Exodus der Jugend aus dem Diensthause muß zu einem neuen Reiche der Jugend führen ... An diesem neuen Reiche der Jugend und an seiner Verfassung haben inzwischen wir gearbeitet. Wir haben erkannt, daß das neue Heim der Jugend nur die Schule sein kann und die Schule in diesem Sinn erneuert werden muß ..."[22]).

Über die Reformschulen hinaus war der Geist der Jugendbewegung vielfach spürbar, wo der Umgang von Lehrer und Schüler besonders von gegenseitigem Vertrauen getragen war und sich Züge der Partnerschaft zeigten; wo die Schule weniger Unterrichtsanstalt war, als daß der Gedanke der Lebensgemeinschaft sich verwirklichte; wo Wandertage und Schülerfahrten, Spiele und Sportfeste, Landheimaufenthalte und freiwillige Arbeitsgruppen eine Bedeutung gewannen und wo die Schülermitverantwortung zur Entfaltung kam.

Die Jugendbewegung hat insofern eine Reform der Bildung mit

herbeigeführt, als sie gegenüber den einseitig intellektuellen und beruflich orientierten Bildungsvorstellungen der musischen Bildung eine Geltung verschaffte. Volkslied und Volkstanz, Laienspiel, ihr selbst ein wesentlicher Inhalt, drangen in die Schulen ein. Sie hatten auch für die in den 20er Jahren sich entwickelnde Volksbildungsbewegung eine Bedeutung. Jugendbewegung und Kunsterziehungsbewegung standen in Beziehung zueinander, waren häufig identisch. „Vielleicht kann man überhaupt die Entstehung und Ausgestaltung dieses Erziehungs- und Bildungsbereiches mit seinen glücklichen Möglichkeiten, ein rational überbetontes Bildungssystem heilsam zu ergänzen, als die bedeutendste und einstweilen dauerhafteste schulpädagogische Leistung der Jugendbewegung betrachten"[23]).

Seit ihren ersten Anfängen ist an der Jugendbewegung Kritik geübt worden, vielfach aus völliger Verständnislosigkeit gegenüber dieser revolutionären Jugend: Kritik an ihrer stark antirationalen und emotionalen Haltung, an ihrer gesellschaftskritischen Einstellung, an ihrem Anspruch als Jugend. Die Jugendbewegung gehört seit 1933 trotz ihrer weiteren Auswirkungen der Geschichte an. Die Auseinandersetzung mit ihr ist besonders dort wertvoll, wo heutige Jugendarbeit in ihrem Bemühen um Selbstklärung ihren geistigen Wurzeln nachgeht, die in der Jugendbewegung liegen. — So bedeutend der Beitrag der Jugendbewegung für die pädagogische Reform war, von der Pädagogischen Bewegung sprechen wir erst dort, wo die erwachsene verantwortliche Erziehergeneration neue Intentionen aufnahm und an die innere und äußere Reform ihrer erzieherischen Einrichtungen ging.

Dritter Abschnitt:
Das Kind — „Ausgangspunkt aller Erziehungs- und Unterrichtsmaßnahmen"

Den Anfang der Pädagogischen Reformbewegung bildete eine in ihrer Art und in ihrer Intensität einzigartige Hinwendung zum Kind. Das Kind wurde gleichsam neu entdeckt. Indem es in seiner Bedeutung als Ausgangs- und Beziehungspunkt aller Erziehung und Bildung neu gesehen wurde, ergaben sich mannigfache pädagogische Konsequenzen. Die „Bewegung vom Kinde aus", wie man sie genannt hat, erfüllte vorwiegend die frühe Phase der Pädagogischen Bewegung. Die mit ihr gewonnenen neuen pädagogisch-psychologischen Gesichtspunkte wirkten jedoch weiter. Bei aller Vielfalt der Reformrichtungen blieb die betonte Orientierung vom Kinde aus ein Charakteristikum der Reformbewegung.

Das Kleinkind, das Vorschulkind und das Schulkind bis zum beginnenden Jugendalter standen zunächst ganz im Vordergrund der Aufmerksamkeit. Damit bezog sich das neue erzieherische Denken einmal auf die Familienerziehung, zum anderen und mehr noch: auf die ersten Jahre der Schule. Eine scharfe kritische Gegenstellung gegen die bisherige Schule und ihre Erziehungs- und Unterrichtsweise bildete den Ausgangspunkt einer für dringend erforderlich erachteten Erneuerung des gesamten Schulwesens. Die Worte Reform, Reformation, Revolution der Schule bezeichneten das Ausmaß der Aufgabe. Der notwendige Ausbau der „Zukunftsschule" mit neuen Formen des Unterrichts und des Schullebens wurde eine „kopernikanische Umwälzung" genannt.

Die Darstellung dieses ersten, weitgehend sehr radikalen Aufbruchs der Pädagogischen Bewegung wird auszugehen haben von der Benennung der dabei führenden Pädagogen. Sie wird dann nach dem neuen Bild des Kindes und seiner Erziehung fragen, um nach der

Kritik an der alten Schule die Unterrichts- und Erziehungsweise der neuen Schule zu zeigen.

I. Erste Reformer

Der bedeutendste deutsche Vertreter der neuen Reformpädagogik, der im Blick auf das Kind umstürzend neue Gesichtspunkte für die Erziehung vorbrachte, war ohne Zweifel Berthold Otto. Da ihm und seiner individuell profilierten Pädagogik daher ein eigener, der diesem folgende Abschnitt gewidmet sein soll, werden zunächst mehrere andere Persönlichkeiten bzw. Gruppen von Reformern hervorgehoben, die Pioniere der neuen Pädagogik waren.

1. Ellen Key

Ellen Key (1849—1926), schwedische Schriftstellerin, durch lange Jahre Lehrerin und Dozentin am Arbeiterinstitut in Stockholm, hat in zahlreichen Schriften soziale und politische Fragen, Probleme der Frauenbewegung und Probleme der Erziehung behandelt. 1900 erschien ihr bekanntestes Werk, — 1902 ins Deutsche übersetzt — „Das Jahrhundert des Kindes". Dies Buch hat sie berühmt gemacht, und der Titel ist zum Leitwort geworden. Es ist gewidmet „Allen Eltern, die hoffen, im neuen Jahrhundert den neuen Menschen zu bilden", und es trägt ein Motto frei nach Nietzsche: „Euer Kinder Land sollt ihr lieben: diese Liebe sei euer neuer Adel, — das unentdeckte, im fernsten Meere! Nach ihm heiße ich eure Segel suchen und suchen! An euren Kindern sollt ihr gut machen, daß ihr eurer Väter Kinder seid: alles Vergangene sollt ihr so erlösen! Diese neue Tafel stelle ich über euch! — Also sprach Zarathustra")[1].
„Das Jahrhundert des Kindes" ist ein eindringlich geschriebenes streitbares Buch, das weit ausholend viele Probleme der Zeit behandelt. Sein Hauptthema bilden die Stellung der Kinder und Jugendlichen in der Gesellschaft und die neue erzieherische Einstellung zu ihnen, die die Autorin forderte. Ebenso wie die Frau im 19. Jahrhundert erst durch die Frauenbewegung den ihr eigentlich zustehen-

den Platz in der Gesellschaft erhalten hat, so sollen das Kind und der Jugendliche im 20. Jahrhundert die ihnen zustehenden Rechte und eine entsprechende Anerkennung erhalten. Daraus folgern schulmethodische sowie schul- und bildungspolitische Reformen, zu denen u. a. der Vorschlag der „Gesamtschule" gehört, und es folgern neue Verhaltensweisen des Erziehers. Eltern und Lehrer sollen die Kinder anders ansehen als früher — nicht mehr von der Höhe des Erwachsenen herab — und sie sollen überholte erzieherische Maßnahmen, wie vor allem die Prügelstrafe ablegen. Die neue „Zukunftsschule" soll zur Bildung eines „neuen Menschen" beitragen.

Ellen Keys Buch stellte den Auftakt der Pädagogischen Reformbewegung dar, ihm kommt das Verdienst zu, durch seinen Aufruf an die Erzieherschaft den Blick für das Kind und für die pädagogischen Aufgaben auch in Deutschland neu geöffnet zu haben. „Jahrhundert des Kindes" — ist seitdem Schlagwort, in der pädagogischen Öffentlichkeit bis heute oft mißverstanden, manchmal mit Spott bedacht wegen der sich in ihm vermeintlich ausdrückenden Selbstüberschätzung der Pädagogen oder auch zitiert mit Bitterkeit, weil trotz dieses großen Wortes das Jahrhundert noch zu wenig für die Kinder getan hat.

2. Ludwig Gurlitt

Ludwig Gurlitt (1855—1931) war Gymnasiallehrer in Hamburg und Berlin, schied jedoch 1907 aus dem Schuldienst aus. Er trat durch zahlreiche Schriften mit z. T. beachtlichen Auflagenzahlen hervor, wie „Der Deutsche und sein Vaterland" (1902), „Der Deutsche und seine Schule" (1905), „Erziehung zur Mannhaftigkeit" (1906), „Pflege und Entwicklung der Persönlichkeit" (1906), „Verkehr mit meinen Kindern" (1907), „Die Schule" (1907), „Erziehungslehre" (1909), „Schülerselbstmorde" (1908). Gurlitt übte mit Schärfe Kritik an der Jugenderziehung seiner Zeit, insbesondere an der Höheren Schule. „Unsere Erziehung, die so tyrannisch über jeden Schritt der Jugend wacht und von Stunde zu Stunde die Ziele und die Aufgaben und dazu die Mittel vorschreibt, zerstört durch ihren pedantischen Betrieb die elementaren Naturkräfte, die nach eigener freier Entwicklung drängen", schrieb er in seiner „Erziehungslehre"[2]). Es war die „natürliche Erziehung", die er proklamierte. Sie soll von den Bedürfnissen des Kindes ausgehen und auf allen Gebieten die Wege beschreiten, die geeignet sind, die Kräfte der Persönlichkeit zu entwickeln. Gurlitts Themenkreise waren weit gespannt, er war ein Streiter, der im Kampf gegen die Übel der Schule impulsiv und radikal argumentierte. Er hat auch als einer der ersten aus den Erwachsenenkreisen offen die Wandervogelbestrebungen anerkannt[3]).

3. Gansberg und Scharrelmann

In Bremer Volksschulen waren zu Beginn des Jahrhunderts die beiden Lehrer Fritz Gansberg (1871—1950) und Heinrich Scharrelmann (1871—1940) in reformpädagogischem Sinne tätig. Beide waren mit zahlreichen Büchern und Aufsätzen hervorgetreten, mit Berichten aus ihrer Arbeit in der Schule und kritischen Beobachtungen der Schulwirklichkeit, oft zugespitzt auf einzelne wesentliche Erkenntnisse aus dem Unterricht, immer lebendig geschrieben, oft humorvoll. „Herzhafter Unterricht, Gedanken und Proben aus einer unmodernen Pädagogik" (1902), „Wege zur Kraft" (1905), „Erlebte Pädagogik" (1912) sind Titel von Schriften Scharrelmanns. Gansberg schrieb u. a.: „Produktive Arbeit" (1909), „Demokratische Pädagogik" (1911), „Schaffensfreude", „Wie wir die Welt begreifen" (1913), „Der freie Aufsatz" (1914). Diese Schriften, ohne wissenschaftlichen Anspruch, waren bestimmt, die Praxis anzuregen und Wege zu weisen für alle, die vor den gleichen pädagogischen Problemen standen. Sie „wandten sich mit aller Kraft gegen ein unzeitgemäß gewordenes System und versuchten in der radikalen Abkehr von der Tradition der Erziehung einen neuen Impuls zu geben ... Sie wollten nicht einfach Überkommenes übernehmen und weiterführen, sondern frei von allem Zwang eigene Wege suchen und beschreiten[4])." In der Entwicklung und Pflege der lebendigen schöpferischen Kräfte sahen sie die eigentliche Aufgabe der Schule.

4. Johannes Gläser und die Hamburger Reformer

Hamburg war in jenen Jahren ein besonders fruchtbarer Boden für reformpädagogische Intentionen. In engem Zusammenhang mit kunsterzieherischen Bestrebungen, bei denen der Direktor der Hamburger Kunsthalle, Alfred Lichtwark, führend war, mit der Jugendbewegung und mit der Arbeiterbildung setzte ein Kreis moderner Volksschullehrer sich dafür ein, in Verbindung mit der Praxis neuer Versuchsschulen neue Reformideen zu entwickeln und bekanntzumachen. Das Bemühen um eine die neuen Ideen treffende Formulierung führte sie eines Tages zu dem Wort „Vom Kinde aus". Einer der führenden Köpfe der Gruppe, Johannes Gläser, beschrieb, was damit gemeint war, und brachte später (1920) eine bekannt gewordene Aufsatzsammlung heraus — unter dem Titel „Vom Kinde aus"[5]. „Wenn der Ruf nach einer kopernikanischen Umwälzung, nach einer Auf-den-Kopf-Stellung der Anschauungen vom Kinde und seiner Erziehung heute unsere trümmerbesäte Welt erfüllt, so kann das Wort ‚vom Kinde aus‘ als ein kurzer antreibender Ausdruck für diese Not gelten". Er bezeichnete es als ein Arbeitswort, bedauerte, daß es bereits zum Schlagwort geworden sei und versuchte, dessen eigentlichen Sinn wiederzugewinnen. Die Überschrift dieses Abschnittes ist Gläser entnommen: „Ausgangspunkt aller ihrer (der „evolutionistischen" Pädagogik) Erziehungs- und Unterrichtsmaßnahmen ist das Kind". Als weitere Vertreter dieses Hamburger Lehrerkreises verdienen besonders auch Wilhelm Lamszus, Carl Götze, William Lottig und Heinrich Wolgast hervorgehoben zu werden. — Prophetisch rief Gläser aus: „Die Zeit wird kommen, da die Probleme der Erziehung das gebildete Volk erfüllen."

5. Maria Montessori

Zwei Pädagogen aus anderen Ländern vollzogen in eigentümlicher Parallelität zu den neuen Denkansätzen deutscher Pädagogen ebenfalls eine ausgesprochen pädagogische Orientierung vom Kinde aus und wurden mit ihren Reformvorschlägen über ihr Heimatland hinaus bekannt. Die italienische Ärztin Maria Montessori (1870 bis 1952) ist an erster Stelle zu nennen. Anklagend zeigte sie Versäumnisse auf, die man sich zum Schaden der Kinder zuschulden kommen ließ. Sie wies auf die mangelnde ärztliche Betreuung der Kinder, auf die ungenügenden Schulen, auf den Staat, der an den Kindern sparte, auf die Wohlstandsaufgaben, denen gegenüber die Fragen der Erziehung und der Schule zurückgetreten seien. Sie rief die Eltern auf, daß sie sich zusammenschließen sollten. Ihr Kampf für die von der Gesellschaft nur ungenügend berücksichtigten, ja geradezu vernachlässigten Kinder, ihre Schöpfungen von Kindergärten und Kinderhäusern (das erste 1907), in denen das von ihr entworfene didaktische Lehrmaterial verwandt wurde, sind bald anerkannt worden und haben einen eigenen Zweig der neueren Pädagogik, der sich speziell mit dem Kleinkind befaßt, entstehen lassen. Das Eingehen auf die Wachstumsgesetze des Kindes, die bewußte Entwicklung seiner Selbsttätigkeit und Selbsterziehung waren für sie entscheidend. Ihr Buch „Selbsttätige Erziehung im frühen Kindesalter" (1913) fand als erstes auch in Deutschland weite Verbreitung und auch hier wurden Montessori-Kindergärten und -Schulen gegründet.

6. Ovide Decroly

Der belgische Arzt und Pädagoge Ovide Decroly (1871—1932) gründete 1901 eine Schule für zurückgebliebene und anomale Kinder, 1907 die „Ecole pour la vie par la vie", deren Grundprinzipien er für alle Kinder angewandt wissen wollte: 1. den Ausgang aller Bildung vom Kind und seinen Bedürfnissen aus zu nehmen, 2. die Umgebung bewußt als Bildungsmittel zu verwenden und 3. bei aller Bildung einerseits das Prinzip der Freiheit zur Geltung zu bringen, andererseits vom Erzieher aus eine methodisch durchdachte Bildungsfolge anzuwenden. Decrolys Schülerin, A. Hamaide, machte durch ihr Buch „Die Methode Decroly" (1928) sein pädagogisches Werk in Deutschland bekannt[6]).

II. Die Kindheit des Menschen in neuer Sicht

Die beiden Titel „Das Jahrhundert des Kindes" und „Vom Kinde aus" besaßen für die Pädagogische Reformbewegung programmatische Bedeutung: das Kind trat in den Mittelpunkt erzieherischen Denkens und Handelns; die Pädagogik fand im Kinde eine neue überzeugende Orientierung. Wenn bis dahin die Gesellschaft, die Erwachsenen, die Sachwelt, die objektiven Werte, die Bildungsgehalte und Ziele die Pädagogik bestimmt hatten, so sollte nun der Heranwachsende bestimmend sein. Mit dieser neuen Einstellung zu ihm und der Orientierung von ihm aus sollten die üblichen Erziehungsformen in der Familie und vor allem die traditionelle Schule überwunden werden.

Diese neue Grundüberzeugung, daß alle Erziehung ihren Ausgang vom Kinde her zu nehmen habe, enthielt eine bestimmte Vorstellung vom Kinde selbst. Es wurde in seinem Wesen und seiner Wirklichkeit „neu", d. h. mit anderen Augen gesehen, als es die Gesellschaft jener Zeit und die ihr entsprechende Pädagogik bis dahin getan hatten. Diese waren, so lauteten nun die Einwände, ihm und seinem altersspezifischen Verhalten gegenüber verständnislos gewesen, waren dementsprechend zu falschen erzieherischen Einstellungen gekommen und hatten verkehrte Maßnahmen ergriffen. Jetzt ergaben sich aus einem neuen Bilde des Kindes notwendig neue erzieherische Auffassungen und Praktiken. Die Reformpädagogik beruhte auf einer neuen Anthropologie des Kindes.

1. Kindheit in früherer Zeit

Jede Gesellschaft und jede Zeit geben dem Kinde und Jugendlichen eine bestimmte Stellung in ihrer Ordnung. Sie haben eine bestimmte Vorstellung von ihnen in bezug auf das, was von ihnen erwartet werden kann und soll. Im ganzen ist zu sagen, daß das Kind an sich in früheren Zeiten wenig Beachtung fand und geringe Geltung hatte. Die Vorbereitung des Heranwachsenden auf seine Eingliederung in die Erwachsenengesellschaft erschien allein wichtig, und mit dieser Aufgabe vornehmlich schien die Phase der Kindheit ihren Sinn erfüllt zu haben. Ein geringes psychologisches Einfühlungsvermögen der Erwachsenen in früheren Zeiten vertiefte den Abstand, der Erwachsene und Kinder trennte.

Die Geschichte des Kindes im Zusammenhang der abendländischen Geschichte zeigt jedoch auch einige Ansatzpunkte eines größeren Verständnisses und besonderer Würdigung des Kindes, etwa in der christlichen Tradition der bekannten Jesusworte vom Kinde, in der Madonnenverehrung, in der humanistischen Anerkennung des Menschen im Kinde. Pädagogisch bedeutungsvoll war die Entdeckung der Phase der Kindheit im menschlichen Leben und seiner alterstypischen Merkmale durch Rousseau. Pestalozzi, Fröbel und andere haben dessen Erkenntnisse weitergeführt. Doch waren sie damit nicht in die erzieherische Wirklichkeit von Haus und Schule aufgenommen, die im 19. und auch noch 20. Jahrhundert weitgehend Rousseau fern standen und kinderfremd waren und sich in den traditionellen Bahnen bewegten. Indem die pädagogische Bewegung dem Kinde eine neue Stellung gab, nahm sie Gedanken von Rousseau, Pestalozzi und Fröbel wieder auf[7].

2. Das neue Bild des Kindes

Das neue Bild des Kindes und seiner Stellung zum Erwachsenen als Voraussetzung neuer pädagogischer Auffassungen enthielt die folgenden Züge: Das Kind ist kein kleiner Erwachsener, d. h. es ist in seiner psychischen Struktur ebenso wie in seiner physischen Wachstumsstufe anders als der erwachsene Mensch. Es ist etwas Eigenes und stellt eine besondere Form des Lebens dar. Auf jeder seiner Entwicklungsstufen muß es, und kann es nur, aus sich heraus verstanden werden. Es ist nicht am Maßstab des Erwachsenen zu messen. Vielmehr gilt allein „der Gedanke, daß es, wenn auch nicht das Maß aller Dinge, so doch das Maß seiner selbst sei"[8]. Es hat seine eigene Welt mit ihren eigenen Sichtweisen und Fragen, ihren eigenen Werten und Erwartungen, eine Welt, die ebenso wie die des Erwachsenen ihr Recht hat und geachtet sein will. So hat das Kind seine eigene Würde. Wenn Ellen Key von der „Ehrfurcht vor dem Kinde" sprach, so sah sie es auch als Geschöpf Gottes. In dem Gefühl des

„Wunderbaren und Unerklärlichen", das jedes Kind auslöst, kam eine tiefe religiöse Auffassung zum Ausdruck[9]).

Das Kind, und das heißt: jedes Kind, ist eine Individualität und kann erwarten, als Individualität respektiert und behandelt zu werden. Die alte Erziehung, so sagte man, vor allem die Schule in ihrer Uniformität hatte das Individuelle geringgeachtet und aufzuheben versucht. Dazu Ellen Key: „Das eigene Wesen des Kindes zu unterdrücken und es mit dem anderer zu überfüllen, ist noch immer das pädagogische Verbrechen, das auch die auszeichnet, die laut verkünden: daß die Erziehung nur die eigene individuelle Natur des Kindes ausbilden solle"[10]).

Die individuellen Eigenheiten eines Kindes sollten nicht ohne weiteres mißachtet werden. „Wir haben seine Eigenheiten nicht einfach als Unvollkommenheiten zu werten". Es geht vielmehr darum, seine „persönlichen Ziele", „seine Forderungen" zu erkennen und zu verstehen, und man muß das „Recht auf seine Eigenart anerkennen lernen"[11]). In den ihm eigenen Zügen ist das Kind einmalig und ursprünglich, es trägt die Züge der Originalität. Es ist noch nicht den Schemata der Erwachsenenwelt angeglichen, sondern hebt sich heraus in seiner für den Erwachsenen so bemerkenswerten Besonderheit. Im künstlerischen Ausdruck des Kindes empfand man dies jetzt besonders, also in seinem Malen, Musizieren und Tanzen, und man sprach vom „Schöpferischen" in ihm, sogar vom „Genius im Kinde".

Im Gegensatz zur alten Pädagogik, die a priori zum Kinde in einem Gegensatz stand, denn sie sah in ihm Böses sich auswirken und weiter verstärken, wenn ihm nicht Einhalt geboten wurde, nahm die Reformpädagogik das Kind in seiner Unbefangenheit und Unschuld und sah es noch jenseits von Gut und Böse. Für sie war es die erste Aufgabe, seine Unberührtheit vor unguten Einflüssen zu schützen, bis es mit dem Erwachsensein selbst in der Lage wäre, in der Welt zu bestehen. Darüber hinaus war die Reformpädagogik weitgehend überzeugt, daß das Kind im Grunde seines Wesens gut sei. In dem Wort, das den „Emile" von Rousseau einleitet, sah sie ihre Auffassung bestätigt: „Alles, was aus den Händen des Schöpfers kommt, ist gut". Ein Aufsatz „Das Kind ist gut" von Elsa

Ochs bezog sich auf Leonhard Franks Buch „Der Mensch ist gut"
und richtete sich scharf gegen die alte Erziehermeinung, d. h. gegen
„die Verläumder des Kindes, die behaupten, in ihm lägen Egoismus,
Mißgunst, Eigensinn, Zerstörung und andere schlimme Triebe"[12]).
Diese folgenreiche Umkehrung des Bildes des Kindes von schwarz
in weiß war geeignet, eine neue pädagogische Einstellung zu eröffnen. Die Zuversicht und das Vertrauen in das Gute in jedem Kinde
gewannen eine bestimmende Bedeutung für die neue Erziehung. An
die Stelle einer mißtrauenerfüllten Konfrontation und gegenwir-
kender Maßnahmen traten das Verstehen, die Parteinahme für das
Kind und die erzieherische Unterstützung.
Der Erwachsene hat keinen Grund, von der Höhe des Erreichten auf
das noch unvollkommene Kind herabzusehen. „Das Kind fordert,
und seine erste und oberste Forderung ist die, daß wir es ernst nehmen; das ist dasselbe wie Wahrhaftigkeit. Wir sind werdende und
seiende Menschen; etwas anderes ist auch das Kind nicht. Wozu also
unsere Verstellung ihm gegenüber, als ob wir nicht Werdende seien,
all das Theater von Würde, Vollkommenheit und Herablassung".
Das Kind besitzt sogar in gewisser Beziehung eine Überlegenheit: es
hat das Leben noch vor sich, in ihm schlummern noch unbekannte
Möglichkeiten. „Das läßt etwas wie Verehrung in uns aufkommen,
nicht vor dem Kinde, aber vor seinen Aufgaben, die nicht mehr unsere sein werden"[13]).
Der heranwachsende junge Mensch wurde von den Reformern im
Lebensprozeß einer Entwicklung gesehen, bei der seine Kräfte und
Fähigkeiten sich ausbilden und vervollkommnen. Zwar ist der
Mensch letztlich nie „fertig", nie ganz „abgeschlossen", aber Kindheit und Jugend befinden sich in einem ihr ganzes Dasein durchdrin-
genden Wachstum. Der Lebensvollzug in dieser Altersstufe ist ein
Vorgang ständiger Veränderung, der die physischen, geistigen und
seelischen Kräfte umschließt. In der Reife hat das Wachstum sein
Ziel, zugleich hat jede Entwicklungsstufe einen ihr entsprechenden
eigenen geistigen Reifegrad. „Geistiges Wachstum" wurde die pädagogische Formel für die Möglichkeiten und Aufgaben, die der Erziehung gegeben sind.
Mit dieser Sicht sah die Reformbewegung das Kind ausgesprochen

im Zusammenhang der Natur und des organischen Lebens. So hieß es, daß „das Kind ein Stück Natur" sei, „ganz unzerlegbare Natur", „ein organisch Werdendes" und der in Verbindung mit seiner Wesensbeschreibung einmal von Gläser gebrauchte Ausdruck „Kinderpflanze" bezeichnete die hier gewonnene Schau eines umfassenden einheitlichen organischen Lebens, in das der Mensch mit einbezogen ist. Deutlich heißt es auch, daß erst mit „dem stetigen Vordringen der Idee des Organismus" gegenüber der Idee des „Mechanismus" die Entwicklung der Reformgedanken möglich geworden sei[14]). Es würde eine Verkennung des Sachverhaltes bedeuten, wollte man diese Konzeption als materiellen „Naturalismus" ansehen. Wenn man von Organismus sprach, so geschah es vor allem im Gegensatz zur mechanischen, starren Auffassung; man wollte damit die Lebendigkeit, das Schöpferische und die geistige Regsamkeit besonders hervorheben.

3. Psychologisches Verständnis

Diese allgemeinen Grundüberzeugungen der Reformer, aus denen ihre pädagogischen Auffassungen resultierten, wurden von wissenschaftlich-psychologischer Seite her bestätigt und vertieft. Hatte die Psychologie im 19. Jahrhundert als „Vermögenspsychologie" mit vorherrschend positivistischer Orientierung noch kaum die Unterschiede seelischer Vorgänge zwischen Erwachsenen und Kindern erkennen können, so entwickelte sich nun eine spezifische Psychologie des Kindes. Wilhelm Preyer zeigte zum ersten Mal in seinem Werke „Die Seele des Kindes" (1882) dessen Eigenwelt und begründete damit die kinderpsychologische Forschung. Die für sie bedeutungsvollen Vorgänge der seelischen Entwicklung im Zusammenhang des körperlichen Wachstums gaben ihr den Namen „Entwicklungspsychologie". Als solche hat sie dann in den folgenden Jahrzehnten einen bedeutenden Ausbau erfahren und ihren Wert für die Pädagogik immer wieder neu unter Beweis gestellt.

Die psychologischen Forschungsrichtungen der Psychoanalyse von Sigmund Freud (1856—1939) und der Individualpsychologie von Alfred Adler (1870—1937) richteten sich zunächst auf seelische, die

Lebenstüchtigkeit einschränkende Erkrankungen Erwachsener. Doch fanden für beide die Erlebnisse und Eindrücke der frühen Kindheit und der Kindheit überhaupt deswegen eine besondere Aufmerksamkeit, weil sie in ihnen die Ursachen zahlreicher späterer seelischer Erkrankungen erkannten und weil das Bewußtmachen von früheren Eindrücken, die unterbewußt fortwirken, einen wichtigen Bestandteil ihrer therapeutischen Methode ausmachten. Damit hat diese Forschungsrichtung wesentlich dazu beigetragen, das Interesse auf das Kindesalter zu lenken und es in seinen spezifischen Merkmalen besser zu verstehen. Eine populäre psychologische Literatur, die im Blick auf die erzieherische Praxis vor allem die Eltern und Lehrer ansprechen wollte, hat damals erstmalig stark gewirkt. Das 1904 erschienene und weit verbreitete Buch von Heinrich Lhotzky „Die Seele deines Kindes" vereinigte die neuen psychologischen Einsichten vom Kinde mit den reformpädagogischen Intentionen[15]).

III. Möglichkeiten und Aufgaben der Erziehung

1. „Negative Erziehung?"

Mit dem neuen Bilde des Kindes und der entsprechenden Einstellung zu ihm waren bereits entscheidende pädagogisch relevante Forderungen an den Erzieher gestellt: er sollte es ernst nehmen, es verstehen in seiner Eigenart, seine Individualität respektieren, das Gute in ihm erkennen, die menschliche Nähe wahren und sich zu dem Entwicklungsprozeß, in dem es sich befindet und durch den es sich in gewisser Weise ständig wandelt, entsprechend verhalten. Auf diesen Voraussetzungen ist nun weiter und genauer zu fragen, was der Erzieher zu tun hat, um das zu leisten, was man erziehen nennt. Als Paradoxon einer Antwort auf die Frage, was Erziehung im Sinne der Reformer sei, mutet die damals vielzitierte Äußerung Rousseaus an, die z. B. das Motto zu Lhotzkys „Die Seele deines Kindes" bildet: „Die beste Erziehung ist *keine* Erziehung". Die sog.

„negative Erziehung" Rousseaus wäre jedoch falsch verstanden, meinte man, sie sei die Negation der Erziehung überhaupt. Sie bedeutet jedoch zunächst nichts anderes als eine ausgesprochene Gegenstellung gegen die ständige Einwirkung des Erziehers auf das Kind, gegen sein Bemühen, es in bestimmter Richtung zu manipulieren, und gegen die Vorstellung, daß das von Natur amorphe Kind erst durch eine ständige Einwirkung „zu etwas" gemacht werden müsse. Es wäre also ein völliges Mißverständnis, zu meinen, es bedeutete die in dem Wort „die beste Erziehung ist keine Erziehung" dem Erzieher auferlegte Zurückhaltung die Negation der Erziehung schlechthin — im Gegenteil.

Die grundlegende Forderung, auf die die Reformer immer wieder zurückkamen, war die, das Kind zu beobachten, zu ergründen, es zu verstehen. „Studium des Kindes heißt die ständige Beobachtung in allen seinen Äußerungen, zu versuchen in die Kinderseelen hineinzuschauen." Dafür erwartete man einerseits die Hilfe der Wissenschaft der Psychologie, andererseits sah man kritisch, daß diese ihrem damaligen Stande oder auch ihrem Charakter als Wissenschaft nach nicht immer das zu leisten vermochte, dessen die Erziehung dringend bedurfte. Es galt, neue Wege zu gehen und die seelischen Vorgänge im Kinde so darzustellen, daß die Erkenntnisse der Praxis nützten. Man sah, daß es neben der wissenschaftlichen eine andere Betrachtung gibt, die vorwissenschaftlich ist, und daß diese sich im Alltag ständig vollzieht und unser Handeln begleitet. Sie bedarf lediglich einer gewissen Läuterung, um sich als geeignete Hilfe zu erweisen.

Die Beobachtung des Kindes und die Kenntnis von ihm wurden als die Grundlagen der Erziehung erkannt. Nicht in spontaner Reaktion, nicht so wie der Erwachsene möglicherweise anderen Erwachsenen gegenüber zu handeln gewohnt ist, soll er sich Kindern gegenüber verhalten, sondern eine spezifisch pädagogische Einstellung soll sich mit Wissen und Beobachten verbinden, um in der jeweils besonderen erzieherischen Situation entsprechend pädagogisch richtig zu handeln.

2. Wachsenlassen

Die erwähnte organologische Vorstellung, bei der das psychische Wachstum analog dem physischen, also in einem psycho-physischen Parallelismus gesehen wurde, begründete bei den Reformern eine pädagogische Theorie des „Wachsenlassens"[16]). So wie im Samenkorn und in der jungen Pflanze das Ganze der späteren Gestalt enthalten ist, so ist auch im Kinde bereits sein späteres Sein enthalten, und es kann erwartet werden, daß es sich aus seinen inneren Kräften heraus von selbst richtig entfaltet. Indem man dies annahm, kam es zunächst darauf an, dieses Wachstum nicht zu stören oder gar zu unterbinden, sondern es zuzulassen. Man wollte das Kind wachsen lassen, dies erschien als ein unabweisbares Gebot. Immer wieder finden sich in der pädagogischen Literatur die Hinweise, in denen das -lassen enthalten ist. Man soll das Kind gewähren *lassen,* es gelten *lassen,* es in Ruhe, in Frieden *lassen,* es sich entwickeln *lassen,* es reifen *lassen,* es seine Erfahrungen machen *lassen,* es spielen *lassen*[17]). Darin ist einerseits die Abwehr gegen alles unnötige Eingreifen, gegen Dirigismus und Manipulation enthalten, andererseits das Vertrauen, daß bei gegebener Entfaltungsmöglichkeit das Erwartete von selbst kommt. Ein Prozeß der Selbstbildung vollzieht sich und kann sich vollziehen, weil im Kinde alles schon angelegt ist und von selbst hervordrängt.

Für den Erzieher bedeutet das -lassen also nicht ein Zurückziehen aus der Verantwortung, kein gleichgültiges Laufen-lassen, vielmehr ist hier die pädagogische Verantwortung vorausgesetzt und verbindet sich mit dem Wissen, daß mit dem -lassen das Beste geschieht. Das -lassen ist also durchaus ein erzieherisches Handeln in Verantwortung. Auch das ursprünglich auf die Wirtschaft (im 18. Jahrhundert) bezogene „laissez faire, laissez passer" setzte voraus, daß mit dieser Haltung eine Entwicklung zugelassen wurde, die zum Besten gereichte und die man deshalb sich vollziehen lassen konnte, ohne einzugreifen.

3. Behüten und „Lösen" der Kräfte

Wollte man das Kind sich in Ruhe und möglichst selbständig entfalten lassen, so mußte doch der Erzieher verhindern, daß schlechte Einwirkungen von außen die gesunde und gute Entwicklung des Kindes störten. „Sei bemüht, das Kind in Frieden zu lassen, so selten wie möglich unmittelbar einzugreifen, nur rohe und unreine Eindrücke zu entfernen", sagte Ellen Key[18]). Das Kind soll bewahrt und behütet werden; wie die Pflanze muß es geschützt werden vor allem, was seine Entfaltung gefährden könnte. „Nicht der Jugenderziehung, sondern dem Jugendschutze soll die Schrift gewidmet sein", sagte Lhotzky in der Vorrede zu seiner Schrift. Wenn hier Behütung und Schutz ähnlich wie bei Rousseau und Fröbel eine dominierende Bedeutung hatten, so beruhte dies außer auf dem Gedanken der störungsfreien Selbstentfaltung des heranwachsenden Menschen vor allem auch auf der Einsicht in die Empfindlichkeit und Verletzlichkeit im Kindes- und Jugendalter. Verstärkt erschienen Kinder- und Jugendschutz nötig angesichts der Fragwürdigkeit der Erwachsenengesellschaft.

Der organologische Vergleich des Kindes mit einem pflanzlichen Lebewesen als pädagogisches Modell war nie so gemeint, als könnte sich die Erziehung begnügen mit dem Abwarten und dem Schützen und Behüten der sich aus eigenen Kräften entwickelnden „Kinderpflanze". Sehr wohl wurde gesehen, daß Kinder sich nur entwickeln, wenn vielfältige Eindrücke und eigene Betätigung helfen, die Kräfte wachsenzulassen und die Reifung herbeizuführen. Zwar auf die Schule bezogen, jedoch ohne weiteres auf die geistige Kräftebildung überhaupt zu übertragen war die Formel, die Lottig in Gläsers Sammlung „Vom Kinde aus" zur Überschrift eines Beitrags wählte und in der er die eigentliche pädagogische Aufgabe sah: „Alle Kräfte werden gelöst, gepflegt und entwickelt"![19]). Die Kräfte, und zwar *alle* Kräfte, bedürfen der Lösung — sie sind bereits vorhanden, aber sie müssen befreit werden aus der Gebundenheit und oft der Verklemmung, in der sie sich befinden. Lottig erzählt, wie ein verängstigtes Kind unter seiner geduldigen Zuwendung zu ihm Vertrauen faßte und sich dann Kräfte und Fähigkeiten bei ihm zeigten, wie man sie ihm zuvor nie zugetraut hatte. Ein Lehrer muß in einer Klasse „eine Kraft sein", „die lösend wirkt". „Die gelöste Kraft will immer wieder zum Ausdruck veranlaßt werden". Dies fordert vom Erzieher ein „bloßes ruhiges aufmerksames Pflegen", und daraus ergibt sich das „Entwickeln" oder auch „Emporentwickeln", bei dem eine gewisse leichte Führung und Richtunggebung allerdings auch notwendig sind. Erwecken und anregen bewirken die Lösung der Kräfte, die der Pflege bedürfen und der Entwicklung in der rechten Weise. Alles dies geschieht im erzieherischen Umgang, im Elternhaus und ebenso auch in Stätten wie Kindergarten und Schule. In diesen Grundfunktionen stimmen die Erziehungsstätten überein.

4. Spiel und Kindergarten

Die Reformpädagogische Bewegung hat dem Spiel des Kindes eine große Bedeutung beigemessen. Nicht nur aus der Beobachtung, daß das Kind von sich aus gern spielt, mußte sie zu der Forderung kommen, das Kind spielen zu lassen, sondern sie sah im Spiel vor allem auch das Befreiende und Lösende und das seiner Natur ganz Gemäße. Das Spiel ist etwas, das nicht als Maßnahme und Zwang in Erscheinung treten kann, spielen kann das Kind nur von sich aus, freiwillig, und im Spiel entwickeln sich seine Kräfte von selbst. Der Erzieher kann nur spielen „lassen", was aber bedeutet, daß er Raum und Zeit gibt, Ruhe und Ungestörtheit für das Spiel sichert, auch Spielzeug beschafft und vielleicht auch eigene Anregungen hinzugibt. Fröbel hatte als erster Pädagoge das Spiel hoch eingeschätzt und hatte die Aufgabe des Erziehers „Spielpflege" genannt. Seine Anregungen wurden von den Reformern aufgegriffen und für Haus und Kindergarten, aber auch für die Schulen neu belebt. Das Spiel gewann eine didaktische Bedeutung, und in der Schule wurden das spielende Lernen und das lernende Spiel bewußt gepflegt. Key, Gurlitt, Scharrelmann traten lebhaft für das Spiel ein[20]).
Verfolgt man das Spiel im Zusammenhang der verschiedenen Richtungen der Pädagogischen Reformbewegung, zeigt sich die pädagogische Vielseitigkeit, die im Spiel enthalten ist. Schon Maria Montessori hatte gegenüber dem freien lösenden und auf Spontaneität beruhenden Spiel im Sinne Fröbels das gebundene in den Dienst ernster Aufgaben gestellte Spiel gefordert. Ihre Beobachtungen der

freien Konzentrationskraft des Kindes führte sie dazu, für die Kinder eine Umgebung zu schaffen und Material bereitzustellen, die Aufforderungs- und Reizcharakter haben. Sie regen das Kind an, sich zu beschäftigen, und sind geeignet, planmäßig die Kräfte zu üben. Der Erzieher, die Erzieherin halten sich zurück, die Kontrolle liegt im Material selbst, und so kommt das Kind zur planmäßigen Beschäftigung, zur Arbeit vom Spiel aus, der kindlichen Stufe entsprechend. Die Beobachtung dieser Vorgänge, in der Literatur als Montessori-Phänomen bezeichnet, schafft die Voraussetzungen, vom Kinde und seinen Neigungen aus seine Kräfte zu bilden.

Die Stufe des Kleinkindes hat auch bei den Lehrern unter den Reformern eine besondere Aufmerksamkeit gefunden, weil die Anfänge und Ursprünge der Bildungsvorgänge sie interessierten und sie wußten, wie wichtig diese für den weiteren Aufbau sind. Der Kindergarten stand in zwiespältigem Licht. Ellen Key hatte ihn abgelehnt aus der Befürchtung heraus, daß er zur Vernachlässigung der pädagogischen Verantwortung des Elternhauses führe; auf der anderen Seite erfuhr der Kindergarten als ein behüteter und ganz den erzieherischen Erfordernissen angepaßter Raum, ein pädagogischer „Garten" — sei es nun mehr nach der Idee von Fröbel oder mehr nach Montessori —, eine starke Förderung und Ausbreitung.

Das eigentliche Feld der Reformpädagogik war die Schule. Hier vollzog sich die Auseinandersetzung mit der alten Richtung, hier wurden neue Wege gesucht, neue Vorstellungen entwickelt. Die Schule als Ort der öffentlichen Erziehung schien vor allem geeignet, das zu verwirklichen, was die Reformer wollten. Vornehmlich von der Schule wird daher in den nächsten zwei Absätzen und dann in den folgenden Abschnitten die Rede sein müssen.

IV. Die vernichtende Kritik an der „alten" Schule

So vielfältig und auch unterschiedlich im einzelnen die pädagogischen Auffassungen der genannten und der noch weiter zu behandelnden Reformpädagogen waren — sie alle waren sich einig in der Ablehnung der bestehenden Schule. Mit scharfer Kritik und oft leidenschaftlichem Protest wurde vom Anfang des Jahrhunderts an bis zum Ende der Bewegung die „alte" Schule, wie sie genannt wurde, vernichtend verurteilt. Welchen Neuansatz notwendiger Reform man auch nahm und entwickelte, er stand im Gegensatz gegen die traditionelle öffentliche Schule. Nie zuvor war die Schule in solchem Ausmaß der Verurteilung ausgesetzt.

1. „Die Seelenmorde in den Schulen"

Es ging bei dieser Kritik primär nicht um Einzelfragen, etwa ob und wie man dieses oder jenes im Unterricht verbessern könnte, sondern um die Gesamtwirkung der Schule auf die Schüler in allen Altersstufen. Die Schule wurde angeklagt, daß sie beste Kräfte der Jugend zerstöre. Harte Worte wurden hier gebraucht, so heißt ein Kapitel in Ellen Keys Buch „Die Seelenmorde in den Schulen", ein Ausdruck, der in den folgenden Jahren von anderen wiederholt wurde. Scharrelmann sprach bei der Beschreibung einer üblichen Rechenstunde von „Marter und Qual"[21]. Das Schülerdasein wurde als physisches und psychisches Leiden hingestellt, das in nicht wenigen Fällen zur Tragödie, zum Selbstmord führt. Wiederholt wurde in diesen Jahren von Schülerselbstmorden berichtet und über ihre Gründe diskutiert. Ellen Key stellte im Zusammenhang ihrer Erörterung der Prügelstrafe fest: „Die zahlreichen Kinderselbstmorde in den letzten Jahren sind oft gerade aus Furcht vor körperlicher Züchtigung oder nach einer solchen geschehen"[22]. Ludwig Gurlitt berichtete: „In den Berliner Schulen wurden innerhalb vierzehn Jahren 165 Fälle von Selbstmorden von Kindern unter 15 Jahren festgestellt. Als Ursachen wurden ermittelt: harte und ungerechte Behandlung, Furcht vor Strafen oder vor Mißerfolg bei den Prüfungen"[23]. Friedrich Wilhelm Foerster griff im Kapitel „Schülerselbstmorde" seines Buches „Schule und Charakter" in die Diskussion über die Ursachen dieser erschütternden Tatsachen ein. Er leugnete nicht, daß auch der „stachelnde Ehrgeiz der Familienmitglieder, die Prügelpädagogik im Hause" in hohem Maße Ursache der Schülerselbstmorde seien, daß aber der Schule die Hauptschuld beizumessen sei.

Es ist auffallend, in welchem Umfang in jenen Jahren die Schüler-
tragödie Gegenstand literarischer Gestaltung war. Schon 1891
hatte Frank Wedekind in „Frühlings Erwachen" den Vorwurf der
Jugendlichen gegen die Erwachsenen auf die Bühne gebracht. In den
Buddenbrooks (1901) schilderte Thomas Mann die Schulleiden des
kleinen Hanno. „Freund Hein" (1902) von Emil Strauß war eine
„Kindheitstragödie", „Traumulus" (1904), von ihrem Autor Arno
Holz als „Tragikomödie" bezeichnet, enthielt die realistische Darstellung einer Schulatmosphäre, an der ein Primaner zerbricht. Das
groteske Bild eines Schultyrannen gab Heinrich Manns „Professor
Unrat" (1905). Hermann Hesse schilderte in „Unterm Rad" (1905)
die Leiden eines Jungen, und der Jugendroman „Die Verwirrungen
des Zöglings Törless" (1906) von Robert Musil berichtete von ab-
schreckenden Zuständen in einem Jungeninternat. Der Schriftsteller
Ludwig Fulda sagte in der Einleitung einer Vortragsreihe (1911)
über „Die Schule der Zukunft", auf der u. a. Johannes Tews und
Gustav Wyneken zu Wort kamen: „Niemals war der Anteil an
diesem Problem tiefer, allgemeiner und leidenschaftlicher als heute,
und es vergeht ja auch kaum ein Tag, wo nicht irgendein Schulkonflikt, irgendeine Schultragödie dessen ganzen unheimlichen Ernst
uns vor Augen führt"[24]).
Wie auch in späteren Jahren die leidvolle Schülersituation Gegenstand literarischer Darstellung im Sinne der Schulkritik der Reformbewegung war, zeigt ein Beispiel aus dem Drama „Die Wandlung" (1919) von Ernst Toller: „Du Kind gehst in die Schule und
Angst befällt dich auf dem Weg. Das Schulzimmer sieht aus, als
ob es Regentag wäre und dabei scheint doch die Sonne. Der Lehrer
sitzt auf dem Katheder wie der böse Geist aus einem Märchen, das
du heimlich lasest. Er blickt dich zornig an und schilt dich, weil du
deine Aufgabe nicht behalten konntest. Und doch ist dein Herz so
voll von seltsam Erlebtem. Du möchtest ihn so gern fragen, er
aber herrscht dich an und behauptet, du hättest keine Religions-
geschichte gelernt"[25]).
Weit auszuholen hätte die Aufzählung und Beschreibung der negativen Bilder der traditionellen Schule, wie sie von den Reformern
kritisch anklagend, teils emotional, teils mehr in sachlicher Aus-

einandersetzung vorgebracht wurden. Vorwiegend aus der Perspektive des Aufbruchs der Reformzeit lassen sich zusammenfassend folgende, oft sich wiederholende Gesichtspunkte nennen:

2. Die „Zwangsschule"

Nicht als äußerlich unschön nur, sondern als symbolisch für den Geist der „alten" Schulen wurden die Schulgebäude empfunden, im Kasernenstil gebaut, oder auch Fabrikbetrieben ähnlich auf serienweise Massenabfertigung eingestellt, unpersönlich und kalt, meist übervoll, uniform in allem; nicht anders die Klassenräume, mit festen frontal gerichteten Bänken ausgestattet. Weder Haus noch Hof, weder Flure noch Klassen zeigten eine den Erziehungsaufgaben gemäße Note. „Heute, in meiner Freistunde, ging ich über den Korridor. Eine Reihe Fenster, zwei Reihen Kleiderhaken mit Mützen und Hüten behangen, eine Reihe Klassenthüren, acht fröhliche Jahre der Kindheit vom Leben abschließend ...", so begann Heinrich Scharrelmann einen Aufsatz in seiner „unmodernen Pädagogik", der dann das Stückwerk und den Methodenmechanismus des hinter den Türen durchgeführten Unterrichts schilderte.
Der entscheidende Vorwurf der Reformer, die vom Kinde ausgehen und seiner Entwicklung freien Raum geben wollten, richtete sich gegen den Zwangscharakter der Schule. Sie sprachen von „Zwangserziehung" und bezeichneten die Schule als eine „Zwangsanstalt". Die Schule kennt das Kind nicht, sie richtet sich nicht nach seinen Bedürfnissen, sie ist mit ihren Zielen und Methoden auf falschen Wegen, sie muß Zwang anwenden, und mit diesem Zwang vernichtet sie die besten Kräfte: „Der Zwang der Schule tötet in der Anlage des Kindes die edelsten Keime, aus denen sich wertvolle Eigenart, selbständige Kraft, starker Wille, lebendige Initiative entwickeln könnten", heißt es bei Berthold Otto. Lottig sprach davon, daß sich die Ziele des Unterrichts als „Tyrannen" erweisen, und schon Ellen Key hatte moniert, daß der Lehrer den Schüler „mit einem Schlage fertig und vollkommen haben" wolle: „Er zwingt ihm eine Ordnung, eine Selbstbeherrschung, eine Pflichttreue, eine Ehrlichkeit auf". Gurlitt meinte, daß man mit der „Zwangserziehung"

„den ärgsten Mißbrauch des kategorischen Imperativs in bezug auf die Arbeitspflicht" betreibe. Wohl sei der Schule zugute zu halten, daß der Zwang im Dienste von Tugenden, von Werten stehen könnte, aber eben, daß hier Zwang angewandt würde, entwerte das Verfahren der alten Schule und lasse es mehr als fragwürdig erscheinen. Die „freie Schule" war demgegenüber das Ziel der Reformbewegung.

3. Die „Strafanstalt"

Als das ständig angewandte und in seinen bedenklichen Folgen unabsehbare erzieherische „Zwangsmittel" wurde die Strafe in der Schule angeprangert, vor allem die Prügelstrafe, doch auch alle anderen das Kind quälenden, seelisch verstörenden Strafen, zumeist die Anwendung von Strafe überhaupt. Ellen Key wandte sich mit Leidenschaft gegen die körperliche Züchtigung in Familie und Schule: „Die Strafe hält das Kind auf dem tierischen Standpunkt." „Auf all die unzähligen feinen Prozesse im Seelenleben des Kindes, auf die dunklen zusammengesetzten Verläufe, die bebenden, empfindlichen Gefühle wirken diese brutalen Eingriffe zerreißend, verwirrend und deshalb ohne alle seelisch erziehende Macht." Ebenso griff Ludwig Gurlitt die Körperstrafe an, ebenso bekannte sich Friedrich Wilhelm Foerster als ausgesprochener Gegner der Körperstrafe. Es gehörte unter den Reformern im Grunde zu den Selbstverständlichkeiten, daß sie radikal gegen die Körperstrafe und kritisch zur Strafe überhaupt eingestellt waren. Im Kampf gegen die „Strafschule", wie sie genannt wurde, bildete später der von Paul Oestreich 1922 herausgegebene Sammelband „Strafanstalt oder Lebensschule" einen Höhepunkt[26]). Vom Bunde Entschiedener Schulreformer getragen vereinigte er Stellungnahmen führender Männer und Frauen, zumeist Pädagogen, zum Thema Strafe und wies deren Fragwürdigkeit auf. Sein Erscheinen hing zusammen mit einer dringenden Petition des Bundes an die Ministerien der Länder zur Pädagogisierung der Strafen durch neue Schulverordnungen.
Vielfältig waren die von den Reformern vorgebrachten Argumente

gegen die Strafe. Sie verurteilten die Strafe als Zwang, als Einge-
ständnis erzieherischen Mißerfolges des Strafenden, insbesondere die
Körperstrafe als Mittel der Zerstörung des Ehrgefühls, des Selbst-
bewußtseins, als Mittel, Haß zu erzeugen und die Erziehung unmöglich zu machen. Vor allem aber lenkten sie im Verein mit der Psychologie die Aufmerksamkeit auf die Angst-Folgen der Strafe:
Minderwertigkeitsgefühl, Gedrücktheit, Verstellung, Lüge und möglicherweise Verwahrlosung. Die von der Psychoanalyse aufgedeck-
ten Erscheinungen des Sadismus und des Masochismus wurden einbezogen. Diese besonders ließen das Strafen auch in bezug auf die
Folgen für den Strafenden in einem mehr als bedenklichen Licht
erscheinen, wie überhaupt immer wieder die Strafproblematik als
die pädagogische Tragödie des Erziehers aufgewiesen wurde. Verurteilte man auch das Strafwesen im Elternhaus, so richtete sich
die Kritik doch in erster Linie gegen die Schule als die „Strafschule".
Die „straffreie Schule" war das Ziel der Reformer.

4. „Stoffschule", „Buchschule", „Lernschule"

Eine breite Angriffsfront wandte sich gegen die Herrschaft des
Lehrstoffs in der Schule, unter diesem Gesichtspunkt „Stoffschule"
genannt. Damit war zum ersten das Übermaß an zu bewältigen-
dem Lehrstoff gemeint, der sehr viel mehr umfaßte, als die Kinder auch unter Anwendung von Zwangsmitteln sich aneignen konnten. Weiterhin wurden die Stoffe als solche verurteilt, weil sie
nichts mit der Gegenwart und schon gar nichts mit dem Leben der
Kinder zu tun hatten. Die „lebensfremde" Schule nahm ihre Lehrinhalte aus den die Schule völlig beherrschenden Büchern und
wurde dementsprechend spöttisch als „Buchschule" bezeichnet, ein
„Museum für tote Schätze"[27]). Die Kritik der Schulmänner richtete
sich speziell gegen den verpflichtenden Zwang des Lehrplans, gegen die starre Abgrenzung der Fächerung, gegen die Vielwisserei,
den unfruchtbaren Enzyklopädismus, gegen das Potpourri der
Stoffe, die „Mops-Pudel-Dachs-Pinscher-Schule", wie sie Georg Kerschensteiner spöttisch nannte.
Der Zwang der Schule und ihre innere Erstarrung zeigten sich für

die Reformer auch in der Gleichförmigkeit und dem Mechanismus der sie beherrschenden Methode und der ihr entsprechenden verfestigten Haltung des Lehrers. Dies meinte man, wenn man wie Scharrelmann vom Dogmatismus der Schule sprach: „Die Schule ist durch und durch dogmatisch, und zwar nicht nur im Religionsunterricht. Sie ist es in jedem Fache. Immer dann, wenn ich eine Antwort gebe, ehe ich gefragt wurde, eine Lösung, ehe das Problem da war, wenn ich eine allgemeine Erkenntnis mitteile, ohne daß das Kind über die vielen nötigen Einzelheiten orientiert ist, die zum Verständnis notwendig sind, immer dann unterrichte ich dogmatisch. In den vielen Abstraktionen und Deduktionen, die wir den Kindern an den Kopf werfen, kommt der dogmatische Charakter der Schule am ersten zum Ausdruck. Und dieses Dogmatische, das in allen Fächern herrscht, macht die Schule so ungenießbar für das Kind"[28]).
Die Kritik richtete sich gegen die von den Instanzen der Lehrerbildung, der Schulverwaltung, der Schulaufsicht und von der akademischen Pädagogik allein als gültig anerkannte Methode der „Formalstufen", wie sie die die Pädagogik Herbarts fortführenden „Herbartianer" weiterentwickelt hatten. Daß die Praxis der Schule völlig auf das mechanische Lernen eingestellt war, vielfach noch in mittelalterlichen Lehrformen des Vorsprechens und Nachsagens ohne Rücksicht auf das Verständnis, trug ihr bei den Reformern die Kennzeichnung „Lernschule" ein. Wo in jenen Jahren von „Lernschule" gesprochen wurde, geschah es im Tone der Verachtung und Geringschätzung eines in seinen methodischen Verfahren und Zielen überholten Systems. Die Ablehnung der Methode der Formalstufen und des Methodenmonismus konnte sich steigern zur Negation der Methode überhaupt. Die „lebendige Schule" benötige gar keine Methode — so schien es manchen Reformern[29]).

5. „Lehrer der Vergangenheit"

Die Argumente der Sachkritik an der Schule vereinigten sich immer wieder mit der Kritik an der Person des Lehrers, wie sie nicht nur in der oben erwähnten Romanliteratur, sondern auch in den pädagogischen Schriften zutage trat. Hermann Lietz spottete in der unverbindlichen Form einer Traumschilderung übermütig über die

„Lehrer der Vergangenheit": „ . . . eine Schar meist bebrillter, ziemlich grämlich dreinschauender Leute", die zornig ein Freudenfest stört[30]). Kritik und Anklage waren bitter ernst und vorwurfsvoll. Es bildete sich die Karikatur des „Paukers" heraus, jenes verknöcherten, ständig strafenden, menschlich unzugänglichen, auf sein Pensum bedachten und mit monotonen Methoden unterrichtenden Lehrers, der ohne innere Beteiligung nur seinem Amtsauftrag entspricht. Mit ihm kam die Schule in Verruf.

Durch alle drei Jahrzehnte der Reformbewegung setzte sich, teils mit sich wiederholenden, teils mit neuen Motiven solche Kritik an der Schule fort. Sie spitzte sich zuweilen so zu, daß das Wort „Schule" als Inbegriff einer überholten Einrichtung durch ein neues Wort ersetzt wurde, wie etwa „Landerziehungsheim", oder daß ein bekannter Pädagoge, Wilhelm Paulsen[31]), im Titel eines Buches von der „Überwindung der Schule" sprach. Was an der alten Schule in jedem Fall beseitigenswert erschien, ist in einer Überschau der Ansätze, Einzelbestrebungen und Ergebnisse der Reformbewegung in dem Buch von Adolf Rude „Die neue Schule" später so zusammengefaßt worden: „Das passive Lernen. Die Herrschaft des Stoffes, das Streben nach Lückenlosigkeit, der Drill in der Stoffeinprägung, womit natürlich nicht die Übung an sich verworfen wird. Der Unterricht ohne Triebkraft. Die Anpassung des Unterrichts an die Art der Schulrevision. Der Zwangsdialog im Unterricht. Die autokratische Schulzucht, die Versteifung auf Machtautorität, die Scheidewand, der Gegensatz zwischen Lehrer und Schüler. Ein schroffer Unterrichtston, ständiges Ermahnen, Nörgeln, Tadeln, Schelten oder gar Ironie und Spott. Die Anstachelung des ungesunden Ehrgeizes, der Streberei in den Schulen. Die Rangordnung in der Schule . . . Das ständige Zensurschreiben, die Versetzungsprüfungen. Die Versteifung auf Äußerlichkeiten: völliges Stillsitzen die ganze Stunde hindurch, wohl gar mit dem Vordermann schön ausgerichtet, die Augen unablässig auf den Lehrer gerichtet; die Hände ständig auf der Tischplatte und wie zum andächtigen Gebet gefaltet; bei Antwort aufstehen, auch bei einem einzigen Satz; nicht umdrehen; immer in vollständigen Sätzen antworten und Ähnliches"[32]).

6. Die Kritik an der Autorität

Zutiefst war in dem heftigen Gegensatz gegen die alte Schule und ihre Erziehung immer auch eine grundsätzliche Kritik an der Autorität enthalten, der Autorität, die die Gesellschaftsstruktur jener Zeit trug und alle Erziehungsvorstellungen und die Erziehungswirklichkeit, insbesondere auch in der Institution der Schule beherrschte. Die personale sowie die amtsbegründete Autorität des Gehorsam heischenden Lehrers wurden ebenso in Zweifel gezogen wie der Gültigkeitsanspruch der Ideale, Ziele und Werte, der Inhalte und Ordnungen der Erziehung. Das „geschlossene Weltbild", dem sie entsprach, war fragwürdig geworden. Autorität in diesem Sinne war für die Reformer verbunden mit Lebensfremdheit und Lebensfeindlichkeit. Sie forderten die freie Entfaltung der natürlichen Kräfte und die Anerkennung der neuen Gehalte und Formen, die sich daraus insbesondere für die Erziehung ergeben würden. Die Ächtung der Autorität ging von einem Freiheitsbegriff aus, der in Anspruch nahm, aus dem Leben selbst hervorgegangen zu sein und ihm in der rechten Weise zu dienen. Ein stark liberaler Zug war für einen Teil der pädagogischen Reformer, vor allem der ersten Zeit, kennzeichnend.

V. Grundsätzliches zur „neuen" Schule

Die Schule in wesentlichen Zügen neu zu konzipieren, sie von Grund auf zu reformieren und dabei neue Ideen in die Wirklichkeit umzusetzen — dies war das große Thema der Reformpädagogischen Bewegung, ihm galt ihr leidenschaftliches Bemühen. Die Schule der Zukunft sollte eine „neue" Schule sein, neu in ihrem Geiste, neu in den Inhalten und Verfahrensweisen und neu in ihrer organisatorischen Gestalt. Dabei standen zunächst vorwiegend die Fragen der inneren Schulreform im Blickpunkt, später kamen die der äußeren hinzu und verbanden sich mit den ersteren. So wandelte sich die Vorstellung von der neuen Schule. Jede der Richtungen und Strömungen der Reform, die sich im Verlaufe der 30 Jahre herausbildeten, veränderten das Bild der neuen Schule entsprechend der jeweiligen Intention.

In der Anfangsphase, die für das Wort „Zukunftsschule" eine besondere Vorliebe hatte, wurden bemerkenswerterweise die Reformideen verschiedentlich als Traumbilder geschildert. Die gesellschaftliche und schulische Wirklichkeit der Zeit war so weit entfernt von den Reformvorstellungen, daß es unrealistisch schien, von mehr als „Zukunftsträumen" zu sprechen. Ellen Key, Hermann Lietz und Berthold Otto haben sich in diesem Sinne visionärer Bilder bedient, wobei zu bemerken ist, daß manches von dem, was damals noch ganz irreal und phantastisch erschien, dann doch Wirklichkeit wurde oder der Verwirklichung näher rückte.

Wenn, wie gesagt, das Gesamtbild der neuen Schule sich erst mit der Darstellung der Pädagogischen Bewegung im Ganzen erschließt, so können doch einige Züge aufgezeigt werden, die schon in der Frühzeit bei den genannten Autoren sichtbar sind und die zugleich von grundsätzlicher Bedeutung für die weiteren Schulkonzeptionen waren.

1. Freiheit

Der Kritik am Zwangscharakter der Schule entsprach die Proklamation ihrer Freiheit. Der im 19. Jahrhundert sich auch in Deutschland anbahnende Gedanke der liberté wurde von der Pädagogischen Bewegung aufgegriffen und „die freie Schule" gefordert und im Versuch realisiert. Berthold Otto nannte seine Schule „die freiheitlichste in der Welt", und andere Reformschulen — es waren Privatschulen — nahmen das Stichwort „frei" in ihre Namengebung auf: „Freie Schulgemeinde", „Freie Waldorfschule" —.

„Frei" konnte in verschiedener Beziehung gemeint sein:

Das Kind in der Schule sollte nicht behindert sein, es sollte Freiheit haben für seine Entfaltung; dazu sollte ihm der freie Raum gegeben werden, in dem es sich selbsttätig entwickeln kann. Auch „die Wahlfreiheit in allen Gegenständen in der Schule" (Ellen Key) konnte damit gemeint sein.

Für den Lehrer wurde die Freiheit ebenfalls gefordert: „Entscheidend für die Brauchbarkeit unserer Schule für wissenschaftliche Arbeit ist demnach die Freiheit des Lehrers in doppeltem Sinne: einmal muß die äußere Freiheit gewährleistet sein durch einen Lehrplan, der freie Bewegung ermöglicht, und anderseits muß der Lehrer innerlich frei sein, sich im Falle der Not von jeder Beeinflussung frei halten, die von anderer Seite kommt als vom Kinde"[33]), so hieß es in dem Band „Vom Kinde aus".

Schließlich bezog sich die Forderung der „Freiheit" auf die innere Unabhängigkeit der Schule vom Staat und von der Kirche. Die Ablehnung der geistlichen Schulaufsicht und der konfessionell gebundenen Schule, die Ablehnung der Reglementierung, der bindenden Lehrplanvorschriften, der autoritativen Schulleitung waren mit der Freiheitsforderung auch gemeint. Für die neuen Schulversuche konnte allein die Privatschule die völlige Freiheit garantieren, wobei es Hoffnung und letztes Ziel war, daß das dort Erprobte nach Bewährung in die allgemeine öffentliche Schule übertragen werden könnte.

2. Schule als „Lebensform", „lebensnahe" Schule und „Schulleben"

Die neue Schule sollte in ihrer Gesamtgestalt einen anderen Charakter tragen als die alte: an die Stelle der organisierten, rationalen Zwecken dienenden „Anstalt" sollte die lebendige Form einer „Schulgemeinschaft" treten. Die Bezeichnung der Schule als einer „Lebensform", die Gedanken, die Schule zur Gemeinde, zur Gemeinschaft werden zu lassen, Namengebungen wie „Lebensgemeinschaftsschule" wiesen alle auf diese Merkmale der Schule. Von Anfang an waren die Koedukation, das persönliche Lehrer-Schüler-Verhältnis, der ungezwungene Umgang zwischen beiden, die Nähe von Elternhaus und Schule im neuen Bilde der Schule enthalten. Man war der Überzeugung, daß sich das Kind nur dort positiv entwickeln könne, wo in einer Gemeinschaft eine persönliche Atmosphäre herrscht, in der es sich wohl fühlte und wo es sich vertrauend den anderen zuwenden konnte. Für Ellen Key ergab sich diese Konsequenz: „Aber nicht nur den Kindergarten, auch die Kleinkinderschule möchte ich ins Haus verlegt haben"[34]) und sie nannte die „geträumte" Schule überhaupt „eine häusliche Schule". Je mehr die Schule vom Kinde und seinen Bedürfnissen bestimmt ist, um so weniger konnte sie „Anstalt" sein, um so mehr mußte sie eine von Leben erfüllte Gemeinschaft werden, der natürlichen Gemeinschaft der Familie nahekommend. Als die Landerziehungsheim-Bewegung aus ihrer gesellschafts- und familienkritischen Einstellung heraus eine neue Form des Schulheims begründete, waren für dieses Heim die Bildungselemente der Gemeinschaft konstituierend.

Der alten Schule wurde vorgeworfen, daß sie erstarrt sei in Traditionen, in behördlichen Bestimmungen, in verbindlichen Stoffen, in einer lebensfremden Bücherwelt, in „Musterlektionen", in vorgeschriebenen Gedankengängen und uniformen Verhaltensweisen. In äußerer und innerer Verfestigung war sie dem Leben entfremdet und hatte selbst alle Lebendigkeit verloren. Scharrelmann und Gansberg waren es besonders, die diese „Erstarrung der Schule" anprangerten und gleichzeitig eine neue Verlebendigung der Schule forderten: sie müsse den Bezug zum Leben wiedergewinnen, sie müsse daher bei all ihrem Tun vom Leben ausgehen. In einem neuen „Wirklichkeitsunterricht" sollte der Alltag, in dem sich das Leben in seiner Unmittelbarkeit darstellte, in die Schule hineingenommen werden. Dem „Gelegenheitsunterricht" wurde damit das Wort gesprochen. Die lebendigen Interessen der Kinder, ihr Erleben, ihre Erfahrungen und ihr Fragen sollten eine bestimmende Bedeutung für den Unterricht gewinnen. Nur durch einen „undogmatischen Unterricht" könne die künstliche Trennung der Schule vom Leben wieder aufgehoben werden. „Die lebendige Schule" wurde zum Schlagwort in dem Programm der Reformer. Das Ziel, daß die Schule dem Leben zu dienen und die junge heranwachsende Generation zu ihm hinzuführen habe, bedingte ein reich entfaltetes Leben in der Schule selbst. Neben dem Unterricht wurde als eigener Bereich von besonderer pädagogischer Relevanz das „Schulleben" erkannt und gepflegt[35]).

3. „Natürlicher Unterricht"

Der Unterricht im Sinne der Reformer sollte „natürlich" sein. Gurlitt, Berthold Otto und später dessen Schüler, Johannes Kretschmann, und andere sprachen vom „natürlichen Unterricht". Der pädagogische Hinweis auf das Vorbild der Natur, der schon im Naturalismus von Amos Comenius (1592—1670) eine Rolle gespielt hatte, den Rousseau mit der Forderung nach „Rückkehr zur Natur" wieder aufgriff und der vom allgemeinen Naturbegriff der Lebensreformer der Jahrhundertwende neu aktiviert wurde, wurde von den Reformpädagogen für ihr Erziehungs- und Unterrichtsdenken von Bedeutung. Den Hintergrund dieser pädagogischen Wendung bildete das „Vertrauen in die Natur" bei allem, auch bei der seelisch-geistigen Entwicklung des Kindes, er bedeutete speziell für den Unterricht, daß dieser sich an die „natürliche" Begabung des Kindes wenden, daß er an die „natürlichen" Interessen des Kindes anknüpfen müsse, daß er „natürlich", d. h. ohne Zwang den Gedankengängen des Kindes folgend, seinen Fortgang nehmen müsse. Mit der Bezeichnung „natürlich" war auch Bezug genommen auf die „natürlichen" Formen des Wissenserwerbs durch Frage und Antwort im Gespräch. Unter dem Gesichtspunkt der „Natürlichkeit" konnten viele Themen des Unterrichts, die zuvor gemieden oder nur mit großen Bedenken zur Sprache gekommen waren, die aber ausgesprochen im Interessenbereich der Schüler liegen, eine offene Erörterung finden. Die Vokabel „natürlich" konnte auch soviel bedeuten wie vernünftig, logisch, oder auch ein einfaches ländliches Leben meinen. Das kulturkritische Element lag bei der Verwendung von „natürlich" in jener Zeit oft mit zugrunde. Mit dem Hinweis auf die Natur schien die entscheidende Richtung für die gesamte Pädagogik gegeben. „Die ganzen neuen Errungenschaften pädagogischer Einsicht sind ja nichts anderes als die Erkenntnis, daß die alte, zu ernsthafte Erziehungspraxis den Weg zurückfinden muß zu den ewigen und deshalb auch wahren Gesetzen der Natur"[36]).

4. Aktivität des Schülers

Die ausgesprochen vom Kinde ausgehende Pädagogik der Anfangsphase der Bewegung hatte für die innere Begründung, Motivierung und Zielsetzung der Schule den Ansatzpunkt im Kinde selbst, und zwar in seinem ursprünglichen Drang nach Wissen, in seiner Selbsttätigkeit und in der dabei erlebten Schaffensfreude. Ganz im kritischen Gegensatz zur alten „Lernschule", bei der sich das Kind in der passiven Rolle des Aufnehmenden befunden hatte, bezeichnete man es nun als die Aufgabe der Schule, die aktiven Kräfte im Kinde — soweit überhaupt nötig — zu wecken, in jedem Falle zu fördern und zu entwickeln. Die rechten Aufgabenstellungen und Anregungen hatte der Unterricht hierzu zu geben. Scharrelmann und Gansberg, die von den „Produktivkräften" in den Schülern sprachen, sahen „die größte pädagogische Idee der Neuzeit" darin, diese Kräfte zu wecken und sich in der richtigen Weise entwickeln zu lassen. „Eins ist gewiß: Die Zukunft unseres Schulwesens wird abhängen von der Entwicklung produktiver Kräfte in Unterricht und Erziehung"[37].

Das Moment der Selbsttätigkeit wird hierbei entscheidend für die Reformer. Gern beschrieben sie den unermüdlichen Eifer der ganz von ihren Aufgaben gefesselten Schüler und die Freude, die diese selbst während der Tätigkeit an sich schon und dann im Erfolge erlebten. Sie empfanden es als Befriedigung und Glück des Lehrerseins, den Schülern solche Aktivität ermöglicht zu haben. Ihre Schule war von Grund auf die „aktive" Schule, in der freilich auch Kontemplation und Besinnung ihren Ort hatten. Sie war von Anfang an den später ausführlicher zu behandelnden Intentionen der Arbeitsschule nahe.

Für Maria Montessori war die Aktivität als Selbsttätigkeit bereits im Kleinkindalter entscheidend. Für sie war es das „Ziel der Erziehung", „Energie zu entwickeln". Auch die Schule von Adolphe Ferriére, „L'école active", die „Tatschule", wollte die „Energie" als die „treibende Kraft des organischen wie des geistigen Lebens" fördern[38].

Vierter Abschnitt:
Berthold Otto und seine Reformpädagogik

Wer Berthold Otto (1859—1933) noch persönlich kannte, wer mit seinem schriftstellerischen Werk vertraut ist und Eindrücke von seiner Schule, der Berthold-Otto-Schule, sammeln konnte, wird der Würdigung zustimmen, die Herman Nohl ihm hat zuteil werden lassen: „Die interessanteste Erscheinung dieser Pädagogik ist Berthold Otto und seine Hauslehrerschule. In ihm besitzt Deutschland neben Hermann Lietz eine seiner ganz wenigen ursprünglich pädagogischen Persönlichkeiten, die nicht von der Theorie oder von der Organisation her, sondern aus angeborener Leidenschaft zur Pädagogik gekommen ist und alle charakteristischen Merkmale der pädagogischen Genialität in ihren Stärken und Schwächen zeigt"[1]).
Otto ist nicht *einer* der reformpädagogischen Richtungen einzuordnen oder durch einen einzelnen, für ihn charakteristischen Begriff zu kennzeichnen, auch nicht allein durch das Stichwort „vom Kinde aus"; sein pädagogisches Werk muß vielmehr im Ganzen gesehen werden: Auf den Voraussetzungen seiner eigenen pädagogischen Praxis, zuerst als Hauslehrer und dann als jahrzehntelanger Leiter seiner weitbekannten Versuchsschule, entstand sein umfassendes Schrifttum mit zahlreichen pädagogischen Anregungen. Um ihn bildete sich der Kreis seiner Anhänger und Freunde, die seine Gedanken weiter erprobten und verbreiteten.

I. Lebensweg und Werk

Berthold Ottos Lebensweg und sein Werk hängen eng zusammen. Er wurde am 6. August 1859 als Sohn eines Gutsbesitzers in Bienowitz im Kreise Guhrau in Schlesien geboren. Seine Ahnen waren Theologen, Offiziere und zuletzt Landwirte. Als sein Vater sein

Gut verkauft hatte und als aktiver Offizier nach Rendsburg versetzt wurde, besuchte Otto dort und dann in Schleswig das Gymnasium bis zum Abitur. Es ist nicht uninteressant, bei Pädagogen nach ihren eigenen Schulerfahrungen als Schüler zu fragen. Ottos Schulerinnerungen waren positiv. Er schrieb später, daß er mehreren Lehrern viel verdanke. Er gab selbst gern Nachhilfeunterricht und war in den oberen Klassen Primus.

Ottos Studium in Kiel und Berlin war vielseitig und erstreckte sich vor allem auf Philosophie, Pädagogik, Volkswirtschaft und Sprachwissenschaft. Er wollte Hochschullehrer werden, aber es gelang ihm nicht, mit dem Berliner Philosophen und Pädagogen Friedrich Paulsen ins Einvernehmen über seine Doktorarbeit zu kommen, die über den Liberalismus handeln sollte. Traditioneller wissenschaftlicher Arbeitsweise gemäß *sollte* er Publikationen zugrunde legen — er *wollte* jedoch über in Gesprächen geäußerte Meinungen in der Bevölkerung schreiben. Er hatte danach den Eindruck, daß er mit seiner Denk- und Arbeitsweise auf der Universität nicht würde Fuß fassen können und verließ die Universität ohne Examen. Ihm selbst ist dieser Abbruch sehr nachgegangen, und zwar auch im Sinne der Kritik an der Universität, die in einseitiger Bindung an das gedruckte Wort kein Organ für das gesprochene habe.

1. Berthold Otto als Hauslehrer

Otto wurde Privatlehrer: Nachhilfelehrer von Schülern Höherer Schulen, auch zweier blinder Kinder. Dieser Unterricht bedeutete ihm sehr viel mehr als die Beschaffung seines Lebensunterhaltes, er nutzte ihn zum ständigen Studium der geistigen Vorgänge beim Lernen und Lehren. Aus seinen Beobachtungen entstand in den Jahren 1884—1887 sein erstes Buch „Der Lehrgang der Zukunftsschule", das aber erst 1901 zum Druck kam. Zu seiner wirtschaftlichen Sicherung nahm er später eine Stelle als Zeitungsredakteur in Hamburg an, dann den Posten eines Redakteurs bei Brockhaus (Konversationslexikon) in Leipzig. Diese letztere Tätigkeit vor allem hat sein Denken und seine Ausdrucksfähigkeit im Hinblick auf Klarheit und Allgemeinverständlichkeit weiter gefördert.

Ein ungewöhnliches Maß an Arbeit nahm Otto auf sich, als er neben seiner Redaktionstätigkeit nicht nur Abhandlungen schrieb und Vorträge hielt, sondern auch seine heranwachsenden Kinder selbst unterrichtete, statt sie in die öffentliche Schule zu schicken. Man wollte ihm dies verwehren, aber als er einen Artikel „Die Zwangs- und Strafschule" veröffentlicht hatte, erlangte er doch die Genehmigung. Sein Motiv war seine nachdrückliche Ablehnung der öffentlichen Schule, ihrer Methoden und Arbeitsweisen, denen er seine Kinder nicht ausliefern wollte. Auch war seine pädagogische Leidenschaft erwacht und er machte die Erfahrung, daß es ihm selbst gelang, neue Unterrichtsweisen zu finden, die er bei seinen Kindern anwandte.

2. Der Schulleiter

Im Jahre 1902 trat eine entscheidende Wende in Ottos Leben ein. Das Preußische Kultusministerium war auf ihn und auf sein pädagogisches Wollen aufmerksam geworden und forderte ihn auf, nach Berlin umzuziehen. Es bot ihm ohne Gegenleistung ein Gehalt in der Höhe seines bisherigen an, damit er ganz seinen pädagogischen Arbeiten leben könnte — ein großzügiges Angebot, das Otto annahm. Er zog mit seiner Familie nach Berlin-Lichterfelde.

Jetzt konnte er sich dem Unterricht seiner Kinder noch in ganz anderer Weise widmen, als dies zuvor möglich war. Sein Schülerkreis erweiterte sich, als andere Eltern ihn baten, auch ihre Kinder mit zu unterrichten. Schließlich wurde die Zahl seiner Schüler so groß, daß er 1906 eine Schule eröffnete. Als seine Wohnung nicht mehr ausreichte, konnte der Plan eines eigenen Schulbaus mit Freundeshilfe verwirklicht werden. Die „Hauslehrer-Schule", wie er sie nannte, die „Berthold-Otto-Schule", leitete er bis zu seinem Tode 1933. Sie besteht bis zur Gegenwart, weitergeführt von seinen Töchtern. Diese seine Schule war es vor allem, die die pädagogische Welt auf Otto aufmerksam machte. Durch Jahre haben zahlreiche Besucher, viele auch aus dem Ausland, dort im Unterricht hospitiert. Ottos Zeitschriften und Bücher haben dazu beigetragen, sie zu der bekanntesten der Reformschulen jener Jahre werden zu lassen.

Auch hat die Berthold-Otto-Schule Nachahmung gefunden: so wurde in Magdeburg nach Ottos Vorschlägen eine Höhere Schule errichtet; sie bestand bis zum zweiten Weltkrieg. Zahlreiche Volksschulen unterrichteten in seinem Sinne.

Täglich hat Otto einen Teil des Unterrichts in seiner Schule, vor allem den Gesamtunterricht, selbst durchgeführt. Er war nicht das, was man einen „mitreißenden" Lehrer nennt, vielmehr kennzeichnete ihn persönliche Zurückhaltung, verbunden mit einem interessierten ernstnehmenden Eingehen auf die Äußerungen der Schüler und ein eindringliches Nachgehen bei jeder weiterführenden Frage. Er besaß die Fähigkeit anzuregen, zu fragen und zuzuhören. Er war bestimmt in seiner Meinung, tolerierte zugleich andere und ließ sich belehren; er war humorvoll und gütig. Nach der äußeren Erscheinung hätte man in ihm einen Gelehrten vermuten können. Der gelegentlich gezogene Vergleich mit Sokrates stimmt höchstens in bezug auf dessen Haltung als Fragender, nicht in bezug auf dessen Ironie und prüfende Art.

3. Schrifttum

Die Bibliographie Ottos umfaßt einschließlich seiner politischen und volkswirtschaftlichen Schriften etwa 60 Titel, unter denen hervorzuheben sind:

Die Schulreform im 20. Jahrhundert (1898), Der Lehrgang der Zukunftsschule (1901), Die Sage vom Doktor Heinrich Faust, der Jugend und dem Volke erzählt (1901), Mütterfibel (1903), Beiträge zur Psychologie des Unterrichts (Sammlung) (1903), Vom königlichen Amt der Eltern (1906), Geistiger Verkehr mit Schülern im Gesamtunterricht (1907), Ratschläge für häuslichen Unterricht (1908), Kindesmundart (1908), Von der Helga (1910), Die Reformation der Schule (1912), Gesamtunterricht (1913), Volksorganische Einrichtungen der Zukunftsschule (1914), als Teil 2 des oben genannten „Lehrgangs" (1901) unter dem gemeinsamen Titel „Die Zukunftsschule" erschienen. Von 1901 bis 1933 war seine Zeitschrift „Der Hauslehrer, Wochenschrift für den geistigen Verkehr mit Kindern" Organ des ständigen Gedankenaustausches mit dem sich um ihn bildenden Kreise, (von 1917 an hieß die Zeitschrift „Deutscher Volksgeist" und „Der Hauslehrer" war deren pädagogische Beilage). Der größte Teil der Schriften Ottos und seine Zeitschrift sind in seinem eigenen Verlag, Verlag des Hauslehrers, in Berlin-Lichterfelde erschienen[2]).

Unberücksichtigt können hier Ottos politische und volkswirtschaftliche Arbeiten bleiben, die seit Beginn des Krieges auch in seiner Zeitschrift einen erheblichen Raum einnahmen. Gelegentlich hielt er seine Reformgedanken auf diesen Gebieten für bedeutsamer als seine pädagogischen. Jedenfalls stellte er beide im Zusammenhang und in gegenseitiger Bedingtheit dar.

Otto sah die gemeinsame Grundlage seiner pädagogischen und seiner politisch-volkswirtschaftlichen Reformvorschläge in einer neuen Weise des Denkens, die er als „volksorganisches Denken" bezeichnete und in dessen Vollzug er sein Werk in seinen entscheidenden Wesenszügen charakterisierte. „Volksorganisches Denken" mit dem Untertitel „Vorübungen zur Neubegründung der Geisteswissenschaften" nannte er sein 1925/26 in vier Teilen erschienenes Buch, das aus Beiträgen in seiner Zeitschrift hervorgegangen war und das den Gedanken des Gemeinschaftscharakters des Geistes nach vielen Seiten hin verfolgte. Verbesserung der Lebensverhältnisse in Staat und Gesellschaft durch bessere Einsicht war die rationale Grundintention, die Ottos Werk im ganzen durchdrang.

II. Das Kind und der Vorgang seiner Bildung

Berthold Ottos pädagogisches Werk hat vor allem dem Unterricht und der Schule gegolten, und seine Bedeutung lag in seinen Anregungen zur Schulreform. Um diese deutlich werden zu lassen, ist es jedoch notwendig, auf seine allgemeinpädagogischen Grundgedanken einzugehen, die sich wesentlich auf das Vorschulalter bezogen. Die ersten 5—6 Lebensjahre des Kindes, und hier vorwiegend die Zeit des Sprechenlernens und die weitere Sprachbildung, interessierten ihn lebhaft. Damit lenkte er im Unterschied zur traditionellen Pädagogik und zum Teil auch zu anderen Reformpädagogen seiner

Zeit die pädagogische Aufmerksamkeit ausdrücklich auf die Familie und ihre Bedeutung für die Bildung des Kindes, wie es einst auch Pestalozzi und Fröbel getan hatten. Aus seinen Beobachtungen der Bildungsvorgänge, die sich in natürlicher Weise vollziehen, wenn das Kind im Elternhause zwischen seinen Geschwistern aufwächst, ergaben sich seine Pädagogik und mit ihr auch seine neuen schulpädagogischen Konzeptionen.

1. Die Einstellung zum Kind

Otto hat kein Bild des Kindes entworfen, keine Anthropologie des Kindes geschrieben, aber in seinem pädagogischen Werk trat seine neue Auffassung vom Kinde zutage. Er selbst bezeichnete die psychologische Beobachtung als die Grundlage aller praktischen Erziehung und aller pädagogichen Theorie. Themen, die ihn immer wieder beschäftigt haben, traten schon in seinem Buch „Beiträge zur Psychologie des Unterrichts" auf, wie „Von naiver und wissenschaftlicher Psychologie", von psychologischer „Fremd- und Selbstbeobachtung", vom „Studium der Psychologie". Aus der Psychologie — und er meinte damit nach heutigem Sprachgebrauch mehr eine pädagogische Anthropologie[3]) — wollte er die Pädagogik gefolgert wissen, wenn er sagte „Pädagogik muß angewandte Psychologie werden", und wenn er für die Lehrerbildung der Zukunft vor allem die Ausbildung der psychologischen Beobachtungsfähigkeit forderte. Die gleiche unmittelbare Beobachtung könne aber auch jede Mutter im Umgang mit ihrem Kinde betreiben, für deren Förderung er in seiner Zeitschrift und den aus ihr hervorgegangenen Büchern Ratschläge erteilte. Ihm schien es wichtig, die gemachten Beobachtungen schriftlich festzuhalten; sein Buch „Von der Helga" war der Abdruck seines Tagebuches über seine jüngste Tochter in deren ersten Lebensjahren. Seine „Ratschläge für den häuslichen Unterricht" und weitere seiner Werke, wie auch seine Zeitschrift, waren vor allem an die Eltern gerichtet[4]).
Die allgemeinen Züge in Ottos Bild des Kindes zeigen eine starke Übereinstimmung mit den Einsichten der in jenen Jahren neu entstehenden Kinderpsychologie, der Entwicklungspsychologie, wobei

es ihm als Pädagogen immer auf diejenigen Züge im Bilde des Kindes ankam, die eine besondere pädagogische Relevanz besitzen: Immer wieder betonte er die ausgesprochene geistige Wachheit des Kindes, seinen erstaunlichen Drang nach Erkenntnis, seine geistige Aktivität, seine spontane forschende Hinwendung zu den Menschen und Dingen seiner Umgebung. In der Begabung als Grundlage seiner Bildsamkeit sah er das Originale, ja des Geniale in jedem Kinde. Die Anerkennung des guten Kerns in jedem Kinde erschien ihm als die conditio sine qua non jeder Erziehung[5]).

Für alles pädagogische Verhalten war ihm die Haltung dem Kinde gegenüber entscheidend. Scharf wandte er sich gegen den üblichen Erwachsenenhochmut, gegen das mitleidige Lächeln und das Verlachen des Kindes. Wir sollten „aufhören, in den Kindern nur ‚dumme kleine Geschöpfe' zu sehen, die noch viel zu lernen hätten"[6]). Er forderte, das Kind ernst zu nehmen, ihm verständnisvoll und sachlich zugleich gegenüberzutreten und es als Menschen zu respektieren. Das Kind ist dem Erwachsenen in gewisser Beziehung gleichgestellt, beide sind Suchende, sind auf dem Wege zur Erkenntnis, keineswegs steht ein „fertiger" Erwachsener dem „unfertigen" Kinde gegenüber.

2. Bildung als geistiges Wachstum

Das Hauptthema der Pädagogik Berthold Ottos war die Frage nach dem Vorgang der geistigen Bildung und damit des Erkennens, des Lernens und Lehrens. Er hatte die Überzeugung, auf diesem Gebiet etwas Neues von großer Bedeutung geleistet zu haben, das eine Umgestaltung der Schule und ihres Unterrichtes erforderlich machte. Er spottete über die bisherige Bildungsvorstellung: „Die herkömmlichen Schuleinrichtungen beruhen auf der Überzeugung, daß der Geist im wesentlichen ein Hohlgefäß sei, das man mit würdigem Inhalt zu füllen habe, und daß der Geist die unangenehme Eigenschaft habe, sich dieser Ausfüllung heftig zu widersetzen, so daß die Prozedur ohne gelinde Gewalt unausführbar wäre"[7]). Demgegenüber hatte er die Vorstellung, daß alle geistige Bildung sich als ein geistiger Wachstumsprozeß von innen her vollzieht.

Analog dem körperlichen Wachstum im Kindes- und Jugendalter unterliegt er bestimmten geistigen Entwicklungsgesetzen. Otto übertrug also den biologisch-organischen Begriff des Wachstums auf das Geistige im Sinne einer organischen Lebensanschauung, wie sie besonders auch in seinem Begriff vom „volksorganischen Denken" zutage trat. Wenn er Bezeichnungen wie „natürlich", „organisch", „von selbst" verwandte, wenn er vom „Erkenntnistrieb" sprach und vom „Instinkt" bei der Beschreibung geistiger Prozesse, so zeigten sich darin die Züge einer Weltauffassung, deren Ursprünge wohl auch in den während seines Studiums empfangenen Eindrücken von romantischer Philosophie zu suchen sind.

Die Rückführung geistiger Spontaneität und Aktivität auf die Dynamik organischer Vorgänge zeigt sich besonders deutlich in Ottos Begriff „Erkenntnistrieb". So sagt er: „Der Erkenntnistrieb, der ebenso natürlich und beim Kinde mindestens ebenso stark ist, wie der Eßtrieb ..."[8]); und an anderer Stelle, nun stärker die innere Steuerung dieses „Triebes" hervorhebend: „ ... ich bin der Überzeugung, daß, wie jedes organische Wesen aus der Welt, die es umgibt, sich das aussucht, was ihm gerade förderlich ist, und das natürlich und instinktiv zurückweist, was ihm schädlich ist, so auch der Kindergeist aus der ihn umgebenden Welt, also aus der Kulturwelt, in die es hineinwächst, sich immer gerade das wahrscheinlicher Weise heraussuchen wird, was immer diesem einzelnen Kinde zum Wachstum, zum geistigen Wachstum am besten förderlich sein wird. Das war meine theoretische Grundüberzeugung, die ich mir allerdings erst im Laufe pädagogischer Versuche auf Grund sorgfältiger psychologischer Beobachtungen angeeignet habe"[9]). Das Zitat bestätigt das bereits Erwähnte, daß der Begriff „geistiges Wachstum" nur in Analogie zum organischen Wachstum gemeint war und er nicht die Vorstellung vom biologischen Wachstum unmittelbar auf das geistige Wachstum übertrug. Sonst wäre auch der Erzieher wirklich nur ein Gärtner, und die Erziehung höbe sich letztlich selbst auf.

3. Geistiger Verkehr mit Kindern

Daß Bildung nach Ottos Auffassung sich nicht ganz von selbst und ausschließlich als Wachstum vollzieht, sondern nur in der geistigen Kommunikation mit anderen vor sich gehen kann, zeigt deutlich der Begriff, der für ihn eine zentrale Bedeutung hatte: „Geistiger Verkehr mit Kindern". Seine Zeitschrift hatte den Untertitel „Zeitschrift für den geistigen Verkehr mit Kindern", und häufig erscheint diese Formulierung bei ihm als nähere Bezeichnung für das, was man sonst Bildung bzw. Erziehung nennt. „Geistiger Verkehr" besagt, daß Erwachsene und Kinder miteinander umgehen und daß dieser Umgang nicht nur äußerlich und belanglos ist, sondern ein Vorgang von bildender Bedeutung[10]). Im ständigen Verkehr mit anderen und durch ihn bildet sich das Kind, lernt es und gewinnt es seine Einstellung zu seiner Umgebung und zur Welt. In Frage und Antwort, im Gespräch, lernt es begreifen, und mit der Sprache entwickeln sich seine geistigen Kräfte. Den „geistigen Verkehr mit Kindern" pädagogisch zu durchleuchten und den Eltern ihre Aufgabe dabei bewußt zu machen, war Ottos Bemühen. Dies betraf vom vorschulischen Alter an die gesamte Kindheit und Jugend. Das Zentrum des geistigen Verkehrs war für Otto das Gespräch am Familientisch. Öfter sprach er auch von der Bedeutung von bildenden Spaziergängen mit Kindern. Im Gespräch helfen die Eltern ihren Kindern, die Welt zu sehen und das Gesehene zu begreifen.

4. Das Fragerecht des Kindes

Die Frage betrachtete Otto als Instrument des Kindes bei seinem Streben nach Erkenntnis. Mit ihr kommen seine geistigen Interessen zum Ausdruck, mit ihr sucht es empfundene Lücken in seinem Wissen auszufüllen. Wie kein anderer Pädagoge vor ihm hat Otto die Bedeutung der Kindesfrage betont und sich dabei in einer zweifachen Polemik befunden: einmal gegen die verbreitete Abwehr der Kindesfragen durch den Erwachsenen, dem sie lästig sind, der sie oft auch aus Unkenntnis, die er nicht eingestehen will, abweist und zum zweiten gegen die alte Unterrichtsweise, die nur die Frage des Lehrers als Prüfungsfrage und Denkanstoß kannte und nicht die Frage des Schülers als Ausdruck seiner geistigen Bedürfnisse. Sie ist die eigentliche Frage, auf die es pädagogisch gesehen ankommt, und so forderte Otto „das unbeschränkte Fragerecht" des Kindes. Der Gefragte soll ihm in jedem Fall antworten, nach bestem Vermögen, so daß das Kind zumindest sich geistig ernstgenommen fühlt und sich nicht „abgespeist" vorkommt[11]).

Ottos reformpädagogische Gedanken bezogen sich zunächst auf die Bildung des Kindes in der Familie. Er hielt deren Bedeutung für so wesentlich, daß er glaubte, die Mutter könne bei guter pädagogischer Anleitung einen Teil der unterrichtlichen Aufgaben übernehmen, die normalerweise der Schule übertragen sind. So schrieb er die „Ratschläge für den häuslichen Unterricht", und schon sein „Lehrgang der Zukunftsschule" sollte eine Handreichung für die Mutter sein, um ohne Hilfe der Schule eine „formale Bildung ohne Fremdsprache" zu erreichen. Er sagte sogar einmal: „Wären alle Eltern nicht nur, sondern auch alle Erwachsenen, mit denen das Kind auf der Straße, in der Eisenbahn oder sonst wo zusammenkommt, geistig und psychologisch vollkommen gebildet, so würden besondere Unterrichtsanstalten für Kinder vielleicht ganz überflüssig sein"[12]).

Freilich maß Otto diesem Gedanken keinen Realitätswert bei, er wollte nicht wirklich die Schule aufheben und sie ganz durch die „Bahn der Natur" (Pestalozzi) ersetzen. Wohl aber sah er wesentliche Fragen der Struktur der Bildung von der Familie her, und die Schule war für ihn im Grunde eine erweiterte Familie. Sie sollte das leisten, was in einer Familie einem „Hauslehrer", bzw. einem Mitglied der Familie als Hauslehrer zu tun aufgegeben ist. Daher nannte er seine Schule „Hauslehrerschule".

III. Die Berthold-Otto-Schule

„Lehrgang der Zukunftsschule" lautete der Titel von Ottos erster umfassender Schrift aus seiner Hauslehrerzeit. Sie enthielt einen neuartig aufgebauten Sprachlehrgang. Erst 1914 folgte der zweite

Teil „Volksorganische Einrichtungen der Zukunftsschule" mit seinen Gedanken zur Neugestaltung des Bildungswesens von der Dorfschule bis zur Universität. Diesem Werk und dem 1912 erschienenen Buch „Die Reformation der Schule" lagen mit die Erfahrungen zugrunde, die er inzwischen an seiner eigenen Schule gemacht hatte und über die er in Artikeln und Aufsätzen seiner Zeitschrift, anderer Zeitschriften und in Sammelwerken und weiteren selbständigen Schriften berichtet hat.

An dieser Schule, die er nach den ihm während seiner Hauslehrertätigkeit deutlich gewordenen Ideen eingerichtet, die er fast drei Jahrzehnte lang geleitet und an der er gelehrt hat, war für ihn der Ort ständiger Beobachtungen und Versuche. Bedingt sah er sie auch als Modellschule für die von ihm geforderte Reform des öffentlichen Schulwesens an. Er war sich wohl bewußt und hat es wiederholt gesagt, wie sehr diese Schule als sein persönliches Werk auch auf subjektiven Voraussetzungen beruhte, gleichwohl war er der Überzeugung, daß die wesentlichen der in ihr realisierten Prinzipien auch auf das öffentliche Schulwesen übertragbar seien und daß es eine Aufgabe der Zukunft sein müsse, danach die allgemeine Schule zu reformieren. Daß seine Reformvorschläge nicht eine abstrakte Theorie, sondern aus der erprobten Praxis einer Schule hervorgegangen waren, die jedermann zur Besichtigung und Prüfung offen stand, bestärkte seine Gewißheit, gültige Aussagen für die Schule der Zukunft machen zu können.

1. Schulhaus und Schüler

Das nach Ottos Wünschen gebaute und 1911 bezogene Schulhaus war ein Pavillonbau. Neben ihm lagen der Rasenplatz, der als Schulhof diente, der Sportplatz, der Schulgarten, in dem jedes Kind sein Beet hatte, und dann das Birkenwäldchen mit ausgesparten Plätzen mit Bänken für Unterricht im Freien in der warmen Jahreszeit. Die Unterrichtsräume lagen zu beiden Seiten des Mittelganges des flachen Gebäudes; sie hatten Tische und Stühle, z. T. auch Wandbänke, aber keine hintereinander aufgereihten festen Bänke oder Pulte, was zu Beginn dieses Jahrhunderts noch ungewöhnlich war. Zwei Räume konnten durch Öffnung einer Flügeltür zu einem großen Raum erweitert werden, in dem der Gesamtunterricht und andere größere Veranstaltungen durchgeführt wurden[13]).

Die Schule hatte 60—80 Kinder im Alter von 6—16, zeitweise bis zu 19 Jahren. Sie war Koedukationsschule, wie dies Ottos Konzeption der Schule als erweiterter Familie entsprach. Sie war Halbtagsschule, also keine Ganztagsschule und es war kein Internat angeschlossen. Sie war Gesamtschule insofern, als sie sowohl die Kinder der ersten Schuljahre umfaßte wie auch die älteren Jahrgänge, zum Teil der Bildungsstufe der Höheren Schule entsprechend. Das Abitur konnte nicht abgelegt werden, dazu war für die letzte Klasse der Wechsel in eine Schule mit Abiturberechtigung erforderlich. Die Schule nahm Schüler und Schülerinnen gleich welcher Konfession und Weltanschauung auf. Von den Eltern wurde erwartet, daß sie den pädagogischen Grundsätzen der Schule zustimmten, ihre Kinder in gleichem Sinne erzogen und einen engen Kontakt mit der Schule wahrten. Die Eltern wie auch andere Interessierte konnten zu jeder Zeit am Unterricht teilnehmen. Ein „Elternrat" hatte Mitspracherecht.

2. Reformen der Unterrichtsorganisation

Die Schule war nicht in Klassen eingeteilt, sondern der Unterricht fand in Kursen und als Gesamtunterricht statt. Unter-, Mittel- und Oberkurs bauten aufeinander auf. Ein Versetzen bzw. „Sitzenbleiben" wie in der in Klassen gegliederten traditionellen Schule konnte es danach nicht geben. Vielmehr besuchte der Schüler den ihm gemäßen Kurs und ging mit seinem Kurs in den nächsthöheren über, wenn die Voraussetzungen der Leistung dafür gegeben waren. Es gab keine Zeugnisse an dieser Schule, da Otto deren Wert bezweifelte, statt dessen alljährliche Charakterisierungen der Schüler, die vom Tenor der pädagogischen Ermutigung getragen waren. Es gab auch keine Klassenarbeiten mit Benotung, sondern nur solche, die der Selbsterprobung der Schüler und der Messung ihres Leistungsstandes dienten. Mogeln war nicht denkbar, weil sinnlos, und eine Lehreraufsicht konnte entfallen.

Für die Unterrichtsstunde war eine Dauer von 35 Minuten vorgesehen. Jedoch wurde vielfach in Blockstunden gearbeitet, und für das Ende der Stunde war weniger das Klingelzeichen maßgebend, als Ermüdung und abnehmendes Interesse am Unterricht. Es erschien Otto grundsätzlich falsch, einen noch nicht abgeschlossenen Gedankengang bei vorliegendem Interesse nur deswegen abzubrechen, weil die Stunde der Minutenzahl nach zu Ende war. Der Besuch des Unterrichts an sich war freiwillig, allerdings waren das Interesse am Unterricht und auch die Scheu, aufzufallen, so stark, daß Versäumnisse selten waren. Dazu kam, daß die Schüler beschlossen hatten, durch das Schülergericht häufigere Schulversäumnisse zu bestrafen. — Der Wunsch der Schüler war wesentlich dafür maßgebend, ob etwa aus besonderem Anlaß Stundenumstellungen, ob bestimmte Unterrichtsgestaltungen vorgenommen wurden, ob wegen Hitze der Unterricht ausfiel und dergleichen.

3. Lehrplanfreiheit

Otto polemisierte gegen die strenge Verbindlichkeit des Lehrplans in der öffentlichen Schule. Für ihn war das jeweilige Interesse der Schüler die Grundlage des Unterrichts. Dies Interesse aber ist nicht so deutlich vorauszusehen, daß lehrplanmäßige Festlegungen sinnvoll wären. „Auch der größte Psychologe kann nicht voraussagen, was bei einem zwölfjährigen Knaben in einer bestimmten Woche für geistige Interessen emporsteigen und Nahrung und Befriedigung heischen werden. Die Schulpädagogik weiß das aber auf das allergenaueste, und wenn nun andere Interessen hervorsprießen, dann hat nicht etwa die Schulpädagogik unrecht, sondern die Geistesnatur des Schülers, die dann demgemäß unter die Gewalt der Schulpädagogik gebeugt werden muß"[14]).
Dazu kam, daß es Otto angesichts der ständigen Veränderungen der Welt durch den wissenschaftlichen Fortschritt und die Technik unzulänglich erschien, aus der Gegenwart heraus Bildungsinhalte für verbindlich zu erklären, ohne zu wissen, was diese Jugend einst brauchen wird, wenn sie einmal erwachsen ist. Er meinte allerdings, daß sich gerade im gegenwärtigen Interesse der Jugend bereits Zu-

künftiges zeige. Das Wort „Zukunftsschule" hatte für ihn daher nicht nur die Bedeutung, daß diese Schule Vorbild für die zukünftige Schule sein sollte, sondern auch, daß die Schule immer prospektiv auf die Zukunft, d. h. das Erwachsensein der heute sie besuchenden Jugend gerichtet sein müsse.

Praktisch war Ottos Schule natürlich nicht ausschließlich vom momentanen Interesse der Schüler bestimmt, dies erlaubten schon nicht die angestrebten Ziele und Abschlüsse entsprechend den anderen Schulen, aber sie war elastisch in bezug auf die Kurse, die nach den Wünschen der Schüler bzw. der Eltern eingerichtet waren. Die Unterrichtsarbeit selbst hatte notwendig ihre Zielstrebigkeit, die aber immer wieder an das lebendige Interesse der Schüler anknüpfte und sich nicht starr nach der Lektionenfolge eines Plans bzw. Lehrbuches richtete. Die gewohnten Vorstellungen vom Lehrplan mußten dem Außenstehenden auf den Kopf gestellt erscheinen, wenn Otto etwa im Lateinkurs im dritten und vierten Jahr bereits Horazoden durchnahm, dazu noch ohne Benutzung des Buches, vielmehr in der ihm eigentümlichen Methode: gesprochen wie eine lebende Fremdsprache.

Otto brach somit in einer sehr radikalen Weise mit Grundsätzen und Bindungen der traditionellen Schule. Er bekämpfte sie als „Zwangsschule", als „Zuchthaus": „Die Schule ist für das Kind *nicht* das, was der ursprünglich griechische Name bedeutet, die *Muße*, die Schule ist das *Zuchthaus*. Es ist das Haus, in dem das Kind die rechte Zucht zum Wissen und zum richtigen Handeln erhalten soll"[15]). *Seine* Schule sollte demgegenüber frei sein, und er sagte von ihr: „Die Schule war und ist, wie ich ohne Überhebung sagen kann, die freiheitlichste in der Welt"[16]). Er war der Überzeugung, daß diese Freiheit nicht zu Wildwuchs, Mißerfolg und Chaos führen kann, wenn die Schule auf dem Prinzip des „organischen Wachstums" aufbaut[17]). Indem sie diesem Wachstum freie Entfaltung bot, mußte das pädagogisch Bestmögliche erreicht werden.

Dabei maß er dem Lehrer, seiner pädagogisch-psychologischen Beobachtung und nachgehenden Leitung eine entscheidende Bedeutung bei. In kritischer Einstellung zu den Anordnungen übergeordneter

Schulbehörden, besonders zu allgemeinverbindlichen Lehrplänen, wollte er die Verantwortung für Erziehung und Unterricht ganz dem Lehrer übergeben: „Ich bin der festen Überzeugung, eine Gesundung unserer Schuleinrichtungen kann nur erfolgen, wenn der Lehrer ganz und gar auf die Verantwortlichkeit vor seinem eigenen Gewissen gestellt wird"[18]).

IV. Der Gesamtunterricht

Im Mittelpunkt des Unterrichts und des Schullebens der Berthold-Otto-Schule stand der Gesamtunterricht. Ihm vor allem hat sich von Anfang an das Interesse der pädagogischen Welt zugewandt, an ihm nahmen die zahlreichen Besucher der Schule teil, und bis heute gilt diese neue Unterrichtsform als die bedeutendste originale Schöpfung Ottos. Er berichtete: „Unsere Hauptform der Geistesgemeinschaft ist der Gesamtunterricht. Drei bis viermal in der Woche ist in der letzten Schulstunde von 12—1 Uhr die ganze Schule, gegen 80 Schüler von 6—19 Jahren, mit allen Lehrern zu zwangloser Aussprache vereinigt. Ich führe die Leitung, aber weit milder als irgendein Versammlungspräsident"[19]).
Für die „Tagesordnung" wurden von den Schülern gewünschte Themen vor oder während des Unterrichts vorgeschlagen. Es waren Themen jedweder Art; persönliche Erlebnisse und Erfahrungen der Schüler; Sachfragen aus irgendwelchen Gebieten; Fragen, die durch Bücher oder persönliche Erlebnisse angeregt sein können; Tagesereignisse aus Politik, Kultur, Technik; auch Fragen philosophischen Charakters, usw. Die vorgeschlagenen Themen wurden im großen Kreise so lange besprochen, wie das allgemeine Interesse dafür vorlag. Ein einzelnes Thema konnte einmal eine ganze Stunde ausfüllen; im allgemeinen kamen mehrere Themen zur Sprache. Wie Otto ausführte, ließ dabei der Gesprächsleiter, das war im allgemeinen er selbst, zuerst die jüngeren, dann erst die älteren Schüler zu Wort kommen. Die Lehrer waren Gesprächsteilnehmer wie die Schüler. Sie griffen ein, wenn eine Frage sich an sie richtete, wenn Fragen von Schülern nicht beantwortet werden konn-

ten oder sonst ihr Beitrag notwendig schien. Manche Themen wurden in der folgenden Stunde fortgesetzt, wenn etwa bis dahin weitere Erkundigungen eingezogen worden waren; andere Fragen wurden, vor allem, wenn sie spezielle Orientierung verlangten, an den einschlägigen Fachunterricht verwiesen. Erlahmendes allgemeines Interesse sollte für den Leiter immer der Anlaß sein, ein Thema zum Abschluß zu bringen.

Otto legte auf die Protokollführung einen besonderen Wert, u. a. auch, weil er darin Studienmaterial für die lebendigen Interessen der Schüler sah, aus dem Konsequenzen für die weitere Unterrichtsgestaltung zu ziehen seien. Eben darum lag ihm auch an ihrer Verbreitung in Fachkreisen. Die veröffentlichten Protokolle dieses Unterrichts zeigen, wie vielfältig, wie interessant und auch tiefgehend in den Gesamtunterrichtsstunden bei Otto diskutiert worden ist.

Otto hat diese Unterrichtsform, mit der ein völlig neuer Weg gegenüber allem bisherigen Schulunterricht eingeschlagen wurde, als „die Unterrichtsweise der Zukunft" bezeichnet, doch war dies von ihm nicht im ausschließlichen Sinne gemeint, denn er hat selbst dem Fachunterricht an seiner Schule reichlich Raum gegeben. Es gab auch noch eine weitere Art des Gesamtunterrichts an seiner Schule, nämlich den der Altersstufen, bei dem nicht die ganze Schule versammelt war, sondern nur je eine mehrere Jahrgänge umfassende Altersstufe. Sie bot in stärkerer Weise die Möglichkeit der Vertiefung zum Fachlichen hin.

Es waren vor allem vier pädagogische Motive, die den Gesamtunterricht begründeten:

1. Das Gespräch als Bildungsform

Zum ersten sah Otto im Gesamtunterricht seine pädagogische Grundkonzeption am stärksten und konsequentesten verwirklicht: Die Interessen des Kindes, seine „Fragelust", konnten sich in diesem Unterricht unmittelbar entfalten. Im „geistigen Verkehr", in Frage und Antwort, vollzog sich hier in natürlicher Weise die Anregung zum „geistigen Wachstum". Die Unterrichtsform war das freie, ganz vom Interesse bestimmte Gespräch. Der Gesamtunterricht ermöglichte die Übertragung des Tischgespräches im Familienkreise, dem er eine große Bildungsbedeutung beimaß, auf die Schule. Während unter dem gewohnten schulischen Aspekt der Gesamtunterricht als eine revolutionäre Neuheit erschien, bedeutete er für Otto „etwas Uraltes", nichts anderes als die Art und Weise, wie Kinder mit Erwachsenen seit je natürlich miteinander verkehren.

2. Die ungefächert-ganzheitliche Thematik

Ottos zweite Begründung des Gesamtunterrichtes ging primär nicht vom Kinde aus, sondern vom Bild der Welt in seiner Ganzheit. Otto nahm die seit der Kulturkritik viel diskutierte Klage auf, daß das geistige Leben durch die wissenschaftliche Spezialisierung aufgeteilt und nicht mehr als Ganzheit vorhanden sei. Das Kind dagegen hat eine ursprüngliche ganzheitliche Auffassungs- und Denkweise. „Das Kind in der Kinderstube weiß nichts von Fächern, weiß nichts von den verschiedenen Wissensgebieten. Dem ist die Welt eine einzige große Gesamtheit, und es sucht sich in der ganzen Welt zurecht zu finden, einerlei ob das, wofür es sich gerade interessiert, in die Naturwissenschaft oder in sonst eine Wissenschaft hineingehört."
Eben dies wollte Otto erhalten. Gegenüber der ausschließlichen Auffächerung des Bildungsgehaltes der Schule, in dem er die Wurzeln der Spezialisierung fand, wollte er einen Unterricht einführen, in dem auch *die* Dinge zur Sprache kommen können, die im gefächerten Normalunterricht nicht behandelt werden. Die fächerübergreifenden geistigen Fragen sollten den Schülern deutlich werden. Aufbauend auf dem natürlichen Geistesleben des Kindes sollte der Gesamtunterricht zur Überwindung des Fächerdenkens und zum Aufbau ganzheitlicher Bildung beitragen.

3. Verständigung und Toleranz

Zum dritten: Den Wortteil „gesamt" in Gesamtunterricht kann man sowohl auf die Ganzheit der Welt beziehen, die in diesem Unter-

richt in Erscheinung tritt, als auch darauf, daß hier die Gesamtheit der Schule zum gemeinsamen Unterricht versammelt ist. Schüler und Schülerinnen, Lehrer und Lehrerinnen, unterschiedlich in Alter und Reife, Lebenserfahrung, Einstellung sind zum Gespräch miteinander vereint. Die Unterschiedlichkeiten, die schon am Familientisch bestehen, treten hier in sehr viel größerem Ausmaß auf. Und wie „ganz verschiedene geistige Entwicklungsstadien dort sich einander anpassen", so ist es notwendig, daß man sich in der großen Runde des Gesamtunterrichtes im Gespräch, im Zuhören und Sichäußern, zueinander findet und zur gegenseitigen Verständigung gelangt. „Wir haben dadurch mehr, als es bei einer rein gleichaltrigen Klasse der Fall sein kann, ein Abbild der Art und Weise, wie die Menschen selbst bei der Erforschung der Welt geistig miteinander verkehren; denn die verschiedenen Menschen, die auf verschiedenen Gebieten tätig sind, stehen selbstverständlich auf recht verschiedenen Standpunkten, und die gegenseitige Verständigung fällt mitunter recht schwer. Gerade darauf bereitet unsere Art des Gesamtunterrichts der Gesamtschule von vornherein vor. Sie bereitet auch darauf vor, daß die Menschen verschiedene Interessen haben und daß eine gewisse Toleranz, eine gegenseitige Achtung und Duldung geübt und, wo sie nicht vorhanden sein sollte, gelernt wird. Darin erziehen die Kinder sich hier in der Gesamtunterrichtstunde gegenseitig."
Wie der Begriff „Toleranz" besagt, sollte es nicht der Sinn der Gespräche sein, unbedingt zu allgemeiner Übereinstimmung zu führen, vielmehr sollten auch deutlich die Unterschiede möglicher Stellungnahmen hervortreten, und Otto bezog die Bezeichnung seiner „freien" Schule auch gerade auf die Anerkennung dieser Unterschiedlichkeiten. „Ich zwinge die Schüler zu nichts, vor allem auch zu keiner Meinung. Ich selbst bin und bleibe evangelischer Christ und Monarchist; in meiner Schule aber hat der gläubige Katholik, der gläubige Jude, der Atheist, und hatte schon unter der Monarchie der Sozialdemokrat, der Kommunist, der Anarchist das vollkommen unbeschränkte Recht, seine Meinung zu äußern und zu begründen, ohne daß ich versuchte, ihn zu ‚bekehren' "[20].

4. Organ des Schullebens

In Ottos Buch „Die Reformation der Schule" folgt dem Abschnitt „Organisation der Eltern" der Abschnitt „Schülerorganisationen". Er berichtet hier von den Schülereinrichtungen an seiner eigenen Schule, die aus der Schülerschaft selbst hervorgegangen waren und nach Ottos Meinung freilich nicht ohne weiteres auf andere Schulen übertragen werden könnten. Tatsächlich aber bietet sich hier das Bild einer ersten Schülermitverwaltung einschließlich eines Schülergerichtes. Er beschreibt, wie die „Hauslehrerschule in dem Gesamtunterricht eine ganz natürliche Volksversammlung" besaß, wie hier die für die Schule bindenden Gesetze beschlossen wurden und auch das Schülergericht durch den Gesamtunterricht geschaffen wurde. Das Schülergericht, bestehend aus einem Oberrichter, zwei Richtern und drei Ersatzleuten führte nach einer festgelegten Verfahrensweise regelmäßig seine Sitzungen durch. Es hatte die Schuldisziplin in Händen. „Die Strafen, die das Gericht verhängt, sind — sehr gegen meine pädagogischen Prinzipien — zum Teil Strafarbeiten. Besonders gern läßt das Gericht Gedichte auswendig lernen oder Aufsätze anfertigen. Bei der Anfertigung dieser Aufsätze ist sehr häufig die besondere Sachlage berücksichtigt ... Andere Strafen sind der Ausschluß von bestimmten Spielen, das Verbot, an irgend einem Tage oder an mehreren Tagen den Garten zu betreten; ferner als sehr strenge Strafe der Ausschluß vom Schulbesuch auf einen oder mehrere Tage. Das gibt immer mal wieder gelegentlich Konflikte mit den Eltern"[21]). Unter anderem ist im weiteren Zusammenhang dieser Darstellung bemerkenswert, wie sehr Otto sich zurückhalten und auch dann nicht eingreifen wollte, wenn eine Ansicht der Schüler nicht ganz seinen Prinzipien entsprach.

Alle vier von Otto praktizierten und theoretisch entwickelten Motive des Gesamtunterrichts haben sich in der weiteren Entwicklung als schulpädagogisch bedeutungsvoll erwiesen: Das Gespräch setzte sich als legitime Unterrichtsform neben den anderen durch; der Aspekt der Ganzheit trat in Verfügungsstunden, im fächerübergreifenden Unterricht bis hin zum studium generale fruchtbar in Erscheinung; die von Otto selbst schon in ihrer Bedeutung für die politische Bildung als wichtig erkannte Aufgabe der Erziehung zu Verständigung und Toleranz ist im Zusammenhang der demokratischen Erziehung immer deutlicher geworden; die Mitarbeit und Mitverantwortung der Schüler für die Schule gewann in der SMV zunehmend Gestalt.

Mit der Einführung der Grundschule Anfang der zwanziger Jahre wurde der Gesamtunterricht, abgewandelt als „gebundener" gegenüber Ottos „freiem", zur Unterrichtsform dieser Schulstufe. Daneben blieb der Gesamtunterricht in Ottos Sinn, wenn auch zumeist in der Übertragung auf Klassen oder Klassenverbände, immer aktuell für alle Schularten und Schulstufen — seit jenen Jahren bis zu neueren Konzeptionen der Gesamtschule.

V. Unterrichtshilfen

In Ottos bereits Mitte der 80er Jahre geschriebenen „Lehrgang der Zukunftsschule" trug die Einführung die Überschrift „Der Begriff des natürlichen Unterrichts"[22]). Er war derjenige unter den Reformern, der diese Bezeichnung „natürlich", deren Geschichte über Rousseau bis zu Comenius zurückreicht, vor allem aufgegriffen und mit neuer Sinngebung in die pädagogische Diskussion geworfen hat. Sie wurde zum Leitwort für die Kennzeichnungen der neuen Methoden der Erziehung und des Unterrichts.

1. Die „natürliche" Methode

In der genannten Einführung sprach Otto von der „natürlichen Unterrichtsmethode". Er sah sie im Gegensatz zu der üblichen Schulmethode, die mit Zwang und Strafe arbeitet, die kein Verständnis für das Kind, seine geistigen Bedürfnisse und sein Auffassungsvermögen hat. Sie handelte *gegen* die Natur und mußte daher Zwang anwenden, um zur Wirkung zu kommen, vergrößerte mit diesem Zwang jedoch nur ihre Mißerfolge. „Natürlich" war für Otto die Methode, die „gleichsam mit der Natur des Menschen gegeben zu sein scheint, da sie bei allen Völkern dieselbe ist, und anscheinend immer gewesen ist ...". Es ist die Methode der Bildung im Umgang, vor allem im Kleinkindalter, aber dann auch in der Schule. Als „nicht natürlich" polemisierte Otto u. a. gegen das zwangsweise zu frühe Lesenlernen; wenn das spontane Interesse da ist, kommt es von selbst und mühelos. Er kritisierte die Abbildungen und wollte als „Lehrmittel des natürlichen Unterrichts" die Wirklichkeit der Dinge, die die Schüler selbst erleben und beobachten: „Hunde, Katzen, Kaninchen, Mäuse, Hühner, Gänse, Enten, Sperlinge, Tauben, ja Eulen, Sperber, Frösche, Schlangen, Fische usw. wollen wir in das Schulzimmer oder doch den Schulhof laden". Er wünschte die Anlage und Benutzung von Sammlungen, Herbarien und Terrarien usw., begründet in der „Anziehungskraft der Sammlungen". Der „Gang des natürlichen Unterrichts" war für ihn mit der Sprachentwicklung und der mit ihr einhergehenden Denkentwicklung gegeben. „Natürlicher Unterricht" beachtet die Ermüdung und das Erholungsbedürfnis und wendet Themen- und Tätigkeitswechsel an. „Natürlich" sind kleine Unterrichtsgruppen im Unterschied zum Massenbetrieb. „Die natürliche Methode ist also zugleich die einzige, die fast unbedingt sichere Erfolge aufweisen kann".

2. Die Schulfreudigkeit

In dem gleichen Zusammenhang sprach Berthold Otto von der „schulfrohen Stimmung", in der sich das Kind in der Schule befinden soll. Immer wieder hat er von der Freude als Motiv allen Lernens und aller Arbeit überhaupt gesprochen. Hierin lag für ihn das Kriterium des wahren, des erfolgreichen Unterrichts. Seinen Vortrag „Die Schulreform im 20. Jahrhundert" leitete er mit den Worten ein: „Als ich zu Hause meinen Mantel anzog, kam mein Junge zu mir und sagte: ,Papa, du hattest mir doch versprochen, daß ich die Lautlehre nach der Uhr aufsagen dürfe.' Ich erwiderte: ,Es ist mir zu spät geworden, ich muß fort!' Darauf der Junge: ,Aber du hattest es doch versprochen', und damit brachen Tränen hervor. — Was konnte ich tun? Ich mußte den Mantel wieder ausziehen, die Uhr in die Hand nehmen und den Rekord von 85 Sekunden feststellen. — Als ich nun hier ankam, begrüßte mich zuerst Herr Manke mit den Worten: ‚Es ist gut, daß Sie mal etwas über Schulreform sagen wollen; mein Junge hat den ganzen Abend geweint, weil er mit seinen Rechenaufgaben nicht fertig wurde und Angst vor Strafe hatte. Ich habe ihm die Sache schließlich selbst zeigen müssen.' Nun, meine Damen und Herren, überlegen Sie sich die Verschiedenheit der Gründe, aus denen die beiden Knaben weinten, da haben Sie die Verschiedenheit des zwanzigsten vom neunzehnten Jahrhundert."

3. Spiel und Wetteifer als Lernhilfen

Otto konnte nicht verkennen, daß der Unterricht nicht immer nur das betreiben kann, worauf die Schüler Lust haben, weil es ihnen interessant ist, und nicht nur das, was ihnen leichtfällt, sondern daß Lernen und Arbeiten Schwierigkeiten bereiten und Mühe und Anstrengung erfordern. Der Schüler soll dies erfahren, dabei jedoch die methodische Hilfe des Lehrers haben. Otto selbst versuchte experimentierend, neue Wege zu finden, um Lernschwierigkeiten erfolgreich zu überwinden. Als Lern- und Arbeitshilfen hat Otto besonders das Spiel, den Wetteifer und das Prinzip der Isolierung der Schwierigkeiten erprobt, angewandt und empfohlen.

Otto hielt über das Vorschulalter hinaus für die ersten Schuljahre das Spiel als didaktisches Mittel für bedeutungsvoll und forderte vom Lehrer wie vom Erwachsenen, daß er dies erkenne, das Spiel ernst nehme und anwende. Der Übergang von der reinen Spielwelt der Vorschulzeit in die Arbeitswelt der Schule sollte erleichtert werden. Für den Anfangsunterricht hat Otto selbst neue Spiele erdacht und praktiziert. Das Kind sollte auch in der Schule noch Gelegenheit zum Spielen haben und die natürliche Lust am Spiel sollte für das Lernen genutzt werden.

So hieß es z. B. in Ottos Vorrede zu seinen „Leselerntafeln": „Die vorliegende Ausgabe auf einseitig bedruckten Blättern ist dazu bestimmt, das Lesenlernen ganz und gar in ein Spiel umzuwandeln. Die Blätter sind auseinanderzuschneiden, anfangs in Silben, später in Wörter, schließlich in Sätze, wie die Druckeinrichtung es an die

Hand gibt. Diese Blättchen legt man einzeln dem Kinde vor. Die es lesen kann, darf es zum Spielen behalten; die anderen behält die Mutter, um sie gelegentlich wieder vorzulegen... Einstweilen lassen wir uns daran genügen, aus dem Leseunterricht alles Schelten und Strafen und alle damit verbundene Seelenpein des Kindes verbannt zu haben. Das Leselernbuch ist ein brauchbares Hilfsmittel für schmerzlosen Unterricht"[23]).

Für die Fortgeschrittenen ließ er an die Stelle des Spiels Formen treten, die dem sportlichen Sinn und der Freude am Wetteifer dieser Altersstufen entsprechen. Lehrinhalte, die mühsam und langwierig sind, die aber gelernt werden müssen und der Übung bedürfen, brachte er in solch eine Form, daß sie als einfache Reihen oder Regeln leicht gelernt werden können, und er beflügelte dieses Lernen durch den Wettkampf. Immer hatte Otto im Unterricht eine Stoppuhr in der Tasche und bei grammatikalischen Regeln, bei Vokabelreihen, ja auch bei Gedichten — hier nur vorübergehend — ließ er nach der Sekundenzeit aufsagen und nutzte zum Lernen den Ehrgeiz seiner Schüler und Schülerinnen, der Erste im Leistungswettbewerb zu sein und eine Rekordzeit zu erreichen. Diese Auswertung einer natürlichen Antriebskraft im jungen Menschen, im Sport bewährt, erwies sich auch für geistige Lernprozesse als nützlich, zumal sie mit den entsprechenden Vorbehalten und vor allem mit Humor angewandt wurde.

4. „Isolierung der Schwierigkeiten"

Für Schwierigkeiten, deren Überwindung besondere Mühe macht und die nicht mit Lernhilfen wie Spiel und Wettkampf zu bewältigen sind, entwickelte Otto ein Prinzip der Unterrichtsarbeit, das er die „Isolierung der Schwierigkeiten" nannte. Er sah es als sein wichtigstes didaktisches Prinzip und den Hauptursprung seiner Unterrichtserfolge an. Die von ihm herausgegebenen Lehrbücher, seine „Lateinbriefe", nach denen in Selbstbildung Latein gelernt werden kann, und seine Einführungsbücher zu Cäsar „Tirocinium Caesarianum" und zu Vergil sind ebenso nach diesem Prinzip durchgeführt wie seine Leselernbücher. Viele Stoffe, meinte er, sind dadurch schwer begreifbar, daß sie eine Vielzahl von Unbekannten enthalten, die im einzelnen an sich nicht schwierig zu verstehen, aber in der Häufung für den Schüler zunächst nicht zu erfassen sind. Also sollte man zunächst nur *eine* der Schwierigkeiten herauslösen und sie zu klären suchen, anschließend eine zweite vornehmen usw., bis schließlich der volle Zusammenhang verstanden ist. Im Nacheinander der je einzeln isolierten Schwierigkeiten soll das Ganze erarbeitet werden. Für Otto war dieses Prinzip eines pädagogischen „divide et impera" psychologisch begründet: „Das Grundprinzip der pädagogischen Psychologie, durch das die Psychologie zu Erkenntnissen, die Pädagogik zu Erfolgen gelangt, ist die Isolierung der Schwierigkeiten"[24]).

VI. Neue Formen der Spracherziehung

1. Bedeutung der Spracherziehung

Otto hat sich schon im Rahmen seines Studiums wissenschaftlich mit der Sprache beschäftigt und als die für ihn wichtigsten Hochschullehrer die Sprachphilosophen und -psychologen Lazarus und Steinthal genannt. Sein erstes Werk, der „Lehrgang der Zukunftsschule", legte die deutsche Sprache als das eigentliche Medium dar, mit dem das Kind seine geistige Vorstellungswelt aufbaut. Als bewußte Hilfe bot er hierfür einen „Lehrgang" an. In der Praxis seines Unterrichtes hatte die sprachliche Interpretation immer eine besondere Bedeutung. Einer seiner letzten Artikel, sein Beitrag zum „Handbuch der Pädagogik", trug den Titel „Die Spracherziehung" und schloß mit dem Satz: „Sicherlich handelt es sich hierbei um ein sehr wichtiges, vielleicht das wichtigste Stück der Schulreform"[25]).
In diesem Aufsatz stellt er heraus, daß es sich bei der Spracherziehung im Grunde um drei Aufgaben handelt: Zum ersten, *zur* Sprache zu erziehen, das heißt zu erreichen, daß der Sprechende nur wirklich Durchdachtes sagt und es verständlich auszudrücken vermag, zum zweiten, die Erziehung *durch* die Sprache, die ihn instandsetzt, die Erscheinungswelt zu durchdenken, bis sie klar und verständlich ist,

unter Umständen auch durch Neuschaffung von Ausdrucksweisen und Begriffen, und drittens die „Erziehung der Sprache selbst", ihre Fortentwicklung, ihre ständige Verbesserung und Anpassung an die Wirklichkeit. In diesem dreifachen Bemühen sah er sich im Gegensatz zur Sprache und zur Spracherziehung seiner Zeit. Er bekämpfte die gekünstelte und unnatürliche, die verworrene Sprache, die sich der leeren, der „Scheinbegriffe" bedient, die im Grunde keinen Aussagewert mehr haben oder vielleicht nie gehabt haben, aber dennoch gebraucht werden. Er bekämpfte alle jene schulischen Wege, die wie die Bevorzugung des frühen Lateinunterrichts und die Aufoktroyierung der Erwachsensprache und der Schriftsprache verhindern, daß sich die Sprache im Kinde so bildet, wie sie ihm gemäß, d. h. wie sie echt und inhalterfüllt ist und von ihm selbst verstanden wird. „Gebildet ist, wer versteht, was er sagt", meinte Otto einmal.

Auf zwei Reformgedanken konzentrierte sich Ottos Bemühen um die Spracherziehung:

2. Kategoriale Bildung

Der Untertitel der Schrift „Lehrgang der Zukunftsschule" lautete „Formale Bildung ohne Fremdsprache". Er, der selbst die alten Sprachen liebte und lehrte, wollte *den* Weg zur Bildung zeigen, der schon mit der Muttersprache gegangen werden kann und der daher jedem zugänglich ist. Er sprach von Bildung im „höheren Sinne", durch die „sich jeder Volksgenosse als Denker ausweisen kann". Mit dieser Bildung sollte vor allem die unglückliche Trennung in Gebildete und Ungebildete in unserem Volke aufgehoben werden.

In seinem „Lehrgang" hat Otto in kritischer Stellung zur Schule einerseits die sprachliche Selbstbildung des Kindes in der Familie unterstrichen und anderseits die Notwendigkeit des bewußten Sprechenlehrens als unterrichtliche Aufgabe. In diesem Werk legte er dar, wie in einem lehrgangsmäßigen „natürlichen Unterricht" „die grundlegenden Kategorien des menschlichen Denkens" erarbeitet werden können und sollten. Er meinte Kategorien wie Ding und Merkmal, Ganzes und Teil, Stoff und Form, wie alle jene Begriffe, die die Grammatik strukturieren. Sie alle sollten im Gespräch und in der Beobachtung des Sprechens, und zwar vor allem auch der Selbstbeobachtung, gewonnen werden. Durch eine schon früh beginnende Bewußtmachung der Grundkategorien des Denkens und Sprechens sollte die Sprache bei aller Erhaltung ihrer Natürlichkeit doch zu einem bewußt angewandten Werkzeug des denkenden Menschen gemacht und darin ständig verbessert werden.

In dieser Hinlenkung der Aufmerksamkeit auf das gesprochene Wort sowie auf die Sprachvorgänge und in deren Bewußtmachung liegt vor allem der Wert seines „Lehrganges". Wenn das Kategoriensystem, das er dabei herausstellte und dessen Entdeckung er als „die größte Erschütterung des Denkens", die er je erlebte, bezeichnete, nicht die Überzeugungskraft bewiesen hat, die er ihm selbst beimaß, so hat doch die neuere didaktische Forschung, die sich um eine Klärung der „Theorie der kategorialen Bildung" bemüht, die Bedeutung Ottos für die wissenschaftliche Theorie der kategorialen Bildung anerkannt[26]).

3. Altersmundart

Von ungleich stärkerer unmittelbarer Auswirkung ist Ottos zweiter Aspekt der Sprachbildung gewesen, der in dem Begriff „Altersmundart" seinen Ausdruck gefunden hat. „Und da ging mir die Erkenntnis auf: Einen großen Bruchteil dessen, was wir aus Büchern gelernt haben, was wir fest und sicher zu wissen meinen, haben wir selber nicht verstanden. Sicher, es verstanden zu haben, sind wir erst dann, wenn wir es jedem Kinde auseinandersetzen können. Sind wir uns wirklich klar über die Sache, dann gelingt es erstaunlich leicht, sie den Kindern klar zu machen"[27]). Diesen Satz wird man heute kaum so unterschreiben, aber er ist charakteristisch für Ottos Anschauungen, weil er seinen Gegensatz zeigt zu allem Unklaren, Undurchdachten, allen Scheinbegriffen und Schlagwörtern in Leben und Schule. Wo er bei seinen Schülern und auch in seiner wissenschaftlichen Arbeit „Scheinbegriffe" monierte und eine fragwürdige Scheinbildung anprangerte, sah er die Ursache in einer ungenügenden und falschen Spracherziehung.

Otto glaubte, daß die Sprache sich im heranwachsenden Kinde von innen her im Prozeß seiner geistigen Entwicklung entfalte, „daß tatsächlich die Sprache ihr eigenes Wachstum hat, daß das acht-jährige Kind auf einer anderen Entwicklungsstufe steht als das zehnjährige ...“[28]. Jedes Lebensalter hat also seine Art zu spre-chen, und indem Otto den Begriff „Mundart“ auf die Altersstufen bezog, sprach er von „Altersmundart“ oder „Kindesmundart“. Er folgerte: Es ist falsch, das Kind zu einer Sprach- und Schreibweise zu veranlassen, gar zu zwingen, die ihm nicht entspricht, d. h. der Denk- und Ausdrucksweise seiner Altersstufe nicht gemäß ist. Was in Schule und Haus dem Kinde sprachlich in Wort und Buch an-geboten wird, ist ihm weithin unverständlich und geeignet, seine Sprachentwicklung zu stören. Unverstandene Begriffe und unklares Denken sind seiner geistigen Entwicklung abträglich. Daher müssen zunächst einmal sein natürliches Sprechen und Schreiben ernst ge-nommen werden, und es muß mit ihm auch so gesprochen werden, wie es seiner Altersmundart entspricht.

In dieser Überzeugung haben Otto und seine Freunde ein besonderes Schrifttum in „Altersmundart“ verfaßt und zum Druck gebracht. Seine Zeitschrift, Der Hauslehrer, enthielt die regelmäßige Beilage: „Geschichten in Altersmundart“. Dort waren von Kindern geschrie-bene Briefe, Geschichten und Berichte abgedruckt und auch Erzählun-gen von Erwachsenen in Altersmundart. Gleichzeitig entstand eine Buchliteratur in Altersmundart. So schrieb Otto selbst „Fürst Bismarcks Lebenswerk“ (8. Aufl. 1918), „Warum feiern wir Schil-lers Todestag“ (1905) und „Geschichten in Altersmundart“. Der Lehrer an seiner Schule und sein späterer Biograph, Paul Baumann, schrieb „Dietrich von Bern“ (1914), von Kindern illustriert. Robert Theuermeister, Otto nahestehend, schrieb: „Unser Körperhaus. Wie ich mit meinen Kindern über ihren Körper rede“ (3. Aufl. 1913). Eine besondere Beachtung fand Ottos Buch „Die Sage von Doktor Heinrich Faust. Der Jugend und dem Volke erzählt“ (1. Aufl. 1901). Es gibt auf 300 Seiten nicht etwa die mittelalterliche Sage, sondern den Inhalt des von ihm so überaus verehrten und vielzitier-ten „Faust“ I. und II. Teil von Goethe in einfacher, dem frühen Jugendalter verständlicher Sprache wieder.

Otto hat sich dazu sagen lassen müssen, daß er „die Sprache der Gasse" anwende und ein „Tempelschänder im Heiligtum der Kunst"[29]) sei. Es waren auch zum Teil Vertreter der damals neu entstehenden Jugendliteratur, die die Absicht Ottos nicht verstanden, daß er schon früh ein inneres Verhältnis des Kindes zu einigen großen Werken unserer Literatur herstellen und nicht erst das Alter abwarten wollte, bis sie „ganz" verstanden werden können — was für Faust II kaum in der Oberprima als möglich anzusehen ist. Seine Kritiker haben nie daran gedacht, daß sie es dann auch ablehnen müßten, aus dem Alten und Neuen Testament Stücke auszuwählen und als Biblische Geschichten den Kindern verschiedener Altersstufen anzubieten.

Die an Otto gerichtete Frage, wie denn das Kind sich sprachlich weiterentwickle, wenn man sich mit der Sprache ganz auf seine Altersstufe einstelle, beantwortete er mit dem Hinweis, daß 1. die Sprache „wachse" und daß 2. der Sprachunterricht ständig bemüht sei, die Struktur der Sprache und ihre Kategorien bewußt zu machen und dadurch das Sprechen und Schreiben zu verbessern — durch Selbstverbesserung und auch durch Korrektur anderer.

Ottos Idee der Altersmundart ergab sich aus seinem Aspekt „vom Kinde aus". Sie hat wesentlich dazu beigetragen, daß seit jenen Jahren eine Literatur entstanden ist, die der Sprache des Kindes angepaßt ist, und daß für den Erwachsenen die Forderung selbstverständlich wurde, so mit dem Kinde zu sprechen, daß es ihn versteht.

Das vielseitige pädagogische Werk von Berthold Otto ist schon zu seinen Lebzeiten von zahlreichen Pädagogen aufgenommen und auch weiterentwickelt worden. Die Grenzen seiner pädagogischen Anschauungen lagen in der oft allzu einseitigen Betrachtung des Bildungsproblems vom Kinde aus und in dem allzu großen Vertrauen auf dessen spontanes Wachstum. Sie sind ebenfalls schon damals gesehen und korrigiert worden. Um jedoch den pädagogisch unabdingbar notwendigen Ansatz beim Kinde überhaupt wieder zu erkennen und ihn deutlich werden zu lassen, bedurfte es einer Radikalität, wie sie Otto in eindrucksvoller Weise dargetan hat.

Über die Berthold-Otto-Schule sagte auf dem pädagogischen Kongreß in München 1924 der als Leiter einer eigenen Versuchsschule bekannte Oberstudiendirektor Dr. Fritz Karsen: „Wenn wir in Berthold Ottos Hauslehrerschule in Großlichterfelde gehen, so hat man das Gefühl, als kämen wir aus einem Reiche feinst durchdachter, um nicht zu sagen, ausgeklügelter Methoden, die den Geist zu selbsttätiger Arbeit führen sollen, in einen stillen klaren Bezirk, der ganz beherrscht ist von dem Vertrauen zur vorhandenen Selbsttätigkeit des Kindes und seinem Werden, von Geduld und Wartenkönnen. Berthold Otto weiß, daß die wahre Arbeit des Menschen aus seinem Lebensbedürfnis, seinem Arbeitsbedürfnis entspringt. So hat er versucht, mit wundervollem Radikalismus die Schule ganz auf den elementaren Bildungstrieb des Kindes aufzubauen"[30]).

Fünfter Abschnitt:
Die Landerziehungsheime

Mit der Gründung der deutschen Landerziehungsheime von der Jahrhundertwende an, zuerst durch Hermann Lietz, dann in seiner Nachfolge durch Gustav Wyneken und Paul Geheeb und einige Zeit später durch Kurt Hahn, wurde ein neuer Schultyp geschaffen, der in seiner pädagogischen Konzeption zu den bedeutenden wegweisenden Schöpfungen der Pädagogischen Reformbewegung gehörte. Diese Schulen fanden in Pädagogenkreisen zunehmend Aufmerksamkeit, weil sie im Ganzen oder in wesentlichen Zügen den Vorstellungen der neuen Erziehung und der Schule der Zukunft entsprachen. Der von Lietz stammende Name „Land-erziehungs-heim" gibt eine erste Deutung der Besonderheit dieser Schulen: sie lagen außerhalb der Städte, in ihnen hatte die Erziehungsaufgabe Vorrang und sie waren Internate, die sich aber im Unterschied zu schon früher bestehenden Internaten ausdrücklich als „Heim-Schulen" bezeichneten. Der Ausdruck „Landerziehungsheimbewegung" unterstrich die Gemeinsamkeit und Geschlossenheit des Wollens.

Die Darstellung der Fakten und der pädagogischen Bedeutung der deutschen Landerziehungsheime ist erschwert durch die Mehrzahl von Heimen, deren Eigenart jeweils durch die Persönlichkeit ihrer Gründer und Leiter geprägt war. Jedes Heim wandelte sich im Verlauf seiner Geschichte. Auch können nicht ohne weiteres die Merkmale der heutigen Landerziehungsheime, auch wenn es sich um alte Gründungen handelt, auf die Frühzeit übertragen werden. Es muß daher im folgenden versucht werden, nach den Quellen, Programmen und Berichten jener Jahre das Typische und das im Zusammenhang der Reformbewegung Bedeutsame herauszustellen. Wir beginnen mit dem Hinweis auf die vier maßgebenden Gründer und ihr Werk.

I. Die Gründer

1. Hermann Lietz

Hermann Lietz (1868—1919) entstammte einem bäuerlichen Geschlecht. Seine Heimat war die Insel Rügen. Nach einer ihn innerlich belastenden Schulzeit studierte er in Halle und Jena Theologie, Philosophie, Geschichte und Germanistik. Seiner Promotion zum Dr. phil. und dem Staatsexamen folgten mehrere Jahre Schultätigkeit, darunter an der Universitätsübungsschule Jena, die unter der Leitung des Herbartianers Wilhelm Rein stand. Auf Grund einer Empfehlung ging er 1896 als Lehrer an die Internatsschule Abbotsholme in England, die durch ihren Gründer und Leiter Cecil Reddie einen besonderen Ruf hatte. „New School Abbotsholme", gegründet 1889, Vorbild einer großen Anzahl neuer Schulen in England und anderen europäischen Ländern, wurde für Lietz zum entscheidenden Erlebnis und zum Vorbild seiner eigenen Konzeption. In seinem Buch „Emlohstobba" (1897) — der Name ist ein Anagramm — hat er von Abbotsholme begeistert berichtet und seinen Vorstellungen von eigenen neuen Schulschöpfungen Ausdruck gegeben.

Nach Deutschland zurückgekehrt gründete Hermann Lietz 1898 das erste deutsche Landerziehungsheim in der „Pulvermühle" bei Ilsenburg im Harz. Drei Jahre später eröffnete er in Haubinda bei Hildburghausen in Thüringen das zweite Landerziehungsheim und 1904 das dritte in Schloß Bieberstein in der Rhön. „Im Harz, in Thüringen und in der Rhön habe ich inmitten schöner Gottesnatur auf drei Landgütern in den Jahren 1898—1904 drei Schülerheime (Alumnate) gegründet, die ich ‚Deutsche Land-Erziehungsheime' nannte, Deutsche Art, eine an Leib und Seele gesunde, zart empfindende, klar denkende, tatkräftige Jugend, sollte in ihnen gedeihen, fern der Stadt in der Stille des Waldes und der Berge, eine Jugend, die Gott, Heimat, Mitmenschen liebt, vor allem Hohen und Edlen Ehrfurcht, an allem Schönen und Guten Freude hegt. Zur zweiten Heimat sollten die Heime werden. Erzogen werden sollte in ihnen, d. h. die vorhandenen Anlagen und Kräfte des Körpers, Gemüts,

Willens, Verstandes sollten zu einer gesunden, freien und fröhlichen Entwicklung gelangen, daß mit ihnen dereinst erfolgreich der Nation, dem Gottesreich gedient werden könnte". So schrieb Lietz im Kriege, an dem er freiwillig an der Front teilnahm, im Rückblick auf den Beginn seines Werkes[1]). Weitere Heime entstanden aus diesen ersten Anfängen, zum Teil durch Abspaltungen, indem Mitarbeiter sich von ihm trennten und eigene Heime eröffneten. Seine eigenen vier Heime, zu den genannten war das Land-Waisen-Heim Veckenstedt am Harz hinzugekommen, vermachte er in seinem Testament als öffentliche Stiftung dem deutschen Volke. Die heute noch bestehende Stiftung umfaßt: Schloß Buchenau (Unterstufe für Knaben und Mädchen), Schloß Bieberstein (Mittel- und Oberstufe für Jungen), Hohenwerda (Mittel- und Oberstufe für Mädchen), Spiekeroog (Oberstufe für Jungen).

Alfred Andreesen, der Nachfolger von Hermann Lietz in der Leitung seiner Heime, schrieb in seiner großen Verehrung für Lietz: „Niemals sah ich einen Menschen von solcher Tatkraft, bezwingender Energie, von solchem starken sittlichen Wollen, von solchem Mut zur Konsequenz. Und doch daneben mit einem Herzen von solcher Güte und Liebe und solch feinem Empfinden"[2]). Nohl hob hervor: „Der Erzieher lebt immer aus der überschwenglichen Vision einer Zukunft, für die er in den Seelen der Jugend das Feld bereitet. Hermann Lietz ist einer der ganz wenigen großen Pädagogen gewesen, denen ihr utopischer Traum Wirklichkeit wurde in der harten Arbeit des erzieherischen Alltags und die doch über der hingebenden Liebe zu den einzelnen ihnen anvertrauten Kindern nie den Traum von einer neuen Menschheit vergessen, der jeder einzelne von ihnen einmal dienen soll"[3]).

2. Gustav Wyneken

Gustav Wyneken (1875—1964), Sohn eines Schulleiters in Stade (Hannover), studierte zunächst mit Examensabschluß Theologie, dann Germanistik und Latein und wurde Lehrer, und zwar ab 1900 bei Hermann Lietz in den Landerziehungsheimen Ilsenburg und Haubinda. Zusammen mit Paul Geheeb, der ebenfalls Lehrer in

Haubinda war, trennte sich Wyneken von Lietz und beide eröffneten 1906 in Wickersdorf bei Saalfeld in Thüringen im damaligen Herzogtum Sachsen-Meiningen ein eigenes Heim. Dieses Landerziehungsheim trug den Namen „Freie Schulgemeinde Wickersdorf". Schon 1910 schied Wyneken von Wickersdorf, kehrte aber nach den Kriegsjahren wieder zurück und war dort teils Gesamtleiter, teils wirtschaftlicher Leiter bis zum Jahre 1931. Obgleich es nur verhältnismäßig wenige Jahre waren, in denen er voll verantwortlich in Wickersdorf tätig war, ist sein Name mit Wickersdorf und der Landerziehungsheimbewegung aufs engste verbunden.

Wyneken hat seine Aufgabe in den Jahren der Reformpädagogischen Bewegung vor allem darin gesehen, durch Vorträge, Teilnahme an Tagungen, in Zeitschriften und Büchern die Idee des Landerziehungsheims, der „Freien Schulgemeinde", bekanntzumachen. Seine eigene Konzeption, deren Unterschiede zu den Ideen der anderen Gründer ausdrücklich immer wieder von ihm betont wurden, hat wesentlich dazu beigetragen, die Landerziehungsheimidee deutlich werden zu lassen. Wyneken war der theoretische Pädagoge der Landerziehungsheimbewegung, der u. a. auch Hermann Lietz vorwarf, daß dieser die theoretische Grundlegung seiner erzieherischen Konzeption versäumt habe, während er sie im Zusammenhang einer neuen Kulturphilosophie und Weltanschauung zu bieten bemüht war. Sein Modell einer „Jugendkultur", die sich in einem eigenen Bezirk aus den spezifischen Lebensformen der Jugend entwickeln soll, hat die an sich a-schulische Jugendbewegung auf die Landerziehungsheime als eine ihr entsprechende Schulart hingewiesen. „Schule und Jugendkultur" (1913) war unter seinen zahlreichen Arbeiten diejenige, die gerade diese Brücke schlug.

Wyneken hat von 1934 bis zu seinem Tode als freier Schriftsteller in Göttingen gelebt. Seine Schriften und Vorträge hatten zunehmend vorwiegend weltanschauliche Fragen zum Inhalt. Die Tradition der Jugendbewegung und die Landerziehungsheime haben sein Andenken immer hochgehalten[4]).

3. Paul Geheeb

Paul Geheeb (1870—1961) stammte aus Geisa in der Rhön. Seinen Universitätsexamen nach war er Theologe und Philologe, er hatte jedoch auch Philosophie studiert und sich mit Physiologie und Psychiatrie befaßt. Nach dem Verlassen der Universität war er zuerst Mitarbeiter im Trüperschen Heim für psychopathische Kinder in Jena. Soziale Fragen in Verbindung mit der Arbeiternot beschäftigten ihn besonders.

Paul Geheeb und Hermann Lietz kannten sich schon eine Reihe von Jahren, als 1902 Geheeb dem Rufe von Lietz folgte und als Lehrer nach Haubinda ging, das er auch eine Zeitlang leitete. Er entwikkelte einen anderen, einen freieren Erziehungsstil als Lietz. Die sich dadurch ergebenden Spannungen zwischen beiden führten dazu, daß Wyneken und Geheeb Haubinda verließen und Wickersdorf gründeten. Aber auch diese Zusammenarbeit führte auf Grund unterschiedlicher pädagogischer Vorstellungen 1910 zur Trennung. Geheeb gründete die Odenwaldschule bei Oberhambach (Heppenheim/Bergstr.). In seiner Eröffnungsrede sagte Geheeb: „Nicht bequemer wollen wir es euch machen — nein schwerer, insofern wir euch höhere Ziele stecken und größere Ansprüche an eure Einsicht, an eure Initiative, an eure Energie, an euer vernünftiges Wollen stellen. Leichter freilich machen wir es euch dadurch, daß wir die in euch wohnende Schaffenskraft nicht beengen und unterdrücken, sondern zu freier Entfaltung und kräftiger Erstarkung zu bringen suchen, in der Absicht, euch auf euch selbst zu stellen und uns nach und nach entbehrlich zu machen"[5]).

Dreiundzwanzig Jahre hat Paul Geheeb die Odenwaldschule geleitet, bis er 1933 emigrieren mußte. In der Schweiz, in Goldern im Berner Oberland, hat er eine neue Schule gegründet, die Ecole d'Humanité, im Sinne seines Ideals der in Kooperation und Brüderlichkeit verbundenen Menschheit.

Ein ehemaliger Schüler der Odenwaldschule schrieb zum zwanzigsten Bestehen der Odenwaldschule und zugleich zum 60. Geburtstag von Paul Geheeb: „Üblicherweise sieht man Bildung und Erziehung ja als mittelbare Vorbereitung auf das spätere Leben an;

aber umgekehrt ist Erziehung und Bildung Dir Erfüllung und Wesen des Lebens selbst ... Darum galt nun Dein ganzer Eifer der Bildung Deiner selbst. Darum folgtest Du Wilhelm von Humboldt. Darum wurde Deiner Moral erstes Gesetz: bilde Dich selbst und erst ihr zweites: wirke auf andere durch das, was du bist. Unser Glück aber wollte, daß zur Bildung Deiner selbst Du nicht allein der einsiedlerischen Einsamkeit, sondern des intensiven Umgangs mit Menschen bedurftest — mit Menschen, denen wie Dir vor allem an der Bildung ihrer selbst gelegen sein mußte, d. h. also mit jungen Menschen"[6]).

Vielleicht war die Schöpfung Paul Geheebs von allen Landerziehungsheimen am stärksten dem Bild der Heimerziehung in der „Pädagogischen Provinz" in Goethes „Wilhelm Meisters Wanderjahre" verwandt. Wie sehr Geheeb der Zeit und dem Geiste des Deutschen Idealismus zugewandt war, zeigten unter anderem die Namengebungen für die Häuser seiner Siedlung im Odenwald: Herderhaus, Schillerhaus, Goethehaus, Humboldthaus.

Die Odenwaldschule hat im In- und Ausland von ihren Anfängen an starke Beachtung gefunden. Sie war von der Persönlichkeit Paul Geheebs geprägt, und sein Geist wirkte in ihr nach, als er nicht mehr dort sein konnte. Unter seinen Schülern genoß er Verehrung und Liebe. Sein Freundeskreis war umfassend. Weit in der Welt galt sein Name als der eines großen deutschen Pädagogen. Zu seinem 90. Geburtstag schrieb ihm Indira Gandhi[7]): „It is a privilege for me to be counted as one of Paulus Geheeb's friends and I gladly add my voice to the chorus of good wishes which will greet him on his 90th birthday. Paulus is a person of deep perception and courage. His attempt to translate his ideals into reality has been a valuable contribution in the field of education and to the cause of better understanding and peace amongst nations. I send my greetings — Indira Gandhi.
New Delhi — 2, March 31, 1960."

4. Kurt Hahn

Kurt Hahn (1886–1974) hatte schon als Schüler „Emlohstobba" von Lietz gelesen und sich für die darin dargestellten Erziehungsreformen begeistert. Nach seinen Studien in klassischer Philologie und Philosophie war er zunächst politisch tätig und stand während des ersten Weltkrieges dem Reichskanzler, Prinz ·Max von Baden, als Berater zur Seite. Als dieser 1920 das Landerziehungsheim Schloß Salem am Bodensee gründete, wurde Hahn dessen Leiter. Salem kennzeichnete eine besondere Strenge der Selbstzucht und Selbstkontrolle, der Verpflichtung auf die ungeschriebenen Gesetze des Verhaltens und der Gesinnung. Die Heraushebung von „Farbentragenden" mit einer erhöhten Verantwortung, die Einsetzung von Helfern, die Verbindlichkeit eines „Trainingsplanes", dem sich jeder unterwerfen muß, die Askese gegenüber Alkohol und Nikotin bezeugen die geforderte Selbstzucht innerhalb einer gegliederten Gemeinschaft im Zeichen einer Erziehung zur Verantwortung. Platos Erziehungsdenken hat Hahn tief beeindruckt.

Kurt Hahn hatte sich 1932 offen gegen den Nationalsozialismus gestellt; aus diesem Grunde und auf Grund seiner jüdischen Abstammung mußte er 1933 Salem verlassen. Er ging nach England und gründete die Heimschule in Gordonstoun, die als modernes Internat einen ausgezeichneten Ruf erwarb. — Während des Krieges gründete Hahn zudem die erste „Kurzschule", und als er 1953 nach Deutschland zurückkehrte, schuf er auch hier und dann in anderen Ländern weitere Kurzschulen. Es sind dies Heime, in den Bergen oder am Meer gelegen, in denen junge Menschen in mehrwöchigen Kursen für Berg- bzw. Seenotdienst ausgebildet werden. Diese Erziehung zur Verantwortung im Hinblick auf den Ernstfall, die verbunden ist mit einer straffen Gemeinschaftserziehung, gehört zu den interessanten Erziehungsunternehmen der Gegenwart, — hervorgegangen aus der Landerziehungsheimidee[8]).

II. Grundlagen des neuen Schultypus

Mit dem Begriff „neuer Schultypus" ist ein Anspruch der Landerziehungsheime wiedergegeben, der besagt, daß sie sich unterscheiden wollten und unterschieden von der traditionellen öffentlichen Schule in allen ihren Formen, also auch von früheren Internaten.

Sie lebten und wirkten in der Überzeugung, daß die von ihnen neu geschaffene Gestalt der Heimschule, ihr Gehalt und die ihr eigene geistige Verfassung für die Zukunft des Bildungswesens von entscheidender Bedeutung sein würden.

1. Der kulturkritische Ansatz

Von ihren Anfängen an zeigten die Landerziehungsheime eine ausgesprochen kulturkritische Einstellung gegenüber Zivilisation, Gesellschaft und dem Geist der Zeit. In seiner rückblickenden Betrachtung hat schon 1930 Alfred Andreesen hervorgehoben, wie die Landerziehungsheime in Opposition standen zu den „Zivilisationsentartungen", dem „seelenlosen Mechanismus", gerichtet gegen verlogene Formen, gegen das „verflachende Genußleben" der Großstädte usw.[9]). „Wer die Entstehungsgeschichte der Landerziehungsheime kennt, weiß, daß eine gesunde Reaktion gegen die Auswüchse und Schattenseiten der Großstadtkultur zu den Beweggründen dieser Gründungen gehörte"[10]). Wie sehr die Kulturkritik eines ihrer Hauptmotive bis in die Gegenwart geblieben ist, zeigt eine Äußerung Kurt Hahns: „Das Weideland der heutigen Jugend ist ungesund. Wir haben den Verfall der körperlichen Tauglichkeit: durch die fehlenden Antriebe zur körperlichen erholsamen Bewegung, den Verfall der Sorgsamkeit und Vertiefung: durch den Niedergang der geruhsam arbeitenden Berufe, den Verfall der persönlichen Initiative: durch die Zuschauerkrankheit, den Verfall der Selbstzucht: gefördert durch das lockende Angebot von Reiz- und Beruhigungsmitteln, den Verfall des Erbarmens: als Folge der grausamen Pausenlosigkeit des modernen Lebens, die zuweilen sogar den Kummer um den Tod geliebter Menschen verschlingt"[11]).

Den kulturkritischen Einsatz kennzeichnet zum ersten eine Gegenstellung gegen alles, was im geläufigen Sprachgebrauch nicht nur jener Jahre als „Zivilisation" — im Unterschied zur Kultur — bezeichnet wird, und damit zusammenhängend gegen äußeren Daseinskomfort, Genußleben, Suchtmittel wie Alkohol und Nikotin. Dazu kam, ganz im Sinne der Jugendbewegung, die Feindlichkeit gegen die Stadt, in der die zivilisatorischen Gefahren beängstigend gehäuft sind. — Für Geheeb war dann allerdings die Erreichbarkeit der Großstadt bzw. solcher größeren Städte vom Heim aus wichtig, „deren Kultur für die Erziehung der Kinder und für die Weiterbildung der Lehrer in ausgiebigstem Maße nutzbar gemacht werden kann"[12]).

Ein zweites Motiv war die kritische Stellung zur Familie und ihrem Erziehungswert. Die stärkste Skepsis hatte hier Wyneken: „Die Familienerziehung ist im allgemeinen Noterziehung. Sie reicht gerade so weit, wie das Familienleben selbst, für das allein sie im Grunde erzieht. Sie ist weder durch Begeisterung für die Jugend noch für das Erziehen getragen". Sein Buch „Schule und Jugendkultur" griff die „Unzulänglichkeit" der Familie an, ihren Mangel an „Sozialwillen", ihren „individualistischen" Charakter, die in ihr waltende „Selbstzufriedenheit". Er richtete sich also nicht nur gegen die nicht mehr „intakte", infolge der Zeitverhältnisse für ihre Erziehungsaufgabe nicht mehr funktionstüchtige Familie, sondern gegen die Familie als Stätte der Erziehung überhaupt. Hier lag für ihn eine grundsätzliche Grenze der Familie. Allein ein freier und von eigener Aktivität der Jugend erfüllter Lebensraum konnte das Fehlende ersetzen. — In der Einstellung zur Familie bestanden in der Pädagogischen Bewegung somit erhebliche Unterschiede: während Berthold Otto etwa ganz von der heilen Familie ausging und ihrer erzieherischen und bildenden Fähigkeit voll vertraute, stand die Landerziehungsheimbewegung zu ihr kritisch.

Das dritte Motiv, naheliegend bei dem Entwurf zu einem neuen Schultypus, richtete sich gegen „die alte Schule", gegen ihr System im ganzen, gegen ihre Auffassungen, ihre Inhalte und Methoden, ihre Lehrer, ihren Geist. Lietz hatte seinem Zorn gegen sie in einem Traumbild in „Emlohstobba" Luft gemacht[13]). Distanz, Ablehnung, ja Verachtung der alten Schule, der Höheren Schule und ihres Lehrerstandes vor allem, begleiteten die Landerziehungsheimbewegung. Sie glaubte nicht, daß eine einzelne Reform nützen könnte, die Schule im Ganzen mußte erneuert werden und sie wollte mit der Tat ein Beispiel geben. Zu ihr kamen Lehrer, die für den Lehrerberuf begeistert waren, aber vielleicht schon früh durch negative Erfahrungen in der öffentlichen Schule zurückgestoßen wurden. Als

Schüler wurden in den Heimen oft solche angemeldet, die in öffentlichen Schulen in den Augen der Lehrer „versagt" hatten, deren Eltern jedoch glaubten, daß für das „Versagen" die Schuld bei der Schule läge.

2. Heimschulcharakter

Das Landerziehungsheim als eine Schule, die zugleich Heim ist, beide nicht nebeneinander bestehend, sondern eine Einheit bildend, bedeutete pädagogisch zum ersten die erwähnte kulturkritische Abschirmung und den Schutz vor unerwünschten Einflüssen von außen, zum zweiten die Möglichkeit, im Heim- und im Schulleben eine Welt aufzubauen, die ganz der gefaßten pädagogischen Konzeption entsprach. Ein altes pädagogisches Motiv war damit aufgegriffen, das schon bei Platon zu finden ist, das die Klosterschulen des Mittelalters und später die Herrnhuter Anstalten verwirklichten und das auch die Philanthropine des 18. Jahrhunderts aufgegriffen hatten: daß die abgeschlossene und pädagogisch ganz durchgeformte Welt des Heimes einen optimalen Erziehungserfolg in der gewünschten Weise verspricht. Die Schule in Heimform ermöglichte die Durchführung einer Totalerziehung, da die Schüler nicht nur für wenige Stunden des Unterrichts beieinander sind, sondern sich in einer Lebensgemeinschaft befinden und in allen ihren Lebensbezügen unter den Einwirkungen des Heimes stehen. Schließlich ist mit der Heimerziehung von selbst die Aufgabe der Gestaltung des gemeinschaftlichen Lebens gestellt.

3. Natur, Landschaft, Land

Wenn Hermann Lietz und seine Nachfolger ihre Heime auf das Land legten und sie entsprechend „Land-Erziehungsheime" nannten, kam darin mit der kulturkritischen und von pädagogischer Verantwortung getragenen Einstellung gegen die Stadt, vor allem die Großstadt, zugleich die Liebe zur Natur und das Erlebnis der Natur als der ursprünglichen reinen kraftvollen gesunden Welt zur Geltung. Bei Lietz, dem Sohn aus Bauerngeschlecht, war das Naturverhältnis in seiner eigenen Entwicklung angelegt; er selbst brauchte die körperliche Arbeit auf dem Lande und sah in ihr ein wichtiges Element der Jugenderziehung. Die gärtnerische und landwirtschaftliche Arbeit und auch die handwerkliche Werkstattarbeit gehörten von Anfang an zu den Land-Erziehungsheimen. „Das ganze Leben ... war abgestimmt auf das Land. Der Sinneseindruck und die sich daraus ergebende Sinnenfreude ist für die Entfaltung des Menschen nicht unwichtiger, sondern in einem bestimmten Stadium viel bedeutsamer als die Erweiterung seines Horizontes durch gedankliche begriffliche Arbeit ... Die Sinnenfreude und Sinneskraft der Jugend richtig zu pflegen, ist deshalb eine hohe Aufgabe der Erziehung, und Lietz wußte es. Er wußte auch, daß es der Anstrengung bedarf, der Arbeit mit Spaten und Hacke, vor allem auch der täglichen Gewöhnung, um mit dem Land wirklich verbunden zu werden"[14]). Noch nicht für Lietz, jedoch für Wyneken und Geheeb wurden dann die Jugendbewegung und ihr Verhältnis zur Natur, zur Landschaft und zum Bauerntum bestimmend.

4. Die Arbeit mit der Hand

Die Handarbeit — in den Philanthropinen des 18. Jahrhunderts und in Goethes pädagogischer Konzeption in den „Wanderjahren" bereits zu finden — sollte den Jungen und Mädchen einen Ausgleich ermöglichen zur rein geistigen Schularbeit. Schon früh sollte jeder die Handarbeit selbst erproben, auch wenn er später einen rein geistigen Beruf ergreifen wollte, und vor allem sollte er dadurch die Menschen kennen und achten lernen, die lebenslang in handarbeitenden Berufen tätig sind. Hier lag den Landerziehungsheimen ein soziales Motiv zugrunde, das von Lietz und Wyneken in aller Deutlichkeit ausgesprochen wurde, die darin mit der sogenannten Arbeitsschule übereinstimmten. Lietz sagte: „Wer nicht im Schweiße seines Angesichts, wenn möglich Schulter an Schulter mit Handarbeitern, körperliche Arbeit zu leisten gelernt hat, dem wird die Mehrzahl seiner Volksgenossen unverständlich bleiben. Das gegenseitige Verständnis und mit ihm der soziale Friede zwischen Handarbeitern und Gebildeten wird nur dann kommen, wenn auch die

Kinder der Vornehmen vor keiner Handarbeit zurückschrecken und die Handarbeiter Anteil bekommen an den wahren geistigen Bildungsmitteln der Nation"[15]). Bei Wyneken hieß es: „Einen notwendigen Bestandteil unserer Erziehung haben wir stets in der praktischen Arbeit in Werkstätte und Garten gesehen. Eine große Tischlerwerkstätte, eine Buchbinderei und eine mechanische Werkstätte besitzen wir bereits, andere sind geplant. Der Unterricht in irgendwelcher handwerklicher Arbeit ist für jeden Schüler verbindlich. Durch diese Arbeit soll sich die einer höheren Bildung zugeführte Jugend zugleich verbunden fühlen mit der großen Masse des arbeitenden Volkes, die ursprünglichste und grundlegende Art und den elementarsten Sinn aller Arbeit nie aus dem Auge verlieren und für sich selbst außer mancherlei praktischem Vorteil größeres Selbstvertrauen, größere soziale Sicherheit aus solchem Können schöpfen"[16]).

5. Der Vorrang der erzieherischen Aufgabe

Hermann Lietz hat in England ein Schulwesen erlebt, in dem die erzieherische Aufgabe eine sehr viel größere Bedeutung im Verhältnis zur unterrichtlich-bildenden hatte als in Deutschland. Ähnlich wie Ludwig Wiese in seinem Englandbericht „Deutsche Briefe über englische Erziehung" (1850 und 1876) war er beeindruckt von der Charaktererziehung dort im Vergleich zu den auf Gelehrsamkeit angelegten Gymnasien bei uns. In kritischer Einstellung zur „Unterrichtsschule" sah er die Erziehung als eigentliche Aufgabe der Schule. Als Ziel der Erziehung formulierte er: „Erziehung der anvertrauten Kinder zu harmonischen, selbständigen Charakteren, zu deutschen Jünglingen, die an Leib und Seele gesund und stark, die körperlich, praktisch, wissenschaftlich und künstlerisch tüchtig sind, die klar und scharf denken, warm empfinden, mutig und stark wollen"[17]).

Alfred Andreesen betonte die Vordringlichkeit der charakterlichen Erziehung als notwendige Grundlage für die wissenschaftliche Bildung. Er war ebenso kritisch eingestellt gegen die einseitige theoretische Bildung, der der Bezug zur Tat und Bewährung in der Praxis fehlt. Er forderte auf der Reichsschulkonferenz 1920: „1. Die zur Erörterung stehenden Probleme können nicht in einer reinen Unterrichtsschule gelöst werden. Die Schule der Zukunft muß eine Erziehungsschule werden. Diese kann überhaupt nicht durch gesetzgeberischen Akt geschaffen werden, sondern nur in organischem Wachstum allmählich sich bilden. Erziehungsschulen wie die Deutschen Landerziehungsheime und andere haben hierfür Vorarbeiten geleistet. 2. Diese Entwicklung kann durch folgende Maßnahmen gefördert werden: a) Die Zersplitterung im Lehrplan ist zu beseitigen (Betonung der erzieherisch wertvollen Fächer und Methoden). b) Der wissenschaftliche Unterricht vermag nur in die eine Seite des Menschenlebens einzuführen; er läuft Gefahr, nur Gelehrte zu erziehen; er bedarf der Ergänzung durch künstlerischen Unterricht und praktische Arbeiten in Gärtnerei, Landwirtschaft und Handwerk (Tischlerei, Schlosserei). c) Dieses alles entwickelt jedoch in erster Linie nur Kräfte des Verstandes und Willens. Sittliche Kräfte, die die Voraussetzung für jedes Menschentum sind, können nur wachsen in einer geistigen Gemeinschaft; zu einer solchen muß sich daher jede Schule entwickeln"[18]).

6. Schule als jugendgemäße Lebensform

Zu den grundlegenden Gedanken der Landerziehungsheimbewegung gehörte ihre neue Sicht der Schule als einer Stätte der Jugend, zugleich einer Lebensform, die ihr entspricht und in der sie das ihr gemäße Leben führt. Diesen Gedanken hat in erster Linie Gustav Wyneken vertreten und ihn damit auch in die allgemeine Theorie der Schule eingeführt.

Wyneken sagte, daß es bisher Jugend im eigentlichen Sinne nicht gegeben habe, jedenfalls nicht als „eigenen Lebenstyp, als geistiges Phänomen". Wenn sie sich ihrer selbst bewußt wird, dann kann sie nicht in der bürgerlichen Familie zu sich selbst finden, „da bleibt sie immer ein unselbständiges Anhängsel der Erwachsenen nach den Interessen der Erwachsenen behandelt und geformt." Sie braucht vielmehr einen eigenen Raum, in dem sie sich nach dem ihr innewohnenden Gesetz entfalten, Gestalt gewinnen und ihren eigenen

Stil finden kann. Den Raum für ein solches „Jugendreich", wo Jugend wirklich Jugend sein kann, muß die Schule bieten, und zwar die Heimschule, wie sie das Landerziehungsheim darstellt. Wenn Wyneken Wickersdorf einen eigenen Namen gab: „Freie Schulgemeinde Wickersdorf", erhielt das im kirchlichen wie im politischen Leben geltende Wort „Gemeinde" einen neuen Sinn. Auf die Schüler- und Lehrergemeinschaft bezogen sollte im Unterschied zur traditionellen Schulvorstellung der Gemeinde die tragende Funktion zukommen. Das Wort „Schulgemeinde" umschloß zugleich das Schulprogramm im Ganzen, und der Zusatz „Frei" war ihm und anderen Reformschulen wichtig, denn damit sollte staatliche wie kirchliche Bevormundung zurückgewiesen und einer unabhängigen Gestaltung der Schule das Tor geöffnet werden. Als private und darum freie Schulen verstanden sich die Landerziehungsheime von Anbeginn an. Die Gemeinschaft junger Menschen nahm die Gestaltung ihres Lebens weitgehend selbst in die Hand[19]).

III. Gemeinschaft

Das Erlebnis der Gemeinschaft, das im Mittelpunkt der Jugendbewegung stand, war auch für die Landerziehungsheimbewegung von bestimmender Bedeutung. Zur Gemeinschaft zu erziehen war das beherrschende Ziel, auch wenn es nicht ausdrücklich formuliert war, und Mittel und Wege zu diesem Ziel konnten nur in der lebendigen Verwirklichung der Gemeinschaft bestehen. Indem man nicht nur vom Erzieher eine Einwirkung auf den Zögling erwartete, sondern die Gemeinschaft der Jugend sah, die sich selbst erzieht, wurde eine neue Auffassung von Erziehung überhaupt gewonnen, wie sie Gustav Wyneken formulierte: „Erziehung muß durch die gesamte Umwelt, insonderheit durch die gesellschaftliche erfolgen, und eine Erziehung, die nur in der planmäßigen Einwirkung vom Erzieher auf den Zögling bestände, würde diesen geistig und sittlich verhungern lassen und zugleich sich selbst zu einer berechnenden psychologischen Technik und Taktik herabwürdigen. Darum kann es keine andere Erziehung geben als die Gemeinschaftserziehung, Erziehung in der sich selbst erziehenden Gemeinschaft... Es gibt nicht mehr Subjekte und Objekte des Schulbetriebs, es gibt nur noch die eine Gemeinschaft der um den Geist Versammelten und Bemühten"[20].

Für die Gestaltung der „gesellschaftlichen Umwelt" im Landerziehungsheim waren mehrere Faktoren von Bedeutung:

1. Koedukation

Hermann Lietz hatte in seine ersten Landerziehungsheime nur Jungen aufgenommen, später eröffnete er ein eigenes Heim für Mädchen. Für Wyneken, Geheeb und dann auch Hahn war es selbstverständlich, daß die Heimerziehung auf Koedukation beruhte. Geheeb vor allem hat in einer Zeit, die dem Gedanken der Koedukation noch vorwiegend fremd und ablehnend gegenüberstand, deren große pädagogische Bedeutung wiederholt in Veröffentlichungen verdeutlicht.

Für ihn gab es mehrere Motive für diese Konstellation der Erziehungsgemeinschaft. Er sah die Koedukation als das Natürliche an, dem Zusammenleben in der Familie entsprechend. Für die Bildung der sittlichen Persönlichkeit, insbesondere auch in ihren Beziehungen zum anderen Geschlecht, erschien ihm die Erziehungsform der Koedukation notwendig. „Das Verhältnis der beiden Geschlechter zueinander, ihr Verkehr miteinander ist ein praktisches Problem, das offenbar nicht erst zwischen erwachsenen Menschen auftritt; nein, bereits in frühester Kindheit ist es vorhanden und nimmt in jedem neuen Stadium der Kindheit und Jugend eine veränderte Gestalt und größere Kompliziertheit an. Der Gehalt nun an Natürlichkeit und ethischen Werten, den mein persönliches Verhältnis zum anderen Geschlecht im Laufe meiner Kindheit und Jugend ansammelt, ist entscheidend für die Lösung meiner persönlichen Sittlichkeitsfrage, für meine Stellung zu Liebe und Ehe"[21].

Durch die Koedukation erhalten außerdem das Schulleben und der Unterricht eine nicht zu entbehrende Bereicherung, die vor allem auch bei Gemeinschaftsveranstaltungen zur Auswirkung kommt. — Die von den Gegnern der Koedukation vermuteten Gefahren auf sittlichem Gebiet lehnte Geheeb als nicht gravierend ab, jedenfalls bei einer stetigen Ordnung und allgemein gutem Geist der Erziehung.

2. Die „Familie"

Hermann Lietz führte, als die Zahl seiner Heimschüler wuchs, eine Einteilung in Gruppen durch, denen er den Namen „Familie" gab. Die Aufgabe der Familienväter und -mütter beschrieb er so: „Jedes Heim ist in Familien von je 5—12 Kindern eingeteilt, die von je einem „Familienvater" geleitet werden. Von den Lehrern der Heime ist ein wesentlicher Teil verheiratet. So fehlen auch die „Familienmütter" keineswegs. Beide Teile sind neben dem Leiter vor allem um die Erziehung ihrer Familienkinder, ihr leibliches wie geistiges Wohl besorgt und verantwortlich für sie. Sie sind bereit überall zu helfen, wo diese sich nicht selbst durchsetzen können. Sie vertreten ihnen gegenüber die Eltern"[22].

Die „Familie" als altersungleiche Gruppenbildung neben den altersgleichen Klassen sollte so weit als möglich dem Vorbild der eigentlichen Familie entsprechen. In der Heimfamilie, später in einzelnen Heimen auch „Kameradschaft" genannt, wußte sich der einzelne Schüler geborgen, hier fand er Ersatz für das Elternhaus. Ein Teil des außerunterrichtlichen Lebens vollzog sich hier, wie auch gemeinsame Unternehmungen, das Zusammensein am „Familienabend" usw. So wurde bei aller kritischen Einstellung zur Familie der vorhandenen Gesellschaft doch das Prinzip der Familie pädagogisch anerkannt und in die Heimgemeinschaft aufgenommen.

3. Das Lehrer-Schüler-Verhältnis

Das Leben im Landerziehungsheim, die Gemeinschaftsbildung und die Erfüllung der erzieherischen Aufgabe gründeten wesentlich in dem neuen pädagogischen Verhältnis, in dem sich Lehrer und Schüler zueinander befanden. Das traditionelle autoritative und oft antagonistische Lehrer-Schüler-Verhältnis hatte Lietz schon in „Emlohstobba" angegriffen, als er die Frage stellte, ob das gemeinsame

Sporttreiben, miteinander Schlittenfahren usw. nicht das Autoritätsverhältnis stören und die Lehrer in den Augen der Schüler herabsetzen würde. Im Gegenteil, sagt er, „sie steigen dabei in Achtung und Liebe der Jugend". — Das Verhältnis, in dem Lietz selbst zu seinen Jungen stand, wurde so charakterisiert: „Lietz lebte mit den Jungen wie ein Vater mit seinen Kindern und gleichzeitig wie ein Gutsherr und auch wie eine Art Robinson . . . Aber das war das erregend Neue, daß er der väterlich-kameradschaftliche Freund blieb, im Unterricht und bei den Schulaufgaben nicht anders als bei der Arbeit auf dem Feld. Er schuf keine neuen pädagogischen Theorien, aber die Schule war Bestandteil eines gemeinsamen Lebens, und das war eine neue pädagogische Praxis"[23]).

Das kameradschaftlich-freundschaftliche erzieherische Verhältnis war für alle Landerziehungsheime kennzeichnend. Es hob die Autorität nicht auf, sondern vertiefte sie, indem es sie erst eigentlich auf die Probe stellte und erwies. Zeitweise war an einzelnen Heimen sogar das „Du" der Anrede auch von seiten des Schülers nicht ungewöhnlich. Ein neues Verständnis des Pädagogischen lag in dieser Unmittelbarkeit der Beziehung. Wyneken sah das Verhältnis vertieft in der Ähnlichkeit der Beziehung des Sokrates zu seinen Schülern: „Eine durch den platonischen Eros mit ihrem Führer verbundene Knaben- und Jünglingschar kann der innerste lebendige Kern des heiligen Ordens der Jugend werden, der die Freie Schulgemeinde sein will. Aus solchem Eros erwuchs Mut und Lust zu ihrer Gründung, aus solchem Eros die schöpferische Kraft ihres ersten Aufschwungs"[24]).

Im allgemeinen war es das schlichte Wort Kameradschaft, in dem sich diese Art des pädagogischen Bezuges ausdrückte und von dem aus der Geist des Heimes und die Art des Umgangs miteinander verstanden wurden: „Wir nennen unsere Schule die Freie Schulgemeinde, wir haben damit andeuten wollen, daß wir nicht Schüler und Lehrer als Subjekte und Objekte der Erziehung einander gegenüberstellen, sondern daß wir beide zusammenfassen als Schulgemeinde, daß sie beide nicht gegeneinander, sondern miteinander stehen, und daß die Form der neuen Schule Kameradschaftlichkeit ist, Kameradschaftlichkeit durch und durch, im Unterricht und in der Verfassung, Kameradschaftlichkeit nicht in einem sentimentalen Sinne lediglich persönlicher Vertraulichkeit oder gar Leutseligkeit, sondern als objektive Form des Schullebens, weil Schüler und Lehrer sich hier in der Schule in gemeinsamem Dienst finden, beauftragt damit, jetzt die Reserve heranzubilden für den großen Kampf der Menschheit"[25]).

4. Die Schulgemeinde

In den Landerziehungsheimen wurde es zur Gepflogenheit und damit eine feste Einrichtung, daß alle Lehrer und Schüler regelmäßig zusammenkamen zu dem Zweck, über die gemeinsamen Angelegenheiten zu beraten und zu beschließen. Als Name wurde dafür der Begriff gewählt, den Wyneken seinem Heim gab: Schulgemeinde. Paul Geheeb hat die vielfältigen pädagogischen Gedanken der Schulgemeinde so beschrieben: „In der nach Bedarf, etwa einmal monatlich stattfindenden Beratung der gesamten Schulgemeinde über die Gestaltung unseres gemeinsamen Lebens wird das Verständnis für die Notwendigkeit der Unterordnung, ja Aufopferung der Interessen des einzelnen für die Gesamtheit geweckt und gepflegt; wird die Fähigkeit geübt, seine Gedanken, Wünsche und Bedenken in klarer, zusammenhängender Rede vor einem größeren Kreise darzulegen; es wird dieselbe politische Tugend entwickelt, auch Andersdenkende ruhig anzuhören, ihnen mit Achtung zu begegnen und über dem Trennenden das Gemeinsame zu sehen; wird endlich ein Korpsgeist gezüchtet, stark und edel genug, um dem verantwortlichen Leiter eines solchen Schulstaates den Mut zu verleihen, die beratende und beschließende Schulgemeinde, die doch zum weitaus größeren Teil aus Kindern besteht, zu einer gesetzgebenden Körperschaft mit immer weitergehenden Befugnissen in Schulangelegenheiten werden zu lassen. Hierdurch dürfte ein wesentliches Stück der staatsbürgerlichen Erziehung geleistet werden"[26]).
Dieses Zitat zeigt, welche umfassende pädagogische Bedeutung der „Schulgemeinde" zuerkannt wurde. Die Schule war damit aus einer von oben gelenkten Anstalt in eine Gemeinschaft verwandelt und jedem einzelnen war nicht·nur das Bewußtsein gegenwärtig, einem

größeren geistigen Ganzen anzugehören, sondern er hatte auch die Möglichkeit und Aufgabe, mitzuberaten, mitzubestimmen und damit mitverantwortlich zu sein. Die Schulgemeinde stand im Dienst der Bildung der Gemeinschaft wie der „staatsbürgerlichen Erziehung".

5. Schülerselbstverwaltung

Die in den Landerziehungsheimen praktizierten Gedanken: Selbsttätigkeit, Selbständigkeit, Selbstbildung der Schüler, Schule als Stätte gemeinsamen Jugendlebens und das kameradschaftliche Lehrer-Schüler-Verhältnis mußten mit einer gewissen inneren Notwendigkeit dazu führen, daß sich in den Heimen Formen der Schülerselbstverwaltung entwickelten. Die erwähnte Schulgemeinde als „Volksversammlung" war eine ihrer tragenden Einrichtungen, vielfältige weitere Funktionen haben sich herausgebildet und haben die Landerziehungsheime zur Quelle der sich seitdem im ganzen Schulwesen entwickelnden Schülermitverwaltung werden lassen.
Hermann Lietz hatte zunächst das Präfektsystem von Abbotsholme übernommen. Darin wurde die Schule als Schulstaat verstanden und die Präfekten waren mit beamtenmäßigen Funktionen ausgestattet. Starke Herrschaftsansprüche einzelner und eine strenge Rangordnung kennzeichneten diese Schulverfassung. Wenige Jahre später hat Lietz dieses kopierte System wieder fallenlassen, doch blieben die tätige Mitarbeit der Schüler und ebenso die Auffassung einer dadurch bewirkten staatsbürgerlichen Erziehung bestehen. Darin wußte sich Lietz mit dem ihm befreundeten Georg Kerschensteiner in Übereinstimmung. „Die Schüler sind, soweit als irgend möglich, zu Ordnung auch der inneren Angelegenheiten, zur Verwaltung von Ämtern, Beilegung von Streitfällen, Mithilfe bei der Erziehung jüngerer Kameraden u. ä. heranzuziehen und durch diese und ähnliche Mittel zur Selbständigkeit und für den staatsbürgerlichen Beruf heranzubilden"[27]). Was sich bei ihm dann behauptete und für die Selbsterziehung seiner Heime Bedeutung gewann, war praktisch eine vielfältig tätige Schülermitverwaltung mit „Parla-

ment", wie er es nannte, Debattierabend, Schülerausschuß, Vereinen und zeitweise auch Schülergericht.

Wyneken lehnte den institutionellen Charakter der Schülerselbstverwaltung in den Lietzschen Heimen ab. Noch auf der Reichsschulkonferenz polemisierte er im Zusammenhang seiner dort vorgetragenen „Leitsätze der Freien Schulgemeinde Wickersdorf" zugunsten der „Schulgemeinde" gegen die „sogenannte Schülerselbstregierung", die geeignet sei, die Kluft zwischen Lehrern und Schülern zu vertiefen, statt sie zu überbrücken. Was er selbst im Rahmen der Schulgemeinde an Tätigkeiten, Formen und Auffassungen entwikkelt hat, war in Wahrheit durchaus ebenso Schülermitverwaltung, und wenn er als „Vater der Schülermitverwaltung"[28]) bezeichnet wurde, dann kann dies dahingehend erweitert werden, daß in der Landerziehungsheimbewegung, wie auch immer die Formen im einzelnen waren, der Ursprung der heutigen Schülermitverantwortung liegt. — Das Präfektensystem nach englischem Vorbild auf der Grundlage der Vorstellung vom „Schulstaat" mit einer stark durchgegliederten Schulordnung ist dann von Kurt Hahn für Salem wieder aufgenommen worden[29]).

6. Elitebildung und Verantwortung

Bei der Gemeinschaftserziehung in den Landerziehungsheimen soll ein Prinzip nicht unerwähnt bleiben, das Erich Weniger in seinem auswertenden Rückblick auf die Landerziehungsheimbewegung als eines von drei großen Motiven bezeichnete: neben der Kulturkritik und dem sozialen Gedanken nannte er als drittes die Elitebildung. Er sah zwischen allen dreien, vor allem den beiden letzten, eine notwendige Spannung, wenn nicht sogar eine Widersprüchlichkeit[30]). Lietz und Hahn waren unmittelbar von der englischen Erziehung her angeregt worden, den Gedanken der Heranbildung von Mitträgern einer neuen gesellschaftlichen und politischen Führungsschicht in ihre Konzeption von Heimerziehung aufzunehmen. Bei Wyneken findet sich der Begriff des „Ordens", wie das obige Zitat zeigt, der in die Richtung einer ausgelesenen Gemeinschaft mit einer besonderen Verpflichtung dem Geiste gegenüber weist.

Sicher hat einzelne Schülergenerationen der Gedanke erfüllt, ausgezeichnet zu sein und etwas Besonders zu werden. Äußere Zeichen waren geeignet, das zu unterstreichen: Tracht, Mützen, Abzeichen, ein bestimmter Sprachjargon. Inwieweit bewußte Elitebildung wirklich in den deutschen Heimen eine bestimmende Rolle gespielt hat, ob es sich nicht mehr um die Erziehung der Jugend einer bestimmten schon vorhandenen Führungsschicht handelte, wie Weniger ausführte, erscheint von sekundärer Bedeutung, weil der Schwerpunkt der Heimerziehung im sozialen Gedanken lag. In jedem Fall war das umfassende tiefe Ethos der Verantwortung und der Erziehung zur Verantwortung ein grundlegendes Motiv der Landerziehungsheimbewegung. Paul Geheeb sagte: „Die Form des sozialen Lebens einer solchen Gemeinschaft ist, im ganzen, wie bei allen einzelnen Gelegenheiten des Alltags, darauf angelegt, daß in jedem Kinde möglichst früh ein möglichst starkes Verantwortlichkeitsgefühl entstehe, mit dem sich bei zunehmender Reife ein klares Bewußtsein der Verantwortung für sich selbst, für die Kameraden und für das gesamte Leben der Gemeinschaft verbindet, so daß sich allmählich der soziale Charakter mit seiner unermeßlichen Liebeskraft und Aufopferungsfähigkeit entwickelt"[31]). — Das pädagogische Leitwort Kurt Hahns lautet: „Erziehung zur Verantwortung".

IV. Besondere pädagogische Akzente

Abschließend ist der Blick noch auf mehrere Schwerpunkte im pädagogischen Gesamtbild der Landerziehungsheime zu lenken. Lietz, die anderen Gründer und deren Nachfolger haben versucht, die eingeschlagenen neuen Wege auszubauen, die geschaffenen Traditionen und die notwendige Weiterentwicklung miteinander zu verbinden.

1. Die körperliche Erziehung und Ausbildung

Die Landerziehungsheime standen bewußt im Gegensatz zu der traditionellen einseitig intellektuellen Schule. Ausdrücklich wollten sie auch den Körper planmäßig und vielseitig in die Erziehung einbeziehen. Bei Lietz entsprach dies seiner Natur; daher beteiligte er sich bei den Leibesübungen und hatte sogar den Ehrgeiz, bei Wettkämpfen seiner größeren Schüler der erste zu sein. In seinen „Erziehungsgrundsätzen" von 1898 hieß es: „Tägliche Körperübungen, wie Wandern, Laufen, Spielen, Schwimmen, Turnen u. ä. morgens nach dem Aufstehen, in den Pausen, an einem Teil jedes Nachmittags, an einem wöchentlichen Freinachmittage und an den Sonntagnachmittagen. — Täglich ungefähr 2 Stunden"[32]). Im Unterschied zum üblichen Schulturnen waren hier die freien Betätigungsformen der Körperübungen und der Natursport mit einbezogen.

Damit zusammenhängend verlangte Lietz eine „streng hygienische Lebensweise, im Essen und Trinken (kein Alkohol, keine stark gewürzten Speisen, reichlicher Genuß von Gemüse, Obst, Milch, Eiern, Fischen ...)". Dies entsprach den Bestrebungen der „Lebensreform" ebenso wie den damals neuen medizinischen Erkenntnissen. Die Forderung nach Freiheit von Alkohol und Nikotin ist bis zu Hahn hin durchgeführt worden, ähnlich wie in der Jugendbewegung erschien sie geradezu als weltanschauliches Prinzip.

Zur körperlichen Ausbildung gehörte auch die erwähnte Arbeit in der Landwirtschaft und Werkstatt, die im Tagesplan einen beträchtlichen Abschnitt einnahm. Bei aller körperlichen und manuellen Ertüchtigung und Ausbildung ging es immer zugleich um die Ausbildung des ganzen Menschen in allen seinen Kräften.

2. Selbstzucht, Trainingsplan

Die charakterlich-sittliche Erziehung war mit der körperlichen Ausbildung verbunden und umschloß zugleich die Gesamterziehung. Wenn man dabei der Erziehung eine gewisse Strenge zuerkannte, so sollten nicht von außen auferlegte Forderungen mit Autorität und Strafe durchgeführt werden, sondern es hieß: „Wegfall jedes äußeren Zwanges, jeder äußerlichen, nicht aus der betreffenden Sache selbst erfolgenden Strafe oder Belohnung". An die Stelle von Fremderziehung sollte die Selbsterziehung treten: sich selbst sollte der einzelne etwas abverlangen, um vor sich und der Gemeinschaft bestehen zu können.

Hahn schuf auf der Voraussetzung seiner ethisch-pädagogischen Forderung u. a. einen sich vielseitig auswirkenden Trainingsplan, dessen Durchführung jeder Schüler selbst wahrnahm und dessen Erfüllung bzw. Nichterfüllung er selbst registrierte. Sportliche Leistungen, asketische Übungen, die Befolgung weiterer ungeschriebener Gesetze, wie etwa das Nichtabschreiben bei schriftlichen Arbeiten, gehörten zur „asketischen Erziehung" der Landerziehungsheime.

Bei Hahn wurde neben dem staatlichen Reifezeugnis eine Salemer Beurteilung eingeführt, die unter Benutzung des nachfolgenden Vordrucks Auskunft gab über die auf allen Gebieten des Salemer Schullebens erreichten Fähigkeiten[33]):

„Abschließender Bericht an die Eltern

Gemeinsinn:
Gerechtigkeitsgefühl:
Fähigkeit zur präzisen Tatbestandsaufnahme:
Fähigkeit, das als Recht Erkannte durchzusetzen:

gegen Unbequemlichkeiten:	gegen Strapazen:
gegen Gefahren:	gegen Hohn der Umwelt:
gegen Langeweile:	gegen Skepsis:
gegen Eingebungen des Augenblicks:	

Fähigkeit des Planens:
Fähigkeit des Organisierens:
    Einteilung von Arbeiten:
    Leitung von Jüngeren:
Fähigkeit, sich in unerwarteten Situationen zu bewähren:
Geistige Konzentrationsfähigkeit:
    bei Arbeiten aus dem eigenen Interessenkreis:
    bei Arbeiten außerhalb des eigenen Interessenkreises:
Sorgfalt:
    im täglichen Leben:
    bei der Erfüllung besonderer Pflichten:
Äußere Lebensgewohnheiten:
Handgeschicklichkeit:

Leistungen im Unterricht:

Deutsch	Alte Sprachen	Neue Sprachen
Geschichte	Naturwissenschaften	Mathematik

Praktische Arbeiten:

Künstlerische Leistungen:

Leibesübungen:

Kampfkraft: Zähigkeit: Reaktionsgeschwindigkeit:"

3. Die „Kapelle"

Der von Lietz für seine Heime herausgegebene „Tagwerkplan" enthielt für jeden Abend der Woche und sonntags früh die „Kapelle", womit die regelmäßigen Andachten gemeint waren, auf die sich der religiöse Bereich der Erziehung vor allem konzentrierte. Lietz hatte diese Form der Andacht von seinen englischen Vorbildern übernommen, aber ihr doch einen eigenen Charakter gegeben. Der täglichen Besinnung lagen nicht allein die biblischen Texte zugrunde, sondern auch andere geeignet erscheinende. Nach Berichten haben gerade diese Abendstunden der Kapelle stark wirkende Erinnerungen hinterlassen. Lietz nannte schon in seinen „Erziehungsgrundsätzen" außer den „täglichen Morgen- und Abendandachten" die „religiöse Einwirkung bei feierlichen Gelegenheiten (Wanderungen im Wald, unterm Sternenhimmel), Feier von Gedenktagen, Betonung des Religiös-Sittlichen in allen Unterrichtsfächern, besonders in Naturwissenschaft und Geschichte[34]." Es war natürlich, daß sich auf dem Gebiet der religiösen Erziehung in den verschiedenen Heimen die Persönlichkeit des jeweiligen Leiters auswirkte.

4. „Entfaltung des Musischen"

In den gleichen Jahren, in denen sich in Deutschland die Bestrebungen der Kunsterziehungsbewegung ausbreiteten, entwickelte sich in den Landerziehungsheimen unmittelbar aus dem Leben der Schulgemeinde heraus das musische Leben mit Singen und Musizieren, Tanz, Gymnastik und Laienspiel. Die Landerziehungsheime wurden zum ersten Träger einer neuen musischen Bildung. Paul Geheeb nahm das Musische ausdrücklich in sein Programm auf und sah ganz im Sinne der Kunsterziehungsbewegung die Aufgabe in der Weiterführung der musischen Bildung der alten griechischen Paideia. „Ganz im Einklange mit diesen Grundsätzen (des Unterrichts) erstreben wir eine Entfaltung des Musischen, die ausgeht von der schönen Durchbildung des jugendlichen Leibes und gipfelt in Maß und Ehrfurcht vor der strengen Forderung der hohen Gebilde der Kunst, wie es die Griechen in unerreichbarer Höhe uns vorlebten"[35]). Martin Luserke hat anschließend an alte Spiele, an Shakespeare und auf der Grundlage eigener Schöpfungen das Laienspiel mit seinen Schülern in reicher Weise entfaltet. Zuerst von Wickersdorf und dann von seiner „Schule am Meer" in Spiekeroog aus brachte er mit seinen Spielgruppen in Deutschland weiten Kreisen diese Laienkunst nahe.

5. Lehrplangestaltung und Methoden

Für den bisher noch unerwähnt gebliebenen Unterricht galten für Lietz Fächerkombinationen im Sinne eines realgymnasialen Lehrplanes. Zum gleichen Zeitpunkt, an dem die Monopolstellung des humanistischen Gymnasiums aufgehoben wurde und an dessen Seite die neuen realgymnasialen und naturwissenschaftlichen Formen der Höheren Schule traten, legte Lietz für seine Heime das Gewicht auf die neueren Fremdsprachen, Englisch und Französisch. Er wollte sie weniger literarisch-wissenschaftlich behandelt wissen als praktisch geübt für den Gebrauch im täglichen Leben. Die Lebens- und Zukunftsbezogenheit erschien ihm auch für die anderen Fächer wichtig, wie den Deutschunterricht, der den Mittelpunkt des Lehrplans bildete, für Geschichte, Erdkunde und die naturwissenschaftlichen Fächer. Die von Lietz gewiesene Richtung wurde auch in den anderen Landerziehungsheimen eingehalten. Die Landerziehungsheime waren nicht der gelehrten altsprachlichen Bildung, sondern der neusprachlichen Gegenwartsbildung verpflichtet. Entsprechend hat Wilhelm Flitner im Blick auf das Gesamtbild diesen neuen Typus Schule „Die Erneuerung des realistisch-weltmännischen Ideals" genannt[36]).

Auch auf unterrichtsmethodischem Gebiet sind die Landerziehungsheime neue Wege gegangen. Gegenseitige Anregungen zwischen den
anderen Strömungen der Pädagogischen Reformbewegung und den
Landerziehungsheimen sind gerade auch in den Verfahrensweisen
festzustellen. In allen Fächern wurde auf die aktive Mitarbeit der
Schüler besonderer Wert gelegt. An die Stelle des Lehrervortrages
sollte die gemeinsame Erarbeitung des Bildungsgehaltes von Lehrern und Schülern treten. Es wurde versucht, Unterrichtseinheiten
herzustellen, den Stoff zu konzentrieren und somit die Einseitig-
keiten der Fächerung zu überwinden. Die freie Rede und das Gespräch, die Diskussion und das Debattieren wurden bewußt geübt.
Die Tagesereignisse wurden in den Unterricht einbezogen. Noten,
Berechtigungszeugnisse spielten eine geringe Rolle, nicht größer, als
sie notwendig erschien nach den gegebenen Bedingungen. Die Freude
an der Arbeit, die Überwindung egoistischen und selbstsüchtigen
Denkens und Verhaltens, die Erfüllung einer Aufgabe mit Begeisterung und Einsatz der Person erschienen als das immer gegenwärtige
Ziel dieser Erziehung[37]). Gerade in dieser Beziehung sind einzelne Landerziehungsheime, vor allem die Odenwaldschule, bis
heute progressiv.
Das nunmehr abzuschließende Kapitel „Landerziehungsheime"
konnte nur die kennzeichnenden allgemeinen Merkmale nennen, die
in ihnen Geltung besaßen und die für die Pädagogische Bewegung
von Bedeutung waren. Die Landerziehungsheimbewegung hat in
Wechselbeziehung zu den übrigen Strömungen der Reformbewegung
gestanden. Sie hat viele ihrer Anregungen aufgenommen und unter
den ihr eigenen Bedingungen praktiziert. Entscheidend war, daß in
den Landerziehungsheimen ein neues Schulmodell Wirklichkeit
wurde, das als Vorbild wirkte. Eine neue spätere Gruppe von Versuchsschulen, die sogenannten „Lebensgemeinschaftsschulen" der
20er Jahre, zu denen die Jenaplanschulen und die Freien Waldorfschulen gehörten, leitete sich unmittelbar von den Landerziehungsheimen ab. Weiterhin wurde auch die Schaffung von Schullandheimen mit angeregt, in denen den öffentlichen Schulen ohne Heim-
charakter wenigstens für kürzere Zeiten die Erfahrungen der
Heimgemeinschaft vermittelt werden können. Schließlich haben die

Landerziehungsheime vorbildgebend auf die öffentliche Schule überhaupt gewirkt und auch weitere Internatsgründungen angeregt. Auch wenn sich letztere nicht immer Landerziehungsheime nannten bzw. nennen konnten, so konnte doch in ihnen einiges von dem Gestalt gewinnen, was in den Landerziehungsheimen erstmalig erwachsen war.

Sechster Abschnitt:
Die Kunsterziehungsbewegung

Eine erste Hauptrichtung der Pädagogischen Reformbewegung, in der sich eine neue Bildungsvorstellung mit allgemeinem Anspruch abzeichnete und zu produktiven pädagogischen Konsequenzen führte, war die Kunsterziehungsbewegung. Sie war getragen von einem neuen Aufbruch in der Kunst selbst und von den Kräften einer neuen Lebensauffassung. Sie erstreckte sich als Prinzip auf alle schulischen Bildungsbereiche, betraf speziell vier Fächer bzw. Fachbereiche und hatte Teil an der Volksbildung. Kunst wurde in dem weiten Sinne verstanden, der später einging in die musische Bildung. Sie schloß damit an Sturm und Drang, Klassik und Romantik an, in denen die Erneuerung der Kunst und die Entwicklung neuer Kunsttheorien sich verbanden mit Idealvorstellungen, wie sie Schiller in seinen Briefen über die ästhetische Erziehung des Menschen darlegte.

I. „Aufgabe einer wahrhaften Bildung"

1. Rembrandt als Erzieher

Den eigentlichen Auftakt der Kunsterziehungsbewegung hatte Julius Langbehn gegeben mit seinem Buche „Rembrandt als Erzieher" (s. o.). Er übte Kritik am rationalen Geist der Zeit als der Ursache für die Verkümmerung der individuellen schöpferischen Kräfte. Er wies auf die Kunst, vor allem die bildende Kunst, als Quelle der Erneuerung des geistigen Lebens und als den einzigen Weg, die „höchste Bildungsstufe" zu erreichen. Er wollte aufzeigen, wie sich im Leben und in den Werken großer Deutscher das künstlerische Wesen schon immer offenbart habe, weil das deutsche Volk im Grunde ein künstlerisches sei. Den in seinen Augen größten Künstler, den es hervorgebracht, Rembrandt, stellte er als das große Vorbild aller künftigen Erziehung heraus. Kunst als Sinnerfüllung des Lebens fordere Erziehung zur Kunst durch die Kunst. Das sei die eigentliche Aufgabe aller „wahrhaften Bildung".

Langbehn wollte, wie er selbst sagte, in seinem Werk zeigen, „daß alle höheren Geisteskräfte nach dem einen Begriff der Kunst gravitieren; daß sie der eigentliche und vollkommene Beruf des Menschen ist; ‚Die Kunst, o Mensch, hast du allein'. Stellt man den Begriff der Kunst, der logisch an die Spitze des menschlichen Daseins gehört, auch real an die Spitze desselben, so ist die Aufgabe einer wahrhaften Bildung gelöst. Ganz besonders wird das für die Deutschen der Fall sein, welche ohnehin schon durch ihre individuelle Charakteranlage vorzugsweise zur Kunst bestimmt sind. Sie wird als wirksames Korrektiv gegen die auf Abwege geratene Bildung und ganz speziell gegen das einseitige Wissenschaftstum von heute dienen können"[1]).

War Langbehns Buch in mancher Einseitigkeit, Radikalität und Widersprüchlichkeit keineswegs für alle seine Leser überzeugend, so wirkte es doch in der Kunsterziehungsbewegung als ein Fanal für die Kunst als Mittelpunkt der Bildung und bestärkte bei allen, die in ihr tätig waren, das Gefühl, damit der pädagogischen Aufgabe zu dienen. Langbehn selbst hat an der Aufnahme seiner Gedanken in der pädagogischen Welt nur geringen Anteil genommen, es lag ihm nicht, praktische Konsequenzen aus seinen Anregungen zu ziehen; der Schule stand er fern.

2. Alfred Lichtwark und die Kunsterziehungstage

Alfred Lichtwark (1852—1914) war Lehrer gewesen und dann Kunsthistoriker geworden. Von 1889 an leitete er die Hamburger Kunsthalle, die zum wesentlichen Teil seinem Wirken ihre spätere Bedeutung verdankt. Neben zahlreichen kunsthistorischen Untersuchungen sind seine Hinweise auf den Sinn der Laienkunst, die er durch Ausstellungen förderte, sowie auf die künstlerische Photographie — damals ungewöhnlich für einen Kunsthistoriker — bemerkenswert. In der Kunsthalle gab er als einer der ersten der „modernen Kunst" einen Schwerpunkt. Das Museum wollte er nicht nur als bewahrende Sammlung verstanden wissen, sondern als Volksbildungsstätte. Der Lehrer sollte der Vermittler sein. Der Gedanke der künstlerischen Erziehung durchzog sein gesamtes Schaffen.

Lichtwarks bedeutendste und interessanteste Leistung für die Kunsterziehungsbewegung, die er dadurch als eine „Bewegung" zum erstenmal sichtbar werden ließ, war seine Inspiration und Organisation der drei Kunsterziehungstage. Er selbst trat auf ihnen mit vielbeachteten Vorträgen hervor und unterrichtete weite Kreise über sie durch anschließende Berichte. Der erste Kunsterziehungstag fand 1901 in Dresden statt und hatte den Zeichenunterricht und die Bildende Kunst zum Thema; der zweite 1903 in Weimar befaßte sich mit Sprache und Dichtung, der dritte 1905 in Hamburg mit Musik und Gymnastik. Lehrer aller Schularten, Künstler und viele weitere Interessierte waren versammelt und referierten und diskutierten über Kunst und Erziehung. Sie fanden sich, bei manchen Unterschieden im einzelnen, zusammen in der Überzeugung, daß Volksbildung und Schule einer Erneuerung durch eine umfassende Kunsterziehung bedürften.

Lichtwarks Schlußrede auf dem ersten Kunsterziehungstag stand unter dem Thema „Der Deutsche der Zukunft" und ging davon aus, daß bis dahin immer nur einzelne Stimmen zur Reform der künstlerischen Erziehung gehört worden seien, nun aber in Dresden die künstlerische Erziehung in ihrer Bedeutung für die Erziehung und Bildung im ganzen deutlich geworden sei. Er sagte dann: „In Wirklichkeit bedeutet die künstlerische Erziehung doch nur eine Provinz in dem großen Reich der Gesamterziehung unseres Volkes, für die wir neue Grundlagen zu suchen und auszubauen die Pflicht haben. Die Forderung nach einer künstlerischen Erziehung tritt nicht als eine vereinzelte Erscheinung auf, sie ist von der ersten Stunde untrennbar verbunden mit dem gleichzeitig — etwa um die Mitte der achtziger Jahre — deutlicher formulierten Ruf nach einer sittlichen Erneuerung unseres Lebens. Die beiden Gebiete sind nicht zu trennen"[2]). Künstlerische Erziehung wurde also zugleich als sittliche Erziehung verstanden und erhob von daher ihren erhöhten Anspruch.

3. Künstlerische Erziehung

Die Einheit der kunsterzieherischen Bewegung, wie sie auf den Kunsterziehungstagen, jenen pädagogisch bedeutungsvollen und in ihrer Art historisch einmaligen Veranstaltungen, zum erstenmal hervorgetreten war, beruhte auf der Übereinstimmung in bestimmten Grundauffassungen der erzieherischen Idee und der Wege zu ihrer Verwirklichung. Gemeinsam war die Kritik an der rationalen einseitigen Bildung, bei der Wissen und Kenntnisse den Vorrang hatten. Die Argumente der Kulturkritik wurden voll aufgenommen und die Ablehnung der „alten", nur auf das Wissen eingestellten Schule war allgemein. Wahre Menschenbildung fordere demgegenüber die Weckung und Förderung der lebendigen Kräfte im jungen Menschen. „Bisher ist Wissen und Bildung gleichbedeutend und der Stoff in der Schule entscheidend. Dem wird gegenübergestellt die Aufgabe, lebendige Kräfte zu wecken. Die jetzige Bildung sucht eine enzyklopädische Vollständigkeit, sie macht satt — sie sollte hungrig machen, und sie legt das Hauptgewicht auf eine mechanische objektive Richtigkeit, statt auf die Qualität der schöpferischen Leistung des Subjekts"[3]).

Als Grundlage der neuen Bildung galten das Gefühl, die Phantasie, die Anschauung, das Empfinden, das Genießen und die Darstellungsfähigkeit. Die emotionalen Kräfte seien zu bilden und mit ihnen und durch sie der ganze Mensch in allen seinen Qualitäten. „Die Kunst ist aber nicht allein auf die ästhetischen Anlagen gestellt, weder beim Künstler noch bei den Genießenden. Wie sie auch die erkennenden und sittlichen Kräfte des Künstlers voll in Anspruch nimmt und wie sie die ganze Welt der Erscheinungen als Gebiet umfaßt, so geht sie auch auf den ganzen Menschen"[4]).

Das besondere Interesse der Kunsterziehungsbewegung galt den aktiven spontanen Kräften, denen sie die Qualität des „Schöpferischen" zuerkannte. Mit Bewunderung sah sie, wie die schöpferischen Kräfte schon im Kinde, und gerade im Kinde, wirksam sind und sich in allen seinen Gestaltungen zeigen — wenn man sie recht zu sehen versteht. War mit der Wendung „vom Kinde aus" nur die neue pädagogische Sicht bezeichnet worden, so offenbarte nun die Entdeckung des „Schöpferischen im Kinde" das Vorhandensein von in ihm angelegten, zur Äußerung drängenden und für die erzieherische Arbeit bedeutungsvollen produktiven Kräften. Die Kindheit erschien als die Geniezeit des Menschen, deren reiche Originalität und Produktivität auch für das spätere Leben erhalten und fruchtbar gemacht werden sollten. „Für die Erziehung ergibt sich daraus die Aufgabe, nicht nur den Zögling für das heutige Leben zu ertüchtigen, sondern ihm die schöpferischen All-Möglichkeiten der Geniuszeit zu bewahren"[5]).

Die neue Erziehung sollte sich in einem neuen Verhältnis zur Natur erfüllen. Dieses Stichwort: „Natur" schien gerade dieser Richtung der Pädagogischen Bewegung die rechte und sichere Orientierung zu geben. So hieß es auf dem ersten Kunsterziehungstag: „Die Kunst, wie wir sie heute auffassen, ist Darstellung der Natur oder Erzeugung eines Gefühls, einer Stimmung, einer Kraft- und Bewegungsvorstellung mit Formen, die der organischen Natur, dem menschlichen Gefühlsleben, der Bewegung des Menschen usw. entsprechen. Ohne Kenntnis der Natur, zu der ja auch das menschliche Gefühlsleben, soweit es einen Gegenstand der Kunst bildet, gehört, ist keine Kunst, kein Kunstgenuß möglich. Jeder Weg zur Kunst geht über die Natur. Ohne genaue und zahlreiche Erinnerungsbilder der Formen und Farben der Natur, der Töne und Bewegungen der Lebewesen, kann man weder Kunst schaffen noch Kunst genießen. Die Aufgabe des Kunstunterrichts ist also ganz einfach die, das Kind in die Natur und das Leben einzuführen, sein Bewußtsein mit solchen Erinnerungsbildern zu füllen"[6]).

So wie die drei Kunsterziehungstage die pädagogischen Aufgaben in vier Hauptbereichen einer im weitesten Sinne künstlerischen Erziehung deutlich zu machen versuchten, werden diese nun — vornehmlich, aber nicht ausschließlich unter Bezug auf die Schule — zu erörtern sein.

II. Reform des Zeichen- und Werkunterrichts und die neue Kunstbetrachtung

1. Zeitgenössische neue Kunstrichtungen

Den Hintergrund für die Kunsterziehungsbewegung bildete das künstlerische Schaffen im Ausgang des 19. und zu Beginn des 20. Jahrhunderts auf dem Gebiet der bildenden Kunst. Gegen den Eklektizismus, der die Stile vergangener Zeiten, der Romanik, der Gotik, der Renaissance übernahm, gegen die Historienmalerei und das Kopieren der Alten hatten sich junge Künstler erhoben und versucht, neue eigene Wege zu gehen. In Frankreich war mit dem Impressionismus der erste Höhepunkt einer neuen Kunst erreicht worden. Fauvismus, Expressionismus, dann Kubismus und Futurismus bezeichnen andere revolutionäre Kunstrichtungen. In jedem Fall wollte diese Kunst aus dem Grunde des eigenen Empfindens und Erlebens aussagen. Im Katalog der ersten revolutionären Kunstausstellung „Der Sturm" (1910) hieß es: „Die großen Neuerer des 19. Jahrhunderts haben ein doppeltes Erbe hinterlassen, ein materielles, das ihren Epigonen von heute zufiel und das diese angstvoll festhalten und ein geistiges, das mit dieser Ausstellung vorgeführt wird. Jene klammern sich an die Formen, die Größere geschaffen haben. Statt eigenes zu gestalten, ahmen sie Gestalten vergangener Bilder nach. Und zwar nur die Bilder, nicht einmal die so kläglich oft herbeigerufene Natur. Und Nachahmung kann nie Kunst sein ... Kunst ist die persönliche Gestaltung eines persönlichen Erlebnisses"[7]).

Die neuen Kunstrichtungen wollten ursprünglich und original sein. Einige von ihnen fanden in der Kunst der sogenannten Naturvölker Verwandtes und Vorbildliches an ursprünglicher Kraft, Einfachheit und elementarem Ausdruck in einer Stärke, die über die Wirkung der überlieferten abendländischen Kunst hinauszugehen schien. In ähnlichem Sinn gewannen die Kinderzeichnungen Interesse.

2. Die Entdeckung der Kinderzeichnung

Schon 1887 hatte der italienische Kunsthistoriker Corrado Ricci

Kinderzeichnungen untersucht, 1901 führten Künstlerkreise in Berlin eine Ausstellung „Die Kunst im Leben des Kindes" durch. 1904 erschien eine Monatsschrift „Kind und Kunst". Carl Götze schrieb anläßlich der „Ausstellung von freien Kinderzeichnungen in der Kunsthalle zu Hamburg" sein Buch „Das Kind als Künstler". Eine Auswertung von Kinderzeichnungen gab Kerschensteiner in seinem Buche „Die Entwicklung der zeichnerischen Begabung". Siegfried Levinstein verfaßte, ebenfalls 1905, das Werk „Kinderzeichnungen bis zum 14. Lebensjahr mit Parallelen aus der Urgeschichte, Kulturgeschichte und Völkergeschichte", das in der zweiten Auflage 1918 unter dem Titel „Das Kind als Künstler" erschien. Gustav Hartlaubs Werk „Der Genius im Kinde" (1922) verfolgte als „Leitlinie": „In jedem Kinde wirkt die noch unpersönliche und vorbewußte Naturkraft des Naiven, wirkt der Genius, die neue kunsterzieherische Bewegung".

Diese Entdeckung der Kinderzeichnung, „eine der größten Entdeckungen, die jemals im Bereich der Erziehung gemacht wurden", eröffnete bedeutsame psychologische Aspekte, indem man erkannte, daß das freie Schaffen und Gestalten eine spezifische in Phasen verlaufende Form der kindlichen Daseinsbemächtigung darstellt. Zugleich sah man „mit Erstaunen, daß dem Kinde, solange es in schöner Unbefangenheit lebt, Bilder und Gebilde von herber Schönheit gelingen, die ihre Entsprechungen in der Kunst der Vorzeit, der Primitiven oder auch des frühen Mittelalters hatten"[8]). Nur einzelne meinten enthusiastisch, in jedem Bilde eines Kindes ein echtes Kunstwerk sehen zu können.

3. Das freie Zeichnen

Die Erstaunen erregenden Kinderzeichnungen, vor allem die farbigen Bilder, waren ganz frei von den Kindern aus gestaltet bzw. im Rahmen eines Unterrichtes durchgeführt, der ihnen völlige Freiheit ließ. Diese Tatsache bildete den Ausgangspunkt für die Diskussionen der Kunsterzieher über die Methoden des Zeichenunterrichtes. Die Neuerer bekämpften die alten vorschreibenden Methoden und postulierten den Freiheit lassenden Zeichenunterricht.

Wurden Kindern Modelle und Vorlagen gegeben, die sie abzeichnen sollten, entstand Unvollkommenes und Langweiliges auf diese Weise. Den Grad der Perfektion der Kopie konnte man zwar bewerten und benoten, aber das Bild an sich war uninteressant. Bestand die Aufgabe des Zeichenunterrichtes der Schule allein im Kopieren, blieben die eigentlichen Fähigkeiten des Kindes unentwickelt. Ließ man dagegen die Kinder frei zeichnen, wie sie wollten, zeigte sich, daß sie mit einer ihnen eigenen Fähigkeit der Darstellung den ihnen gemäßen Ausdruck ihres Inneren fanden. Aus eigenem Antrieb schufen sie mit Lust, und die Ergebnisse ihres freien Malens und Zeichnens trugen einen ihrer Wesensart und Altersstufe entsprechenden Stil mit oft auffallend starker Ausdruckskraft. Wenn dabei kühn die Gesetze der Perspektive und die Farben und Formen der Natur ignoriert wurden, so vermochten sie dafür doch Wesentliches von dem Dargestellten auszusagen. Diese Aussage konnte so treffend und eigenwillig sein, daß es nicht unangemessen schien, ihr einen eigenen künstlerischen Wert beizumessen.

Beim zeichnenden und malenden Kind beobachtete man den Vollzug einer seiner Stufe entsprechenden Reifung; es bildete sich, indem es sich im Bilde ausdrückte. „Indem durch Zeichnen — um es nochmals kurz zusammenzufassen — die in bildlichen Ausdruck umgesetzten Vorstellungen geäußert werden, gestaltet, erweitert und vertieft sich das Bild, in welchem sich der Geist die durch sinnliche Bearbeitung der Außenwelt erworbene Kenntnis vorstellt und merkt"[9].

Eine bedeutsame Wendung hatte sich damit ereignet: die früher als kindisch und primitiv unbeachtet gebliebene Kinderzeichnung wurde als der beachtenswerte spontane Ausdruck der kindlichen Individualität erkannt. Aufgabe der Kunsterziehung ist es, dem Kinde die Möglichkeit zu geben, sich in diesen Formen auszudrücken. Anders als im früheren Zeichenunterricht gilt nicht die Perfektion der Ähnlichkeit, sondern die je individuelle Aussage und Eigenart der Darstellung. Nicht auf Naturtreue und die Tugenden der Ordnung und Sauberkeit kommt es jetzt dem Lehrer an, sondern auf die Echtheit des Ausdrucks. Zeichenunterricht kommt der geistigen Gesamtentwicklung des Kindes zugute. Das Zeichnen ist vorzüglich das ihm gemäße geistige Bildungsmittel.

146

Aus diesen neuen Überzeugungen der Bildungsfunktion des Zeichenunterrichts erwuchs die Forderung, ihn aus seiner Randstellung im Lehrplan der Schule und seiner Einschätzung als ein rein technisches Fach zu befreien. Er sollte „Hauptunterrichtsfach" werden und vor allem in den ersten Schuljahren dominieren. „In den Mittelpunkt der Erziehung der künstlerischen Fähigkeiten im engeren, die bildende Kunst umfassenden Sinne stellen wir deshalb den Zeichenunterricht. Wir wollen ihn nicht, wie er bisher vielfach aufgefaßt worden ist, als ein Mittel zur Gewöhnung an Ordnung, Sauberkeit und mechanische Beharrlichkeit, sondern als die Entwicklung der Auffassungs- und Ausdrucksfähigkeit betrachten"[10]). — Neben dem Umgang mit Pinsel, Farbstift, Bleistift, Kreide und Kohle wurde auch das Werken zum künstlerischen Ausdrucksmittel. Zugleich wurde der Werkunterricht auch von der Seite der Arbeitsschule unterstützt.

4. Kunstwerk und Bildung

Zur Entdeckung der schöpferischen Kraft im Kinde und der daraus folgenden Reform des Zeichenunterrichts kam die Forderung der Kunsterziehungsbewegung, das Kind auch an das große Kunstwerk heranzuführen. Seine Kunstbetrachtung sollte zu einer bildenden Begegnung werden. Lichtwark begann schon früh (1887), Lehrer und Schüler vor die Gemälde seiner Hamburger „Kunsthalle" zu führen. Seine Freunde unter den Pädagogen schlossen sich zusammen zur „Lehrervereinigung zur Pflege der künstlerischen Bildung". Eine kunsthistorische Unterstützung bedeutete Heinrich Wölfflins neue Art der Kunstbetrachtung.
Diese Kunsterziehung durch Bildbetrachtung wollte das Verständnis für das Kunstwerk nicht durch Worte und Erklärungen begrifflich vermitteln und lehnte das intellektuelle „Zerreden" der Bilder ab. Vielmehr kam es ihr auf das Erlebnis an, das in der schweigenden Hingabe an das Kunstwerk erfahren wird. Der Betrachtende soll sich „ergreifen" lassen, soll vom Kunstwerk „angesprochen" sein und unmittelbar selbst erleben, was der Künstler ausdrücken wollte.

Erst an zweiter Stelle sollte die Deutung des Bildes als der bescheiden tastende Versuch des Betrachters stehen, durch Wort und Erklärung in das Kunstwerk einzudringen. Das Dozieren schien hier wenig angebracht, vielmehr sollte das Gespräch vor dem Bilde die Bewußtwerdung dessen unterstützen, was es unmittelbar aussagt. Selbsterleben, Selbstentdecken und geistige selbständige Auseinandersetzung bei der Bildbetrachtung erschienen als neuer Weg der Kunsterziehung.

Einen besonderen Akzent setzte Lichtwark der Kunsterziehung dadurch, daß er die Kunst seiner Tage, die moderne Kunst, auch in die Schule eingeführt wissen wollte. Er hat berichtet, wie ihm zum erstenmal der Gedanke kam, daß ein zeitgenössischer Künstler ebenso bedeutend sein könnte wie ein seit langen Zeiten anerkannter.

Die Kunst sollte nicht nur wenigen zugänglich sein, sondern allen. Im Sinne des Rembrandtdeutschen wurde versucht, die Kultur des Volkes aus der bildenden Kunst neu zu begründen. Reproduktionen, Zeitschriften, Bücher, Buchreihen, Vorträge, Führungen sollten dem dienen. Die von Ferdinand Avenarius (1856—1923), dem Neffen Richard Wagners, im Jahre 1887 gegründete Zeitschrift „Der Kunstwart", die Publikationsreihe „Kunst und Volk", der 1903 gegründete „Dürerbund" erfüllten eine kunsterzieherische Funktion. Dabei ging es nicht nur um die Begegnung von Volk und großer Kunst, sondern auch um die Gebrauchskunst, um Illustrationen, für die man nach neuen Stilformen suchte. Die Prinzipien der Materialgerechtigkeit, der Formschönheit, der Werkgemäßheit, der Einfachheit, der großen Linie sollten zur Geltung kommen. Der 1907 gegründete Verein „Deutscher Werkbund" strebte die Veredelung der gewerblichen Arbeit auf durchaus pädagogische Weise an. Künstlerische Intentionen der „Heimatbewegung" sind in dem gleichen Zusammenhang zu sehen.

III. Reformen des Deutschunterrichts

Die Reformen des Deutschunterrichts im Rahmen der Kunsterziehungsbewegung kamen aus den gleichen Wurzeln wie die des Zeichen-

unterrichts: Auch der deutsche Unterricht sollte vom Kinde ausgehen und dessen Erlebnissen Ausdrucksmöglichkeiten geben. Eine
den Altersstufen entsprechende Literatur sollte eine neue literarische Bildung begründen. Die neuere Didaktik des Deutschunterrichts mit Gedanken von grundsätzlicher Gültigkeit ergab sich aus
den Intentionen der Kunsterziehungsbewegung.

1. Rudolf Hildebrand

Die Bewegung zur Neugestaltung des Deutschunterrichts hat
einen bedeutenden Vorläufer gehabt, durch den sie sich in ihrem
Wollen sehr bestärkt fühlte: Bereits 1867 hatte Rudolf Hildebrand
(1814—1894), der Germanist und Mitarbeiter am Grimmschen Wör-
terbuch (seine Bearbeitung des Artikels „Geist" ist als selbständi-
ges Buch erschienen), sein Werk „Vom deutschen Sprachunterricht in
der Schule" veröffentlicht. In späteren Auflagen erweiterte Hildebrand den Titel: „und von der deutschen Erziehung und Bildung
überhaupt". Dieses Buch ist in vielen seiner Gedanken der Kulturkritik zuzuordnen, zugleich brachte es für den Deutschunterricht
den Nachweis, daß diesem Unterricht eine zentrale Stellung im
Unterricht der Schule zukommen kann und soll. Einige seiner
neuen Forderungen für diesen Unterricht lauteten: „1. Der Sprachunterricht sollte mit der Sprache zugleich den *Inhalt* der Sprache,
ihren Lebensgehalt voll und frisch und warm erfassen. 2. Der Lehrer des Deutschen sollte *nichts lehren,* was die Schüler selbst aus
sich *finden* können, sondern alles das sie unter seiner Leitung
finden lassen. 3. Das Hauptgewicht sollte auf die *gesprochene*
und gehörte Sprache gelegt werden, nicht auf die geschriebene und
gesehene. 4. Das Hochdeutsch, als Ziel des Unterrichts, sollte nicht
als etwas für sich gelehrt werden, wie ein anderes Latein, sondern
im engsten Anschluß an die in der Klasse vorfindliche Volkssprache
oder Haussprache"[11]). Ihrer Zeit weit voraus waren hier pädagogische Erkenntnisse der Sprachbildung und des Bildungsprozesses
überhaupt gewonnen.

2. Der „freie Aufsatz"

Im Jahre 1910 erschien ein von zwei Volksschullehrern, Adolf Jensen und Wilhelm Lamszus, verfaßtes Buch mit dem Titel: „Unser Schulaufsatz ein verkappter Schundliterat" (Verlag Janssen, Hamburg). Es bildete den Höhepunkt und zugleich einen neuen starken Impuls für die seit dem zweiten Kunsterziehungstag vorgetragenen Angriffe gegen den üblichen Schulaufsatz — und: „Es stellte eine Neubegründung des Aufsatzunterrichtes dar und ist in wesentlichen Punkten noch heute gültig"[12]).

Die Anklage dieses Buches lag schon in dem Titel, der sprachlich gesehen zwar ungut war, dafür aber aufrührerisch den Schulaufsatz in Verbindung mit der Schundliteratur brachte. Als „Schundliteratur" wurde alles Schrifttum bezeichnet, das unecht und unwahrhaftig, das nach Schablonen und Mustern verfertigt, das formalistisch und anempfunden ist und der künstlerischen Gestalt entbehrt. In eben diesem Sinne, so sagten die Autoren, wird der Aufsatzunterricht der Schule betrieben, und sie wiesen auf die Phrasen und das Geplapper, die Unwahrhaftigkeiten, das Angelernte und Nachgemachte der üblichen Schulaufsätze hin. Mit dieser Art Aufsatzunterricht würden die Fähigkeiten echten eigenen Empfindens und des unmittelbaren und schöpferischen individuellen Ausdrucks unterbunden und zunichte gemacht. „Stellen wir darum an die Spitze unserer Untersuchungen den unzweideutigen Satz: Es ist Schundliteratur, die sich wie ein trüber Strom aus der zünftigen Aufsatzliteratur auf die Methode des Lehrers ergießt und jegliche Naivität im Keime erstickt! Formalisten und Anempfinder sind die Triumphe der Schule. Sie werden auf Kosten der echten sprachschöpferischen Begabung gezüchtet. Die Sprachindividualitäten werden in der Schule zerstört und die Phantasiebegabungen verbildet und zugrunde gerichtet, denn es ist Schundliteratur schlimmster Art, wozu die Wissensschule ihre Kinder im Aufsatzunterricht systematisch erzieht"[13]).

An die Stelle des „Zwangsaufsatzes", den das Kind als „Zwangsschriftsteller" verfaßt, sollte der „freie Aufsatz" treten, der nicht an Vorschriften gebunden ist, so daß sich das Kind so äußern kann, wie es seinem Empfinden, Denken und Wollen entspricht. Frei von „sklavischer Nachahmung", „ohne Stützen und Krücken" soll es schreiben können und dabei ebenso natürlich es selbst sein wie beim natürlichen mündlichen Ausdruck im Erzählen. Erst mit der Ablösung des „gebundenen" durch den „freien Aufsatz" könnte erwartet werden, daß die wirkliche Welt, die das Kind umgibt und die es erlebt, im Aufsatz überhaupt in Erscheinung tritt. War es bisher durch die vorschreibenden Methoden eingeschränkt, sollte es nun frei sich entwickeln.

So äußerten sich Jensen und Lamszus über die „Grundlagen der künftigen Aufsatzschule": „Es gilt, die ganze natürliche Welt, die innere und äußere, dem künftigen Aufsatz zu erobern. Der gestaltende Aufsatz nach dem Leben, der natürliche Aufsatz, ist die methodische Grundlage des Sprachunterrichts. Vom Hosenmatz bis zum Primaner und höher hinauf werden künftig die Schulschriftsteller ihre Umgebung in ihre Feder zwingen, und der Erlebnisaufsatz der Kleinen wird sich zum eigentlichen Beobachtungsaufsatz der Großen vertiefen und verfeinern. Sie werden, der verwöhnte und verstiegene Gymnasiast wie der Vorschüler, sie werden beide, was sie erlebt und was sie sahen, zunächst nichts weiter als dieses Stück funkelnde Sein ebenso funkelnd wie es war, in die schwarzen Zeichen zaubern"[14]).

Der freie Aufsatz wurde vor allem als ein „Erlebnisaufsatz" verstanden, in dem das Kind unmittelbar und natürlich von seinem Leben und seinen Erlebnissen berichtete. Während im früheren Aufsatz der Lehrer den Text, oftmals sogar wörtlich, vorgeschrieben und die Wiederholung des „aufgezwungenen" Textes verlangt hatte, war für den „freien" Aufsatz die Motivation zur Niederschrift in dem Bedürfnis des Kindes selbst gegeben, von sich zu erzählen und Worte zu finden für das, was es im Inneren bewegte. Lamszus schrieb: „Mit zwingender Kraft steigen Erlebnisse vor unseren Augen wieder auf, und nicht im Kopf des Lehrers nimmt der Aufsatz seinen Ursprung, sondern der Aufsatz überfällt den Schüler, überfällt ihn auf der Straße, im Hause, in der Schule, oder wo immer er weilt, und will aus sich selber, aus eingeborener Kraft gestaltet werden, und zwar ein jeder zu seiner Zeit. Er kann darum nicht vom Lehrer aufgegeben werden, sondern muß vom Schüler entdeckt, geschaut und geschrieben werden. Die Aufsatzpädagogik hat weiter nichts zu tun, als dem Schüler zu zeigen, wie er seine Aufsätze erkennt und einfängt und sie zu edleren und wirksameren Formen der Darstellung erhebt"[15].

In jenen Jahren wurde unter dem Leitwort „freier" Aufsatz nicht nur der rein expressive, nach Themenwahl und Form ungebundene Aufsatz verstanden, sondern eine Vielzahl von Möglichkeiten der Aufsatzgestaltung, wie: Phantasieaufsätze, Tiergeschichten, kleine Berichte im Anschluß an den Sachunterricht, Szenen fürs Kasperltheater, Fortsetzung von Geschichten, Weiterspinnen von Märchen, Rätselerfinden, Brief und Tagebuchformen usw. Man wollte nicht stehenbleiben beim einfachen und unmittelbaren Ausdruck, sondern strebte eine Weiterentwicklung der sprachlichen Ausdrucksfähigkeit an, wie es dann auch die beiden Autoren Jensen und Lamszus in ihrem späteren gemeinsamen Buch „Der Weg zum eigenen Stil" (1911) zeigten.

3. Exkurs über Erlebnisunterricht und Ausdrucksfächer

So wie bei Jensen-Lamszus für den Aufsatzunterricht das Erlebnis im Vordergrund stand, gewann es damals auch in den anderen Fächern eine große Bedeutung: im Zeichen- und Kunstunterricht, bei der Musikerziehung und im gymnastischen Bereich. Es wurde zu einem methodischen Prinzip, das neben das übliche rationale Lernen bzw. an seine Stelle trat. Wenn man von „Erlebnispädagogik" sprach, zeigte das die Einschätzung dieser neuen didaktischen Kategorie, die ihre Wurzeln in der Kunsterziehung hatte, deren Geltung jedoch darüber hinausreichte.

Im Hintergrund des pädagogischen Erlebnisbegriffes stand die Lebensphilosophie (Nietzsche, Bergson, Rickert, Dilthey); vor allem war es Diltheys 1906 erschienenes Werk „Das Erlebnis und die Dichtung", das das Erlebnis zum Zentralbegriff geisteswissenschaftlichen Verständnisses, besonders der Dichtung, werden ließ. Allgemein bezeichnet Erlebnis gegenüber dem „Leben" ein herausgehobenes Ereignis, das innerlich stark berührt, ergreift und beschäftigt. Das Erlebnis „überfällt". Dilthey sagte: „Erleben ist eine unterschieden charakterisierte Art, in welcher Realität für mich da ist. Das Erlebnis tritt mir nämlich nicht gegenüber als ein Wahrgenommenes oder Vorgestelltes; es ist uns nicht gegeben, sondern die Realität Erlebnis ist für uns dadurch da, daß wir ihrer innewerden, daß ich sie als zu mir in irgendeinem Sinne zugehörig unmittelbar habe"[16]). Die dem Erlebnis eigene Qualität ist die der Stärke und des Eindrücklichen. Das Erlebnis ist nicht manipulierbar und nicht bewußt anzueignen oder zu vermitteln. Vielmehr nimmt es in Besitz. Wer von ihm ergriffen ist, erfährt eine Steigerung des Lebensgefühls. Der Erlebnisinhalt prägt sich besonders ein und wird nicht so leicht vergessen wie andere Eindrücke.

Diese Merkmale des Erlebnisses haben einen didaktischen Begriff entstehen lassen. Wenn es bei aller Bildungsarbeit darauf ankommt, geistige Gehalte tief einzuprägen und zum inneren Besitz werden zu lassen, dann bezeichnete das Wort Erlebnis eben dieses irrationale Ereignis des inneren Bewegt- und Ergriffenseins. An die Stelle einer bloßen Wissensvermittlung, die den Schüler nur verstandesmäßig berührt, sollte das Erlebnis treten, das ihn in der Tiefe und in der Ganzheit seines Wesens erfaßt. Damit war eine bedeutsame Einsicht gewonnen, die für einen Teil der Unterrichtsfächer ihre Gültigkeit erwies.

Das Erlebnis will zum Ausdruck kommen. So wie im Alltag Kinder über ihre Erlebnisse sprechen, sie anderen mitteilen wollen, so drängt auch ein Unterrichtsgehalt, der zum Erlebnis wurde, danach, sich in irgendeiner Weise zu äußern. Deutschunterricht, Zeichnen, Musik, Gymnastikunterricht wurden damals wegen ihrer Ausdrucksfunktion im Erlebnisunterricht „Ausdrucksfächer" genannt. Man versuchte erstmalig, Erlebnis und Ausdruck in eine Unterrichtsform zu bringen und Stufen des Lehrens genauer zu bezeichnen, etwa: „Vorbereitung oder Einstimmung — Aus dem eigenen Erlebnis heraus wachsende Darbietung — Besinnung über das Erlebte — Rationalisierung des Erlebnisses durch Gewinnung der in ihm angelegten Begriffe — Aufruf zur Tat"[17]).

Die „Erlebnispädagogik" bildete einen charakteristischen Bestandteil der Pädagogischen Bewegung. Sie wurde entwickelt in der

Blickrichtung auf das Kind und mit der Frage nach der Art seiner inneren Begegnung mit dem Leben und den Gehalten der Kultur. Daß von hier aus nicht der ganze Unterricht begriffen werden konnte, war schon den Vertretern der Erlebnispädagogik deutlich, ebenso daß solcher Unterricht leicht zu sehr im Emotionalen, in Gefühl und Stimmung verbleiben kann. Die nüchterne Rationalität, das Denken und die sachliche Zucht der Arbeit forderte demgegenüber besonders die sog. Arbeitsschule.

4. Neue Jugendliteratur

Ein weiteres Gebiet des Deutschunterrichtes, auf dem sich die Kunsterziehungsbewegung fruchtbar ausgewirkt hat, war der Leseunterricht. Das Schullesebuch wurde dem Kinde entsprechend neu gestaltet und über das Lesebuch hinaus entstand eine neue Jugendliteratur. Man sprach von einer „Jugendschriftenbewegung" innerhalb der Kunsterzieherischen Bewegung. An ihrer Spitze stand Heinrich Wolgast (1860—1920), ein Hamburger Schulmann, der 1896 das Buch „Das Elend unserer Jugendliteratur" schrieb und von 1896 bis 1911 die „Jugendschriftenwarte" leitete. Dies war die Zeitschrift der neu gegründeten „Vereinigung deutscher Prüfungsausschüsse für Jugendschriften". In den 20er Jahren trat Wilhelm Fronemann hervor, der mit mehreren Schriften, so „Das Erbe Wolgasts", „Lesende Jugend" und „Schrifttum und Erziehung" die Reformgedanken weiterführte.

Fronemann wies auf die Geschichte des Lesebuches, die zeige, wie sich in ihm die Zeiten widerspiegeln. Das Lesebuch der höheren Schule sei in der zweiten Hälfte des vorigen Jahrhunderts Stoffsammlung und Arbeitsbuch gewesen, untergeordnet den nationalen Tendenzen und als Bollwerk verwandt gegen die moderne Dichtung. Das Lesebuch der Volksschule habe aufdringlich im Dienst der Moral und einer die Kinder überfordernden konfessionellen Erziehung gestanden, bar der Bemühungen um eine literarische Erziehung. „Als geschichtliche Tatsache aber verdient festgehalten zu werden, daß in den deutschen Schulen des 19. Jahrhunderts die deutsche Dichtung planmäßig und auf amtliche Anweisung hin Tag für Tag gemordet wurde"[18]), sagte Fronemann.

Dagegen erhob sich nun die Forderung der Erziehung zum guten Buch durch gute Schullektüre, die nicht sorgfältig genug ausgewählt sein könne. Man schloß sich zur Schaffung neuer Lesebücher zusammen und im Rahmen der „Gesellschaft der Freunde des Vaterländischen Schul- und Erziehungswesens" gestaltete eine Arbeitsgruppe ein neues Lesebuch für einen kunsterzieherisch eingestellten Leseunterricht. Die Dichtung fand Eingang in die Schullesebücher, so daß sie der Hinführung zur Teilnahme am kulturellen Leben dienen konnten. Daß dies der Reife und Altersstufe entsprechend geschehen mußte, war der auf das Kind eingestellten Lehrergeneration selbstverständlich.

Über das reformierte Schullesebuch hinaus sollte die eigene selbständige Jugendschrift der Schrifttumserziehung dienen. Die „Ganzschrift" hielt ihren Einzug in die Schule. „Wie aber muß die Jugendlektüre beschaffen sein, um die Jugend zur literarischen Genußfähigkeit zu erziehen?" fragte Heinrich Wolgast und antwortete: „Die Jugendschrift in dichterischer Form muß ein Kunstwerk sein. Literarische Kunstwerke gehören aber der allgemeinen Literatur an, und so würde die spezifische Jugendliteratur keine Existenzberechtigung besitzen. Das ist in der Tat ein Punkt von der allergrößten Bedeutung. Der Begriff der Jugendliteratur in dem Sinne eines Schrifttums, das eigens für die Jugend geschaffen ist und im allgemeinen auch nur für die Jugend Interesse haben kann, muß gefallen. ‚Wenn du für die Jugend schreiben willst, so darfst du nicht für die Jugend schreiben.' In diesem Paradoxon formuliert sich Theodor Storm die Aufgabe der Jugendschriftstellerei, als er, einer Aufforderung Julius Lohmeyers folgend, die köstliche Novelle ‚Pole Poppenspäler' für die ‚Deutsche Jugend' schrieb"[19]. Die „Jugendschriftenwarte" hatte besonders die Funktion, die Jugendliteratur zu prüfen und dabei kritisch hohe Maßstäbe anzulegen. Die Ansprüche an den künstlerischen Wert standen im Kampfe gegen das schlechte Jugendbuch, gegen Kitsch und Schund. Wolgast faßte seine Forderungen auf dem internationalen Kongreß für Moralpädagogik in London 1908 so zusammen: „1. Zur Erreichung des Hauptzieles im Leseunterricht, das in der Fähigkeit und Neigung, gute Bücher zu lesen, bestehen muß, werden die Schulen außer mit einer Schülerbibliothek, die den Schülern die freie Wahl der Lektüre nach der individuellen Neigung innerhalb der Schranken des guten Geschmacks erlaubt, mit Einrichtungen ausgestattet, die es ermöglichen, daß auf jeder in Frage kommenden Jahresstufe eine kleine Anzahl (zwei oder drei) der besten und eindrucksvollsten Bücher von allen Schülern zugleich (im Hause oder in der Schule) gelesen werden kann.

2. Die Neigung der Jugend zu Abenteuer und Gewalttat wird (statt durch Lektüre) durch Wanderungen und Wettkämpfe befriedigt und in rechte Bahnen gelenkt; die Veranstaltung derselben muß ein notwendiger Teil der öffentlichen Erziehung werden.

3. Die Schule muß versuchen, es der Jugend zu einer Ehrensache zu machen, daß sie keine schlechten Schriften liest.

4. Die Eltern werden durch Flugblätter, durch immer wiederholte Mahnungen in der Presse und durch Vorträge über Lektüre für die Kinder aufgeklärt und durch Listen guter Bücher bei der Auswahl der Bücher für ihre Kinder beraten.

5. Gute Bücher werden in großen Massenauflagen hergestellt und der lesehungrigen Jugend auf die billigste und bequemste Art zugänglich gemacht. (Reiche Philanthropen können hier Kulturarbeit ersten Ranges leisten.)

6. Es wird durch Gesetz ein aus allen politischen und religiösen Parteien zusammengesetztes literarisches Sachverständigenkollegium gebildet mit dem Rechte, solche Unterhaltungsschriften für die Jugend, deren Schädlichkeit einstimmig anerkannt wird, vom öffentlichen Verkauf auszuschließen"[20]).

Das Thema Jugendliteratur wurde durch die Jugendschriftenbewegung zu einem ebenso bedeutungsvollen wie erregenden Thema der Diskussionen über den Deutschunterricht und darüber hinaus über die rechte literarische Erziehung der Jugend. Damals wurde sie zum erstenmal als Problem erkannt und zugleich mit hohen Maßstäben versehen. Das Schullesebuch und die Jugendlektüre sollten nicht ein niederes Dasein in der Ebene zweitrangiger Literatur bilden, sondern einen wertvollen Beitrag zur allgemeinen Erziehung leisten. So wie es die Aufgabe des Kunstunterrichtes sein sollte, zur Kunst hinzuführen, so die des Deutschunterrichts zur Dichtung, zum Gedicht, zur guten Erzählung, zum Schauspiel. Die Schule sollte so zum Faktor des kulturellen Lebens werden.

IV. *Lied und Spiel der Jugend (Jugendmusikbewegung)*

Zur Kunsterziehungsbewegung jener Tage gehörte die „Jugendmusikbewegung", die eine neue Auffassung vom Musizieren und neue pädagogische Arbeitsweisen in der Musikerziehung entwickelte. Sie hatte ihren Ausgang nicht in der Schule, sondern im freien Jugendleben genommen und stand im Gegensatz zu den traditionellen Formen des Musizierens. Ihr Ziel war die Erziehung zur Musik und die Erziehung durch Musik. Die Jugendmusikbewegung entfaltete sich im Lied der Gemeinschaft, im Musizieren mit Instrumenten, in der Zuwendung zu großen Musikern und schließlich im Laienspiel. Zum Bilde der neuen Musikbewegung gehörte vor allem auch der Beitrag der Mädchen.

1. Das Volkslied

Der Gegensatz gegen jenen Gesangsunterricht, der, im Lehrplan gering eingeschätzt, Lieder einübte im Stil des Gesangvereins alter Art, gegen das obligatorische Klavierspiel höherer Töchter und gegen Konzertveranstaltungen, die mehr ein gesellschaftliches Ereignis darstellen als wirkliches Musikerleben, war den Reformpädagogen allgemein.

Den ersten und immer wieder starken Impuls für die neue Weise des Musizierens gab die Jugendbewegung. Sie hatte die Art des Liedes wieder aufleben lassen, die in der Verbürgerlichung und Zivilisation weitgehend verlorengegangen war, das Volkslied. Sie schloß an Herder an, der im Ausgang des 18. Jahrhunderts im Gegensatz zur rationalistischen Kunstauffassung im Volkslied die ursprüngliche kulturelle Ausdrucksform des Volkes entdeckt und alte Volkslieder gesammelt und veröffentlicht hatte, und an die Romantik. 100 Jahre nach der Romantik — und ihr darin in manchem verwandt — griff die Jugendbewegung wiederum gegenüber dem

Kunstlied das Lied des Volkes auf und schuf in dessen Stil neue Lieder. Klampfe und Geige begleiteten ihr Singen. Wie sehr sie selbst ihr Wesen im Lied erfüllt sah, zeigen diese Sätze aus dem Vorwort von Hans Breuer zum Liederbuch der Jugendbewegung, dem „Zupfgeigenhansl":

„Im Volkslied da hat der Wandervogel Umgang mit einem natürlichen Menschen, der sehnt sich und träumt noch ein volles, ganzes Menschentum, das noch mit markigen Wurzeln aus dem Boden seiner Allverwandtschaft Nahrung trinkt. Und alle, die heutzutage aus den öden Häusermauern hinaus ins Freie strömen, den Kreuzfahrern gleich von einem ahnungsvollen Drange getrieben, denen gibt das Volkslied über die Maßen viel, einen — ihren — Idealmenschen. Was der Wandervogel draußen sucht, das steht im Volkslied geschrieben! Man kann wohl sagen: das Volkslied ist nahezu der musische Ausdruck unserer Wandervogelideale"[21].

Das Singen der Jugend, das ihr Leben begleitete und das bei allem Wandern und allem Zusammensein erklang, führte zur Bildung von Singkreisen und Musikantengilden. Georg Götsch schuf in Frankfurt a. O. ein Musikheim, Walther Hensel veranstaltete Singwochen ab 1923 in der Waldsiedlung Finkenstein, seine Singkreise vereinigten sich im „Finkensteiner Bund". 1924 wurde die Zeitschrift „Die Singgemeinde" gegründet. Volksmusikschulen entstanden 1923 in Hamburg und 1925 in Berlin.

2. Schulmusik

Das neue Singen drang in die Schule und hat hier eine neue Schulmusikarbeit entwickelt, die später ihre Erweiterung durch das Orffsche Schulwerk erlebte. Fritz Jöde, der führend war in der neuen Musikerziehung, führte in seinen musikerzieherischen Schriften aus, wie das Kind nicht das Singen lernen soll als etwas, das von außen an es herantritt, sondern daß es auf sich und sein Inneres hören soll. Der Lehrer „zeigt dem Kinde das größte Wunder bei der Musik, daß sie gar nicht zuerst nur draußen, irgendwo im Raum um das Kind herum ist, ja, daß sie nicht einmal nur in der Kehle sitzt, um von da herauszuströmen, sondern daß irgend etwas im Kinde ist, das ganz drinnen singt. Es ist die Gnade, die Musik ihm hier zuteil werden läßt, daß es auf seine eigene Stille horchen lernt"[22]). Die Musik geht vom Kinde aus, ist *seine* Musik, sein Singen ist der Ausdruck dessen, was es in sich trägt und wovon es bewegt ist.

Die pädagogischen Motive der Jugendmusikbewegung interpretierte Fritz Jöde in der Einführung zu seinem „Liederbuch für die Schule" — „Der Musikant": „Der Musikant ist ein Liederbuch, das aus dem Geiste der Musik der neuen Jugend geworden ist und in der Schulmusikarbeit der Gesinnung und dem Stil dieser Jugend zur Freude aller die Pforte öffnen will. Er will die Schuljugend und ihre Lehrer und Freunde einschließlich des Elternhauses an dem Glück eines im Dienst an etwas Schönem sich schließenden, innerlich verbundenen Menschenkreises teilnehmen lassen und will so zu seinem kleinen Teile beitragen helfen zu einer neuen Verinnerlichung und Wiedervereinigung unseres so unsagbar zersplitterten und veräußerlichten Volkes ... So bietet der Musikant, auf dem Boden des gemeinschaftlichen Musizierens der deutschen Jugend gewachsen und in seinem Stil das Gemeinschaftliche in jeder Weise als Ausgangs- und Endpunkt nehmend, durch seinen neuen, in unserm Volke immer irgendwie verwurzelten Liederschatz, durch den Charakter der Zwiesprache seiner Mehrstimmigkeit und das brüderliche Zusammengehen von Vokal- und Instrumentalmusik die Möglichkeit zur Bildung wirklicher Singgemeinden, zu denen sich Schüler und Lehrer, Junge und Alte, des rechten Geistes ihrer Schule wohl bewußt, vereinigen. Möchten diese dann Jugend, Schule und Haus im Gesange miteinander verbinden"[23]). — In den 20er Jahren hat Leo Kestenberg als Ministerialreferent die Musikerziehungsreform in den Schulen in vorbildlicher Weise angeregt und unterstützt.

Die weitere Entwicklung der Musikbewegung zeichnete Otto Haase wie folgt: „Nachdem man diesen Zugang einmal gefunden hatte, war es nur ein kleiner, man möchte sagen, selbstverständlicher Schritt zu den einfachen musikalischen Grundformen, wie sie in Fülle vor allem im Kanon vorlagen. Im gemeinsamen Singen und Musizieren wurde das Wunder des Kontrapunktes als der hohen Kunst der Vereinigung selbständiger Stimmen erlebt. Erste Ahnung des Unterschiedes von Takt und Rhythmus wurde wach. An die Stelle des anfangs wahllosen Subjektivismus und des nicht immer geschmackvollen Hordengesanges der Anfangszeit war die Ehrfurcht vor dem Werk getreten, unter dessen Gesetz sich stellen muß, wer ihm nahe kommen will. Als letztes kam dann aus dem Gesetz der Sache jene Kategorie hinzu, ohne die nirgendwo auf der Welt das Schöne gedeiht, die Kategorie der Zucht. ‚In Züchten müsset ihr Frau Musica emphahn!‘ Mit alledem war das Tor in die Welt des ‚unbegreiflichen musikalischen Wundermannes‘, in die Welt des Johann Sebastian Bach aufgesprungen (August Halm)"[24].

3. Laienspiel

In engem Zusammenhang mit der Musikbewegung stand die „Laienspielbewegung", um auch hier diesen eingeführten Begriff zu verwenden für alle Formen des darstellenden Spieles, das nicht von Schauspielern aufgeführt wird. Das Schulspiel entwickelte sich als Stegreifspiel aus dem Unterricht und dem Schulleben und wollte sich nicht vor Zuschauern produzieren. Hier fand das Kind die Möglichkeit des Ausdrucks unmittelbar aus Vorstellung und Erlebnis im Vollzuge einer Rolle, die es übernommen hatte. Laiengruppen spielten selbsterdachte oder übernommene Volksspiele, wie die des Hans Sachs, aber auch Shakespeare, ohne Ehrgeiz, mit den Professionalisten wetteifern zu wollen.

In den 20er Jahren hat sich das Laienspiel in einer Vielzahl von Kreisen entwickelt, vor allem um Rudolf Mirbt und I. Gentges, bestimmt vom Geist der Jugendbewegung. In den Landerziehungsheimen wuchs das Spiel aus dem gemeinsamen Leben. Martin Luserke hat in der Freien Schulgemeinde Wickersdorf und dann in seiner „Schule am Meer" das Laienspiel in einer eigenen Form des Bewegungsspieles entwickelt und mit seinen Schülergruppen in die Lande hinausgetragen. Er, der besonders auch Shakespeare spielte, charakterisiert: „Das Bewegungsspiel ist eine bestimmte Art, Theaterstücke ohne Rampe, Vorhang und Kulissen auf offenem Podium zu spielen, wobei die Hauptrichtung der Spielbewegung aus dem Hintergrund herauf oder durch die Zuschauer hindurch auf die Bühne geht. Das Spiel beruht mehr auf der Verwendung von

Spielermassen als auf kunstvollem Einzelspiel und ist mit Musik durchtränkt"[25]). Die bildende Bedeutung dieses Spieles lag für ihn in der Vereinigung von Sprache und Musik, Bewegungsausdruck und Tanz aller Beteiligten, durch die eine geschlossene Ausdrucksform gewonnen wird, an der der einzelne schöpferisch mitwirkt und zugleich eingegliedert ist in das Ganze der Spielgemeinschaft: „ . . . eine Gelegenheit für viele, an der Verwirklichung eines einheitlichen, ungewöhnlichen und schönen Geschehens produktiv mitzuwirken, sich mit ihrem ganzen Wesen in den Dienst einer Sache zu stellen. Das stolze Bewußtsein der Möglichkeiten, die in dem Zusammenwirken vieler Gleichgesinnter liegen, wird geweckt und gesteigert. Bei solchen festlichen Veranstaltungen wird sich eine Gemeinschaft ihrer selbst bewußt"[26]).

Auf der Tagung „Jugend und Bühne" 1924 in Frankfurt/M., deren Bericht von Pallat und Lebede herausgegeben wurde, hat Herman Nohl in seinem Vortrag „Die Stellung des Jugendspiels im Rahmen der gegenwärtigen allgemeinen Kulturbewegung" aufgezeigt und auf den letzten Sinn dieses Spieles hingewiesen.

„So tritt hier deutlicher noch als in den anderen Künsten die symbolisch-religiöse Funktion der Kunst heraus, die im Endlichen das Unendliche sucht, und die innere Bindung im Spiel steigert sich bis zu der Erwartung einer Offenbarung. Von hier aus wird dann auch die Verbindung sichtbar zu dem letzten merkwürdigsten Einsatz dieses Jugendspiels, der liturgischen Bewegung, wie sie die Mönche von Beuron und Marialaach führen, wie sie aber auch im Protestantismus auftritt, deren letzter Sinn doch ist, daß man das Göttliche nicht bloß im Wort vernehmen, sondern im eigenen Tun sich ihm nähern will. Liturgie als Ausdruck einer Bewegtheit, die Dienst und beseligtes Erfülltsein zugleich ist"[27]).

V. Leibeserziehung

Der vierte Bereich der Kunsterziehungsbewegung war der der Leibeserziehung. An die Stelle des nur einseitig Fertigkeit und Leistungskraft ausbildenden Turnens trat die den gesamten Körper und zugleich Geist und Seele umfassende Leibeserziehung in neuen Formen der natürlichen Bewegung und Rhythmik. Gleiche Auffassungen wie in den anderen Bereichen der Kunsterziehung, im bildnerischen, sprachlichen und musikalischen, führten auch hier zu neuen Wegen.

1. Gymnastik

Der Einbruch in die traditionelle Art des wesentlich von dem Gedanken an die Wehrertüchtigung geleiteten und sich einseitig in Leistungen am Gerät und in Ordnungsübungen betätigenden Turnens kam von seiten der Gymnastik. Anregungen der schwedischen Gymnastik vereinigten sich mit der neuen künstlerischen Ausdrucksdarstellung, wie sie Jacques-Dalcroze, Beß Mensendieck, Isidora Duncan, später Rudolf Bode, Medau und andere, teils um der erzieherischen Ziele, teils um des künstlerischen Ausdrucks willen zeigten. In eigenen Schulen wie etwa Loheland wurde diese neue gymnastische Bildung besonders gepflegt und eine Tradition musischer Gesamterziehung begründet.

Die Gymnastik ging im Unterschied zum Turnen von der spontanen freien körperlichen Bewegung aus und brachte sie im natürlichen Rhythmus zum Ausschwingen. Die Bewegung als Ausdruck des Innern stand in unmittelbarem Zusammenhang mit der Musik. Rudolf Bode deutete das Wesen des Gymnastischen aus den natürlichen Lebensvorgängen, vor allem aus dem Arbeitsrhythmus: „Bei allen Völkern und zu allen Zeiten finden wir Tanz und Musik, Arbeitsbewegung und Lied in engster Gemeinschaft. Überall können wir beobachten, daß dort, wo Tanz und Lied noch in ursprünglicher Kraft vorhanden sind, auch das körperliche Bewegungsleben noch gesund ist und nicht jene vielfachen Störungen zeigt, mit welchen wir viele Menschen der Gegenwart behaftet finden. Das Äußere und Innere, körperliche Bewegung und seelische Schwingung, Tanz und Lied stehen ursprünglich in wechselseitiger Beziehung wie die Pole eines Magneten"[28]).

Die erzieherische Wirkung der Gymnastik soll mit dem „Lösen" beginnen, dem Lockern, Entspannen und Befreien von den „Verkrampfungen", den bedenklichen Störungen des gesunden, natürlichen Bewegungsablaufs, einer charakteristischen Erscheinung unserer durch Arbeits- und Zivilisationsanspannung gekennzeichneten Zeit. Mit der Entspannung sollen die ursprünglichen Kräfte wieder frei, der Mensch wieder der „natürliche" Mensch werden. Die körperliche Bewegung, die „Totalbewegung" des Körpers, soll wieder zum Ausdruck des Inneren werden — daher die Bezeichnung „Ausdrucksgymnastik". Die „natürliche" Bewegung soll in ihrer Schönheit offenbar werden. „Die vitale Einstellung beginnt die Bewegung von innen zu sehen, vom Erlebnis des bewegten Menschen her. Sie wendet sich an die vitalen triebhaften Kräfte. Der richtige Bewegungsablauf soll zwar auch Entspannung von Verkrampfungen und Hemmungen und Kraft und Gesundheit herbeiführen, doch nicht nur um ihrer selbst willen, sondern aus dieser Arbeit soll dem Menschen das Erlebnis seiner eigenen bewegten Leiblichkeit erwachsen als eines Ursprunges beglückender und befreiender Kräfte. Hier wird die Bewegung Ausdrucksbewegung und zwar nicht für den Zuschauer, als vielmehr für den Übenden selbst"[29]).

Merkmal der gymnastischen Bewegung und des künstlerischen Tanzes war der Rhythmus. Man sprach von „rhythmischer Gymnastik" und wies damit auf das Kennzeichnende der gymnastischen Bewegung, den Wechsel von Lockerung und Anspannung in der körperlich-seelischen Einheit. Der Rhythmus wurde als das Lebendige und Natürliche empfunden gegenüber dem Bewußten und Willentlichen des Taktes. Der Rhythmus als ein Urelement menschlichen Seins in seiner Beziehung zu Arbeit und Kult und in seiner pädagogischen Bedeutung hat die Kunsterzieher damals beschäftigt[30]).

Die neue Gymnastik hat besonders bei der Erziehung der Mädchen Resonanz gefunden. Ihnen war damit eine ihrem Wesen, ihren Neigungen und ihren Möglichkeiten entsprechende Form der Leibeserziehung erschlossen worden. Solange der Turnunterricht alter Art herrschte, zielend auf körperliche Leistung und Kraftentfaltung, mußten sie sich hintan gestellt fühlen. In der Gymnastik war ihnen dagegen ein Gebiet aufgetan, in dem ihr Sinn für Harmonie und Schönheit, ihr Körpergefühl und Körperbewußtsein einen Ausdruck leib-seelischer Einheit finden konnte.

2. Volkstanz

Der Tanz hat sich damals einerseits unmittelbar aus der Gymnastik entwickelt; kaum läßt sich genau bestimmen, wo die gymnastische Übung bereits in den Tanz übergeht und als solcher bezeichnet werden kann. Seine andere Quelle war der Volkstanz der Jugendbewegung. Diese hatte nicht nur das Volkslied, sondern zugleich den Volkstanz entdeckt, den sie ebenso wie das Volkslied als Ausdruck ihres Gemeinschaftsempfindens erlebte. Sie sah sich dabei im Gegensatz zu dem konventionellen und gekünstelten bürgerlichen Gesellschaftstanz, den sie radikal ablehnte, und sie verspürte in ihrer neuen Tanzweise, die sie mehr im Freien als im Saale pflegte, ihre Nähe zum Volke und dessen ursprünglichen Lebensformen.

Aus den gleichen Wurzeln, aus denen einst der Volkstanz entstanden war, suchte sie neue Tänze zu schaffen, um nicht nur nachahmend, sondern original zu sein. Erst damit glaubte sie, den eigentlichen Sinn des Tanzes erfüllen und ihn wieder in seine Funktion im Rahmen der neuen Volkserziehung einsetzen zu können. So hieß es in einer Einleitung zu einer neuen Volkstanzsammlung: „Es sind die rhythmischen Kräfte, die wir dienstbar machen wollen, dieselben rhythmischen Kräfte, die in alter Zeit bestimmend für die Erziehung eines ganzen Volkes, für den Kult waren. Die Erzeugnisse der damaligen Kräfte waren Volkstänze, die uns zum Teil überliefert sind. Seit einigen Jahrzehnten wurde man sich bewußt, welch wunderbare Kraft in künstlerischer und volkserzieherischer Beziehung im Volkstanz und -lied bestand. Anstatt aber dieser Kraft auf den Grund zu gehen, diese Kraft in sich lebendig werden zu lassen, verhalf man den alten vergessenen Erzeugnissen jener Kraft, den überlieferten Volkstänzen und -liedern zu neuem Ansehen. Vielleicht war die gründliche Kenntnis (körperlich und seelisch) durchaus notwendig, um die rhythmischen Kräfte ins Leben zurückzurufen. Aber jetzt müssen wir darüber hinaus. Von den alten Erzeugnissen müssen wir uns zu der Kraft, und durch die Kraft zu neuen Erzeugnissen, zu neuen Kunstwerken emporarbeiten"[31]).

3. „Natürliches Turnen"

Gymnastik und Tanz sind nur schrittweise in die Schule eingegangen. Stärker wirkten dort die Anregungen des Sportes, der, vor allem von England herkommend, seinen Einzug in unser Volk hielt und in zunehmender Breite Fuß faßte. Aber die Schule nahm doch die „natürlichen" Formen der Leibesübungen wie das Wandern, Schwimmen, Skilaufen, Bodenturnen, Waldlaufen, Geländespiele auf. Das Spiel, als Kampf- und Wettspiel mit den ihm eigenen Werten einer Erziehung zu fairer Haltung in der Gemeinschaft und als unmittelbares Element des Lebens bildete einen Hauptinhalt der neuen Leibeserziehung.

Die Österreicher Karl Gaulhofer und Margarete Streicher haben eine neue Weise des Turnens aufgezeigt, in der die Anregungen der pädagogischen Bewegung aufgenommen und für ein neues Schulturnen fruchtbar gemacht waren. Charakteristischerweise sprach man vom „natürlichen Turnen". Die Autoren forderten eine Ganzheitsauffassung der Leibeserziehung, also nicht nur die Erziehung des Leibes, sondern die Leibeserziehung als Bildungsmittel für den ganzen Menschen. Margarete Streicher sagte: „Stellt man aber die Frage: ist das Kind in seiner Entwicklung gefördert worden, dann kommt man unausweichlich auf das Geistige, weil es ja mit dem Kinde gegeben ist; ein Kind ist niemals etwas Nur-Körperliches, das Geistige ist immer mitgegeben und kann nicht ausgeschaltet werden, gleichgültig, ob das Kind rechnet oder zeichnet oder turnt. Freilich ist es auch nichts Nur-Geistiges, wie manche gerne glauben machen wollen; das Körperliche ist eine Wirklichkeit, sogar eine sehr starke. Man kann sagen, das Kind ist, wie überhaupt der Mensch, körperlich bedingt, aber nicht *bestimmt*. Wir müssen seine Leiblichkeit pflegen und bilden, damit es ein ganzer Mensch wird..."[32]).

VI. Zum Begriff der musischen Bildung

In den zwanziger Jahren gewann der Begriff der musischen Erziehung oder musischen Bildung — man sprach auch von musischer Kultur — eine besondere Bedeutung. Er stand unmittelbar im Zusammenhang mit der Kunsterziehungsbewegung in dem hier gemeinten umfassenden Sinne. Sein Schwerpunkt lag allerdings nicht in der bildenden Kunst, und insofern kann man Kunsterziehungsbewegung und Musische Bewegung unterscheiden, sondern lag in den Bereichen der Sprache, der Musik und der Bewegung[33]. Er war nicht gleichbedeutend mit künstlerischer oder mit ästhetischer Erziehung, sondern war der Inbegriff einer Lebensauffassung und einer Bildungsvorstellung, für die die Kunsterziehungsbewegung die Voraussetzungen gebracht und die pädagogischen Ziele gesetzt hatte. Musische Erziehung und Bildung bedeutete ihren Vertretern eine neue Interpretation eigentlicher Bildung.

1. Zeitlage und Zeitkritik

Die Kulturkritik, die die Reformbewegung von ihren Anfängen an in allen ihren Strömungen begleitet hatte, kam an ihrem Ende im Zusammenhang der musischen Bewegung noch einmal besonders grundsätzlich und deutlich zum Ausdruck. Der Dichter Franz Werfel beklagte 1931 in einer Rede über „Realismus und Innerlichkeit" zutiefst die die Zeit beherrschende Sachlichkeit, ihre „Realgesinnung", als eine in Wahrheit irreale und abstrakte und eben darum verderbliche Einstellung. Der Tatmensch im äußeren Sinne, der Tatsachenmensch, der „Tuer" und „Macher" seien nicht der eigentliche Mensch. Die Vergottung des Intellektes vernichte den Kern des Wesentlich-Menschlichen. Er sagte: „Ohne Innerlichkeit gibt es keine äußere Welt, ohne Phantasie keine Realität ... Nur der musische Mensch vermag die durch den Sachglauben zerstörte Innerlichkeit wieder aufzubauen"[34].
Unter den Pädagogen hat Wilhelm Flitner mit stark zeitkritischer Einstellung die musische Bildung von grundsätzlicher anthropologischer Sicht aus interpretiert. In seinem Aufsatz „Die musische Bildung und die Zeitlage" (1932) sagte er: „Die Bedeutung der musischen Bildung verstehen heißt überhaupt verstehen, was der Mensch ist und worin die Gebrechen der Zeit eigentlich liegen. Es heißt den Geist konkret nehmen und nicht mehr abstrakt, die Beziehung zu Menschen sittlich und nicht technisch oder ebenfalls ab-

strakt; heißt Ideen und Gesinnungen nicht nur als Schemen und leere Worte bekennen, sondern im Augenblick wahr machen, da, wo man steht, bis hinein in die Geste des eigenen Leibes und bis in die Form der Dinge, mit denen wir umgehen ... Wenn unser Leben häßlich und formlos wird, so ist es durchaus ungesund und gestört, und man darf sich nicht damit beruhigen, daß man die Werte der Schönheit und der ästhetischen Form als rangniedere Werte den höchsten Gütern des Lebens gegenüberstellt. Gewiß sind sie nicht die ranghöchsten, aber ihre Verunstaltung zeigt an, daß im ganzen Gefüge des Daseins eine Krankheit besteht"[35]).

Wo auch immer der Begriff des Musischen als Weg und Ziel einer neuen Bildung in eine wertvolle Zukunft hinein in Erscheinung trat, stand er mehr oder weniger deutlich ausgesprochen im Gegensatz zur Herrschaft der Rationalität und Technik der Zeit, zum Massendasein, zur Anerkennung der Wirtschaft als unser Schicksal, zum Vorrang der ökonomischen Lebenseinstellung und der äußeren Daseinsfürsorge. Auch wurde er ausgespielt gegen Totalansprüche politischer Mächte.

2. „Musisches Leben"

Der Ursprung der musischen Erziehung in der griechischen Bildungsvorstellung ist den Vertretern der musischen Bildung immer gegenwärtig gewesen, auch wenn sie ihre pädagogischen Ideen aus ihrer eigenen Zeit nahmen. In Griechenland bezeichnete mousike die Sprache, besonders die Poesie, die Musik mit Instrument und Gesang sowie den Tanz, deren innerer Zusammenklang sich in der Harmonie vollendete. Sie bildeten die Grundlage der geistigen Bildung in den wissenschaftlichen Bereichen und waren damit konstituierend für die Paideia, die Bildung im eigentlichen Sinne der allseitigen Menschenbildung.

Als allseitige und ganzheitliche Menschenbildung wurde die musische Bildung auch in der Reformpädagogik verstanden und proklamiert. Was in Ansätzen bei Langbehn und Lichtwark bereits gesagt war, findet sich bei Ludwig Pallat in pädagogischer Intention noch einmal formuliert, nunmehr bezogen auf Jahrzehnte kunsterzieherischer praktischer Erfahrung: „Erziehung, die formen will, muß sich auf den ganzen Menschen richten. Sie darf das Gegenständliche nicht geringer werten als das Begriffliche, die Sinne nicht geringer als den Intellekt und das Gefühl nicht geringer als den Verstand; sie muß, positiv ausgedrückt, stets die Einheit des körperlichen, geistigen und sittlichen Menschen vor Augen haben. Ihr Erfolg aber wird wesentlich davon abhängen, ob es ihr gelingt, den heranwachsenden Menschen in seiner Arbeit an geistigen und konkreten Stoffen und nicht zum wenigsten an sich selbst in der Arbeit an sich selbst zu Leistungen zu bringen, in denen er Sinn und Wert der Form, des gestalteten Ausdrucks bewußt erlebt"[36]). Umfassend wurde das Ziel als „musisches Leben" bezeichnet (Otto Haase).

Der besondere Raum des Musischen, von dem aus die Musische Erziehung im Sinne solcher totalen Menschenbildung wirken konnte, mußte außerhalb des Lebens mit seiner Geschäftigkeit, Notwendigkeit und Anstrengung liegen. Er sollte Stätte der Muße sein, des otium, wie die Römer sagten, was nicht die Negation der Tätigkeit bedeutet, wohl aber einen Ort der Beschäftigung mit dem Eigentlich-Menschlichen. Zu ihm gehört vor allem das Spiel mit seinen Merkmalen der Freiheit und Offenheit im Umgang mit den Menschen und Dingen, Spiel hier verstanden in einem umfassenden kulturbezogenen Sinne. „Wir sind aber in der Lage, den Ort, in welchem das Musische total und unverstellt in die Erscheinung tritt, sozusagen mit sich selbst eins ist, punktgenau zu bestimmen. Dieser Ort ist das Spiel. Mit anderen Worten: der Lebensraum des Musischen ist das Spiel. Die Freude am Spiel enthält eine Lebenskraft, die sich bisher als unerschöpflich und unzerstörbar gezeigt hat. Wo immer der Sinn des Spiels gedeutet werden soll, darf die Prophezeihung Schillers nicht fehlen: Um es endlich einmal herauszusagen, der Mensch spielt nur, wo er in voller Bedeutung des Wortes Mensch ist, und er ist nur da ganz Mensch, wo er spielt"[37]).

Als eine höchste Erfüllung musischen Lebens und damit von besonderer Relevanz für alle musische Erziehung wurden Fest und Feier erfahren, die von der Gemeinschaft getragen sind und die als Ausdruck gemeinsamen musischen Wirkens in stärkster Weise der

Gemeinschaftsbildung dienen. Es entsprach dem Gemeinschaftsgedanken, wie er an vielen Stellen der Reformbewegung zum Ausdruck kam, daß die eigene erlebte Gemeinschaft zugleich im Zusammenhang der größeren Gemeinschaften gesehen wurde, etwa der Gemeinde, der Stadt, des Landes, vor allem der des Volkes. Georg Götsch sagte in einem Jubiläumsvortrag über sein Musikheim: „Wir betreiben im Musikheim nicht Musikerziehung, sondern musische Erziehung, das heißt, wir zeigen unseren Schülern nicht nur Wege in die Musik, sondern darüber hinaus zu einer musischen Bewegtheit des ganzen Menschen. Wir betrachten die Musik nicht als abgesonderte Kunst, sondern stellen sie wieder in den Zusammenhang des festlichen Volkslebens, in die alte Einheit mit den anderen Künsten, aus der sie nur durch eine Spätzeit herausgelöst worden ist. Folgerichtig erziehen wir unsere Schüler weniger durch theoretische und methodische Belehrung als durch die gemeinsame Bewältigung von wirklichen Aufgaben zur Gestaltung von Festen und Feiern, wie sie dem Heim aus seiner Verbundenheit mit dem Leben seiner Stadt und Landschaft zahlreich erwachsen, und durch ein geformtes Zusammenleben"[38]).

Musisches Leben vollzog sich im freien Jugendleben, in Heimen, wie auch in Stätten der Erwachsenenbildung; die Schule mit ihren Leistungsforderungen und dem Vorrang der wissenschaftlichen Fächer konnte zunächst kaum dazu geeignet sein. Gleichwohl wurde auch von ihr die Anerkennung der musischen Bildung gefordert. Sie sollte sich von ihrer einseitigen intellektuellen Orientierung lösen und sich dem Musischen öffnen und vor allem dem „musischen Quadrivium" die ihm zukommende Bedeutung im Ganzen der Schule geben. Diesen Ausdruck führte Otto Haase ein und verstand darunter die „bildende Kunst, Musik, Sprache und Dichtung, Bewegung (Sport, Spiel, Gymnastik, Rhythmik)"[39]).

Gewisse Rückschläge gegen die Kunsterziehungs- und die musische Bewegung sind schon in den ersten 20er Jahren festzustellen, und zwar einmal im Zusammenhang einer Revision der Pädagogischen Bewegung überhaupt, zum anderen jedoch auch auf dem Gebiet der Kunsterziehung selbst und des Anspruches, den sie für die Erziehung erhoben hatte. So wurde gefragt, ob das Kind wirklich so ursprünglich „schöpferisch" sei und seine Äußerungen so bedeutsam, daß sie gar an die Seite der großen Kunst gestellt werden können. Gegenüber der Zentrierung der Bildung in der Kunst wurden die Bereiche der Lebenspraxis geltend gemacht. Zugleich erhob die Rationalität einen neuen Anspruch in der Bildung: Bildung sei auch wesentlich wissenschaftliche Bildung, die Fachbildung in Blickrichtung auf das Leistungsvermögen könne nicht über Gebühr zurückgedrängt werden. Der Beruf, die wirtschaftliche Tüchtigkeit erschienen als Ziel und bestimmten den Weg der Bildung. „Neue Sachlichkeit" war ein Schlagwort der 20er Jahre, und so schlug das Pendel zurück, ohne daß dabei der bedeutsame Beitrag, den die Kunsterziehungsbewegung für die Bildung geleistet hat, aufgegeben wurde.

Siebenter Abschnitt:
Die Hauptrichtungen der Arbeitsschulbewegung

Die Arbeitsschulbewegung hat unter den Strömungen der Pädagogischen Bewegung innerhalb des Schulwesens die weitaus stärkste und einflußreichste Wirkung gehabt. Der Begriff „Arbeitsschule" wurde zur neuen Leitvorstellung für die Schule. Auf die Arbeitsschule wurde in der Weimarer Verfassung hingewiesen, und sie wurde ein Hauptthema der großen Reichsschulkonferenz. Das in den 20er Jahren weit verbreitete schulpädagogisch wegweisende Werk: „Die methodischen Strömungen der Gegenwart" von Otto Karstädt wollte die Arbeitsschule verwirklichen[1]). Für viele war und ist bis heute die Arbeitsschulbewegung gleichbedeutend mit der Pädagogischen Reformbewegung überhaupt. Bis in neueste pädagogische Publikationen hinein wird „Arbeitsschule" als Begriff für eine neu zu gestaltende Schule verwandt.

Es macht eine das Verständnis erschwerende und Verwirrung stiftende Eigentümlichkeit der „Arbeitsschule" aus, daß diese Bezeichnung in unterschiedlichem Sinne verwandt worden ist und wird. Von den Anfängen an verbanden sich mit ihr verschiedene Vorstellungen, die sich aus eigenen Interpretationen des Begriffs „Arbeit" ergaben und ebenso aus spezifischen pädagogischen Ansätzen ihrer Vertreter, die das Wort für sich in Anspruch nahmen, besonders nachdem es zum Kennzeichen der Schulreform geworden war.

Es muß die Aufgabe dieses orientierenden Überblicks sein, die wichtigsten Richtungen der Arbeitsschulbewegung zu unterscheiden, was in erster Linie, aber nicht ausschließlich, an Hand ihrer Hauptvertreter geschehen soll, unter denen Georg Kerschensteiner und Hugo Gaudig hervorragen.

I. Georg Kerschensteiners Arbeitsschule

Der Name Georg Kerschensteiner ist wie kein anderer mit dem Begriff der Arbeitsschule verknüpft. Die Auswirkungen seiner interessanten und bedeutenden Persönlichkeit waren schon zu seinen Lebzeiten vielseitig und stark. Sie erstreckten sich weit über Deutschlands Grenzen hinaus. Sein Auftreten in Lehrerversammlungen, pädagogischen Konferenzen, bei Vorträgen und Diskussionen ließ ihn zu dem bekanntesten und meistbeachteten Vertreter der pädagogischen Reform werden. Zahlreich sind seine Schriften, die zu einem großen Teil bis heute in neuen Auflagen für Studium und Praxis vorgelegt werden. Gleichbleibend aktuell ist die wissenschaftliche Beschäftigung mit seinem Werk geblieben.

1. Leben und Werk

Georg Kerschensteiners Vorfahren stammten aus der Oberpfalz. Er selbst wurde am 29. Juli 1854 in München geboren. Sein Vater starb, als er 12 Jahre alt war. Als Sohn einer verarmten Kleinhändlerfamilie sollte er eigentlich Geistlicher werden, doch kam er dann mit dem Berufsziel des Lehrers auf die Präparande und das Lehrerseminar nach Freising und war bereits im Alter von 16 Jahren als Hilfslehrer auf einem Dorf in der Nähe von München tätig. Unbefriedigt von der ihm bewußt gewordenen Dürftigkeit seiner Ausbildung nahm er von einer Anstellung Abstand. Privatstundengeben und -nehmen ermöglichten ihm die Vorbereitung auf das Abitur am humanistischen Gymnasium. Er studierte dann in München Mathematik und Naturwissenschaften, machte seine Lehramtsexamen; später promovierte er und war einige Zeit an einer meteorologischen Station und bei Gletschervermessungen tätig. 1890 kam er an das Gymnasium nach Schweinfurt und 1893 an das Ludwigsgymnasium in München. Das Jahr 1895 brachte die für sein weiteres Wirken entscheidende Wende: er wurde zum Stadtschulrat in München berufen. Dies Amt hatte er bis 1918 inne.
Seine vielseitige Tätigkeit für das Schulwesen der Stadt München stand wesentlich im Zeichen der Verwirklichung der „Arbeitsschule" — vor allem in der Volksschule und Berufsschule. Er schuf

neue Realienlehrpläne und richtete freiwillige 8. Volksschulklassen ein; Schülerwerkstätten und Schulgärten, Schulküchen und Schullaboratorien entstanden durch seine Initiative. Die Differenzierung der damaligen Fortbildungsschule nach Berufen durch ihn bedeutete die Errichtung der modernen Berufsschule. Es wurde ihm nicht leichtgemacht, seine Ideen und die von ihm vertretene Linie der Schulreform durchzusetzen, denn die Stadtväter Münchens waren nicht immer seiner Meinung. Schon seine erste Schrift wurde als ein „bedauerliches Zeichen geistigen Niedergangs in Bayern" bewertet[2])! Dennoch wurde unter seiner Führung das Schulwesen in München vorbildlich, vor allem in der Reformrichtung der Arbeitsschule. Allerdings schaute er selbst später nicht ohne Resignation auf das zurück, was er erreicht hatte, im Vergleich zu dem, was er erreichen wollte.

Kerschensteiner, dessen wissenschaftliche Interessen zunächst nur in Richtung der Naturwissenschaft zu gehen schienen, wurde der Verfasser zahlreicher pädagogischer Werke. Mit seinen schulorganisatorischen Aufgaben hing seine erste Schrift „Betrachtungen zur Theorie des Lehrplans" (1899) zusammen. 1901 erschien seine preisgekrönte Schrift „Staatsbürgerliche Erziehung der deutschen Jugend", die er später ergänzte: „Der Begriff der staatsbürgerlichen Erziehung" (1910). 1907 brachte er eine Sammlung seiner Vorträge heraus unter dem Titel „Grundfragen der Schulorganisation", in deren zweite Auflage die Rede „Die Schule der Zukunft eine Arbeitsschule" aufgenommen wurde. Weitere Werke waren: „Begriff der Arbeitsschule" (1912), „Charakterbegriff und Charaktererziehung" (1912). „Wesen und Wert des naturwissenschaftlichen Unterrichts" (1914), „Das Grundaxiom des Bildungsprozesses" (1917), „Die Seele des Erziehers und das Problem der Lehrerbildung" (1921). Im ganzen verfaßte Kerschensteiner über 30 selbständige Schriften und weit über 100 Aufsätze und Abhandlungen[3]).

Kerschensteiner war nach dem Ausscheiden aus seinem Amt als Honorarprofessor an der Universität München tätig und widmete sich verstärkt wissenschaftlichen Arbeiten. Die freundschaftliche Beziehung zu dem Berliner Pädagogen Eduard Spranger brachte ihm bedeutende Anregungen. Mit dem Pädagogen der Münchner Universität, Aloys Fischer, war er eng verbunden. Sein theoretisch-pädagogisches Denken sammelte sich in seinem umfangreichsten Werk „Theorie der Bildung" (1926). Ein weiteres großes Werk „Theorie der Bildungsorganisation" konnte erst posthum erscheinen, veröffentlicht durch seine Frau Marie Kerschensteiner, die ihm auch ein Denkmal setzte in ihrer Biographie „Georg Kerschensteiner. Der Lebensweg eines Schulreformers" (1939). Kerschensteiner starb am 15. Januar 1932.

Die genannten Titel zeigen bereits, daß das literarische Werk Kerschensteiners weit über die Explikation der Arbeitsschule hinausreicht, die hier zunächst zur Sprache kommen soll. Zwei weitere produktive Ansätze werden erst in zwei späteren Abschnitten herangezogen, andere Teile seines Werkes müssen unberücksichtigt bleiben. Kerschensteiner war eine stark beeindruckende, mitreißende Persönlichkeit. Sein vom Sohn von Aloys Fischer gemaltes Bild im Münchner Rathaus zeigt seine große aufrechte Gestalt, seinen gehobenen Blick, zeigt ihn souverän und verbindlich zugleich in der Haltung. Er vereinigte theoretische Begabung mit praktisch-organisatorischen Fähigkeiten. Er verstand zu reden und Menschen zu überzeugen. Er war keine eigentlich politische Natur. Es beruhte mehr auf der Wirkung seines Namens, der in Deutschland und darüber hinaus Klang hatte, daß er in den deutschen Reichstag gewählt wurde. Er selbst glaubte, damit seiner pädagogischen Sache dienen zu können.

2. „Die Schule der Zukunft eine Arbeitsschule"

Obwohl Kerschensteiner der überragende Repräsentant der Reformbewegung war, hat er keineswegs allen Schulreformrichtungen seiner Zeit zugestimmt. So schien ihm z. B. die Vorstellung, Erziehung sei ein „Wachsenlassen", nicht zutreffend, und mit der Kunsterziehungsbewegung, etwa ihrem Erlebnisbegriff, hat er sich trotz seiner Untersuchung über die Kinderzeichnung nicht identifiziert. Er hatte seinen eigenen spezifischen Reformansatz. Worin er mit den anderen Schulreformern seiner Zeit jedoch bis in den sprachlichen Ausdruck hinein konform ging, das war seine Polemik gegen die „alte Schule". Ihr Ungenügen hat ihn tief berührt, und sein Leben lang ist er gegen ihre Einseitigkeit, Intellektualität und Abstraktheit angegangen und hat das Verständnis für die ihm als unbedingt notwendig erscheinende Neuorientierung zu wecken versucht. Eine oft von ihm gebrauchte kritische Bezeichnung der alten Schule lautete „Buchschule" oder auch „Lernschule". Er sah die Schule in der Tradition des Mittelalters verhaftet und trotz Pestalozzi noch nicht zur „Erziehungsschule" gewandelt.

Gegen die „Buchschule" setzte er die neue Schule, die er „Arbeitsschule" nannte. Sie war „Die Schule der Zukunft". Charakteristisch war die für die Drucklegung erfolgte Umbenennung seines auf einer Pestalozzifeier 1908 in Zürich unter dem Titel „Die Schule der Zukunft im Geiste Pestalozzis" gehaltenen Vortrags in: „Die Schule der Zukunft eine Arbeitsschule". An dieser Bezeichnung „Arbeitsschule" hielt er seitdem fest und verteidigte sie mit Leidenschaft. „Arbeitsschule" hieß sein Programm, war sein Begriff für die neue Schule schlechthin, d. h. „Begriff der Schule des modernen Staates". Wenn er in Zürich sagte: „Die Zeit wird kommen, so sicher wie der Tag auf die Nacht, da man nicht begreifen wird, wie man einst anders unterrichten konnte", so sprach aus diesem prophetischen Wort die Kraft der Überzeugung von der Richtigkeit seines Wollens.

3. Handarbeit und geistige Arbeit

Die Arbeit, der zentrale Begriff der Arbeitsschule, bedeutete für Kerschensteiner in erster Linie Handarbeit, jedoch nicht nur als Tätigsein mit der Hand und Übung manueller Fertigkeit verstanden, sondern die damit verbundenen geistigen Vorgänge umschließend; bedeutete in zweiter Linie das rein geistige Tätigsein im Sinne „geistiger Arbeit". Diese vereinigten Aspekte der manuellen und der geistigen Arbeit erhellen sein Modell der Arbeitsschule.

„Was die neue Arbeitsschule braucht, ist ein reiches Feld für manuelle Arbeit", sagte Kerschensteiner in seiner Züricher Rede. Er sah es als eine verhängnisvolle Einseitigkeit an, daß die Schule seit je ausschließlich auf die Bildung der intellektuellen Fähigkeiten ausgerichtet war und daß das Buch dabei eine so beherrschende

Rolle gespielt hatte. In der Volksschule, so führte er aus, werden Tag für Tag Kinder ausschließlich geistig beansprucht, von denen der weitaus größte Teil im späteren Leben ausschließlich Handarbeit zu leisten haben wird. Die Hand muß auch in der Schule Gelegenheit haben, sich zu betätigen und zu üben.

Die Frage, in welcher Art der Schüler sich in der Schule manuell betätigen soll, hat Kerschensteiner in der Form eines Berichtes über die von ihm durchgeführten Reformen im Münchner Schulwesen beantwortet:

„Zuerst, im Jahre 1896, gelang es mir, den Schulküchenunterricht in wöchentlich vier Stunden obligatorisch mit allen achten Mädchenklassen zu verbinden und aus ihm heraus den Erfahrungskreis für den chemischen, physikalischen und physiologischen Unterricht, sowie für den Rechenunterricht der Mädchen zu gewinnen. Einige Jahre darauf wurden in allen Schulen, deren Schulhöfe es gestatteten, Schulgärten eingerichtet, von denen insbesondere die Schulküchengärten den Mädchen der achten Klassen zur Pflege übergeben waren. Ungefähr um die gleiche Zeit hielten die Aquarien, Terrarien, Volieren und Raupenkästen ihren Einzug in die Schulen, sowie die Blumenpflege in den dritten und vierten Klassen, an welche jährlich über 10 000 Blumenzwiebeln zur Kultur verteilt werden. Im Jahre 1900 gelang es dann, mit allen achten Knabenklassen Holz- und Metallverarbeitungswerkstätten mit einem wöchentlich sechsstündigen Unterricht obligatorisch zu verbinden. Er lieferte zunächst den Erfahrungskreis für Zeichnen, für den Unterricht in Mechanik, Geometrie und Rechnen. 1903 begann die Reform des Zeichenunterrichts ... Im Jahre 1907 endlich gelang es nach heißen Kämpfen, auch für Physik und Chemie in wöchentlich vier Stunden Laboratoriumsunterricht mit den achten Klassen obligatorisch zu verbinden ... So wird Schritt um Schritt dem alten Buchbetrieb der Boden abgegraben ..."[4]).

Kerschensteiner hat mit seiner Forderung der Handarbeit pädagogische Gedanken aufgegriffen, die schon im 18. Jahrhundert vorhanden waren, z. B. bei Rousseau, Justus Möser und Pestalozzi, dessen Formel für die Mehrseitigkeit der erzieherischen Aufgabe lautete: „Kopf, Herz und Hand." Im 19. Jahrhundert war schon von „Arbeitsschule" die Rede, und es gab einen „Deutschen Verein für Knabenhandarbeit", der Schülerwerkstätten einrichtete. Als Kerschensteiner vorgeworfen wurde, daß seine Idee nicht original sei, antwortete er, daß er das nie behauptet habe. Seine Ziele sah er durch seine Vorläufer nicht in Frage gestellt, vielmehr in ihrer Richtigkeit bestätigt.

Die Arbeitsschule war für Kerschensteiner auch durch den geistigen Aspekt der Arbeit bezeichnet. Er bedeutete ein Doppeltes: einmal, daß bei jeder manuellen Arbeit immer auch das Denken, Empfinden, Wollen, die Aktivität des ganzen Menschen beteiligt sind, so daß es im Grunde „rein" manuelle Arbeit nicht gibt. Zum anderen können bestimmte geistige Tätigkeiten durchaus auch als „Arbeit" verstanden werden, beruht jede produktive geistige Leistung überhaupt immer auf geistiger Arbeit. Diese geistige Seite der Arbeit gewann bei Kerschensteiner so sehr die Oberhand im Verlaufe seiner Beschäftigung mit dem Begriff Arbeit, daß sich sein Begriff Arbeitsschule gegenüber der Anfangszeit wandelte und er sagen konnte: „Die selbständige geistige Arbeit ist noch mehr ein Kennzeichen der Arbeitsschule als die selbständige manuelle Arbeit"[5]).

Die geistige Akzentuierung seines Arbeitsbegriffes war mit hervorgerufen dadurch, daß sein Schulmodell kritisiert wurde und er sich mißverstanden fühlte. Auf dem vom „Bund für Schulreform" in Dresden 1911 veranstalteten „Ersten Deutschen Kongreß für Jugendbildung und Jugendkunde" mit dem Thema „Die Arbeitsschule" sprach außer Kerschensteiner auch Hugo Gaudig zum Tagungsthema und warf Kerschensteiner eine Überschätzung der Handfertigkeit vor[6]). Kein Vorwurf konnte ihn mehr treffen als der, er vernachlässige den Geist zugunsten der handwerklichen Tätigkeit in der Schule. Um so mehr betonte er in der Folge den geistigen Aspekt der Arbeitsschule und wehrte sich gegen alle Vereinseitigung und Simplifizierung seiner Idee. Doch wäre er seiner ureigensten Konzeption der Schule untreu geworden, wenn er das Prinzip der Handarbeit ganz zurückgestellt hätte. In seinem Buch „Begriff der Arbeitsschule" vereinigte er das Demonstrationsbeispiel des Arbeitsgruppenunterrichts „Starenkasten" mit dem der geistigen Arbeit bei einer Übersetzungsaufgabe aus dem Lateinischen.

4. Der Aspekt der Aktivität

Kerschensteiner hat die seinem Schulmodell „Arbeitsschule" zugrunde liegenden Motive zuerst in der Züricher Rede, dann in seinem Buch „Begriff der Arbeitsschule" dargelegt. Seine Begründungen beruhten teils auf seinem Bilde vom Kind, bzw. seiner darin enthaltenen Auffassung vom Menschen, teils auf seinen erzieherischsozialen Vorstellungen und Idealen. Jeweils gab er dem vielschichtigen Begriff Arbeit die entsprechende pädagogische Relevanz.

In der Züricher Rede ging er vorwiegend vom Kinde aus, vom frühen Kindesalter bis zur Pubertät, das durch „lebendige Aktivität" gekennzeichnet sei. „Das Wesen des Menschen um diese Zeit ist Arbeiten, Schaffen, Bewegen, Probieren, Erfahren, Erleben, um ohne Unterlaß im Medium der Wirklichkeit zu lernen. Das ganze rastlose Spielleben des Kindes ist eine direkt von der Natur gewollte Einrichtung, daß die geistigen und körperlichen Kräfte wachsen unter dem Einfluß von lebendigen Erfahrungen aller Art." Er schilderte, wie mit dem Eintritt in die Schule diese Welt der aktiven Selbstbildung verlorengeht: „Weg ist alle Beschäftigung, die das ganze Kind erfaßte, weg alle Realität des Hauses, der Werkstatt, der Küche, des Stalles, des Gartens, des Feldes. Weg ist alles Graben, Bauen, Fabrizieren, alles produktive Schaffen. Weg ist die ganze Welt des Kindes. Eine neue, fremde Welt mit hundert Rätseln und unfaßbaren Forderungen und Zwecken steht vor ihnen"[7]. Seine weiteren Darlegungen laufen darauf hinaus, daß in der künstlichen, abstrakten und einseitigen Schulwelt wesentliche wertvolle Kräfte des Kindes verkümmern, die sich bereits in der Zeit vor der Schule gezeigt hatten. Die Schule muß sich wandeln, muß eine aktive Arbeitsschule werden, um die vorschulische „natürliche" Kräftebildung weiterzuführen. „Aus unserer Lernschule muß eine Arbeitsschule werden, die sich an die Spielschule der ersten Kindheit anschließt"[8].

Die Arbeitsschule soll eine „Erziehungsschule" sein und den jungen Menschen vor allem als Charakter formen. Zugegeben, sagte Kerschensteiner, daß sich die Kinder in der „alten" Schule „wertvolle Grundeigenschaften aneignen, die wir durchaus nicht missen wollen: Pünktlichkeit, Gewissenhaftigkeit, Sorgfalt, Ausdauer, Ordnung, Regelmäßigkeit, Selbstüberwindung", jedoch verkümmern „gewisse aktive Charakterzüge", für die die Ansätze durchaus vorhanden sind, die aber nicht weiterentwickelt werden und damit zurückgehen. Er nannte als solche Eigenschaften „den Mut der Selbständigkeit, den Mut der Selbstbehauptung und der Unternehmungslust, den Mut, Neues und Ungewohntes anzugreifen, die Lust, zu beobachten und zu prüfen und vor allem, aber nicht nur um seiner selbst willen zu arbeiten . . ."[9]). Zwischen den im gleichen Jahr erschienen Schriften „Begriff der Arbeitsschule" und „Charakterbegriff und Charaktererziehung" besteht ein enger Zusammenhang. Die Arbeitsschule ist die Schule, die am besten die Charaktererziehung fördert.

5. Berufsbildung

Es ist auffallend, daß Kerschensteiner in seinem Buch „Begriff der Arbeitsschule" dieser eine sehr andere Begründung gab als in der vorangegangenen Rede. Statt vom Kinde ging er nun vom Staate aus und von der Aufgabe der Schule in ihm. Das erste Kapitel trägt die Überschrift „Der Staatszweck und die Aufgaben der öffentlichen Schule". Er sah deren drei: „1. die Aufgabe der Berufsbildung oder doch deren Vorbereitung, 2. die Aufgabe der Versittlichung der Berufsbildung, 3. die Aufgabe der Versittlichung des Gemeinwesens, innerhalb dessen der Beruf auszuüben ist"[10]). Indem er nun die Arbeit in der Schule mit dem Beruf in Verbindung brachte, wurde das Thema „Beruf und Berufsbildung" zunehmend Kerschensteiners Zentralthema der „Arbeitsschule", das er in Theorie und Praxis nach den verschiedenen Seiten hin entwickelte. Kerschensteiner hat damit bildungstheoretisch dem Beruf eine neue sittliche Würde gegeben und ihn in einen idealen Bezug zum Gemeinwesen gestellt. Zugleich hat er im Ganzen der Bildung der Berufsbildung eine neue Stellung gegeben. Polemisch gegen den traditionellen Vorrang der Allgemeinbildung vor der Berufsbildung stellte er die revolutionäre These auf: „Der Weg zum idealen Menschen führt nur über den brauchbaren Menschen" und meinte damit, daß der berufliche Blickpunkt für die Bildung überhaupt konstituierend sei[11]). Entsprechend hat er in den gesamten schulischen Unterricht den Gedanken an den späteren Beruf des Schülers zunehmend als Prinzip hineingenommen. Er wollte die persönliche Neigung des Schülers für seinen späteren Beruf — und dabei durchaus auch sein egoistisches Interesse — als Hebel für die Unterrichtsarbeit in der Schule angesehen und praktisch genutzt wissen.

Kerschensteiner hat weiterhin als einer der ersten die Theorie der Berufsbildung durchdacht und dargestellt. Dabei kam er auch zu Folgerungen wie der, daß ein eigener Zweig der höheren Schule in Gestalt eines technischen Gymnasiums vonnöten wäre. Bedeutender war seine Begründung des modernen Berufsschulwesens. So bestanden zum Kriegsbeginn 55 Münchner Fachschulen und 13 Bezirksfortbildungsschulen. Bis heute gilt er als „der Vater der Berufsschule". Einen Höhepunkt öffentlicher Anerkennung erfuhr er auf dem Neunten Deutschen Fortbildungsschultag in München 1906. Die Schulwerkstatt in der Berufsschule als das Kernstück des neuen Fortbildungswesens war für ihn „Arbeitsschule" im manuellen, geistigen und berufsbezogenen Sinne, wie sie hier noch überzeugender zu verwirklichen war als in der allgemeinbildenden Schule.

II. Erziehung, Arbeit und Arbeitsunterricht bei Kerschensteiner

Um zu klären, welche Merkmale der Arbeit eine pädagogische Relevanz besitzen, versuchte Kerschensteiner, das Wesen der Arbeit zu ergründen. Er unterschied fünf Formen der menschlichen Tätigkeit: Spiel, Regelspiel, Beschäftigung, Sport, Arbeit[12]). Die Arbeit sah er abgegrenzt gegenüber dem Spiel, dem er wenig Bildungswert beimaß, jedenfalls solange es nicht als „Regelspiel" eine gewisse Ordnung ausbildet, und ebenso auch gegenüber dem Sport. Er wollte die Beschäftigung, selbst wenn sie einen Zweck verfolgt, der Arbeit nicht gleichgestellt wissen. Arbeit allein hat echten Bildungswert, er kann ihr jedenfalls unter der Voraussetzung zukommen, daß sie wirkliche Arbeit ist. „Wirkliche" Arbeit hat ihr Kriterium darin, daß sie auf ein Ergebnis, ein „Werk" zustrebt, daß also dem Arbeitsprozeß eine bestimmte zielgerichtete Energie innewohnt, die er als die „Vollendungstendenz" bezeichnete[13]). Er meinte damit nicht nur, daß die Arbeit zu Ende geführt werden und sich in einem Werke darstellen muß, sondern daß das Ergebnis optimal sein soll. Das Bemühen um Qualität soll die Arbeit begleiten und in allen ihren Funktionen bestimmen. Der Arbeitende soll das beste Ergebnis anstreben, der Erzieher soll das „Vollendungsbedürfnis" im Zögling entwickeln und bestärken. Der Grad der Güte eines Arbeitsergebnisses ist sichtbar und meßbar und an ihm ist zu erkennen, *wie* gearbeitet wurde. Nicht nur andere sehen es, sondern der Schüler selbst kann es erkennen.

Aus seinem Begriff der Arbeit ergaben sich für Kerschensteiner verschiedene bildende Funktionen.

1. Die Selbsttätigkeit

Die erste pädagogische Funktion der Arbeit, die von ihm seit der Züricher Rede immer wieder genannt wurde, war die Selbsttätigkeit. Auf die Eigeninitiative, auf das Hervorkommen der Arbeit aus dem „Selbst" kam es ihm an. Er übte Kritik an der Auffassung der „gewöhnlichen Schule", die nur Tätigkeit meint, „die das Kind natürlich selbst ausübt". „Aber damit", sagte er, „ist ja gar nichts gewonnen. Es handelt sich nicht darum in der Arbeitsschule, daß das Kind ‚selbst' tätig ist, sondern darum, daß es ‚aus seinem Selbst' zur Tätigkeit genötigt wird. Damit erst tritt der ganze Mensch mit seinem Empfinden, Vorstellen, Denken, mit allen seinen Gefühlen, Trieben und Willensakten in die Tätigkeit ein, und nicht weil ihm ein anderer den Zweck des Tuns einige Augenblicke ‚interessant' macht, weil der Lehrer das Interesse (soll heißen die Aufmerksamkeit oder die Neugierde) erweckt, sondern weil der Mensch aus seiner inneren zeitweiligen oder dauernden Gesamtveranlagung gar nicht anders kann"[14]). In dieser Forderung der Selbsttätigkeit erwies sich Kerschensteiner als der Pädagoge, der wie kein anderer die selbständige Aktivität in das Bild der Erziehung und besonders der Schule aufgenommen hat. Die vita activa und das große Wort: „im Anfang war die Tat" sind bei ihm pädagogisch zur Geltung gekommen. Das Aktivitätsprinzip ist nicht nur die letzte Ausformung seines pädagogischen Begriffs der Arbeit, sondern seines Erziehungsbegriffs überhaupt, dem der Aktivitätsdrang der Jugend entgegenkommt[15]).

2. Erfahrungswissen

Im Vollzuge selbsttätiger Arbeit ergeben sich bestimmte Formen von Einsicht, Erkenntnis und Wissen, die sich von aller Kenntnis und allem Wissen, die lediglich von außen her übermittelt und aufgenommen wurden, unterscheiden. Die im eigenen Tun gewonnene Erkenntnis hat den Bezug zum eigenen Leben, denn sie ist aus der eigenen beim Handeln gewonnenen Erfahrung hervorgegangen, sie ist, wie Kerschensteiner anschließend an John Dewey sagte: „Erfahrungswissen". Und weiter: für das Kind ist alles Wissen, bevor es seine Sprache entwickelt hat, Erfahrungswissen. Auch später kommt es bei allem Kenntniserwerb darauf an, daß es die Erfahrung ist, die den Weg zur Erkenntnis bildet. Somit z. B. „dürfen Naturwissenschaften nicht gelernt werden, sondern müssen Erfahrungen werden. Denn nur das Erfahrungswissen übt eine Macht aus auf unser Handeln"[16]). Im Unterschied zur reinen theoretischen Lehr- und Lernschule gibt die Arbeitsschule solches Erfahrungswissen und vermag daher in einer neuen und eigentlichen Weise zu bilden.

3. Arbeitstugenden

Die Arbeitsschule ist geeignet, die sittliche Bildung zu fördern. Denn gute Arbeit, die der „Vollendungstendenz" gehorcht, sei sie manuell oder geistig, verlangt bestimmte Arbeitstugenden. Sie sind die Voraussetzung guter Arbeit und werden durch gute Arbeit weiter gefördert. „In der Gewöhnung an ehrliche Arbeitsmethoden, an immer größere Sorgfalt, Gründlichkeit und Umsicht und in der Erweckung der rechten Arbeitsfreude"[17]) vollzieht sich an innerer Bildung in der vorbereitenden Erziehung der Schule mehr, als es im Augenblick erscheint. Die bei einer Arbeit erworbenen Qualitäten werden sich auch bei anderer Arbeit erweisen, und was früh erworben wurde, wird sich später im Leben bewähren. Auch die vier Hauptkräfte der Charaktererziehung: Willensstärke, Urteilskraft, Feinfühligkeit und Aufwühlbarkeit ("Charakterbegriff und Charaktererziehung") erfordern "vor allem Freiheit der Betätigung und Mannigfaltigkeit der Verhältnisse"[18]), wie sie in der Arbeitsschule ermöglicht werden. Diese Tugenden stehen auch vom Arbeitsgegenstand her immer unter Kontrolle, denn der Fortgang der Arbeit und das fertige Werk erweisen sich als ihr Prüfstein.

4. Überwindung von Widerstand

Die Bedeutung der Arbeit für die Entfaltung und Stärkung der Kräfte sah Kerschensteiner damit gegeben, daß jede wirkliche Arbeit Anstrengung erfordert. Sie ist nicht spielend zu schaffen, sondern Einsatz, Anspannung, Kraftanwendung und Willensenergie sind notwendig. Widerstände und Schwierigkeiten fordern Überwindung. So wie etwa ein Stück Holz, das zu bearbeiten ist, einen Materialwiderstand bietet, so enthält jede Arbeit ihre Widerstände, Hemmungen und Schwierigkeiten und fordert den entsprechenden Kräfteaufwand. Mit der Überwindung der Schwierigkeiten aber wachsen die Kräfte. "Jeder ernstlich durchgefochtene Willenskampf macht uns tüchtiger für das Bestehen anderer Kämpfe, jede sorgfältig überdachte Arbeitsleistung fähiger zu ähnlichen Arbeiten, jede logische Übung im Übersetzen trägt etwas bei, noch geschickter zu übersetzen"[19]). Kerschensteiner distanzierte sich damit bewußt von der Fiktion des sog. Wachsen-Lassens, bei der die Widerstände des Arbeitsgegenstandes und die sachbestimmten Forderungen zu ihrer Überwindung pädagogisch nicht mit einbezogen waren.

5. Sachlichkeit

Ein weiteres erzieherisches Motiv der Arbeit lag für Kerschensteiner darin, daß sie verlangt, das Ich zurücktreten zu lassen und alle Subjektivität der Sache unterzuordnen. Den persönlichen Verzicht zugunsten der Sachlichkeit hatte Aloys Fischer „Askese" genannt. Kerschensteiner nahm diesen Begriff auf und sagte, daß bei wirklicher Arbeit das Egozentrische dem Heterozentrischen weichen und der Arbeitende sich der „Zucht des Gegenständlichen" unterwerfen müsse. Somit erzieht Arbeit — jedenfalls alle wirkliche Arbeit, wie er sie forderte — zu Unterordnung und Verzicht[20]). In diesem Zusammenhang stellte er ausdrücklich die Sachlichkeit als pädagogische Kategorie heraus und verstand sie nicht nur als die auf das Ziel gerichtete rechte Arbeitshaltung, sondern auch als einen bestimmenden Grundwert unseres Daseins. „Nennen wir jede Einstellung auf Werte, die unbedingte Geltung haben, kurz und deutsch ‚Sachlichkeit', so hat jede Arbeit pädagogischen Wert, in der der Arbeitende sich rein sachlich verhält." Schulpädagogisch ging es ihm um die durch die Arbeit in der Schule „immer mehr ausreifende sachliche Einstellung der Schüler" — wobei dieser Begriff „Sachlichkeit" eine so überhöhte Bedeutung bei ihm erhielt, daß er sagen konnte: „Letzten Endes ist alle Sachlichkeit auch Sittlichkeit"[21]). Mit diesem Begriff der Sachlichkeit unternahm er eine Gegenwendung gegen den ausgeprägten Subjektivismus und Impressionismus der ersten Phase der Pädagogischen Bewegung. Zusammenfassend definierte Kerschensteiner: „Bildungswert hat jede Arbeit, die in ihren objektiven Gestaltungen der Vollendungstendenz gehorcht und damit in stetem Selbstprüfungsvollzug immer mehr zur sachlichen Einstellung zu führen imstande ist"[22]).

6. Arbeit in der Gruppe

Kerschensteiner hat der Arbeit in der Arbeitsschule nicht nur als Einzelarbeit pädagogische Bedeutung zugesprochen, sondern vor allem als Mitarbeit und Zusammenarbeit in der Gruppe als Arbeitsgemeinschaft. Dieser Aspekt wurzelte in seinem ausgeprägten sozialen Denken und in seiner Konzeption der staatsbürgerlichen Erziehung, in deren Dienst die Arbeitsschule letztlich für ihn stand. Er stellte fest: „Kein Gedanke ist aber unserem deutschen Schulwesen fremder geblieben als der Gedanke der freiwilligen Arbeitsgemeinschaft"[23]. Zurückgreifend auf Fichte, Jahn, Dewey und Lietz erkannte er die erzieherische Funktion der Zusammenarbeit mehrerer Schüler an einem gemeinsamen Werk und entwickelte damit die Grundzüge dessen, was später als Gruppenarbeit weiter differenziert und als konstruktives Element in die neue Schule besonders bei Peter Petersen aufgenommen wurde. Für Kerschensteiner bedeutete „Arbeitsgemeinschaft" 1. die Gruppe in der Klasse, die arbeitsteilig oder arbeitsgleich tätig ist, 2. die Klasse im Ganzen, die eine Arbeitsgemeinschaft bildet und 3. ist die ganze Schule eine Arbeitsgemeinschaft.

In der Arbeitsgemeinschaft sah Kerschensteiner ein Element der sozialen Erziehung, weil einer auf den anderen angewiesen ist, weil gegenseitiger Rat, Hilfe, Unterstützung notwendig sind, weil Zusammenarbeit faire Gesinnung fordert. Die sozialen Tugenden werden in der Zusammenarbeit entwickelt. Es war der tiefste Sinn seiner Arbeitsschule, in der Arbeitsgemeinschaft erfahren zu lassen, daß Arbeit immer Dienst an der Gemeinschaft ist und daß damit die eigene persönliche Arbeit erst ihren tieferen sittlichen Wert erhält. „Das Bewußtsein, daß man eine Arbeit, und wäre es auch die kleinste und niedrigste, zum Wohle einer Gemeinschaft ausführt, der man angehört, leitet immer die Versittlichung unserer Tätigkeit ein"[24]. Arbeit in der Gemeinschaft führt letztlich hin zum Staat, *ist* staatsbürgerliche Erziehung. So sagte er: „Der Sinn der Arbeitsschule ist, mit einem Minimum von Wissensstoff ein Maximum von Fertigkeiten, Fähigkeiten und Arbeitsfreude im Dienste staatsbürgerlicher Gesinnung auszulösen"[25].

7. Stufen des Arbeitsunterrichts

Für die methodische Durchführung des Unterrichts im Sinne der Arbeitsschule, die manuelle wie die geistige Tätigkeit umschließend, hat Kerschensteiner didaktische Stufen des Arbeitsunterrichtes entwickelt, die sich aus einem doppelten Gegensatz ergaben: Gegen die Formalstufenmethode der Herbartianer hatte er einzuwenden, daß sie ganz vom Lehrer ausgehe, den Schüler in der Passivität des Zuhörens verharren lasse und einseitig reflektierend sei. Die Unterrichtsmotivation vom Erleben und dem Interesse der Schüler her kritisierte er dahingehend, daß dabei die „Zucht des Gegenständlichen" fehle und somit die bildenden Werte der Unterrichtsgehalte nicht erschlossen würden. An die Stelle dieser beiden Verfahren setzte er die Bewältigung des Unterrichtsgegenstandes durch den Schüler und entwarf das Modell eines Arbeitsunterrichts mit planmäßigem Fortgang. Anschließend an Einsichten, die er bei dem amerikanischen Pädagogen John Dewey gewonnen hatte, sah er jeden Arbeitsprozeß in mehrere Schritte gegliedert[26]):

Am Anfang liegt eine Aufgabe vor, die in eine bestimmte Richtung weist, deren Lösung aber noch im dunklen liegt und Schwierigkeiten birgt. Die Aufgabe enthält Fragestellungen und veranlaßt das Fragen. Die Fragen stellen sich aus der Sache selbst. Sie sind primär Fragen des Schülers und nicht des Lehrers. Der Schüler soll Fragen haben gegenüber den Problemen der Aufgabe, die vor ihm steht — das „ist einer der wichtigsten Momente im ganzen Prozesse." Der beginnende Denkprozeß führt zu „Vermutungen", wie die Arbeitsaufgabe, insbesondere in ihren Schwierigkeiten, gelöst werden kann. „Von der Qualität der Vermutungen hängt die weitere Lösung ab." Die Vermutungen kommen aus bereits vorhandenen Kenntnissen und aus den Denkanstrengungen angesichts der Sache. Vor allem müssen herbeizuschaffende Hilfs- und Arbeitsmittel dazu beitragen, in solchem „heuristischen Unterrichtsverfahren" die Überlegungen zu fördern. Der Schüler will und soll das Richtige selbst finden. Vermutungen sind eine erwägende Vorwegnahme des Ergebnisses.

„Das allerwichtigste aber ist drittens, daß der Schüler nicht die nächstbesten Vermutungen, die in ihm aufsteigen, akzeptiert", sondern daß er darangeht, seine Vermutungen kritisch zu überprüfen. Dies fordert Selbständigkeit und Wahrheitsliebe und ist nicht ohne mühevolle Arbeit zu leisten. Hier aber liegt der Schwerpunkt der Arbeit unter dem Anspruch ihrer Objektivität, dem der Arbeitende nicht ausweichen darf.

Der vierte Schritt ist die „Verifikation", wie Kerschensteiner die Fertigstellung der Arbeit bezeichnete. Diese Stufe bedeutet, daß mit ihr der Schüler zum wirklichen Handeln gelangt und nicht in rein intellektuellen Überlegungen steckenbleibt. Das Ergebnis muß stimmen und muß *die* Lösung sein, die sich einfügt in den bisherigen Arbeitszusammenhang und die widerspruchsfrei den gestellten Ansprüchen genügt.

Ein letzter Arbeitsschritt war für Kerschensteiner ein Hauptkriterium seiner Arbeitsschule: Die Prüfung des Arbeitsergebnisses durch den Schüler. Jedes Werk, manuelles wie geistiges, läßt sich überprüfen, und es ist der Schüler selbst, der diese kritische Überprüfung vornehmen und daran lernen soll. An die Stelle der gewohnten Lehrerbeurteilung soll die Schülerprüfung treten. „Nicht, daß wir Gedankendinge selbst neu erzeugen, nicht daß wir manuelle Arbeitsprodukte ausführen lassen, die vielleicht sogar einen wirtschaftlichen Wert haben, nicht daß wir Kenntnisse ‚erarbeiten' lassen, ist das letzte Kennzeichen einer guten Arbeitsschule, sondern daß wir die Schüler in der Selbstprüfung erleben lassen, wie groß ihre Selbsttreue, ihre Sachlichkeit in der Selbsttätigkeit ihrer Arbeit war, darin liegt der wahre Geist der Arbeitsschule"[27]).

Bei dieser Überprüfung unterschied er zwei Gesichtspunkte: Zum ersten eine „Außenschau", die sich auf die Qualität des Ergebnisses und die Wege zu ihm bezieht. In empirischer Selbstkontrolle stellt der Schüler Richtiges und Falsches, Gutes und Schlechtes fest. Diese Prüfung bedarf jedoch zum zweiten der Ergänzung durch die „Innenschau", die „rationale Selbstprüfung", bei der sich die Frage auf die Gründe des so Gewordenen, insbesondere die Ursachen der Fehler richtet. Die Erkenntnis der Ursachen der selbst gemachten Fehler, die psychologische Selbstbeobachtung fordert, sollte dazu führen, sie in Zukunft zu vermeiden. Jede Prüfung ist um so fruchtbarer, je mehr sie von der „Außenschau" zur „Innnschau" gelangt und je mehr es der Schüler selbst ist, der beobachtet und zu richtigen Einsichten kommt.

In diesen 5 Schritten einer methodischen Aufgabenfolge, die die Sachgehalte erschließen, lag für Kerschensteiner der Kern des Arbeitsunterrichts und zugleich seiner Arbeitsschule. Wenn auch die

Arbeitsschule erst durch die ihr gemäße Gesinnung ihre Bildungsfunktion ganz erfüllt, so bestätigt doch das folgende Zitat die
Wichtigkeit der Methode: „Die Arbeitsschule aber ist diejenige
Schule, die durch ihre Methoden und durch die Art ihres ganzen Betriebes die immanenten Bildungswerte ihrer Bildungsgüter auslöst"[28]).

III. Hugo Gaudig und sein Prinzip der freien geistigen Tätigkeit

Hugo Gaudig war der Begründer und Vertreter einer eigenen Richtung der „Arbeitsschule", die manches mit der von Kerschensteiner
gemein hatte, aber doch in wesentlichen Punkten Unterschiede zeigt,
vor allem im Vergleich der pädagogischen Gesamtkonzeption. Beide
haben sich in einer gewissen Rivalität befunden, ein Zeichen der
fruchtbaren Spannungen im Prozeß der Pädagogischen Bewegung.
Im historischen Vergleich erscheint Kerschensteiner als die umfassendere und bedeutendere pädagogische Persönlichkeit, doch hat
Gaudig in der Frage der unterrichts-methodischen Gestaltung im
arbeitsschulmäßigen Sinne den Vorrang gehabt. Lebenslang im
Schuldienst stehend ist er für die unterrichtliche Praxis der Reformschulen und der allgemeinbildenden öffentlichen Schulen der wir-
kungsreichere geworden.

1. Leben und Werk

Hugo Gaudig wurde 1860 als Sohn eines Landpfarrers und Schul-
inspektors in Stöckey im Harz geboren. Er starb 1923 in Leipzig.
Nach der Dorfschule besuchte er das Gymnasium und studierte an
der Universität Halle/Saale Philologie und Theologie. Nach dem
Staatsexamen und der Promotion war er Lehrer am Realgymnasium in Gera, dann Direktor der Höheren Mädchenschule und des
Lehrerinnenseminars an den Franckeschen Stiftungen in Halle/
Saale und von 1900 an Leiter mehrerer später nach ihm benannter
städtischer Schulen in Leipzig, einer Höheren Mädchenschule, eines
Lehrerinnenseminars und der angegliederten Übungsschule (Volksschule). In leidenschaftlicher Hingabe wollte er seine Schulen zu

Mustern der „neuen Schule", zum Ausgangspunkt einer umfassenden Schulreform werden lassen. Zahlreich kamen pädagogisch interessierte Besucher aus aller Welt, um ihn und seine Schule kennenzulernen. Er selbst hat günstige Angebote für schulpolitische und wissenschaftliche Tätigkeiten abgelehnt — er wollte seine Schule nicht verlassen. Seine ehemalige Mitarbeiterin, Lotte Müller, bezeichnete als sein „bedeutendstes Werk seine Schule, von der sein literarisches Werk, von ihm unter kaum vorstellbarem Zeitdruck und oft, von außen gedrängt, nur widerstrebend geleistet, einen schwachen Widerschein gibt"[29]).

Die Schriften Gaudigs entstanden zum Teil als Berichterstattung, u. a. in den „Jahresberichten" seiner Schule, an denen auch seine Mitarbeiter beteiligt waren. In wissenschaftlichen Organen, vor allem der „Zeitschrift für pädagogische Psychologie und experimentelle Pädagogik" hat er zahlreiche pädagogische Studien zu Einzelfragen der Schule und des Unterrichts erscheinen lassen. Von seinen Büchern fanden vor allem die folgenden Beachtung und Verbreitung: „Didaktische Ketzereien" (1904, 5. Aufl. 1925), „Didaktische Präludien" (1909, 4. Aufl. 1929), „Die Schule im Dienste der werdenden Persönlichkeit" Bd. I und II 1917, 3. Aufl. 1930), „Freie geistige Schularbeit in Theorie und Praxis" (1922, 5. Auflage 1928), „Die Idee der Persönlichkeit" (1923).

Hugo Gaudig hat es verstanden, Mitarbeiter und Freunde zu finden, die seine Gedanken praktizierten, verbreiteten und auch weiter entwickelten. Der wichtigste unter ihnen war Otto Scheibner. Er war von 1901 an Lehrer an Gaudigs Schule, bis er 1923 Professor und Direktor des Pädagogischen Instituts an der Universität Jena wurde und 1929 auch Professor für Pädagogik an der Pädagogischen Akademie Erfurt. In ausgedehnter Vortragstätigkeit, zahlreichen Artikeln und in der Herausgabe der Zeitschrift „Die Arbeitsschule" (seit 1925) hat er die Ideen und Erfahrungen Gaudigs systematisch untersucht und ist der eigentliche Wissenschaftler der Arbeitsschule dieser Richtung geworden, der u. a. eng mit Aloys Fischer zusammengearbeitet hat. Sein Sammelband „Zwanzig Jahre Arbeitsschule in Idee und Gestaltung" (1927)[30]) ist zu einem Standardwerk der Arbeitsschulbewegung geworden.

2. Das Erziehungsziel: Die Persönlichkeit

Das literarische schulpädagogische Werk Gaudigs war vielseitig. Außer den arbeitsmethodischen Fragen hat er zahlreiche weitere Gebiete der Schule, wie die Schulorganisation, das Schulleben, die Elternarbeit, die Schülermitverwaltung behandelt. Dazu trat die Frage nach dem Zweck und Sinn der Schule, nach ihrem Erziehungs- und Bildungsziel. Gaudig hat diesem Thema eine besondere Aufmerksamkeit geschenkt und mit dem Begriff der „Persönlichkeit" das Ziel zu umschreiben versucht. In ihm fand er alles ausgedrückt, was über den Sinn der Erziehung und Bildung des heranwachsenden jungen Menschen zu sagen sei.

Gaudig verstand „Persönlichkeit" einerseits sehr individuell. Gegenüber den Gefahren des Massendaseins sollte der einzelne die Möglichkeit haben, seine Eigenart zu entwickeln; anderseits aber sollte er die Lebensordnungen der Gemeinschaft anerkennen und sich einfügen. Doch konnte für ihn in der staatsbürgerlichen Reife nicht der Sinn der Erziehung liegen, wie er gegenüber Kerschensteiner betonte. Allerdings forderte er wie jener Aktivität, Selbsttätigkeit und die Fähigkeit, konsequent Arbeiten durchzuführen. Persönlichkeit war nach seiner Auffassung derjenige, der geistig selbständig und damit auch kritisch ist gegenüber Überkommenem, ebenso gegenüber Neuerungen. Zur Entwicklung der Persönlichkeit gehörte die Entfaltung aller Kräfte; gegen die vermeintliche Überschätzung der manuellen bei Kerschensteiner setzte er sich ab.

Persönlichkeit war für Gaudig ein Idealbegriff. Der junge Mensch trägt das Bild dessen, was er werden will und soll, in sich als das „Ich seiner Sehnsucht", als das „Ideale Ich", das höhere Ich, das sich an das sittliche Gesetz gebunden weiß und im Dienste der Kultur steht[31]). Im Rahmen der Pädagogischen Bewegung war Gaudig der eigentliche Vertreter einer „Persönlichkeitspädagogik". Er hat damit Gedanken des deutschen Idealismus neu aufgeworfen, ohne daß sie in der Allgemeinheit ihrer Formulierungen recht zum Tragen kommen und repräsentativ für die Pädagogische Bewegung werden konnten. Für ihn selbst aber war „Persönlichkeit" der Schlüsselbegriff seines Wirkens, ein allgemeingültiges Ideal, in dessen Dienst er seine gesamte pädagogische Arbeit stellte und dem er sein Modell der neuen Schule der Zukunft unterordnete.

3. „Freie geistige Schularbeit"

war das methodische Leitwort, das Gaudig seiner Schule gab und nach dem er sie gestaltete. „Frei" sollte sie sein, dem Ideal der Persönlichkeit entsprechend, im Gegensatz zu dem Zwang der alten Schule. Das Attribut „geistig" war bewußt hinzugenommen, um im Gegensatz zur einseitig manuellen Bildung das die Schule beherrschende geistige Element zu betonen. Das methodische Prinzip der Arbeitsschule war entsprechend mit „Schularbeit" deutlich apostrophiert. Weitere Formeln Gaudigs wie „Freie geistige Tätigkeit", „Freie geistige Selbsttätigkeit", „Schule der Selbsttätigkeit", zielten in gleicher Richtung. Ein eigener Schultyp „Arbeitsschule" sollte damit konstituiert werden.

Gaudig sprach von seinem Prinzip als einem Urprinzip des aktiven geistigen Lebens, einem „Naturprinzip": „Das Prinzip der freien geistigen Tätigkeit ist im Grunde ein Natur-Prinzip. Aus dem im Leben stehenden Eigenwesen, das sich selbst behauptet und sich selbst entwickelt, bricht die freie geistige Tätigkeit von selbst hervor. Aber es bedarf planmäßiger Arbeit und keiner geringen Kunst, wenn der Geist zur vollen Freiheit in seiner Kraftbetätigung entfaltet werden soll. Entscheidend ist hier, daß der Begriff des Arbeitsvorgangs in seiner vollen Bedeutung erkannt wird"[31]).

Die Entdeckung dieses Prinzips und dessen Einführung in den Unterricht der Schule bedeutete für ihn einen Vorgang von revolutionärer Bedeutung, einen „kopernikanischen Wandel" im Unterricht der Schule: „Das Prinzip der freien geistigen Tätigkeit hat die größte Bedeutung für die zukünftige Gestaltung unseres Schullebens und damit für die Zukunft unseres gesamten Kulturlebens. Gegenüber dem Schulleben der Vergangenheit hat es revolutionären Charakter, stellt es doch in den Mittelpunkt des pädagogischen Denkens und Handelns, in dem bisher der Lehrer gestanden hat, den Schüler als werdende Persönlichkeit. Ein kopernikanischer Wandel der pädagogischen Weltanschauung"[32]).

4. Selbsttätigkeit

Wie es für alle Reformer charakteristisch war, den Unterricht und alle außerunterrichtlichen Bildungsvorgänge vom Kinde und seiner geistigen Aktivität ausgehen zu lassen, so sah Gaudig in der Selbsttätigkeit den Ausgangspunkt und darüber hinaus das zentrale Prinzip aller Bildung. Im Unterschied zu anderen Reformern hat er sich jedoch nicht damit begnügt, auf die Spontaneität in ihrer Wirksamkeit hinzuweisen, sondern er hat dieses Prinzip für die Hauptmerkmale und Phasen des Unterrichtsablaufes in den verschiedenen Fächern durchdacht und entsprechend in seiner Schule zur Anwendung gebracht. Wo in der alten Schule die „Fremdeinwirkung", d. h. die Tätigkeit des Lehrers unentbehrlich und selbstverständlich war, ersetzte er sie planmäßig durch die Selbsttätigkeit des Schülers. Das folgende Zitat läßt die zahlreichen Stellen erkennen, an denen sie zur Geltung kommen sollte:
„Selbsttätigkeit fordere ich für alle Phasen der Arbeitsvorgänge. Beim Zielsetzen, beim Ordnen des Arbeitsganges, bei der Fortbewegung zum Ziel, bei den Entscheidungen an kritischen Punkten, bei der Kontrolle des Arbeitsganges und des Ergebnisses, bei der Korrektur, bei der Beurteilung soll der Schüler freitätig sein. Der freitätige Schüler bedarf keiner Fremdeinwirkung, um den Antrieb zur Tätigkeit zu gewinnen. Er bedarf während der Arbeit keiner Erregung der Kraft von außen, er bedarf nicht der Wegführung, damit er den Weg zur Lösung seiner Aufgaben findet. Das Prinzip der Selbsttätigkeit beherrscht den gesamten Schulkursus, vom ersten bis zum letzten Tage. Es durchdringt alle Disziplinen, die geistes- und naturwissenschaftlichen, wie die technischen. Ebenso beherrscht es alle Arbeitsformen, die Arbeit am anschaulichen Objekt, die Arbeit am Text, das entwickelnde Verfahren und alles darstellende Tun"[33]).

5. Arbeitstechnik

Gaudig forderte, daß die Selbsttätigkeit sich in einer „Arbeitstechnik" realisieren müsse. Auf sie hin sei der Unterricht zu „organisieren". Der Schüler sollte Arbeitsmethoden in der Schule erlernen, und zwar in allen geistigen Tätigkeiten, die in der Schule zur Anwendung kommen und geübt werden: „Die Schule muß ihre Schüler in die Arbeitstechnik einführen, so z. B. in die Technik des Auswendiglernens, des Beschreibens und Schilderns, des Erzählens, des Erläuterns von Texten, der Korrektur eigener sprachlicher Entwürfe usw."[34]). Er benannte weiterhin: „die Technik der Betrachtung anschaulicher Objekte, die Technik des Sprechens, der Gesprächsführung, des Lesens, Rezitierens, des Beschreibens und Erzählens, die Technik der Exegese (der Erklärung von Schrifttexten), der Besprechung und Übersetzung, die Technik des Entwickelns, die Technik des Einprägens und Einübens"[35]). Die Schüler sollten schon früh und allmählich fortschreitend die Techniken ihrer geistigen Arbeit im Unterricht erlernen und selbständig anwenden.

Die Schülerfrage war für Gaudig der ständig weiterführende Impuls bei der Arbeit. Wie Berthold Otto hat er gegen die Unselbständigkeit hervorrufende und im Grunde nicht echte Lehrerfrage polemisiert und die Frage des Schülers zum Motor des Unterrichts gemacht. Er führte aus, daß der Schüler für seine selbständig durchzuführende Arbeit Hilfsmittel benötige und Lehrmaterial, Bücher, Karten, Modelle haben und die Technik des Umgehens mit ihnen und ihre zweckvolle Verwendung erlernen müsse. Mit dem Erlernen und der Anwendung der Technik wird „aus der Lernschule eine Arbeitsschule" und der Schüler ist nicht mehr, ist „auf keiner Stufe der vom Lehrer gegängelte Zögling, sondern ein Arbeiter, der sein kleines oder großes Werk mit Einsicht freitätig angreift." Die Wandlung ist deutlich: Beruhte früher der Unterrichtserfolg auf der guten Methode des Lehrers, so kam es nun darauf an, daß der Schüler gute Methoden erlernte und anwandte zur selbständigen Erschließung und Aneignung der Unterrichtsgehalte.

6. Der Lehrer als Organisator des Unterrichts

Zur Erlernung der Arbeitstechnik und des richtigen Arbeitens bedurfte es einer „planmäßigen Erziehung zur Selbsttätigkeit, damit immer schwierigere Arbeitsleistungen in selbsttätiger Wirksamkeit von den Schülern bewältigt werden können." Die damit dem Lehrer gestellte Aufgabe war eine andere als in der Schule der Vergangenheit. Er war nicht mehr derjenige, der Inhalte in Form des vortragenden Verfahrens vermittelte, der dozierend und methodisch explorierend den Unterricht führte, sondern er bekam die Stellung eines Helfers, der einführt und anleitet — mit dem Ziel, so weit als möglich zugunsten der selbständigen Schülerarbeit zurückzutreten. Er war zugleich mehr der Organisator als der Lehrende, wie es Otto Scheibner einmal sagte: „Auf die kürzeste Formel gebracht, ist es der echte Sinn der Arbeitsschule, daß sich die schulmäßige Bildung vollziehe in der Art schaffenden Lernens, des geistigen Wachsens durch Eigentätigkeit. Nicht im Kunstschaffen des Lehrers an der Stoffgestaltung liegt dann der Schwerpunkt des Unterrichts, nicht in einer Wirksamkeit, bei der die Schüler stets Schritt für Schritt durch wohlbedachte Maßnahmen, Anstöße, Befehle, Fragen geführt und gedrängt, gezogen und gestoßen werden, sondern in einer Betätigungsweise, bei der die Lernenden ein Arbeitsganzes möglichst aus eignem Antriebe, mit eigner Kraft, auf eignem Wege, wohl auch zu eignen Zielen erfüllen. Der unterrichtende Lehrer soll — um es anders zu sagen — weniger Dozent der Wissenschaft, als vielmehr Organisator freien kindlichen Schaffens sein"[36]).

Notwendig dominiert danach das Gespräch, in der Form der Besprechung bzw. der Aussprache im Unterricht der Arbeitsschule. Gaudig hat als ausdrücklicher Gegner des Lehrer-Vortrags die dialogische Form auch zur Lehrweise des Arbeitsunterrichts deklariert.

7. Stufen des Arbeitsvorgangs

Im Sinne Gaudigs hat Otto Scheibner den methodischen Gang des Unterrichts als eine Folge von Stufen entwickelt, und zwar überzeugender als die entsprechende Darstellung Kerschensteiners. In seinem Aufsatz „Der Arbeitsvorgang in technischer, psychologischer und pädagogischer Erfassung" gliederte er die Verlaufsstruktur der geistigen Arbeit im Unterricht wie folgt:

„1. Es wird ein Arbeitsziel gesetzt oder eine gestellte Arbeitsaufgabe in den Willen aufgenommen und erfaßt.

2. Es werden die Arbeitsmittel aufgesucht, bereitgestellt, auf ihre Verwendbarkeit geprüft, ausgewählt und geordnet.

3. Es wird ein Arbeitsweg als Plan entworfen und in Arbeitsabschnitte gegliedert.

4. Es werden die einzelnen Arbeitsabschnitte und Arbeitsschritte als in sich selbständige, aufeinander bezogene Teile ausgeführt und in Verbindungen gehalten.

5. Es wird ein Arbeitsergebnis erfaßt, besehen, geprüft, beurteilt, gesichert, eingeordnet, ausgewertet"[37]).

Damit wurde die neue Methode deutlich gemacht, die die „Arbeitsschule" als spezifische Unterrichtsform kennzeichnete: ein Stufengang für den Unterricht — aber nicht im Sinne Herbartscher Formalstufen vom Lehrer aus gesehen als verbindlicher Unterrichtsablauf, sondern als Arbeitsschritte des Schülers bzw. einer Schülergruppe, die bewußt und selbständig nach erster Lehranleitung ihren eigenen Weg im Unterricht in freier geistiger Selbsttätigkeit zu gehen vermögen.

IV. Schulreformen des Auslands im Sinne der Arbeitsschule

Keine der Strömungen der Reformpädagogischen Bewegung hat so weitgehende Auswirkungen auf das Ausland gehabt und hat zugleich so starke Impulse vom Ausland her empfangen wie die Arbeitsschule. Dies gilt für den Westen wie den Osten. „Arbeitsschule", in verschiedenen Ausprägungen im einzelnen und z. T. auf unterschiedlichen weltanschaulichen Voraussetzungen beruhend, ist seitdem zu einem weltweiten pädagogischen Thema geworden. Die Wechselbeziehungen sind lebendig geblieben. Soziale Entwicklungen und Strukturveränderungen und entsprechende pädagogische Konzeptionen haben im Grundsätzlichen die damals eingeschlagenen Wege bestätigt.

In der Beschränkung auf die Zeit der eigentlichen Reformbewegung sind in diesem Abschnitt zunächst John Dewey, Adolphe Ferrière und Célestin Freinet unter dem Gesichtspunkt der Arbeitsschule zu behandeln, um dann anschließend Pawel Petrowitsch Blonskij die seinem spezifischen Ansatz entsprechende Stellung zukommen zu lassen.

1. John Dewey: Arbeitsschule und Projektplan

John Dewey (1859—1952), Philosoph und Pädagoge an den Universitäten Chicago und New York, hat wie kein anderer seiner Zeit die Erziehung und Schule in Amerika beeinflußt und darüber hinaus auf viele Länder in Europa und Asien gewirkt. In Deutschland ist Kerschensteiner von ihm angeregt worden. „Schule und öffentliches Leben" (1900) erschien 1905 in deutscher Sprache, „Wie wir denken" (1910), „Demokratie und Erziehung (1916) sind bekannte Schriften. Wie die Titel zeigen, verbindet sich bei ihm soziales und politisches mit pädagogischem Denken. — In bezug auf die deutsche Arbeitsschule sind die folgenden Gedanken hervorzuheben:

Als Philosoph war John Dewey Vertreter des sogenannten Pragmatismus, d. h. jener Lehre, die als Voraussetzung und Ziel des Denkens das Handeln sieht. Dewey gab seiner Variation des Pragmatismus die Bezeichnung „Instrumentalismus". Er sah das Denken grundsätzlich in der Bezogenheit auf die konkrete Lebenssituation, auf den problematischen Sachverhalt, und damit faßte er das Denken als Mittel zur Bewältigung der Aufgaben und Probleme des Lebens auf. Deweys Philosophie mündete ein in die Pädagogik und erhielt von dieser erst ihren eigentlichen Sinn.

Erziehung war für Dewey entsprechend Entwicklung und Schulung des Denkens, wie man es für das Leben braucht. Es soll helfen, dem Leben gewachsen zu sein. Das Denken kommt aus der Erfahrung, die das tätige Leben mit sich bringt. Es sind die Bedürfnisse und Notwendigkeiten, es sind die praktischen Interessen, die den Antrieb zum Denken und Erkennen geben. Nicht in abstrakter Einsicht werden die Erkenntnisse gewonnen, sondern im Handeln selbst lernen wir, lernt also auch der junge heranwachsende Mensch in erster Linie. Die im Handeln gemachten Erfahrungen kommen dem weiteren Handeln zugute. Der Weg führt von einem Handeln zum nächsten, jeweils neuen und verständigeren Handeln. Der Amerikaner gebraucht seitdem die knappe Formulierung: „Learning by doing".

Dewey kritisierte die alte Schule, die vom verbalen Lernen bestimmt war. Viele Lehrinhalte der Schule, wie die alten Sprachen, weitgehend auch Mathematik und in weiteren Fächern einzelne Teile waren in seinen Augen wertlos, weil sie den Schüler belasten, ihn von nützlicherem Lernen abhalten; daher sollten sie aus den Lehrplänen ausgeschieden werden. Die Schule hinge zu sehr an Traditionen und Autoritäten, meinte er.

Unter den Reformen, die Dewey weiterhin für notwendig hielt, stand mit an erster Stelle die bewußte Pflege und Übung der Handfertigkeit durch Einführung eines Handfertigkeitsunterrichtes. Nachdem infolge des sozialen und wirtschaftlichen Strukturwandels Haus, Hof und väterliches Handwerk dem Kinde nicht mehr die Möglichkeit der Betätigung mit seinen Händen gäben, müsse die Schule diese Bildungsfunktion übernehmen. Sie entspreche damit der Neigung des Kindes und zugleich seinem Lebensziel und gebe auch die Grundlagen für die geistige Bildung ab, denn es lerne durch das Tun, durch Erfahrung in praktischer Tätigkeit. Dewey maß der Arbeitsschule eine große Bedeutung für den sozialen Fortschritt bei.

Als neue Form der Arbeitsschule hat Dewey die Projektmethode entworfen und entwickelt. Mit seinem Schüler William Heard Kilpatrick gab er den Sammelband „Der Projektplan" heraus[38]), in dem die gemeinsame Arbeit einer Schülergruppe an einem größeren Vorhaben als die vollkommenste Form der Arbeitsschule herausgestellt ist. Das Planen und die aktive Beteiligung an einem größeren Unternehmen entsprechen der Neigung des jungen Menschen und sind das beste Mittel, seine Kräfte zu entwickeln. Es wird eine geeignete Aufgabe gestellt, ein Ziel ins Auge gefaßt und gemeinsam werden die Kräfte und Fähigkeiten angesetzt, um die Aufgabe zu lösen, das Ziel zu erreichen. Der gemeinsame Fortschritt schafft Befriedigung und spornt an. Auf diese Weise vollzieht sich das Lernen mit größerem Eifer und größerem Erfolg, als wenn der einzelne allein steht.

Projekte sollen umfassend sein, sie sollen wichtig und interessant sein und damit Spannung erzeugen. Der Stoff wird erarbeitet um des Zieles willen. Dewey berichtete von Projekten wie: der Bau eines Bootes, eines Blockhauses, die Herausgabe einer Schulzeitung, ebenso aber auch die Erarbeitung einer wissenschaftlichen Frage, etwa der Frage, warum der Tau fällt, wie der Typhus bekämpft werden kann oder die Erfassung eines künstlerischen Werkes. Er wies hin auf beträchtliche Leistungserfolge bei seiner Methode, die stark aktiviert und sittliche Kräfte entwickelt, besonders soziale Tugenden im Vollzuge des gemeinsamen Unternehmens.

Als „Vorhaben-Methode" sind diese Anregungen Deweys in Deutschland aufgenommen und angewandt worden. Otto Haase stellte das „Vorhaben" als dritte Elementarform des Volksschulunterrichtes neben den „Gesamtunterricht" und das „Training". Adolf Reichwein hat in seinem Buche „Schaffendes Schulvolk" über Beispiele von Vorhaben aus der Schulpraxis berichtet. In der Weiterführung der Versuche zeigte sich die Verwendbarkeit der Vorhaben-Methode in allen Schularten[39]).

Die Schule war für Dewey nicht der Ort verbaler Wissensvermittlung, sondern Stätte gemeinsamer Arbeit und darüber hinaus: ein soziales Gemeinwesen. Sie bildet den jungen Menschen durch die soziale Umgebung, die sie ihm bietet, und führt ihn zu sozialem Verhalten durch die Eingliederung in dieses Gemeinwesen. Sie sucht eine ausgewählte Umgebung zu bieten, die geeignet ist, das natürliche Wachstum zu fördern, und stellt planmäßig Mittel zum Wachstum bereit. Dazu gehören Werkstätten, Schülerbibliotheken, Schulküche, Arbeitsmittel. Doch soll der Blick der Schule nicht allein in die Zukunft gehen als eine bewußte Vorbereitung auf das Leben, sondern: indem sie für das Kind gelebte Gegenwart ist, schafft sie an sich schon Voraussetzungen dafür, daß es für sein späteres Leben vorbereitet wird. Durch ihren Stil und ihre Lebensform gibt sie ihm die rechten Verhaltensformen mit und bereitet es vor auf die Gesellschaft. Durch die Arbeitsform der Projektmethode, die die Gruppe zur Grundlage hat, ist sie die der Demokratie entsprechende Schule. So mündete für Dewey die Schule und die in ihr angewandte Methode in die politisch-staatsbürgerliche Erziehung ein.

Das pädagogische Werk Deweys hat in Deutschland einerseits Zustimmung und Nachfolge gefunden, andererseits in seinem pragmatischen Charakter und in mancher Einseitigkeit auch Ablehnung. In jedem Falle wurde eine bedeutende eigene Richtung der Arbeitsschule geschaffen, die zeigt, daß die pädagogische Reform im Sinne der Aktivierung des Schülers als eine weltweite Aufgabe gesehen und angenommen wurde[40]).

2. Adolphe Ferrière: L'école active

Der 1879 geborene Schweizer Adolphe Ferrière, der 1919 mit Elisabeth Rotten die „Liga für Neue Erziehung" gründete („New Education Fellowship"), hat den Arbeitsschulgedanken ähnlich entwickelt wie der frühe Georg Kerschensteiner, nämlich im Sinne der Selbstbetätigung des Kindes mit seiner Hand, und er hat von hier aus die Erziehungsaufgabe nach der sittlichen, sozialen und geistigen Seite hin weitergeführt. Sein Hauptwerk, „L'école active", erschien 1920, später deutsch mit dem Titel „Schule der Selbstbetätigung oder Tatschule", in der von Peter Petersen herausgegebenen Sammlung „Pädagogik des Auslandes".

Ferrière hat nicht die weite Spannung der Probleme und pädagogischen Blickrichtungen eines Dewey, dafür aber zeigt er die intensive konsequente Durcharbeitung des Problems der Handarbeit, die, „besonders beim Kinde zwischen sieben und zwölf Jahren, der Grundstein der Erziehung sein muß." Dies begründet sich in der Notwendigkeit, „das Kind unbedingt im Konkreten leben zu lassen" und seinen Verstand „durch unablässigen Kontakt mit den Dingen zu bilden, weil dies allein der Lebensform des Kindes entspricht. So kann er von der Schule, die die Handarbeit in den Mittelpunkt ihres Wirkens gestellt hat, sagen: „Die Tatschule läßt zum erstenmal in der Geschichte dem Kinde Gerechtigkeit widerfahren"[41]). Muskelkraft und Beweglichkeit des Körpers bedürfen der Übung, die die Handarbeit vermittelt, die aber nun vor allem auch der Bildung der Geisteskräfte dient, etwa mit Ferrières Worten: sie vermittelt die Kenntnis der Beschaffenheit der Dinge, ihrer Behandlung und Bearbeitungsweisen, die Kenntnis der Werkzeuge.

199

Sie entwickelt die Beobachtungsfähigkeit, die Fähigkeit zur Assoziation, zur Phantasie, sie entwickelt das abstrakte Denken, indem sie zeigt, wie Theorie und Praxis, Sache, Gegenstand und Denken zusammenstimmen. Zum Nutzen der sittlichen Bildung erweist sich die Handarbeit, indem sie zur Wahrhaftigkeit führt, gesunden Wetteifer fördert, die Achtung vor dem Arbeiter erhöht, in der Zusammenarbeit den Egoismus überwindet und Qualitäten der Entschiedenheit des Charakters, der Selbstbeherrschung und Energie zugute kommt.

In der Praxis wies Ferrière die Möglichkeiten geeigneter Arbeiten auf, wie im Zeichnen und Werken, etwa bei der Herstellung eines Pfahldorfes in der Gruppe und beim Theaterspiel. „Von den Sandbildern und Puppenhäusern der ganz Kleinen geht es über die Versuche in der Bäckerei, Weberei, Lichtzieherei und anderen leichten Handwerken der Mittelklassen zu den Sammlungen, Theaterstücken und dem Bau wissenschaftlicher Apparate über, und der Erzieher kann seine Schüler zu einer ganzen Reihe gemeinsamer Beschäftigungen anregen, die der jeweiligen Altersstufe angepaßt sind und die die Aufmerksamkeit nicht zersplittern, sondern konzentrieren und dadurch die Geistesbildung fördern. Denn ich wiederhole noch einmal: die Handarbeit hat nur einen Wert, wenn sie in den Dienst der Erziehung des Geistes gestellt wird"[42]).

Für die unteren Schulstufen mußten Ferrières Hinweise auf die Möglichkeiten der Handarbeit unmittelbar überzeugen; für die Oberstufen sah er ebenfalls neue Möglichkeiten, die Kräfte der Aktivität zu wecken und zur Wirkung kommen zu lassen. Mit seinen Worten:

„1. Man muß also die Welt der Natur und die Welt des Menschen beobachten, um Dokumente zu sammeln. Was wird man zu diesem Zweck besichtigen? Fabriken, Werkstätten, Läden aller Art, Gas-, Wasser- und Elektrizitätswerke, Telefonanlagen, Eisenbahnen — ich führe ganz willkürlich an —, Krippen, Krankenhäuser, Volksküchen, die geographisch bedeutsamen Punkte eines Landes, seine historischen Denkmäler, Museen aller Art, besonders ethnographische, und vor allem die Natur selbst mit all ihren Pflanzen und Tieren: dies ist das große Kinderbuch, aus dem man, um das

Kind zum Lernen anzuregen, die Seiten herauswählen muß, die es begreifen kann. Dies alles soll, gemeinsam mit der Lektüre von wissenschaftlichen und anderen illustrierten Büchern und Zeitschriften, Anlaß zu einer Sammlung von Dokumenten aller Art werden. Diese Dokumentensammlung besteht aus Zeichnungen, Niederschriften, Zeitungsausschnitten, Reproduktionen und auch einer Zusammenstellung von Modellen.

2. Diese Dokumente müssen eingeordnet werden. Sie werden in extra dazu bestimmte Mappen hineingetan, auf denen deutlich verzeichnet ist, auf welchen Unterrichtsstoff sich der Inhalt bezieht, so daß alles leicht wiederzufinden ist ...[43]).

Ferrière brachte Vorschläge und Anregungen, die infolge des späten Bekanntwerdens seiner Schrift in Deutschland damals noch nicht voll aufgenommen worden sind und sich heute noch gelegentlich in der Schulpraxis in den Anfängen der Erprobung für eine sinnvolle Verwendung befinden. Verbunden mit der Idee des Vorhabens boten sie reiche methodische Möglichkeiten.

3. Célestin Freinet

Der Franzose Célestin Freinet wurde 1896 in einem Dorf in der Provence geboren, gehört also einer jüngeren Generation an als die bisher genannten führenden Reformer der Bewegung. Von ihnen, vor allem von Lietz, Kerschensteiner, Dewey, Ferrière war er tief beeindruckt, und bereits in den ersten 20er Jahren trat er als junger Lehrer mit eigenen Reformgedanken hervor und leitete eine weitgespannte organisatorische Arbeit ein.

In Freinets Schulmodell sind die Gedanken der Reformbewegung eingegangen, wie: die Kritik an der einseitig intellektuellen Schule, der Gedanke einer dem Wachstum der kindlichen Kräfte entsprechenden Schule, die Forderung der Selbsttätigkeit des Kindes im Unterricht und Schulleben, die besondere Beachtung der Handarbeit, die engere Verbindung von Schule und Leben. Der Zentralbegriff seiner Bestrebungen wurde die Arbeit, die „die Schule von morgen" bestimmt. In „L'éducation du Travail" erläuterte er sie: „Von Arbeit sprechen wir immer dann, wenn das Tätigsein — ob physisch oder geistig — den natürlichen Bedürfnissen des Individuums entspricht und durch diese Tatsache allein schon eine gewisse Befriedigung verschafft. Im gegenteiligen Fall sprechen wir von Aufgabe und Pflicht, die man nur erfüllt, weil man dazu gezwungen wird"[44]. Daraus folgert die pädagogische Aufgabe, nicht anders gesehen als in der deutschen Arbeitsschule: „Wir bereiten ein erziehliches Milieu, ein Arbeitsmaterial, entsprechende Arbeitstechniken und eine Organisation der gesamten Arbeit vor, die es den Kindern erlauben, sich so weit als möglich selbst zu verwirklichen, wenn der Lehrer ihnen dabei hilft oder sie wenigstens bei ihren tastenden Versuchen und ihrem Forschen nicht hindert".

Das Originale und Interessante der Arbeitsschule Freinets liegt allgemein in der von ihm erprobten und reich entwickelten Unterrichtspraxis in Konsequenz seiner pädagogischen Grundkonzeption und speziell vor allem in der Einführung der Druckerpresse in die Schule, mit der er bereits Mitte der zwanziger Jahre von sich reden machte. Den Deweyschen Projektgedanken aufgreifend hat er statt wechselnder Vorhaben *ein* Projekt, den Buchdruck, dessen pädagogische Fruchtbarkeit ihm überzeugend erschien, in den Mittelpunkt des gesamten Unterrichtes und des Schullebens gestellt. In seinen Berichten über diese Arbeit zeigte er, daß dieses Arbeitsmittel Buchdruck für die Kinder interessant und anregend ist, vielseitig die Aufmerksamkeit beansprucht, Handgeschicklichkeit und Denkfähigkeit gleichermaßen fördert und didaktisch für allen Lese- und Schreibunterricht vom ersten Schuljahr an viele Anwendungsmöglichkeiten bietet. Die eigenen Druckerzeugnisse der Schüler — Einzelblätter, Blätter zu Heften gebunden, Zeitschriften und Schülerzeitungen selbst hergestellt — stehen den Kindern näher als Schulbücher. Freinets Anregung hat in zahlreichen Schulen verschiedener Länder Schule gemacht, und der Austausch der Druckerzeugnisse zwischen den verschiedenen Schulen kann in besonderer Weise dazu beitragen, den geistigen Horizont zu weiten.

So nahmen die Druckpresse und das Drucken für Freinet die Mitte einer weitgespannten Schulreform ein, deren Wirkung er durch die Führung eines großen Lehrerverbandes (Coopérative de L'Enseignement Laic), von ihm 1924 gegründet, und des „Institut Coopérative de l'Ecole Moderne" wesentlich verstärkte.

V. Produktionsschule

Vom Beginn der 20er Jahre an wurden in Deutschland neuartige Forderungen nach einer umfassenden Schulreform laut, wohl auch als „Arbeitsschule", jedoch zur Verdeutlichung des Neuen und Besonderen speziell als „Produktionsschule" bezeichnet. Im Unterschied zu aller traditionellen Schule und auch zur Arbeitsschule Kerschensteiners und Gaudigs sollte die Produktionsschule der neueren wirtschaftlichen und industriellen Entwicklung Europas im 20. Jahrhundert entsprechen. Zur Produktion und zu den Bedürfnissen der sich neu formierenden Gesellschaft sollte sie in einer nahen Beziehung stehen. Als Wortführer dieser neu entworfenen Reformschule ist vor allem der „Bund Entschiedener Schulreformer" hervorgetreten, nachdem das unter dem Titel „Die Arbeitsschule" ins Deutsche übersetzte Buch des Sowjetrussen Blonskij einiges Aufsehen erregt hatte. So lebhaft die Diskussion um die Produktionsschule damals auch in Deutschland geführt wurde, hat sie doch weder eine repräsentative eigene Darstellung noch einen nennenswerten praktischen Schulversuch hervorgebracht. Dennoch muß die Produktionsschule hier gewürdigt werden — einmal um des Faktums der geistigen Bewegung jener Jahre willen, zum anderen, weil sie nach ihrer ersten Ausprägung als polytechnische Schule in der Sowjetunion und deren Rezeption in der DDR in ihren wesentlichen Problemstellungen auch die gegenwärtige Pädagogik des Westens mit inzwischen gewandeltem Vokabular beschäftigt.

1. Rückblick auf die „Industrieschule" und Karl Marx

Die Anfänge der Produktionsschule, den Begriff in weitem Sinne verstanden, sind in den sogenannten Industrieschulen des 18. Jahrhunderts zu sehen. Dies waren Schulen, die im Kampf standen gegen die allgemeine wirtschaftliche Not, die verbreitete Armut, die einseitig intellektuelle Schule und die den Müßiggang fördernde Volksschule jener Tage. In den Industrieschulen wurden die Kinder neben dem Unterricht arbeitsmäßig beschäftigt. Handarbeit und Lernen sollten sich verbinden und früh schon und planmäßig sollte die Schule die Kinder zu den Aufgaben der wirtschaftlichen Bewältigung des Lebens hinführen. Sie sollten auch in der Schule lernen, durch ihrer Hände Arbeit zu ihrem und ihrer Familie Lebensunterhalt beizutragen. Das Ziel war der leistungsfähige, tüchtige, fleißige Bürger. In Versuchsschulen wurde in diesem Sinne Schule gehalten und der Bezug zwischen Schule und wirtschaftlichem Leben produktiv hergestellt. „Industrie" wurde damals noch im handwerklichen Sinne verstanden, und die Bedeutung industria = Fleiß war gegenwärtig.

Die eigentlichen Wurzeln der Produktionsschule sind jedoch bei Karl Marx zu sehen, dessen politische Entwürfe mit einigen entsprechenden pädagogischen Gedanken verbunden waren[45]). Karl Marx (1818—1883) hat sich in seinem philosophisch-ökonomischen Werk nur selten zu Erziehungsfragen geäußert. Aber sehr deutlich zeichnet sich bei ihm das Bild eines neuen, seinen ökonomischen Konzeptionen entsprechenden Menschen ab. Seine Deutung des Zusammenhangs von Gesellschaft und Wirtschaft einerseits und Erziehung andererseits ist ebenso folgenreich gewesen wie seine Vorschläge zur Erziehung. Von seiner historisch-gesellschaftlichen Grundauffassung aus hat er eine neue Pädagogik angebahnt, die von den gesellschaftlich-ökonomischen Prozessen geprägt ist.

Das Verhältnis von Arbeit und Bildung nimmt eine zentrale Stellung in der Erziehungsauffassung von Marx ein. Für ihn erfüllt sich der Mensch in der Arbeit; Arbeit ist in seinen Augen das Mittel zur Selbstverwirklichung des Menschen — Arbeit verstanden als wirtschaftlich produktive Arbeit für die Gesellschaft. Der höhere Sinn unseres Lebens wird gewonnen mit dieser Art Tätigsein für die den Einzelnen tragende Gesellschaft. Das Bild eines höheren Menschentums und der Begriff der Menschenwürde sind für ihn an die produktive Arbeit für die Gesellschaft geknüpft.

Daraus folgert Marx, daß schon in der Erziehung die Arbeit als ernste produktive Arbeit eine Rolle spielen müsse. Vom 9. Lebensjahr an soll das Kind arbeiten, und zwar in den entsprechenden Arbeitsverhältnissen, in denen es später einmal arbeiten wird. Neben der geistigen Bildung und der militärisch-gymnastischen Erziehung soll die polytechnische Erziehung in der Schule ihren Platz einnehmen als eine vielseitige manuelle Ausbildung, die in engem Zusammenhang mit den Produktionsprozessen der Wirtschaft steht. Erfahrungen am Arbeitsmaterial und Fertigkeit im Umgang mit den Werkzeugen sind schon für das Kind ebenso erforderlich wie das Kennenlernen des Betriebes, damit es eine Vorstellung von seiner späteren Arbeitswelt gewinnt und den arbeitenden Erwachsenen erlebt.

Marx hat sich zwar gegen die Kinderarbeit gewandt, wie sie im 19. Jahrhundert nicht ungewöhnlich war, mit dem berechtigten kritischen Argument, daß die Kinder überfordert und ausgebeutet würden, aber er hat nicht grundsätzlich die Kinderarbeit abgelehnt. Er bejahte sie für beide Geschlechter und sah in ihr „eines der mächtigsten Umwandlungsmittel der heutigen Gesellschaft", wie er es in seiner Kritik am Gothaer Programm ausdrückte: „‚Verbot der Kinderarbeit!‘ Hier war es absolut notwendig, die Altersgrenze anzugeben. Allgemeines Verbot der Kinderarbeit ist unverträglich mit der Existenz der großen Industrie und daher frommer Wunsch. Durchführung desselben — wenn möglich — wäre reaktionär, da bei strenger Regelung der Arbeitszeit nach den verschiedenen Altersstufen und sonstigen Vorsichtsmaßregeln zum Schutz der Kinder, frühzeitige Verbindung produktiver Arbeit mit Unterricht eines der mächtigsten Umwandlungsmittel der heutigen Gesellschaft ist"[46]). Dies entsprach dem Kommunistischen Manifest (1848): „Öffentliche und unentgeltliche Erziehung aller Kinder. Beseitigung der Fabrikarbeit der Kinder in ihrer heutigen Form. Vereinigung der Erziehung mit der materiellen Produktion". Die enge Verbindung der Erziehung mit der Produktion schien Marx auch geeignet, die Spaltung der Gesellschaft in Kopf- und Handarbeiter aufzuheben, auf der die Gegensätze der Klassen beruhen und die die Vereinseitigung der Menschen hervorgerufen hat: jeweils sind die Menschen durch ihre soziale Verwendung nur einseitig in ihren körperlichen bzw. ihren geistigen Kräften angesprochen und ausgebildet worden, so daß jeweils die andere Seite verkümmerte. Im Begriff der polytechnischen Erziehung, verbunden mit Unterricht und gymnastisch-militärischer Ausbildung, lag für Marx die vollseitige Bildung im Sinne eines neuen Humanismus beschlossen. Große Erwartung hegte er im Blick auf diese neue polytechnische Erziehungsweise: „Aus dem Fabriksystem ... entsproß der Keim der Erziehung der Zukunft, welche für alle Kinder über einem gewissen Alter produktive Arbeit mit Unterricht und Gymnastik verbinden wird, nicht nur als eine Methode zur Steigerung der gesellschaftlichen Produktion, sondern als die einzige Methode zur Produktion vollseitig entwickelter Menschen"[47].

In diesem von Karl Marx entwickelten Sinne ist in den folgenden Jahrzehnten in Leitsätzen und Programmen der Sozialdemokratie die Arbeit als entscheidender Bildungsfaktor gesehen und gefordert worden, von dem aus weitere Punkte der pädagogischen Vorstellungen gefolgert werden. „Sehen wir von den nebensächlichen Einzelheiten ab, so ergibt sich als das eigentliche charakteristische Kennzeichen der sozialistischen Erziehung die Arbeit, die körperliche Arbeit als Grundlage der Erziehung, auch der geistigen und sittlichen. Dieses Kennzeichen unterscheidet die sozialistische Erziehung grundlegend von der bürgerlichen, die den Begriff der Arbeit nicht kennt ..."[48], hieß es auf dem Mannheimer SPD-Parteitag 1906.

Die pädagogischen Grundgedanken des Marxismus waren ein Eckpfeiler des politischen Kampfes um die Macht. Dennoch ist keine konsequente pädagogische Theorie der Produktionsschule in der Pädagogischen Bewegung in Erscheinung getreten. Robert Seidel (1850—1933), der in der Schweiz als Politiker, Journalist und Pädagoge wirkte, brachte 1909 ein Werk „Die Schule der Zukunft, eine Arbeitsschule" heraus[49]. Es war vom sozialistischen Standpunkt aus geschrieben, polemisierte gegen Kerschensteiner, dem es die Prioritätsrechte für den Begriff „Arbeitsschule" absprach, distanzierte sich auch in seiner Auffassung von ihm, aber im Ganzen bedeutete es keine Weiterführung des Ansatzes von Karl Marx. So lag auch kein Reformprogramm im Sinne der Produktionsschule vor, als die Revolution von 1918 Schulreformen in dieser Richtung hätte aufgreifen können. Vielmehr kamen von dem seit der Oktoberrevolution 1917 in Umgestaltung begriffenen Rußland die Anregungen für die Schulreform in der Richtung der Produktionsschule.

2. Blonskijs Modell der Arbeitsschule

Der Professor an der 2. Moskauer Staatsuniversität, Pawel Petrowitsch Blonskij (1884—1941), war der Verfasser eines auf Karl Marx gegründeten und seine Konzeption weiter ausbauenden Entwurfs für eine neu zu schaffende Produktionsschule. („Die Arbeitsschule" I, II (1921, 28)). Seine Reform beschränkte sich nicht auf Vorschläge neuer Methoden, wie dies bei vielen Vertretern der Arbeitsschule der Fall war, sondern er sah eine völlige Umstrukturierung der Schule im Rahmen der Neugestaltung des Schul- und Bildungswesens im Ganzen vor. Die Schule einerseits und Wirtschaft und Gesellschaft anderseits, die in der bürgerlichen Schule nur geringe Beziehungen zueinander gehabt hatten, sollten miteinander verbunden sein, um damit die Schule als Organ der neuen Gesellschaft voll zur Wirksamkeit kommen zu lassen. An die Stelle der bei Kerschensteiner noch ganz vom Aspekt des Handwerks und der Agrikultur her gesehenen Wirtschaft traten für Blonskij die Industrie und die sie bestimmende Technik. Die industrielle Arbeit war für ihn Ziel und Weg der „höchsten Arbeitsbildung" und der Schule war die Funktion zugeteilt, früh den Schüler mit elementaren technischen Werkzeugen und Arbeitsmethoden vertraut zu machen und zu deren Beherrschung zu führen. Die Unterrichtspraxis sollte an die industrielle Arbeit anschließen, so daß die Schule im eigentlichen Sinne zur „Lebens- und Arbeitsstätte" nach industriellem Muster werden sollte. In der Form der Einheitsschule, die vom Kindergarten über verschiedene Schulstufen führt, sollte eine polytechnische Bildung durchgeführt werden, um das Ideal zu erreichen: „einen maximal mächtigen und maximal sozialen Menschen — das ist unser Endziel. Vollständige Beherrschung der Naturkräfte, vollste Teilnahme am Leben der Menschheit, das ist unser Ideal"[50]. — Mit diesen Gedanken wirkte Blonskij in den Kreisen der reformwilligen Pädagogen.

3. Produktionsschule des Bundes Entschiedener Schulreformer

Den Höhepunkt der Diskussion über die Produktionsschule in Deutschland bildete die Produktionsschultagung des Bundes Entschiedener Schulreformer (s. u. S. 318), die 1923 in der Berliner Universität abgehalten wurde. Außer dem Professor Paul Oestreich, dem Gründer und Leiter des Bundes, kamen Pädagogen wie Franz Hilker, Minna Specht, Anna Siemsen, Rudolf Bode, Adolf Grimme zu Wort. Die 21 Vorträge der Tagung wurden im folgenden Jahre von Oestreich publiziert unter dem wortreichen, für ihn und seine Bewegung charakteristischen Titel „Die Produktionsschule als Nothaus und Neubau: Elastische Einheits-, Lebens-, Berufs- und Volkskultur-Schule", gewidmet „Allen Zeitgenossen, die mit uns die Menschheit in unseres Volkes Jugend lieben und für sie streiten".

In den Referaten kamen ein starker pädagogischer Einsatz für dringend notwendige Reformen des deutschen Schulwesens und die Überzeugung zum Ausdruck, daß die Gedanken der Produktionsschule „nach Erprobung schrieen" und daß diese eines Tages eingerichtet werden würde[51]). Aber die Vorstellungen von der Produktionsschule blieben vieldeutig, unbestimmt und widersprüchlich. Zwar wollte man einerseits im Sinne sozialistischer Ideen die Schule den gesellschaftlichen und wirtschaftlichen Entwicklungen anpassen und sie in den Wirtschaftsprozeß eingliedern, wollte das Ziel erreichen, „die Maschine zu meistern" und die Produktion zum Mittelpunkt der Schule zu machen, aber man wollte anderseits nicht die Erziehung ganz der Wirtschaft unterordnen und distanzierte sich von Blonskij, mit dem sich Oestreich kritisch auseinandersetzte. Dafür suchte man die Vorbilder der Produktionsschule bei den großen Erziehern der Vergangenheit, nahm viele pädagogische Reformgedanken der Zeit in das Modellbild der Produktionsschule hinein und forderte mit Entschiedenheit deren endliche Verwirklichung. Schließlich hatte auch hier, wie an anderen Stellen bei Oestreich und seinen Freunden, der Begriff „Produktion" seinen Bezug zur Wirtschaft verloren und bezog sich allgemein auf den Menschen, der Werte schafft und schaffen soll und dessen Erziehung schöpferisch sein soll. So hieß es: „Wir ‚Entschiedenen Schulreformer' wollen die

Produktionsschule ... als die Schule zum produzierend sich finden-
den schöpferischen, am Leben stets beteiligten, beseelten Menschen"[52]).

Der Bund hat den lebhaft in der Diskussion befindlichen Begriff Produktionsschule besonders für sich beansprucht und darunter eine alle ihre Ziel- und Wertvorstellungen vereinigende „Zukunftsschule" verstanden. Wie schon die Überschrift des Tagungs-
berichtes zeigt, war der Begriff Produktionsschule jedoch durchaus
austauschbar mit „Lebensschule", „Volkskulturschule" und „Elastische Einheitsschule". Zunehmend trat der Begriff Produktionsschule in den 20er Jahren zurück und Gemeinschaftsschule an seine
Stelle. In der Schulwirklichkeit gab es einige wenige Schulen, die
sich Produktionsschulen nannten und als Modell- und Versuchsschulen herausgestellt wurden. Es waren Schulen, in denen Gartenarbeit im Sinne landwirtschaftlicher Produktion, Aufbauarbeit im
Schulgelände oder Praktika in nahegelegenen Industriebetrieben
durchgeführt wurden[52]).

Im gleichen Jahr (1924), in dem Oestreichs „Die Produktionsschule" erschien, veröffentlichte Aloys Fischer einen Artikel „Die
Krisis der Arbeitsschulbewegung", der in historischer Analyse die
Vielfalt der Richtungen der Arbeitsschule auf zwei Grundrichtungen zurückführte, die methodische (vor allem Kerschensteiner und
Gaudig) und die ökonomische (Blonskij), und dabei die ökonomische
einer Kritik unterzog — charakteristisch für ihn und die Mehrzahl
der Reformer: „Solange der Humanitätsgedanke als pädagogische
Norm seine Geltung nicht verloren hat, wird man die ökonomisch
orientierte Erziehung und Arbeitsschule nicht als einen Fortschritt
bewerten können, sondern als einen Abweg von der ganzen bisherigen Entwicklungslinie des menschlichen Geisteslebens"[53]).

Der Versuch, ein Résumé der Arbeitsschulbewegung zu ziehen, muß
davon absehen, daß „Arbeitsschule" in den 20er Jahren und auch
z. T. nach 1945 noch zum Inbegriff der neuen Schule im Sinne der Reform geworden war. Weiterhin müssen spezielle Verknüpfungen,
wie die mit dem Erziehungsziel des Staatsbürgers oder der Persönlichkeit u. a., unberücksichtigt bleiben. Als Ertrag der Arbeitsschul-

bewegung können dann als wesentliche, über sie selbst hinausreichende Grundgedanken festgehalten werden:

1. Die Prinzipien der Selbsttätigkeit und Selbständigkeit im Bildungsprozeß, die auf der Aktivität des zu Erziehenden beruhen. 2. Die Entwicklung der manuellen Kräfte zur Erlangung von Fähigkeiten und Fertigkeiten durch zielgerichtete vorhandwerkliche Übung. 3. Der Arbeitsunterricht im manuellen, geistig-manuellen und rein geistigen Sinne als methodisches Verfahren des Schülers unter Benutzung von Arbeitsmitteln und bei laufender Selbstkontrolle. 4. Die Kooperation in der Gruppe mit zweckmäßiger Arbeitsteilung im Dienste eines gemeinsamen Vorhabens. 5. Die Vorbereitung auf die von der Wirtschaft und Technik bestimmte Arbeitswelt in ihren elementaren Formen als Aufgabe bereits der Schule. 6. Die Berufsbezogenheit schulischer Bildung und Ausbildung anstelle ausschließlich allgemeiner Bildung. 7. Die Berufsschule als eine die Berufsausbildung begleitende Pflichtschule.

Achter Abschnitt:
Charaktererziehung und Religionspädagogische Reform

Seit je hat die Erziehung ihre Hauptaufgabe in der sittlichen Erziehung, in der Herbeiführung bestimmter Haltungen und Verhaltensweisen gesehen. Das 18. Jahrhundert sprach von den „Tugenden" als den pädagogischen Zielsetzungen. Herbart zentrierte sein pädagogisches Werk in der „Charakterstärke der Sittlichkeit". Für seine schulpädagogische Auswirkung wurden jedoch lediglich seine unterrichtsmethodischen Anregungen bedeutungsvoll, jedenfalls erschien die Schule, zumal ihren Kritikern, als die nur lehrende und somit einseitige Stätte des Unterrichts und keineswegs als die erziehende.

Die Reformpädagogische Bewegung griff auf die „eigentliche" Aufgabe der Erziehung zurück, die sittliche bzw. die Charaktererziehung. An ihrem Anfang hatte Hermann Lietz gesagt, daß „alle Erziehung schließlich Selbsterziehung zum sittlichen Charakter sei"[1]) und an ihrem Ende hieß es in Martin Bubers Rede „Über Charaktererziehung": „Erziehung, die diesen Namen verdient, ist wesentlich Charaktererziehung[2])." Bei allen Pädagogen der Reformbewegung ließe sich, teils immanent, teils deutlich ausgesprochen, die vorrangige Einschätzung der Charaktererziehung nachweisen.

Der für diesen Zusammenhang repräsentative Pädagoge der Charaktererziehung ist Friedrich Wilhelm Foerster gewesen, auf den sich die nachfolgende Darstellung konzentrieren soll. Sie muß dabei auch auf die religionserzieherische Reform eingehen, um so mehr, als gerade auch Foerster zu den Erneuerern der religiösen Erziehung gehört, die er in engem Zusammenhang mit der sittlichen Erziehung expliziert hat.

I. Das Ungenügen der Charaktererziehung in der Schule

1. Friedrich Wilhelm Foerster

Friedrich Wilhelm Foerster (1869—1965) war der Sohn eines s. Z. bekannten Astronomen an der Berliner Universität. Die Schule gab ihm wenig, er meinte, er könne aus der Beobachtung der Natur und dem Umgang mit Tieren mehr lernen als durch Bücher. In der Oberstufe des Gymnasiums erwachten seine philosophischen Neigungen. Er studierte Philosophie und war zugleich lebhaft an den geistigen Bewegungen seiner Zeit interessiert, wie Arbeiterfrage, Darwinismus, Monismus usw. Er wurde der Generalsekretär der 1894 in Berlin begründeten „Deutschen Gesellschaft für ethische Kultur" und Schriftleiter der von der Gesellschaft herausgegebenen Zeitschrift „Ethische Kultur". Als er in dieser Zeitschrift eine Rede Wilhelms II., in der die Führerschaft der Sozialdemokratie eine „vaterlandslose Rotte" genannt wurde, kritisierte, wurde er wegen Majestätsbeleidigung verklagt und zu drei Monaten Festung verurteilt. Da ihm damit die Hochschule in Deutschland zunächst verschlossen war, habilitierte er sich 1899 in Zürich. 1912 übernahm er eine Professur in Wien, 1914 folgte er dem Ruf der Universität München auf den Lehrstuhl für Philosophie und Pädagogik. Nachdem es hier wegen seiner scharfen Angriffe gegen die deutsche Machtpolitik und wegen seines Pazifismus zu einem „Fall Foerster" gekommen war, ging er 1920 wieder nach Zürich, 1937 nach Frankreich und, den deutschen Truppen ausweichend, 1940 nach den USA. Auch dort setzte er seine Lehrtätigkeit und sein schriftstellerisches Werk fort. Seine letzten Lebensjahre verbrachte er in der Schweiz. Die nach dem zweiten Weltkrieg gegründete „Friedrich-Wilhelm-Foerster-Gesellschaft" hat zur erneuten Verbreitung seines ethisch-religiösen und pädagogischen Werkes wesentlich beigetragen.

Am Anfang des Foersterschen Gesamtwerkes stand ein pädagogisches Buch, das aus Gesprächen mit jungen Menschen hervorgegangen war. Es hieß „Jugendlehre. Ein Buch für Eltern, Lehrer und Geistliche" (1904). Der umfangreiche Band war bald in 65 000

Exemplaren verbreitet. Es folgten „Schule und Charakter" (1907), „Sexualethik und Sexualpädagogik" (1907), „Lebensführung" (1909), „Staatsbürgerliche Erziehung" (1910), „Autorität und Freiheit" (1910), „Schuld und Sühne" (1911). Dazu kamen religiöse, soziale, politische Schriften. Vor allem die pädagogischen erlebten immer neue Auflagen bis Anfang der 20er Jahre und erschienen nach 1945 auch wieder in Deutschland. Foersters außergewöhnlich reiches und vielseitiges Werk — für ihn im eigentlichen Sinne ein ethisches und damit ein pädagogisches — hat weit mehr als das eines anderen Pädagogen seiner Zeit in der Breite und Tiefe gewirkt. Mit Offenheit und Deutlichkeit, mit Konsequenz und Leidenschaft hat er seine Ansichten ohne Rücksicht auf Stellung und Person vertreten, erfüllt von dem Glauben an ihre unbedingte Gültigkeit. An der Wissenschaftlichkeit und Systematik lag ihm dabei weniger, alles jedoch an der praktischen Wirkung auf die Menschen. Die pädagogische Wendung zum Guten und die religiöse Erneuerung sah er als seine eigentliche Aufgabe. Erziehung war für ihn Charaktererziehung auf religiöser Grundlage. Nohl sagte über ihn: „Seine starken, moralisch aufrüttelnden und plastisch geschriebenen Bücher, die in großer Zahl in Deutschland verbreitet sind, wirkten wie wenige andere in der Richtung auf die Entwicklung der Charakterkraft, der moralischen Inspiration und der sittlichen Festigung als des letzten Bollwerks gegen alle zerstörenden Einflüsse unserer physischen und seelischen Kultur. ‚Die eigentliche Zentralkraft des ganzen Menschen, die für seine gesamte Lebensleistung ausschlaggebend und auch ein fundamentaler Faktor seiner physischen Gesundheit ist, ist der Charakter'. Von diesem Satz geht Foerster aus"[3].

2. „Schule und Charakter"

„Schule und Charakter" war Foersters lebendigstes und wirkungsreichstes pädagogisches Werk. Es trug zunächst den Untertitel „Beiträge zur Pädagogik des Gehorsams und zur Reform der Schuldisziplin", der in späteren Auflagen ersetzt wurde durch: „Moralpädagogische Probleme des Schullebens." Sein Motto lautete: „Der

Lehrer, der nur Kenntnis vermittelt, ist ein Handwerker, der den Charakter bildet, ist ein Künstler (Colonel Parker)"[4].

Seinem Inhalt und Tenor nach gehört dieses Buch, das Foersters überaus kulturkritische Gesamthaltung zeigte, in die Reihe der Kampfschriften der ersten Jahre nach der Jahrhundertwende gegen die alte Schule. Nicht von einem Schulmann geschrieben, unterschied es sich von der Mehrzahl der anderen dadurch, daß es nicht auf stoffliche und methodische Mängel des Unterrichts einging, sondern sich ausschließlich mit der Erziehungsaufgabe der Schule als ihrer eigentlichen Aufgabe befaßte und deren völliges Versagen feststellte. Er sprach von der „schleichenden Nervenzerrüttung", der „tiefen Depression der Lebenslust", „dem gesundheitzerstörenden Verlangen nach sinnlichen Betäubungen und Ausschweifungen" unter den Schülern, und die zahlreichen Schülerselbstmorde erschienen ihm als „eben doch ein höchst beachtenswertes Symptom für die weit verbreitete innere Kraft- und Hilflosigkeit gerade inmitten der gebildeten Jugend".

Als Symptome und zugleich Ursache für ihre korruptive Situation verurteilte Foerster ihre intellektuelle Einseitigkeit, weniger wegen der dadurch bewirkten Vernachlässigung der Gefühlswelt und der künstlerischen Kultur (Kunsterziehungsbewegung) als wegen des durch sie bewirkten Vakuums an sittlicher Bildung, an Willensstärke und Charakterfestigkeit. „Die intellektuelle Kultur wird zu einer absoluten Gefahr überall dort, wo sie nicht von vornherein der Pflege des Gewissens und der Stärkung des Willens untergeordnet ist. Der Verstand wird dann sozusagen nur als Diebslaterne benutzt, um den Begierden den Weg zu ihrer Befriedigung zu suchen und zu erleuchten ... Wer kennt in der Schule nicht jene geistig beweglichen Kinder, denen das rechte Gegengewicht an Charakterkultur nicht zuteil wurde und deren hochentwickelter Intellekt jetzt nur der Sklave ihrer Launen, ihrer Eitelkeiten und Heimlichkeiten ist?" (4)

Foerster brandmarkte die Täuschungen und Heucheleien, das Mogeln und Betrügen in der Schule, die den Geist der Schule und die vertrauende erzieherisch wirkende Lehrer-Schüler-Beziehung untergraben und damit den erzieherischen Erfolg zunichte machen. Die

Schule, „eine wahre Anstalt zur Korruption jedes Wahrheitssinnes" (S. 68), fördere mit ihrer „vielgepriesene(n) Gemeinschaft" oft nichts anderes als den „Massengeist", der den einzelnen nach der schlechten Seite hinzieht. Das Nietzschewort: „Gemeinschaft macht gemein" (S. 94) demonstrierte er dahingehend, daß die Behauptung des Guten gegen ein übles Kollektivurteil oft kaum möglich sei: „auch beruhen viele Schullügen auf der korporativ sanktionierten Unwahrhaftigkeit, auf jener Hordenmoral, die sich in den sozialen Gruppierungen der Schuljugend, im Kampf mit dem Lehrer herausbildet und die das persönliche Gewissen zeitweise völlig zu paralysieren vermag" (S. 99). Typische falsche Verhaltensweisen des Lehrers begünstigten die Lüge: „Eine schwere Versuchung zum Lügen, besonders für sensitive Kinder, sind die barschen und inquisitorischen Fragestellungen: ‚Wer hat das getan?', ‚Hast du das genommen?' Einem solchen Schock sind nicht alle Kinder gewachsen". (S. 89)

Eine ernste Gefahr für die Jugend, die unbedingt auch von der Schule erkannt und bekämpft werden sollte, sah Foerster im Alkohol — dem „größten Feind des Menschen", wie er in dem Kapitel „Schule und Alkohol" ausführte. „Wie wenig sich auch dieses Gebiet der ethischen Einwirkung von der gesamten Charakterpflege trennen läßt, geht übrigens schon daraus hervor, daß die stärkste Verführung zum Alkohol gar nicht in der Genußsucht des einzelnen, sondern in den sogenannten Trinksitten und in der Unselbständigkeit des Charakters liegt, die den einzelnen verhindert, sich von der Tyrannei kollektiver Narrheiten zu emanzipieren." (S. 151) Foersters Forderung der Alkoholabstinenz als „unentbehrliche" propädeutische Aufgabe für den Lehrer und Mittel und Bewährungsprobe der Charaktererziehung entsprach den Intentionen der Lebensreformer und der Jugendbewegung.

Foerster war einer der ersten, die eine ausdrückliche Sexualpädagogik vertraten und in ihre Überlegungen auch die entsprechenden Aufgaben der Schule einbezogen. Gegenüber den „Übertreibungen der Aufklärungsbewegung" und der „Massenaufklärung in Schulen", wie sie damals gefordert wurden, erschienen ihm richtiger: „Ablenkung", „richtiger Gesamterziehung" und Stärkung der „geistig-

sittlichen Schutzkräfte gegen die Vergeudung der Fortpflanzungs-
energien" (S. 160). Er warnte vor naheliegenden Mißverständnissen
der damals neu von Sigmund Freud entwickelten Psychoanalyse.
Seine eigenen sexualpädagogischen Vorschläge und Gedanken hat
er in seinem Buch „Sexualethik und Sexualpädagogik" weiterentwickelt. Die Vernachlässigung dieses Gebietes und der hierdurch
herbeigeführte Schaden waren unter anderem Hauptpunkte seiner
Anklage gegen die Schule. Letztlich war für ihn auch dieses Problem eine Charakterfrage und Sexualpädagogik eine Angelegenheit der sittlichen Erziehung.

Eine der Hauptursachen der Schwächung und mangelnden Entwicklung der Charakterkräfte der heranwachsenden Jugend sah Foerster in der durch Zwang bewirkten Autorität. Sie brach den Widerstand aus moralischen Gründen: „Brich den Willen deines Kindes,
damit es nicht verloren geht — brich seinen Willen, damit die Seele
leben kann" (S. 179). Foerster setzte dagegen: „Eine solche Vergewaltigung entmutigt und vernichtet auch die geistige Persönlichkeit des Menschen, die dadurch mißachtet und ausgeschaltet wird"
(S. 179). Entsprechend stand er kritisch zur Strafe als erzieherischem
Zwangsmittel der alten Schulzucht. Er bezeichnete sich, wie schon
in der „Jugendlehre", als „radikaler Gegner der Prügelpädagogik"
(S. 283)[5].

Foerster war auf der anderen Seite auch kritisch zur „modernen
Freiheitspädagogik" eingestellt und setzte sich mit der Reformbewegung auseinander. Er nannte sie teilweise „unklar", „abstrakt"
und „phrasenhaft", u. a. in bezug auf das Problem der Freiheit
(S. 180). „Falsche Freiheitsgedanken in der modernen Pädagogik"
(S. 183) seien auch von einem von Amerika aus verbreiteten individualistischen Denken inspiriert. „Freiheit" in Schule und Gesellschaft dürfe nicht Bindungslosigkeit, Zügellosigkeit und Sichgehen-
lassen sein. Er glaubte, eine „Lehre vom Ausleben" bekämpfen zu
müssen, als „Zeichen einer haltlosen Auflösung des Lebens", als
ein „Degenerationsproblem" (S. 185). Bedenklich könne sich der
Satz Rousseaus auswirken: „Alles ist gut, wie es aus der Hand des
Schöpfers hervorgeht". Hier sei „das Dämonische in der menschlichen Natur" sehr verkannt. Den Menschen kennzeichne, und darin

stimmte er der christlichen Anthropologie bei, die innere Auseinandersetzung zwischen dem Gut und Böse in ihm selbst.

Angesichts dieser Krisenlage der Schule forderte Foerster eine „vertiefte Charakterbildung", eine „vertiefte Charakterpflege in der Schule": „Zusammenfassend ist also zu sagen, daß eine vertiefte Charakterpflege in der Schule aus folgenden Gründen unentbehrlich ist: 1. um das Menschentum des Schülers vor den Gefahren einseitiger Verstandesbildung zu bewahren; 2. um die durch die Schule geweckten und entwickelten Fähigkeiten und Fertigkeiten von vornherein einem höheren Zweck und Gesetz zu unterwerfen; 3. um der Schularbeit und der Schulordnung die tieferen Kräfte der Seele zuzuführen; 4. um die vielen Gelegenheiten, die das Schulleben selber für die Übung der Charakterkräfte und für die Klärung des sittlichen Urteils bietet, planvoll auszunutzen, und um den sittlichen Gefahren des Schullebens ein Gegengewicht zu schaffen." (S. 18)

II. Ziele und Wege der Charaktererziehung

1. Foersters pädagogischer Begriff des Charakters

Foerster sprach von „Kräften des Charakters" und bezeichnete als solche: „Verantwortungsgefühl, Zuverlässigkeit, soziale Erziehung, Selbstbeherrschung". (S. 2) An anderen Stellen hob er den „Drang nach voller Wahrhaftigkeit" (S. 5) hervor. Er sagte auch: „Charakter ist Konzentration und Stärkung der Willenskraft, Charakter ist Lösung von der Welt äußerer Reize, Charakter ist Freiwerden des Menschen von seinem sinnlichen Selbst, Charakter ist Einheit statt Zerrissenheit und Zwiespalt, Charakter ist Überwindung jeder Art von Feigheit und Weichlichkeit — welche Fülle von physischer und nervöser (meint nervlicher) Gesundheit, Bewahrung und Lebenserhöhung liegt nicht in all diesen Dingen" (S. 10). Ein anderes Zitat: „Wahre Bildung ist die Fähigkeit, Hauptsache und Nebensache im Leben zu unterscheiden, und Charakter ist die Kraft, diese Unterscheidung auch in der Lebensführung zum Ausdruck zu bringen." (S. 23)

Dieser Charakterbegriff war verbunden mit den sittlichen Werten; zugleich war Charakter die zentrale Kraft des Menschen, die sein Seelenleben als eine zielgerichtete Energie beherrscht, vom Verantwortungsbewußtsein und Gewissen gelenkt. Charakter in diesem Sinne zu haben, ist eine persönliche Leistung des Menschen, die ihm nicht abgenommen werden kann und die allein den Weg der sittlichen Haltung und Lebensführung sichert. Damit sind in Foersters Charakterbegriff die drei Momente enthalten, die mehr oder weniger jeden pädagogischen Charakterbegriff konstituieren: das Gerichtetsein auf sittliche Werte, die Willensstärke und die Verantwortlichkeit.

Foersters Menschenbild war dualistisch spannungsreich, indem er divergierende Kräfte sich antagonistisch gegenüberstehen sah. Dem „höheren Selbst" steht das „niedere", das „bloß naturhafte Selbst" gegenüber, und es ist die Aufgabe des höheren Selbst, das niedere Selbst zu beherrschen. Im Kampfe der zwei Seelen in der Brust des Menschen, und das gilt schon für das heranwachsende Kind und den Jugendlichen, muß die höhere Kraft zum Siege kommen. — Es war in Foersters Augen der Fehler der neuen Pädagogik, daß sie nicht diese Unterscheidung zwischen divergierenden Richtungen kannte und ihr Freiheitsbegriff leicht als ein „Sichausleben" der niederen Kräfte im Menschen verstanden werden konnte.

2. Erziehung als Hilfe zur Selbsterziehung

Die erzieherische Aufgabe sollte nach Foerster nicht darin bestehen, durch Gewalt, äußere Autorität und Disziplinmaßnahmen von außen auf das Kind einzuwirken, sondern darin, die Kräfte des Guten in ihm so stark zu machen, daß sie im Kampf mit dem „niederen Selbst" die Oberhand behalten. An die Stelle der „äußeren Zucht" soll die „Selbstzucht" treten, an die Stelle der äußeren Disziplin die innere, die „Selbstdisziplin". Eine freiwillige Zucht ist notwendig, die aus eigener Einsicht kommt und von der Kraft des eigenen Willens getragen ist: „Wir wollen Freiheit und Zucht versöhnt sehen durch die Hinwirkung auf eine freiwillige Zucht. Und so wie die einzig richtige Sozialpolitik in der Erziehung zur Selbsthilfe besteht, so besteht auch unseres Erachtens die einzig richtige Schuldisziplin in der Erziehung zur Selbstzucht. Eine nur von außen wirkende Disziplin kann gar nicht zur wahren Ordnung führen und kann gar nicht den Charakter befruchten . . ." (S. 229). So verstand Foerster Erziehung als Unterstützung der Selbsterziehung. Er erkannte, daß alle Fremderziehung sich in der Selbsterziehung erfüllen muß.

Auf die Frage, was angesichts dieser pädagogischen Auffassung von dem Erzieher zu leisten sei, antwortete Foerster, daß auf dem Hintergrunde einer werterfüllten und sittlich geordneten Gesellschaft der Erzieher vor die Seele des jungen Menschen die sittlichen Werte und Ziele des Lebens mit ihrem Gültigkeitsanspruch stellen müsse. Vom Wert selbst gehe eine bildende Kraft aus, da er an sich schon zur Anerkennung auffordere. Daher komme alles darauf an, daß das Wertsystem der Kultur und Gesellschaft erneuert werde. Vor allem müsse die Religion wieder der tragende Grund des Lebens werden. „Die Unentbehrlichkeit der Religion für die Charakterbildung" lautete eine Hauptüberschrift in Foersters Buch: „Moderne Jugend und christliche Religion" (früher „Religion und Charakterbildung"). Er hielt es für notwendig, ihre Autorität wieder zur Geltung zu bringen, und klagte seine Zeit an: „Noch niemals wurde die Notwendigkeit autoritativer Führung in ethisch-religiösen Grundfragen so radikal bestritten und mit solcher Selbstgewißheit als überwundene Phrase einer unmündigen Vergangenheit bezeichnet, wie gerade in unseren Tagen"[6]).

Gegenüber der Repräsentation sittlicher Werte schien Foerster ihre methodische Vermittlung im Unterricht nur eine sekundäre Bedeutung zu haben. Von selbst vollziehe sich der Prozeß der Nachahmung. Jedenfalls könne der Erzieher in bezug auf einen wirklichen erzieherischen Erfolg von methodischen Maßnahmen nicht allzuviel erwarten. — Dennoch sind Foersters Bücher erfüllt von Anweisungen für richtiges erzieherisches Verhalten und von anschaulichen Beispielen aus der Praxis, d. h. also methodischen Hilfen.

3. Praxis der sittlichen Erziehung

„Die Pädagogik des Vertrauens" war ein Absatz in „Schule und Charakter" überschrieben. Die „psychologische" Kenntnis vom Kinde und jungen Menschen soll mit einer bejahenden Haltung verbunden sein. Nicht von außen, sondern von innen soll alle erzieherische Wirkung ausgehen, denn, „es kommt sehr darauf an, daß alle ethisch disziplinierende Einwirkung nicht mechanisch von außen wirke, durch bloßes Moralisieren und Korrigieren, durch angsterregendes Strafregime oder durch Spott und Sarkasmus, sondern durch liebevolles Eingehen auf die gesunden Interessen der Kinder, also durch die Pädagogik der Ermutigung und durch die Art von Festigkeit, die aus zielbewußter Liebe und nicht aus polizistischer Härte kommt." (S. 16)

Ehrgefühl und Selbstachtung begründen die Persönlichkeitsbildung des jungen Menschen. „Die Menschenwürde des Kindes" wurde in der bisherigen Erziehung übersehen und mißachtet — auch im Christentum. „Kein Begriff bedarf so der christlichen Taufe, wie der Begriff der Ehre". (S. 198) Abzulehnen sind ungesunder Ehrgeiz und übertriebenes Selbstgefühl, aber das „gesunde" Ehrgefühl ist unabdingbar für den Aufbau der Persönlichkeit. Der „Strafpädagogik" in Schule und Haus ebenso wie der Strafe am jugendlichen Rechtsbrecher warf Foerster vor, daß sie das Ehrgefühl des jungen Menschen nicht nur nicht achteten, sondern es vernichteten. Er führte aus, wie allein vom Selbstgefühl her die innere Umkehr des Fehlenden und der Wiederaufbau seiner Persönlichkeit möglich seien. Unter diesem Gesichtspunkt verstand er den Sinn der Strafe als „Sühne" und sah im Appell an das Ehrgefühl ein entscheidendes Mittel der Erziehung gerade in erziehungsschwierigen Fällen [7]).

In auffallender Weise entsprach auch der folgende von Foerster wiederholt vorgetragene pädagogische Gedanke den Intentionen der Reformpädagogik. Als Regel für den Erzieher formuliert, lautete er: Mache im erzieherischen Umgang die berechtigten Interessen, die positiven Ansprüche, die höheren Strebungen des Zöglings selbst zu deinen Bundesgenossen, bestärke sie und fördere damit die Selbsterziehung des Zöglings. Sein ursprünglicher Freiheitsdrang ist z. B. keineswegs ein Negativum, das unterbunden werden muß. Er muß vielmehr in die richtige Richtung gelenkt werden. Denn: „Wenn der Lehrer dies nicht versteht, wenn er sich nicht mit dem Freiheitsstreben des Kindes zu verbinden und dieses zu vergeistigen weiß, dann wird sich dieses Freiheitsstreben mit den niederen Trieben verbünden und gegen den Lehrer und seine Disziplin kämpfen — dann ist alles verloren" (S. 228). Der Erzieher soll also die berechtigten und sinnvollen Interessen, Wünsche und Bedürfnisse des Kindes zum Ansatz für seine Maßnahmen wählen. Dann kann er mit dessen Wollen und Bereitschaft rechnen.

Als Hebel sittlicher Erziehung, besonders in der Reifezeit, wollte Foerster die für dieses Alter charakteristische Neigung zu Übungen des bewußten Entbehrens und Verzichtens durchgeführt wissen. Er sprach von einer „Gymnastik des Willens" (S. 224), etwa im Befolgen des Vorsatzes, sich eine Zeitlang völlig ruhig zu verhalten, längere Zeit auf bestimmte Genüsse zu verzichten, Schmerzen zu ertragen, unangenehme Aufgaben zu verrichten usw. Solche „Askese", solche Mut- und Beherrschungsproben in sportlichem Sinne bewertete er hoch (S. 231). Er erinnerte an Pestalozzi, der im Stanser Brief ein Beispiel für eine geübte äußere „Attitude" als Mittel der sittlichen Erziehung anführte. In allen diesen Fällen werden die Willensenergien des Kindes angesprochen, geübt und entwickelt. Es wird ihm die Erfahrung ermöglicht, daß es sich in der Hand haben und etwas von sich verlangen kann. Die Bewährung stärkt sein Selbstbewußtsein.

Das Hauptthema von „Schule und Charakter" war das Problem der Schuldisziplin. Foerster führte aus, daß eigentliche Disziplin nicht durch den reinen Anspruch der Macht erreicht werden kann, weil diese die Menschenwürde und den Freiheitsdrang nicht achtet. „Lebensfähig kann nur eine Disziplin sein, die es versteht, die straffste Befehlsgebung mit der unbedingtesten Achtung vor der Menschenwürde des Gehorchenden zu verbinden und gerade diejenigen moralischen Bedürfnisse, die sich heute gegen die alte Disziplin auflehnen, zu Trägern einer neuen Ordnung zu machen". (S. 245) Disziplin soll sich mit Freiheit und Selbstverantwortlichkeit verbinden. Der Schüler soll selbst die Disziplin wollen und bereit sein, sie zu achten. Damit gewann für Foerster die „Schülerselbstregierung" als Hilfe für die disziplinäre Erziehung eine große Bedeutung, denn sie mobilisiert die freiwilligen Kräfte der Schüler. Statt der aufgezwungenen Zucht von außen erreicht sie die Selbstzucht von innen.

Foerster vertrat den „freiwilligen Gehorsam" oder, wie er auch sagte: „beseelten Gehorsam", d. h. den Gehorsam, der nicht „dressurmäßig und mit Appell an untergeordnete und sinnliche Motive durchgesetzt, sondern mit der innersten Persönlichkeit des Menschen verbunden" (S. 201) ist. Die Gehorsamsforderung soll anknüpfen an das verborgene Verlangen des Menschen nach Herrschaft seiner geistigen Kräfte über Körper und Sinne. „In jedem besseren Menschen, ja selbst in vielen scheinbar Verlorenen, trifft der Appell an heroische Selbstüberwindung auf eine tiefe Empfänglichkeit." (S. 201)

Der Gehorsam bedarf der Vorbereitung durch eine „Pädagogik des Gehorsams", die in der Weckung und Entwicklung einer inneren Bereitschaft für Ordnung, Gebot und Gesetz besteht. Foerster schloß mit diesem Gedanken an Pestalozzis Stanser Brief an, wo es heißt: „Notwendig mußte ich erst ihr inneres Selbst und eine sittliche Gemütsstimmung in ihnen wecken und beleben, um sie dadurch auch für das Äußere tätig aufmerksam, geneigt, gehorsam zu machen." (S. 203) Gehorsam kann nur dann als erzieherisches Mittel anerkannt und angewendet werden, wenn er aus dem eigenen sittlichen Willen des Gehorchenden heraus bejaht wird.

Foersters „Leitsätze für die neue Disziplin" lauteten: „Erstens muß die Autorität ihren Eingriff auf das unbedingt Notwendige und Wesentliche beschränken und im übrigen einen möglichst großen Spielraum für Freiheit und Selbstverantwortlichkeit gewähren — nicht nur um die Selbständigkeit zu ehren und Vertrauen zu zeigen, sondern auch um die Übung in der Selbstgesetzgebung zu ihrem Rechte kommen zu lassen. Zweitens muß man durch die ganze Tonart der leitenden und kontrollierenden Einwirkung das Ehrgefühl und das Selbstgefühl des Zöglings zu schonen verstehen. Drittens muß man alles daran setzen, die Ordnung nicht bloß von außen aufzupressen, sondern die ordnenden Kräfte im Charakter des Zöglings selber zur Mitarbeit zu gewinnen und die gewünschte Leistung des Gehorsams oder der Arbeit in die Sprache der stärksten Interessen des Jugendalters zu übersetzen." (S. 246)

4. Ethischer Unterricht

Im offenen und wahrhaftigen Gespräch bei irgendwelchen Gelegenheiten, auch im Unterricht der Schule, sah Foerster das pädagogisch umfassende, insbesondere für die sittliche Erziehung bedeutungsvolle Mittel der Erziehung. So wie Berthold Otto und Hugo Gaudig im Gespräch die natürliche Form des Erkennens und der Erwerbung eines Unterrichtsgehaltes fanden, hat auch Foerster den Wert des Gespräches für die sittliche Erziehung gesehen. Aus den Erfahrungen seiner in Zürich durchgeführten „ethischen Kurse für Knaben und Mädchen verschiedener Altersstufen" war als ein „volkstümliches Handbuch der ethischen Jugendlehre in Haus und Schule" seine „Jugendlehre" entstanden. In „Schule und Charakter" widmete er der „Methodik des ethischen Unterrichts" ein ausführliches Kapitel (S. 340—385).
Schopenhauer zitierend: „Moral predigen ist leicht, Moral begründen schwer" (S. 342) polemisierte Foerster gegen das in der Schule verbreitete sinn- und erfolglose Moralisieren. Demgegenüber knüpfte seine Methode an Pestalozzi an: „Bei ethischen Besprechungen mit Kindern nicht vom Gebote auszugehen, sondern vom Kinde, ihm zunächst seine eigenen konkreten Erfahrungen richtig deuten zu helfen, ihm den Zusammenhang von Ursache und Wirkung auf dem Gebiete menschlichen Tuns und Gehenlassen zu enthüllen und von dort aus stufenweise zur sittlichen Wahrheit emporzusteigen: diese Wahrheit wird dann nicht mehr als etwas Abstraktes erscheinen, das sich von außen dem Leben aufdrängen will, sondern als reifste Lösung der konkreten Schwierigkeiten des Lebens selber." (S. 343) Wendet sich diese „ethische Aufklärung" zunächst an den Verstand, an die Einsicht, so kommt es darauf an, „das Ethische so darzustellen, daß es nicht bloß den Verstand, sondern auch alle höheren Kräfte des Menschen für sich gewinnt." (S. 347)

Die Einsicht in das Wahre, Gute und Gerechte soll den sittlichen Willen und die ethische Verantwortung und Entschlußkraft bestärken. In seiner „Jugendlehre" waren es vorwiegend Beispiele aus dem freien Leben, die er auswählte, in „Schule und Charakter" waren es die einzelnen Unterrichtsfächer, wie Geschichte, Mathematik, Naturwissenschaften, Literaturkunde usw., die er auf ihren ethischen Gehalt zurückführte und aus denen er Ansätze für den ethischen Unterricht zu gewinnen suchte. „Der Lehrer sollte von Zeit zu Zeit auch im Unterricht einmal Pause machen und entweder in Anlehnung an den Lehrstoff (Geschichte, Literatur) eine Abschweifung auf persönliche Lebensfragen machen, oder direkt irgendeinen Schulkonflikt oder sonst ein Ereignis des täglichen Lebens zum Ausgangspunkt einer ‚menschlichen Aussprache' machen . . ." (S. 237)

Die hier angedeuteten pädagogischen Kernpunkte aus Foersters Werk zeigen ihn als einen der großen Reformer der Pädagogischen Bewegung. Er sah seine Lebensaufgabe darin, die zentrale Bedeutung der sittlichen Erziehung deutlich zu machen und sie pädagogisch zu realisieren. Seine Impulse bestanden nicht nur im Proklamieren der ethisch-religiösen Grundwerte, sondern in der Aufzeigung der praktischen Wege und Möglichkeiten sittlicher Erziehung im erzieherischen Umgang in Elternhaus und Schule. — Ein weiterer Schwerpunkt seiner Wirkung in der Reformpädagogischen Bewegung lag in seinem Beitrag zur staatsbürgerlichen Erziehung.

III. Die Religionspädagogische Reformbewegung

In den bisherigen Darstellungen der Reformpädagogischen Bewegung ist die Seite der religionspädagogischen Reform zu kurz gekommen bzw. übergangen. Der pädagogische Ansatz von der „Natur" des Kindes aus, die allgemeine Kritik an den traditionellen Formen der Schule und noch näher auszuführende Reformpläne für eine simultane Schule haben sogar den Anschein erwecken können, als sei die Reformpädagogische Bewegung im ganzen religiös indifferent oder sogar areligiös gewesen. Gewiß war sie keine spezifisch religionspädagogische Bewegung, aber an vielen Stellen läßt sich die Immanenz der religiösen Frage nachweisen, weiterhin lassen leidenschaftliche Auseinandersetzungen mit den traditionellen Formen das neue Suchen nach der religiösen Wahrheit erkennen und zudem hat es eine spezifische religionspädagogische Richtung der Reformbewegung gegeben.

Die Bezeichnung „Religionspädagogische Reformbewegung" entstammt jenen Jahren. Sie meinte den religiösen Erneuerungswillen von Theologen und Religionslehrern beider Konfessionen und bezog sich vor allem auf die Reform des Religionsunterrichts in den Schulen. Dessen Darniederliegen, Erfolglosigkeit und sogar gegenteilige Wirkung wurden weithin erfahren und bewußt gemacht. Ideen zur methodischen Neugestaltung standen in unmittelbarem Zusammenhang mit den anderen reformmethodischen Richtungen. Der Geist der Pädagogischen Bewegung war auch hier spürbar.

1. Bund für Reform des Religionsunterrichts

Der Hauptträger der Religionspädagogischen Bewegung auf evangelischer Seite war der 1911 in Jena gegründete „Bund für Reform des Religionsunterrichts". Auf dessen Hauptversammlung im darauffolgenden Jahre in Dresden legte sein Vorstand „Leitsätze über Reform des Religionsunterrichts" vor, die, von dem Theologen Heinrich Weinel begründet und interpretiert, im Organ des Bundes „Monatsblätter für den evangelischen Religionsunterricht" veröffentlicht wurden[9]). Sie waren „eine Zusammenfassung der wesentlichsten und wichtigsten Forderungen, die vom gegenwärtigen Stand der Theologie und der Pädagogik aus vertreten werden müssen, und deren baldige und gründliche Durchführung für den Erfolg des Religionsunterrichts in unseren Tagen eine dringende Notwendigkeit ist". (W)

Der Wille zur Reform erwuchs nicht aus methodischen Überlegungen reiner Zweckmäßigkeit, sondern aus einer tiefen Sorge über den fragwürdigen Stand dieses Unterrichts und seinen Mißerfolg. Es ging den Reformern „um die Religion und um die ernste Frage, ob nicht durch den seitherigen Betrieb des Religionsunterrichts mehr

Religion zerstört als gepflanzt worden ist. Um die Charakterbildung unseres Volkes ist es uns zu tun und darum, daß nicht die hohen Ideale, die unser Volk durch die Jahrhunderte geführt haben, durch einen geistlosen gesetzlichen Drill ihm so verekelt werden, daß er sich lieber modernen Flachheiten oder einem extremen Radikalismus hingibt, als dem, was eine Schule in mühsamem achtjährigem Unterricht in das Kind zu pflanzen versucht hat. Formen, die unerträglich geworden sind, müssen fallen, damit sie das Leben nicht ersticken." (W)

Als ausgesprochene „Fehler" des seitherigen Religionsunterrichtes wurden in den Leitsätzen genannt: „Die Anordnung des Stoffes nach ‚konzentrischen Kreisen'; die Zweiteilung des Unterrichts in Biblische Geschichte (Bibelerklärung) und systematischen Unterricht (Katechismuslehre); die Überfülle des Lehrstoffes...; die Verfrühung der Lehrstoffe und eine unkindliche Behandlung; die allzugroße Stundenzahl...; die Herrschaft der Kunstkatechese im Unterricht".

Zum Ziel des Religionsunterrichts wurde gesagt: „Der Religionsunterricht hat die Aufgabe, dem Kinde eine zutreffende Kenntnis von der Geschichte und dem Wesen der christlichen Religion zu vermitteln und dadurch zu seiner sittlichen Erziehung und zur Erweckung eigenen religiösen Lebens im Kinde mitzuhelfen". Entsprang diese Formulierung einem Kompromiß zwischen denen, die den Religionsunterricht mehr von seinen geschichtlichen Grundlagen her zu entwickeln und denen, die unmittelbar „Unterricht in der Religion" wünschten, so entsprach sie doch dem gemeinsamen Willen, ihn wesentlich als einen ausgesprochen erziehenden Unterricht durchzuführen. In der Unterstufe sollte die Erziehung vom Lehrer ausgehen — „In den ersten Schuljahren hat die unmittelbar erziehliche Einwirkung dem Religionsunterricht seinen Charakter zu geben" —, in der höheren Stufe sollte der Unterricht einen stärker objektiven Charakter tragen, und die Sache selbst, d. h. der Unterrichtsgegenstand, sollte erzieherisch wirken. Für die oberen Klassen der höheren Lehranstalten wurde ein wissenschaftlicher Unterricht unter starker Bezugnahme auf die Geschichte gefordert.

Charakteristischerweise wird in der gen. Formulierung des Zieles die pädagogische Aufgabe der religiösen Bildung als Mithilfe „zur Erweckung eigenen religiösen Lebens" bezeichnet. Dem Erzieher ist eine wichtige Aufgabe anvertraut, die aber in ihren Möglichkeiten sehr begrenzt ist, denn das Wachstum, die Entfaltung und Erweckung des religiösen Lebens können nur angeregt werden und dies kann nur in Freiheit ohne Zwang geschehen. So heißt es in der Interpretation: „Überhaupt gedeiht die zarte Pflanze persönlicher Religion und eigener Sittlichkeit nur in der Lebensluft der Freiheit. Wahre Charakterbildung wird nicht durch den Zwang der Autorität, erst recht nicht durch das System der Strafe und Belohnung, der Zensuren und des Sitzenbleibens gefördert, sondern durch die Anregung und Ausbildung der eigenen persönlichen Kraft unter der Einwirkung der Freude am Guten". (W)

In der weiteren religionspädagogischen Bewegung, die durch diese Leitsätze wesentlich gelenkt und aktiviert wurde, haben zwei früher genannte methodische Prinzipien eine besondere Bedeutung gewonnen: Zum ersten das Erlebnis. Im Gegensatz zur wissensmäßigen Vermittlung religiöser Gehalte und Glaubenssätze sollte das religiöse Leben im Erlebnis entzündet werden, und die Reformer erörterten die Möglichkeiten kindlichen religiösen Erlebens, seine Voraussetzungen, Bedingungen und Auswirkungen, ohne daß sich dabei eine übereinstimmende Meinung ergab. Zum zweiten fand die Arbeitsschulmethode auch im Religionsunterricht Anwendung. Auch hier sollte die Eigentätigkeit des Schülers an die Stelle passiver Hinnahme von Vorgetragenem treten. Die „quellenmäßige Erarbeitung religiöser Bildungsstoffe" hatte Partien der Bibel, Kapitel der Kirchengeschichte, religiöse Dichtung und religiöse Bildwerke zum Gegenstand. Die beiden sehr unterschiedlichen methodischen Reformen konnten in der Praxis miteinander vereint werden.

2. Die „Münchener Methode"

In der von Friedrich Schneider „Für Lehrer und Lehrerinnen und ihre Arbeitsgemeinschaften" herausgegebenen „Handbücherei der Erziehungswissenschaft" erschien 1922 die Schrift von Heinrich

Mayer „Religionspädagogische Reformbewegung". Der Titel enthielt das Programm und war charakteristisch genug. Bezogen auf den katholischen Unterricht sollte die notwendige Reform deutlich gemacht werden; denn, wie die Einleitung sagte, „1. war die Zeit bewegung immerhin schneller als die innere Umgestaltung des Religionsunterrichtes, 2. war die Reform meist auf engere Kreise beschränkt, und 3. tragen Lehrpläne und Lehrbücher noch das Gepräge vergangener Zeiten"[10]).

Den Ausgang bildeten auch hier nicht methodische Zweckmäßigkeitsüberlegungen oder gar der Gedanke einer reformmethodischen Gleichschaltung, sondern die religiöse Not. „Schneller und radikaler als bisher vollzieht sich in den Mengen aller Schichten ein Abfall von der Religion". In Verbindung damit wird von dem Zerfall der Familie gesprochen, besonders in bezug auf ihre fehlende Religiosität und damit ausbleibende religiöse Erziehungskraft, und von dem Zerfall des öffentlichen Lebens. „Ohne Gemeingefühl, in Weltanschauungen und Parteien zerklüftet, von Presse und mündlicher Rede aufgepeitscht, von Selbstsucht aller Art vergiftet, so rührt heute das öffentliche Leben an das Haus und an die bildsame Seele des jungen Menschen". Angesichts dessen erhoffte man „Rettung und Wendung" vom Religionsunterricht und „den damit verbundenen erziehlichen Tätigkeiten"[11]).

Die Reformgedanken der Schrift stützten sich auf die sog. Münchener Methode, d. h. die seit der Jahrhundertwende von dem 1887 gegründeten Katechetenverein in München betriebene und weiterentwickelte Neubelebung der Katechese. Die Münchner Methode war von Anbeginn insofern von der Reformbewegung beeinflußt, als sie an die Stelle der Katechismuserklärung die „lebendige Darstellung" als Einkleidung, Verkörperung oder Verwirklichung hatte treten lassen. Allerdings stand sie methodisch zunächst noch stark im Zeichen Herbartscher Formalstufen und unterschied einen Unterrichtsaufbau, der ausging von der Vorbereitung mit Zielangabe und über die Darbietung, Erklärung und Zusammenfassung zur Anwendung führte[12]).

Die Weiterentwicklung dieser Methode, die besonders unter dem Einfluß der Arbeitsschule stand und die nun in der genannten

Schrift in ihrer Notwendigkeit deutlich gemacht wurde, kam in dem „Prinzip der Selbsttätigkeit" zum Ausdruck. Zwar sei mit dem, was der Begriff des religiösen Erlebnisses aussage, die Grundlage der Religiosität gegeben, aber das Christentum dränge zur Tat und sei uns für das Leben gegeben. „Erst in der Berührung mit dem Nächsten und mit dem Gewebe des Lebens erhalten die inneren Vorgänge ihren Berechtigungsnachweis, erst daran entwickeln sie sich zum Charakter." Entsprechend habe es sich für den Religionspädagogen gezeigt, „wie gerade in einem so stark auf Erziehung gerichteten Unterrichtsgebiet die Selbsttätigkeit des Schülers von weittragender Bedeutung sein muß"[13]).

Ganz im Sinne der Arbeitsschule wurde nun die Selbsttätigkeit sowohl als eine manuelle (mit Zeichnen, Modellieren, Krippen- und Altarbau, Kirchenschmuck), wie als geistige Tätigkeit verstanden. Die letztere sollte den Vorrang haben und war der ersteren übergeordnet. Auf die „vergeistigte Arbeitsschulbewegung" und die unter dem Namen „Lebensschule" vom Katechetenverein herausgegebenen Arbeiten für den praktischen Unterricht wurde verwiesen. „Selbsttätigkeit hat hier vorwiegend die Bedeutung einer Erziehung und eines Unterrichts aus dem Leben für das Leben". — Die in diesem Sinne weiterentwickelte Münchner Methode ist dann maßgebend für die meisten katholischen Lehrbücher und die Unterrichtspraxis geworden.

3. Lebenskunde und Sittenlehre

Beiden Konfessionen und zugleich außerkonfessionellen Kreisen gemeinsam waren in jenen Jahren Bestrebungen zur Entwicklung und Praktizierung einer Lehre für die Schule und die außerschulische Erziehung, die an die Stelle des Religionsunterrichtes treten oder ein Bestandteil von ihm sein sollte und für die Bezeichnungen wie „Lebenslehre" oder „Sittenlehre" angewandt wurden.

So hieß es in den gen. „Leitsätzen", daß in der Berufsschule, damals Fortbildungsschule genannt, kein eigentlicher Religionsunterricht durchgeführt werden solle, „höchstens kann eine allgemeine ‚Lebenskunde' eingeführt werden", weil, wie die Interpretation besagte, „alle Erfahrung beweist, wie unfruchtbar gerade in diesen Entwicklungsjahren unserer Volksjugend der Versuch einer Gesinnungszüchtung unter Zwang ist" (W). Die Lebenskunde soll wohl „auf das religiöse Leben in der christlichen Kirche in ihrer Tätigkeit gebührend Rücksicht nehmen" und zu einer religiösen Erziehung beizutragen versuchen, aber ihr Gegenstand ist das Leben mit den Aufgaben und Problemen eben dieser jungen Menschen.

Eine sittliche Lebenskunde oder ein moralpädagogischer Unterricht wurde auch dort in Erwägung gezogen und gefordert, wo die nichtkonfessionelle Schule propagiert wurde. Der Philosoph und Pädagoge Paul Natorp hatte von der Konzeption seiner Humanitätsreligion aus eine pädagogische Reform in diesem Sinne gefordert, und in ähnlichen Gedankengängen bewegten sich die Diskussionen, als in den Jahren der Weimarer Republik die Aufhebung der alleingültigen Konfessionsschule schulpolitische Aktionen initiierte. Dabei war die „Lebenskunde" keineswegs als religiös indifferent gedacht, wohl aber immer als ein offener Unterricht im Vergleich mit dem rein konfessionellen und dogmatischen. Er sollte auf die konkrete Situation der Gesellschaft jener Tage und ihre unterschiedlichen Richtungen bezogen sein, der jeweiligen Altersstufe entsprechen und von den Fragen der Jugend ausgehen.

Im Rahmen der katholischen religiösen Erziehung wurde als Beitrag der Reformbewegung die Sittenlehre oder auch „Religiöse Moralpädagogik" wirksam. In dem Band zur religionspädagogischen Reformbewegung ist Foerster mit genannt als einer derjenigen, die beigetragen haben, moderne Fragen der religiösen und sittlichen Erziehung bewußt zu machen, die zuvor als Problem nicht gesehen worden waren. Es war dies „die Frage nach der Berechtigung und Notwendigkeit einer natürlichen Begründung und Motivierung der Sittlichkeit im Rahmen der religiösen Unterweisung." (98) Was dann unter dem Stichwort „Sittenlehre" ausgeführt wurde, war die Interpretation von Fragen im Leben des Kindes in Schule und Haus, die in gesprächsweiser Behandlung in ihrer Bedeutung erklärt und in ihrer sittlichen Relevanz deutlich gemacht werden sollten. So war hier im Rahmen der religiösen Erziehung, fußend auf der Münchner Methode, ein neuer didaktischer

Bereich im Sinne der Reformbewegung aufgezeigt, der ebenso. Foersters ethischem Unterricht wie der Lebenskunde nahe stand. — Daß gerade in diesem Fragenkomplex die Meinungen differierten, braucht kaum angedeutet zu werden.

Neunter Abschnitt:
Die Begründung der staatsbürgerlichen Erziehung

Bereits in den Anfängen der Pädagogischen Bewegung, also zur Zeit der konstitutionellen Monarchie, wurde *die* Form der politischen Erziehung entwickelt, die in ihren Grundprinzipien der Demokratie entspricht. Sie ergab sich aus der Konzeption des „Staatsbürgers" als des Trägers des Staates und sie folgte notwendig den Vorstellungen, die mit ihm und seiner Aufgabe verbunden wurden. Im Weimarer Staat fand dann die staatsbürgerliche Erziehung ihre verfassungsmäßige Legitimation, die ihr allerdings nur in geringem Umfang zum praktischen Erfolg verhelfen konnte. Nach 1945 wurden auf Grund der inzwischen gemachten Erfahrungen die Aufgaben der politischen Erziehung im staatsbürgerlichen Sinn voll aufgenommen. Damit wuchs auch das Interesse an den Anfängen der politischen Erziehung im Rahmen der Reformpädagogik, deren Grundriß im folgenden aufgezeigt werden soll — ausgehend von einem kurzen Rückblick auf frühere Phasen der politischen Erziehung.

I. Die Wendung zur „Erziehung des Staatsbürgers"

Eine umfassende Geschichte der politischen Erziehung im Abendland hätte mit der Darlegung der politischen Strukturen zu beginnen, die in geschichtlicher Wirklichkeit und Theorie in den Stadtstaaten des alten Griechenland entwickelt worden sind. Unser heutiger Sprachschatz im politischen Bereich ist ein Beweis, wie sehr wir nach über 2000 Jahren heute noch auf diesen Traditionen fußen. Die „Politeia" von Plato ist ein klassisches Werk, nicht allein über den Staat, sondern auch über eine politische Erziehung, von Rousseau zuerst als solches gewürdigt.

1. Nationale Erziehung im 19. Jahrhundert

Die neuere Entwicklung der politischen Erziehungsidee führt vom aufgeklärten Absolutismus über die Französische Revolution, die nationale Befreiungsbewegung in Deutschland, die konservativen und liberalen Staatstheorien, über Hegel und Marx zu den Ideen der 48er Jahre des vorigen Jahrhunderts. Fichte, Arndt und Stein waren Vertreter eines pädagogischen Nationalismus, der vielfach zum Chauvinismus verengt wurde. Die sozialerzieherischen Bestrebungen und politisch-pädagogischen Forderungen vor allem auch der Lehrer in den 48er Jahren zeigten deutlich eine neue Willensrichtung, die aus einem demokratischen Auftragsbewußtsein kam. — Praktisch verblieb die politische Erziehung teils noch im aufklärerischen Denken des 18. Jahrhunderts, teils in den Bahnen des Nationalismus der Freiheitskriege[1]).

Die Erziehungswirklichkeit der Schule des 19. und zunächst noch des 20. Jahrhunderts war von dem gleichen ausgeprägten Nationalismus getragen, der das öffentliche Leben kennzeichnete. Der deutsche Bürger war der gehorsame Diener seines Staates, er fand gut, was die Regierung anordnete, sein Blick richtete sich auf den Landesherrn, dem er sich in unwandelbarer Treue verbunden und verpflichtet fühlte. In Liedern und bei Schulfeiern, anläßlich der Geburtstage des Herrscherhauses und der Siegestage, in den Schulbüchern, vor allem auch im laufenden Geschichtsunterricht kamen die Liebe und Verehrung gegenüber dem regierenden Hause zum Ausdruck. „Heil Dir im Siegerkranz . . ." lautete die Nationalhymne. Die „ruhmreichen" Kriege und die Taten der siegreichen Feldherren nährten den Nationalstolz, der Blick richtete sich auf Friedrich den Großen, auf die Hohenstauffenkaiser, besonders auf den alten Barbarossa, der der Sage nach im Kyffhäuser auf die Einigung des Reiches wartete. Nachdem das Reich 1871 geeint war, waren es die vorangegangenen Siege, vor allem der von Sedan, und die Kaiserproklamation von Versailles, deren Gedenktage neben

234

des Kaisers Geburtstag Höhepunkte im Ablauf der Feste des Jahres bildeten. Diese nationale Volkserziehung durchdrang auch die Schule, erfüllte ihren Geist und entsprach darin folgerichtig der öffentlichen Meinung. Sie erhielt im ersten Weltkrieg neuen Auftrieb und war auch nach der Niederlage und der Gründung der Weimarer Republik keineswegs beendet.

2. Wahlrecht und politische Erziehung

Unterschwellig hatte bereits in den ersten Jahrzehnten des Deutschen Reiches eine andere Entwicklung begonnen. Die Verfassung hatte den Bürgern das Wahlrecht verliehen, zwar nur das Klassenwahlrecht, damit aber doch das Recht, durch den Wahlakt an der Lenkung der Geschicke des Staates teilzuhaben. Unmittelbar aus diesem Recht wurde die Aufgabe abgeleitet, die heranwachsende Jugend erzieherisch auf diese politische Mitwirkung vorzubereiten. Die Mündigkeit, auf die hin alle Erziehung zielt, mußte die Wahlmündigkeit, und d. h.: die politische Mündigkeit mit umfassen. „Die moderne Pädagogik hallt wider von dem Ruf nach staatsbürgerlicher Erziehung", sagte Eduard Spranger 1913 und führte dazu weiter aus: „Es ist daher nur die innere Konsequenz der Verleihung des Wahlrechtes, daß eine politische Erziehung in Deutschland notwendig wurde. Die Schule mußte in Deutschland politisiert werden. Der öffentliche Geist, der in Amerika und England sehr alt ist, befindet sich bei uns noch in der Entstehung. Die Jugend zu erziehen, hieß aber nunmehr auch für uns, sie für diesen öffentlichen Geist und durch diesen öffentlichen Geist zu bilden, sie hineinwachsen zu lassen in das System der Rechte und Pflichten, das jeden erwartet, sie zu erfüllen mit dem sittlich-politischen Verantwortlichkeitsgefühl, mit den positiven Kenntnissen, mit der Kraft und dem Gemeinsinn, ohne die ein Staat mit solchem Wahlrecht nicht zu existieren vermag. Dieses Recht spricht aus, daß eine Nation als Träger der politischen Einheit angesehen wird. Aber die Nation muß eben zum Tragen fähig sein und Einsicht in die Bedeutung ihrer Aufgabe besitzen"[2]). — Die beiden Hauptvertreter der neuen politischen Erziehung waren Georg Kerschensteiner und Friedrich Wilhelm Foerster.

Die Königliche Akademie gemeinnütziger Wissenschaften zu Erfurt hatte im Frühjahr 1900 ein Preisausschreiben verkündet mit dem Thema: „Wie ist unsere männliche Jugend von der Entlassung aus der Volksschule bis zum Eintritt in den Heeresdienst am zweckmäßigsten für die bürgerliche Gesellschaft zu erziehen?" Der Verfasser der anonym eingereichten und mit dem ersten Preis ausgezeichneten Arbeit war Georg Kerschensteiner. Seine Arbeit erschien 1901 unter dem Titel „Staatsbürgerliche Erziehung der deutschen Jugend"[3]. Die Fragestellung des Preisausschreibens hatte sich nur auf die männliche Jugend und nur auf den Zeitraum zwischen Schulentlassung und Wehrdienst bezogen. Kerschensteiner handelte von *der* deutschen Jugend und ohne altersmäßige Begrenzung. Die staatsbürgerliche Erziehung beschäftigte ihn weiter und im Jahre 1910 gab er seine Schrift: „Der Begriff der staatsbürgerlichen Erziehung" heraus.

Nachdem schon in Foersters „Schule und Charakter" das Thema der politischen Erziehung angeschlagen war, erschien 1913 sein Werk „Staatsbürgerliche Erziehung". Die dritte stark erweiterte Auflage 1918 trug den Titel „Politische Ethik und politische Pädagogik" mit dem Untertitel „Mit besonderer Berücksichtigung der kommenden deutschen Aufgaben"[4]. Wenige Wochen vor der Novemberrevolution war das Manuskript abgeschlossen. Foerster ist nicht nur für die politische Erziehung eingetreten, sondern hat selber wiederholt in energischer und mutiger Weise zu politischen Tagesfragen Stellung genommen. „Erlebte Weltgeschichte" nannte er seine Memoiren (1953).

II. Das Bild des Staates bei Kerschensteiner und Foerster

1. „Das höchste äußere sittliche Gut"

In seiner Preisschrift sagte Kerschensteiner, daß der Staat vor allem der Selbsterhaltung und der Volkswohlfahrt diene. Zunehmend entwickelte sich dann seine Ideologie des Staates dahingehend, daß er im Staat „das höchste äußere sittliche Gut" erblickte. Als höchsten in der Reihe der irdischen Werte, nach denen zu streben dem Menschen aufgegeben ist, betrachtete er den Staat unter vorwiegend ethischem Gesichtspunkt. Für seine Staatsauffassung waren Gedanken Friedrich Paulsens in dessen „System der Ethik" konstituierend.

Kerschensteiner sprach in seinen staatsbürgerlichen Schriften weniger vom realen Staate, nahm überhaupt kaum Bezug auf konkrete Fragen etwa der Verfassung, Gesetzgebung, der Staatsformen und dergl., sondern ging von einer Idee des Staates aus, der Idee eines vollkommenen, bisher unverwirklichten, aber realisierbaren Staates. Aufgabe der Erziehung sei es, mitzuwirken, daß die sittliche Idee des Staates sich verwirkliche, daß wenigstens der gegenwärtige Staat „diesem unendlich fernen Ideale eines sittlichen Gemeinwesens"[5]) ein Stück näher komme. Diese Grundauffassung war geeignet, die staatsbürgerliche Erziehung vorwiegend zu einer sittlichen Aufgabe werden zu lassen.

Die Beziehung des Staates zum Einzelnen faßte Kerschensteiner als ein Spannungsverhältnis auf, in dem sich die auf das Ganze des Gemeinwesens gerichteten und vom Ethischen her motivierten Grundsätze des Staates zu den natürlicherweise egozentrischen Interessen des Einzelnen befinden. Es schien ihm bedenklich, daß „das allgemeine Staatsbürgertum" der konstitutionellen Monarchie eine „beinahe schrankenlose Ausdehnung der persönlichen und politischen Freiheiten und Rechte" gebracht habe — und dazu noch „dem staatsbürgerlich in keiner Weise erzogenen Volke". Sein Urteil über den besten Staat lautete: „... nach dem Maßstab der Ethik gemessen ist zweifellos *der* Staat der beste, der bei dem größten Maße persönlicher und politischer Freiheit des einzelnen oder der Familie oder der Gemeinde die machtvollste Einheit zu bilden imstande ist"[6]). Dazu aber ist Erziehung notwendig.

2. „Politische Ethik"

Auch Foersters Staatsauffassung ging von ethischen Wertvorstellungen und tiefer religiöser Überzeugung aus. „Politische Ethik" stand über seinem Hauptwerk, und er hat sich sein Leben lang im Kampf befunden gegen den Staat, der sich seiner Meinung nach nicht an die sittlichen Grundsätze hielt: den Staat Bismarcks, die neuen Machtbestrebungen nach dem Zusammenbruch und natürlich gegen den Hitlerstaat. Er wollte im Grunde den Staat selbst erziehen. So enthielt sein Buch (3. Aufl.) Kapitel über die „Ethik des Regierens", über „Staat und Sittengesetz", und er forderte, „daß der Staat selber in all seinen Praktiken nach außen und nach innen den sittlichen Mächten einen vorbildlichen Gehorsam leistet".

Immer wieder hat Foerster aufgewiesen, wie seiner Meinung nach der Staat, das heißt vor allem der deutsche, in konkreten politischen Situationen nach sittlichen Maßstäben hätte handeln sollen. Der historische Konflikt zwischen „Staatsraison" und „Gesinnung" war ihm ein entscheidendes Problem, und im Gegensatz zum Machiavellismus forderte er die Erneuerung des Staates aus den persönlichen Kräften des Sittlichen. „Wer in einer Zeit egoistischer Zersetzung wirklich die soziale Wiedergeburt vorbereiten will, der muß den Staat zuerst einmal in den Tiefen der Seele fundamentieren, muß dort durch tiefdringende religiös-sittliche Einwirkung das Streben nach Recht und nach Gemeinschaft an Stelle des Strebens nach Vergewaltigung setzen — dieser allein wirklich konstruktiven Methode aber wird durch die Proklamation der nackten Gewalt als Mittel politischer Reorganisation geradezu Hohn gesprochen"[7]).

Für Foerster war es die entscheidende Frage, ob der Staat und seine Politik den ewig gültigen ethischen Grundsätzen der überzeitlichen Wertordnungen entspreche und sich darin als Erzieher der Menschen erweise. Der Staat sollte die sittlichen Gebote zu seiner Norm machen und durch eine „politische Pädagogik" sittlich orientierte Bürger erziehen, die ihn tragen können.

III. Die Gesinnung des Staatsbürgers

1. „Sittliche Staatsgesinnung" und „soziale Kultur"

Das Bild des Staatsbürgers war bei Kerschensteiner durch sittliche Qualitäten gekennzeichnet, durch Tugenden, die ihn fähig machen, sein Leben in Überwindung egoistischer Triebe und Neigungen ganz in den Dienst der überpersönlichen Idee des größeren Ganzen, des sittlichen Gemeinwesens zu stellen. Als solche Tugenden nannte Kerschensteiner in seiner ersten politischen Schrift die berufliche Tüchtigkeit und Arbeitsfreudigkeit, die Selbstbeherrschung, die Hingabe, die Gerechtigkeit, die vernünftige Lebensführung[8]), die vor allem der Überwindung des Egoismus dienen sollten. Später gebrauchte er Begriffe wie moralischer Mut, selbstloses Wohlwollen, Hingabesittlichkeit und Verantwortungsfähigkeit, unter denen vor allem die „Hingabesittlichkeit" seine Staatsbürgerethik bestimmte. Der Staat bedürfe einerseits sittlich hochstehender Bürger, um selbst ein sittlich wertvoller Staat zu sein, die Bürger anderseits erlangten ihre sittlichen Qualitäten vor allem dann, wenn sie in einer sittlichen Gemeinschaft die Möglichkeit hätten, diese zu betätigen und zu entwickeln, — ein charakteristischer pädagogischer Zirkel. Das Ziel umfassend sprach Kerschensteiner vom „staatsbürgerlichen Charakter", von der „staatsbürgerlichen Gesinnung" und von der „sittlichen Staatsgesinnung", die er wie folgt umschreibt: „Das letzte Ziel der staatsbürgerlichen Erziehung ist also die Erziehung zur sittlichen Staatsgesinnung. Diese aber ist nichts anderes als das Erfülltsein von der sittlichen Staatsidee und die Bereitschaft, durch das eigene Tun und Lassen an der Entwicklung des gegebenen Staates in der Richtung der sittlichen Staatsidee mitzuarbeiten"[9]).

Foerster, der ab 1918 zunehmend neben „staatsbürgerlicher" von „politischer" Erziehung sprach, entwarf das Bild des Staatsbürgers weniger mit abstrakten Begriffen, als daß er lebendige Situationen und Beispiele staatsbürgerlicher Haltung schilderte. Sein Blick richtete sich auf die englische Erziehung, die ihm im Vergleich mit der deutschen den Vorzug zu haben schien, und die er darum der deutschen als Vorbild vor Augen stellte. Allgemeine Qualitäten des Charakters waren für Foerster zugleich Elemente der politischen Erziehung. Daß das höhere Ich die Oberhand gegenüber dem niederen gewinnt, daß Tugenden wie Pünktlichkeit, Festigkeit und Zuverlässigkeit dominieren, galt ihm als Voraussetzung und Ziel einer Erziehung des Einzelnen in der Gemeinschaft. Die Gemeinschaftsidee war ihm grundlegend für die politische Erziehung; er sprach von „Sozialerziehung", „sozialer Kultur", von „staatlicher Kultur" im Zusammenhang der politischen Erziehung des Staatsbürgers.

Das Gemeinwesen des Staates bildete für Foerster nicht eine harmonische Einheit, sondern enthielt die Spannung von Gegensätzen; „staatliche Kultur aber ist die Einheit von Gegensätzen, und zwar die Einheit von Gegensätzen in bezug auf vitale Lebensinteressen und Lebensüberzeugungen". (S. 389) Diese Gegensätzlichkeiten waren bei ihm nicht, wie bei Kerschensteiner, nur eine zu überwindende Unvollkommenheit, sondern eine Realität, die der Gemeinschaft immanent ist und mit der immer zu rechnen ist. Er grenzte seine Position gegen die Kerschensteiners ab, indem er sagte, daß dieser „zu einseitig in der Sozialpädagogik stecken bliebe". (S. 442) Dagegen stellte er das „staatsbürgerliche Denken" und umschrieb es wie folgt: „Staatsbürgerliches Denken heißt: Wahre Gemeinschaft mit Andersdenkenden und Anderswollenden pflegen, heißt: Ohne selbstsüchtige Angst in ritterlicher Weise auch der stärksten Opposition Spielraum und Existenzberechtigung gewähren." (S. 7) Aus dieser Grundauffassung der staatsbürgerlichen Situation und damit der zu fordernden staatsbürgerlichen Gesinnung erwuchsen in Foersters Bild des Staatsbürgers bestimmte Züge einer neuen politischen Grundhaltung.

2. Ritterlichkeit, fair play

Für Foerster zeigte sich diese Grundhaltung in der Weise, in der sich politische Auseinandersetzungen vollziehen. Vorbildlicher Stil war für ihn, wie das eben wiedergegebene Zitat zeigt, durch das Wort „ritterlich" gekennzeichnet. Einen Abschnitt seines Buches hat er mit „Ritterliche Erziehung" überschrieben (S. 433 f.). Er interpretierte den Begriff der Ritterlichkeit im Blick auf dessen Entstehung im Mittelalter als eine „Veredelung des Kampftriebes" (S. 434). Im Kampf kann „eine Gemeinschaft mitten in der Trennung" dasein und sogar im gegenseitigen Vernichtungskampf „ein ganz neuer Begriff von Mannesehre" entstehen. „Aus dieser Veredelung der Kampftriebe stammen alle höheren Sitten auch des politischen Kampfes: daß man sachlich kämpft, ohne Mitwirkung gemeiner Instinkte, daß man den Gegner nicht persönlich erniedrigt, seine Sache nicht entstellt, über seine Niederlage nicht frohlockt, sondern gerade im Siege das Selbstgefühl des andern schont, es wieder aufrichtet durch einen Akt persönlicher Anerkennung — also die Liebe auch über dem Kampfe wachsen läßt." (S. 434) Sinngleich verwandte Foerster auch den Begriff „fair play", dem friedlichen Wettkampf des Sportes entnommen. „Zum Begriff des wahren Staatsbürgertums gehört jener Begriff des fair play, des gerechten Spiels, jenes Streben, den Gegner mit den gleichen Waffen zu versehen, die man selber hat, und seine Rechte ebenso hoch zu achten, wie die eigenen, das im ganzen politischen Parteileben der angelsächsischen Rasse unbestreitbar eine so große und vorbildliche Rolle spielt." (S. 7)

3. Toleranz, Überzeugungstreue und Verständigungswille

Foerster nannte weiterhin in Verbindung miteinander „Toleranz und Überzeugungstreue". Sie gehören zusammen, weil „Toleranz" allein nicht besagt, daß der eigene Standpunkt festgehalten werden sollte. Foerster sah hier ein Problem und bezeichnete dessen Behandlung in Lessings „Nathan der Weise" als falsche Lösung, weil dort „das Element der charaktervollen Überzeugung zu kurz kommt". Demgegenüber sagte er: „Wahre Toleranz muß mit dem stärksten und unerschütterlichsten Glauben an die innerlich erfaßte Wahrheit vereinbar sein, ja sie soll sich gerade dort bewähren, wo man die volle Gewißheit hat, daß der andere auf dem Wege des Irrtums ist". (S. 448) Er nannte diese Toleranz, die den eigenen Standpunkt nicht erschüttert, die „echte Toleranz".
Als das dritte Merkmal der angestrebten neuen politischen Haltung stellte Foerster den Verständigungswillen heraus. In einem Abschnitt seines Buches, den er „Friedenspädagogik" (S. 460) überschrieb, sagte er: „Die wirkliche Wehrkraft eines Staatswesens ... beruht auf dem konsequenten Willen zur Verständigung und zur Selbstzucht, der in Wort und Schrift jedes einzelnen Bürgers zum

Ausdruck kommt und demgemäß auch nach außen ausstrahlt".
(467) Seine Ausführungen zur „Friedenspädagogik" bezogen sich
besonders auch auf die Frau, die für sie notwendige staatsbürgerliche Erziehung und ihre friedenstiftende Mission.

4. Verantwortlichkeit

„Der wichtigste Träger sozialer und staatlicher Kultur ist das
Verantwortlichkeitsgefühl". (S. 406) Unter diesem Zeichen der
„Verantwortlichkeit" stand sein ganzes Buch, weil er es für „dringend notwendig" hielt, wie er in der Einleitung sagte, daß „an die
Stelle der einfacheren sozialen Bindemittel ein tieferes Verhältnis
des einzelnen zum staatlichen Ganzen tritt" (S. 2). Hierin lag für
ihn das Kennzeichen der neuen Erziehung im demokratischen Sinne,
weil „die demokratische Entwicklung die Verantwortlichkeit für
das konkrete politische Geschehen immer mehr auf das Haupt jedes
einzelnen Bürgers legt und uns nötigt, die gleiche Aufmerksamkeit,
die Fénelon einst darauf verwendete, den Dauphin zum höchsten
Bewußtsein seiner Verantwortlichkeit zu erwecken, nunmehr der
staatsbürgerlichen Erziehung aller Volksgenossen zu widmen." (S. 3)
Herman Nohl hat damals die zentrale Bedeutung der Verantwortlichkeit für die neue staatsbürgerliche Erziehung unter Hinweis auf
Foerster deutlich hervorgehoben: „Solche Verantwortung erwächst, wenn man einen Menschen verpflichtet vor Werten, die er
selbst anerkennt, erwächst also nicht im bloßen Befehlsverhältnis,
sondern im freien Gemeinschaftsleben, wo die Aufgabe, die ich be-
komme, mir als Glied dieser Gemeinschaft übertragen wurde. Die
Selbstverantwortung ist die Subjektivierung der Verantwortung,
die eine Gemeinschaft mir auferlegt, zu der ich doch selbst mit ge-
höre, so daß ich mich hier doppelt sehe, von meinem Ich und zugleich von meinem Gliedcharakter aus. Das ist der tiefe pädagogische Sinn der neuen staatsbürgerlichen Erziehung, wie sie Foerster
und die anderen gesehen haben, der sie von aller Zeitbedingtheit
und politischen Lage unabhängig macht"[10]).

IV. Jugenderziehung im staatsbürgerlichen Sinn

Die erzieherischen Wege zur Heranbildung des Staatsbürgers, auf die Kerschensteiner und Foerster hingewiesen und die sie z. T. in bemerkenswerter Übereinstimmung im einzelnen entwickelt haben, erstreckten sich über die Schulerziehung auf die Breite der Jugenderziehung. Die außerschulischen Faktoren wurden vor allem von Foerster vertreten, die schulischen — Arbeitsschule und Berufsbildung zusammen — von Kerschensteiner. Auf den „Schulstaat" und die „Schülerselbstregierung" haben sowohl Foerster als auch Kerschensteiner hingewiesen.

1. Funktion der Familie

In dem Abschnitt „Die Methoden und Stufen der staatsbürgerlichen Erziehung" nannte Foerster die Familie „die eigentliche Erziehungsanstalt für soziale Kultur", weil sie „fundamentale Gelegenheiten zur Einordnung in den Kreis der ‚Mitgeborenen', zur Fürsorge für die Jüngeren, zur Unterordnung unter die Respektpersonen" bietet. (S. 398) Dabei wußte er wohl um den „Familienegoismus", stand aber doch im Gegensatz gegen „gewisse pädagogische Reformer" (S. 399) seiner Zeit, die die Familienerziehung kritisierten, weil sie nicht genügend den Gemeinsinn bilde. Foerster betonte ihnen gegenüber auch in sozialer Beziehung „die unersetzliche pädagogische Bedeutung der Familie". (S. 401) Allerdings habe sie nur dann auch eine sozialpädagogische Funktion, wenn der verantwortliche Erzieher über die Enge der Familie und ihren Egoismus hinausweise und sie dem Ganzen einer „höheren sozialen Kultur dienstbar" mache.

2. Jugendgemäße Dienste

Für das Jugendalter wies Foerster auf die bedeutende erzieherische Leistung der von dem englischen General Baden-Powell ins Leben gerufenen und geleiteten boy-scout-Bewegung, deren Prinzipien der „ritterlichen Hilfsbereitschaft", der „Sittenreinheit" und der

„Ehrenhaftigkeit" auch in Deutschland im Pfadfinderwesen weiter veredelt und ausgebreitet werden sollten. Hier würden die „natürlichen sozialen Instinkte der Knaben als ein Mittel der staatsbürgerlichen Erziehung" genutzt (S. 430) und im „gefährdetsten Alter" höhere Kräfte entwickelt, die zu der erstrebten sozialen Haltung hinführen.

Foerster hielt weiterhin eine Ausbildung dieser Art für wichtig: „Verhalten bei Unfällen, Rettung Ertrinkender, Übungen im Feuerlöschdienst, im Samariterdienst" (S. 431) und auch Rotekreuzdienst. Soziale Dienste für den Ernstfall seien von besonderer Bedeutung für eine soziale und damit auch politische Erziehung. Auch den Sport hat er als Übungsform für die fair-play-Haltung bejaht und nicht zuletzt die deutsche Jugendbewegung, mit der er sich in seinen Münchner Jahren eingehend befaßte und die er in einer großen Monographie darstellte[11]).

3. Arbeitsschule

Für Kerschensteiner war es das Ziel der Schule überhaupt — er glaubte es vor allem durch sein Modell der Arbeitsschule erreichen zu können — zum „brauchbaren Staatsbürger" zu erziehen. Zwei soziale bzw. politische Gesichtspunkte schlossen für ihn unmittelbar an die erziehende Funktion der Arbeit an:

Schon in seiner Züricher Rede hat er den „Pulsschlag des sozialen Lebens" in der Schule der Gegenwart vermißt und das Helfen und Dienen in der Zusammenarbeit mehrerer Schüler an einem gemeinsamen Werk für erzieherisch notwendig erachtet. „Dabei ist es ausgeschlossen, daß der einzelne für sich nur aus egoistischen Motiven arbeitet. Er muß sich einfügen in die Gruppe, muß helfen, dienstbereit sein, den Schwächeren belehren, und erlebt das Gefühl gemeinsamer Befriedigung wie gemeinsamer Täuschung"[12]). Später war es dann der Begriff der Arbeitsgemeinschaft, dem er eine zentrale Bedeutung für die Erziehung überhaupt und insbesondere für die soziale Erziehung beimaß.

Zum zweiten kennzeichnete Kerschensteiners Idee der erzieherischen Funktion der Schule, daß sie „die Aufgabe der Berufsbildung oder doch deren Vorbereitung"[13]) durchführt. Da der Beruf in einem höheren Sinne Dienst am Gemeinwesen sei, wirke die Schule in ihrer Gesamtheit als Stätte der zwar vorberuflichen, aber berufsvorbereitenden Erziehung zugleich in einem sozialen Sinne, befördere sie die „Versittlichung des Gemeinwesens" und damit den Fortschritt des Staates auf dem Wege zu seiner sittlichen Vervollkommnung. Sie übergibt dem Staat den sozial eingestellten jungen Staatsbürger[14]). —

4. Schule als Modell des Staates

Foerster wie Kerschensteiner entwickelten den Gedanken, daß die Schule in ihrer inneren Verfassung so strukturiert sein soll, daß sie der politischen Verfassung des Staates entspricht und damit auf ihn vorbereitet. „Die Schule kann keine Vorbereitung für das soziale Leben sein, ausgenommen sie bringt in ihren eigenen Organisationen die typischen Bedingungen des sozialen Lebens"[15]), sagte Kerschensteiner und forderte: „Aufgabe der staatsbürgerlichen Erziehung ist es nun, zunächst durch die rechte Gestaltung der Schulen, ihrer Schülerverbände, ihrer Arbeitsplätze und Arbeitsmethoden, die Zöglinge zu lehren, einer Gemeinschaft zu dienen, sie an die Pflicht zu gewöhnen, unter freiwilliger Einfügung, Unterordnung, gegenseitiger Rücksichtnahme, und nicht zuletzt unter freiwilligen persönlichen Opfern und unter Hochhaltung der moralischen Tapferkeit diese Gemeinschaft sittlich zu fördern. Sie hat weiterhin in den Zöglingen durch diese gemeinsame Arbeit jenes Verantwortungsgefühl für alles Tun und Lassen zu erwecken, das allein einen gesunden Boden für die Freiheiten liefert, die wir im modernen Staate so hochschätzen, und sie zu üben, den Widerstreit der Interessen, der auch in den kleinsten Arbeitsgemeinschaften der Menschen schon sich einstellt, nach den Maßstäben der Gerechtigkeit und Billigkeit zum Ausgleich zu bringen"[16]).
Die Schule sollte in ihrer inneren Organisation, in dem Stil des Zusammenlebens der Schüler und Lehrer, in dem Ethos, das sie bestimmt, vorbildhaft und vorausnehmend das verwirklichen, was ein sittlich gehobenes Gemeinwesen ausmacht. Sie ist mehr als ein

Staat im Kleinen, sie ist die Vorwegnahme des sittlichen Ideals des Staates, — dies jedenfalls sollte ihr Ziel sein. Schulleben und Schularbeit sind davon betroffen.

Für Foerster wurde die Vorstellung des „Schulstaates", wie er sie in den Vereinigten Staaten als „school city system" verwirklicht sah, zum Leitbild einer demokratisch strukturierten Schule. „In diesem Schulstaate wählen die Schüler ihre gesetzgebende Körperschaft, ja ihre Justizbehörde aus ihren eigenen Kreisen und unterwerfen unter dem obersten Vorsitz des Lehrers die Fragen und Konflikte des Schullebens einer durchaus demokratischen Behandlung." (S. 407) Auch auf ein deutsches Beispiel konnte er verweisen, den „Erziehungsstaat" Johannes Langermanns (S. 423), mit dem in einer Hilfsschule nach Grundsätzen von Stein und Fichte ein in der damaligen pädagogischen Fachwelt Aufsehen erregendes Modell einer Schule mit weitgehender Selbstverwaltung der Schüler geschaffen worden war[17]). Auch in den Landerziehungsheimen und in der ihnen Gestalt gebenden Schulgemeinde sah Foerster seine Ideen einer demokratischen, auf Selbstverwaltung beruhenden Schule verwirklicht.

5. Begründung der Schülermitverwaltung

Als ein Hauptmittel staatsbürgerlicher Erziehung in der Schule haben Kerschensteiner und Foerster die verantwortliche Mitbeteiligung der Schüler an der Schule gewertet, die damals sog. „Schülerselbstregierung". Beide nahmen damit Anregungen aus den Vereinigten Staaten auf, wie der Name „Schülerselbstregierung" als Übersetzung von selfgovernment bezeugt, beide sahen in der vollen Verwirklichung dieses neuen Prinzips eine entscheidende Reform der Schule.

Im Zusammenhang ihrer Funktion für die charakterliche Bildung der Schüler — „Die Bedeutung der Schülerselbstregierung für die Schuldisziplin" lautet ein Kapitel in „Schule und Charakter" (S. 274 f.) — leistet die Schülerselbstregierung einen entscheidenden Beitrag zur „staatsbürgerlichen Pädagogik" (S. 132), indem sie in der Gemeinschaft der Schule Charaktereigenschaften sozialer Art

herausbildet und so die Schule zum Abbild eines sittlichen Gemeinwesens macht. Ihr Ethos war für Foerster die Verantwortung für andere; entsprechend führte er sie in seinem Buche „Politische Ethik und politische Pädagogik" unter der Überschrift „Erziehung zur Verantwortlichkeit" ein und sagte hier: „Der wichtigste Träger sozialer und staatlicher Kultur ist das Verantwortlichkeitsgefühl, und dringendste Forderung der Sozialpädagogik ist es, daß der Jugend statt bloßer Lehre von den Pflichten des künftigen Bürgers reichste Gelegenheit zur Übung des Verantwortlichkeitsbewußtseins gegeben wird. Hier liegt der Grund für den hohen sozialpädagogischen Wert der sogenannten Selbstregierung und Selbstverwaltung der Zöglinge. Ich betone das nicht als ein Fanatiker des demokratischen Gedankens, nicht als ein Gegner der Autorität, sondern weil es kein wirksameres Mittel gibt, die Jugend zu politischer Gewissenhaftigkeit und zu politischer Mitarbeit in einem konstitutionellen Staate zu erziehen, als daß man sie frühzeitig übt, verantwortliche Vertrauensposten auszufüllen, selbstgewählten Vertrauensmännern strikten Gehorsam zu leisten und an der Durchführung geordneter Zustände selbsttätig mitzuwirken. Es ist das große Verdienst der angelsächsischen Pädagogik, die außerordentliche Bedeutung praktischer Übung der Jugend in der Verantwortlichkeit, in der Kunst des Befehlens, in der Selbstgesetzgebung, mit prinzipieller Klarheit erkannt zu haben." (406/407)
In der Selbsttätigkeit und Verantwortlichkeit gewinnen die Schüler ein neues inneres Verhältnis zur Schule. Die Ordnung, die sie selbst schaffen und wahren, ist für sie überzeugend und daher innerlich bindend und verpflichtend. Das Lehrer-Schüler-Verhältnis, in der alten Schule oft genug antagonistisch, wird offener und vertrauender, weil beide der gleichen Gemeinschaft verpflichtet sind. „Die Lehrer rühmen das neue System nicht nur, weil es sie von subalternen Aufgaben entlastet, sondern auch, weil es ihnen ein ganz neues Vertrauensverhältnis zu ihren Schülern gibt, auf Grund dessen sie viele Probleme der Jugendführung lösen können, die mit der polizeilichen Methode nie zu lösen sind ... Immer wieder zeigte sich, welches Interesse an der Ordnung, ja an der Weiterbildung geordneter Zustände die Jugend in dem Augenblicke zeigt, in dem sie ak-

tiv daran mitarbeiten und ihren Beteiligungsdrang sowie ihren Organisationstrieb auf positive Ziele richten kann"[18]).

Foerster und Kerschensteiner waren sich bewußt, daß die Umstrukturierung der bisherigen Schule in diesem Sinn nicht ohne weiteres von allen Lehrern akzeptiert werden würde und daß viele Lehrer mit Widerstand antworten würden, nicht zuletzt aus Sorge um ihre Autorität. Dazu sagte Foerster: „Diejenigen Pädagogen, die von der Selbstregierung der Schüler nichts wissen wollen, weil sie davon die Einengung der Lehrerautorität fürchten, verdienen überhaupt gar nicht den Namen „Erzieher". Und ganz besonders für die staatsbürgerliche Erziehung sind sie völlig unbrauchbar." (S. 414) Kerschensteiner hat dann in den 20er Jahren, als die Schülerselbstverwaltung durch Ministerialverordnungen zwar empfohlen war, aber noch immer nur geringe Resonanz in den öffentlichen Schulen fand, eindringlich auf die Voraussetzungen hingewiesen, die erfüllt sein müssen, soll die Schülerselbstverwaltung überhaupt gelingen: eine gewisse Freiheit in der örtlichen Gestaltung des Schulwesens, ein Konsensus im jeweiligen Lehrkörper, ein „Erziehungsgeist", „der auf Vertrauen zur Jugend und nicht auf Mißtrauen eingestellt ist", eine Verbindung der Organisationen der Schülerselbstregierung untereinander, die sich gegenseitig tragen sollen, und schließlich die Verbreitung ihrer Gedanken in der Öffentlichkeit.

V. „Zur Frage der staatsbürgerlichen Belehrung"

Unter dieser Überschrift hat Foerster (S. 511) zu der Frage Stellung genommen, ob und in welcher Weise auch Belehrung und Unterricht auf dem Gebiet der staatsbürgerlichen Erziehung notwendig sind. Von dem von ihm und von Kerschensteiner Gesagten ist festzuhalten:

1. Kritik

Für beide hatte grundsätzlich die staatsbürgerliche Belehrung eine sekundäre Stellung gegenüber der staatsbürgerlichen Erziehung. Kerschensteiner schrieb: „Zunächst gilt es, den gefährlichen Irrtum zu bekämpfen, der da meint, staatsbürgerliche Erziehung sei identisch mit staatsbürgerlicher Belehrung. Dann wäre derjenige der beste Staatsbürger, der die meisten staatswissenschaftlichen Kenntnisse hat. Das ist aber genau der gleiche Irrtum unserer Schülerbeurteilungen, die demjenigen die erste Note in Religion geben, der den Katechismus und die Bibel am vollkommensten hersagen kann"[19]).

Foerster übte die gleiche Kritik wie Kerschensteiner, gestand aber wie jener der Belehrung doch eine gewisse Bedeutung zu: „Auf dem Fundamente der oben besprochenen ethischen Einwirkungen ist dann gewiß auch eine eigentliche staatsbürgerliche Belehrung am Platze." (S. 511) Den Vorrang hatte für beide die unmittelbare Erziehung der inneren Haltung und des Verhaltens.

Ihre kritische Einstellung wurde verstärkt durch ihren Eindruck von den bisherigen Verfahren der staatsbürgerlichen Belehrung in den damals entstandenen Lehrplanentwürfen. Foerster beklagte, daß hier „ein Übermaß an trockenem Lehrstoff herangeschleppt" würde und sagte: „Der staatsbürgerliche Unterrichtsstoff, der von einer ganzen Reihe von angesehenen Pädagogen für Schulen und Lehrerseminare vorgeschlagen wird, bedeutet eine geradezu erschreckende Übertreibung". (S. 513) Er stellte fest: „Leider ist schon jetzt, am Anfang der ganzen Bewegung zu konstatieren, daß sich jene deutsche Gründlichkeit, die Hauptsachen und Nebensachen nicht zu unterscheiden vermag, des Faches der Bürgerkunde zu bemächtigen beginnt und — sogar für Mädchenschulen! — ein Übermaß an trockenem Lehrstoff heranschleppt, das nicht nur die Jugend mit Abneigung vor dem unabsehbaren staatlichen Mechanismus erfüllen muß, sondern auch den schon viel zu sehr belasteten Lehrkräften jede Möglichkeit nimmt, sich in tieferem Sinne auf eine wahrhaft pädagogische, d. h. auslesende Behandlung des schwierigen Stoffes vorzubereiten und das neue Fach zu lebendigen Anregungen zu verwerten." (S. 513)

2. Notwendiger staatsbürgerlicher Unterricht

In seiner Frühschrift zur politischen Erziehung gab Kerschensteiner an, was nach seiner Meinung dem Schüler vermittelt werden sollte:

„Einsicht in den Zusammenhang der Interessen aller und des Vaterlandes im besonderen, sowie die Lehre von der körperlichen Gesundheit, Betätigung dieser Einsicht in der Ausübung der Selbstbeherrschung, Hingabe, Gerechtigkeit und einer vernünftigen Lebensführung"[20]). Später hieß es: „Denn jedem in der Volksschulgemeinschaft aufwachsenden Kinde kann zum Verständnis gebracht werden: a) Was bietet uns die Gemeinschaft durch die öffentliche Fürsorge? b) Was für Pflichten erwachsen daraus dem einzelnen Mitgliede der Gemeinschaft? c) Welche Wechselwirkung besteht demnach zwischen den Eigenschaften einer auf Gerechtigkeit und Brüderlichkeit aufgebauten Gemeinschaft und der Sittlichkeit ihrer einzelnen Mitglieder? d) Was heißt demnach, Bürger einer Gemeinschaft sein, einer Familien-, Schul-, Orts-, Kreis-, Staatsgemeinschaft, welche Ansprüche darf er erheben, welche muß er befriedigen und welche Einrichtungen muß er mit allem Mute verteidigen"[21])?

Foerster äußerte: „Gerade das Unabsehbare der technischen Einzelfragen in Politik, Administration, Wirtschaft, Steuerwesen und Rechtsprechung des modernen Staates ist es ja, das so viele Menschen vor der Beschäftigung mit staatlichen Dingen zurückschrecken läßt". (S. 513) Daher gab er exemplarische Anregungen für eine „auslesende Behandlung, die an der Hand einfacher Begebenheiten aus dem gewöhnlichen Leben, die jeder Schüler verstehen kann" (516), eine Orientierung über Einrichtungen und Funktionen der Gemeinde und des Staatslebens gibt. Ein Brand und Wiederaufbau einer Scheune, ein Bauunfall, Familienfragen, ein Meineidsfall, Rechtsfälle überhaupt schienen ihm als Ansatzpunkte für die Erörterung staatsbürgerlicher Fragen geeignet. Er verwies auf Themen, die in damals neu erschienenen schweizerischen und französischen Lehrbüchern behandelt waren: „Humanität und Patriotismus, Pflichten gegen die niederen Rassen, die Brüderlichkeit innerhalb des Vaterlandes, Toleranz und Fanatismus, die Judenfrage, Gerechtigkeit, Grundsätze für die Reform schlechter Gesetze, Wahrhaftigkeit vom sozialen Standpunkte, die Erhaltung der staatsbürgerlichen Energie (Mäßigkeit und Keuschheit)". (S. 515) Foerster erkannte auch die Bedeutung des Unterrichtsgesprächs und der bewußt geübten Diskussionsführung für die politische Bildung: „Ein sehr fruchtbares Mittel zu politischer Bildung und Erziehung wäre auch eine Besprechung über die „Ethik der Diskussion". Wieviel fast unglaubliche politische und soziale Unkultur tritt bei uns gerade auf dem Gebiet der Diskussion hervor, selbst in hochangesehenen wissenschaftlichen Vereinen! Unausstehlich sind die Gesellen, denen der Vortrag eines anderen nur die Gelegenheit bietet, ihr eigenes Steckenpferd vorzureiten und dabei die Aufmerksamkeit völlig auf Seitengebiete abzulenken." (S. 518)

3. Staatsbürgerkunde im Weimarer Staat

Kerschensteiners und Foersters erste Anregungen zur staatsbürgerlichen Erziehung entstammten noch der Zeit der Monarchie. Mit dem politischen Umbruch von 1918 schien die Möglichkeit gegeben, sie in großer Breite zu verwirklichen. Der Weimarer Staat hat sie auch aufgegriffen und durch Verordnungen und Richtlinien in die Praxis aller Schularten einzuführen versucht. Die Weimarer Reichsverfassung gab in Artikel 148 die Richtlinie: „In allen Schulen sind sittliche Bildung, staatsbürgerliche Gesinnung, persönliche und berufliche Tüchtigkeit im Geiste des deutschen Volkstums und der Völkerversöhnung zu erstreben." — Dann hieß es: „Staatsbürgerkunde und Arbeitsunterricht sind Lehrfächer der Schule. Jeder Schüler erhält bei Beendigung der Schulpflicht einen Abdruck der Verfassung." Mit dieser Aufnahme der politischen Bildung in die Verfassung zeigten ihre Schöpfer, daß sie die Demokratie nicht allein durch die Politik verwirklichen wollten, sondern wesentlich durch die Erziehung der Jugend.

Eine Denkschrift, die der Ausschuß für staatsbürgerliche Bildung im Reichsministerium des Inneren herausgegeben hat, forderte: „1. Die Verstärkung des staatsbürgerlichen Unterrichts und der staatsbürgerlichen Erziehung in der gesamten Arbeit der Schule. 2. Eine Umgestaltung und Ausgestaltung der Lehrpläne und zwar sowohl stofflich wie methodisch, um der Staatsbürgerkunde als Lehrgegenstand und als Erziehungsprinzip Geltung zu verschaffen.

3. Eine Umgestaltung der Lehrerbildung und eine Fortbildung der schon im Amte befindlichen Lehrer für die staatsbürgerlichen Bildungsaufgaben. 4. Eine Revision, Umgestaltung und Neugestaltung der Lehrbücher, insbesondere der Geschichte und Staatsbürgerkunde. 5. Die Einführung von Schulverfassungen, die den Anforderungen demokratischer Erziehung zu dienen geeignet sind"[22]).

Nimmt man weitere Ausarbeitungen dazu, wie die Richtlinien der Reichsschulkonferenz von 1920, die Richtlinien zum Republikschutz von 1922[23]), die Arbeit des „Ausschusses zur Förderung der staatsbürgerlichen Bildung" und die Veröffentlichung der „Staatsbürgerlichen Woche", die das Zentralinstitut für Erziehung und Unterricht 1923 durchführte und über die es berichtete, dann werden die starken Impulse einer staatsbürgerlichen Erziehung sichtbar, die ebenso getragen waren von den Kräften der Pädagogischen Bewegung wie von den verantwortlichen Politikern des Weimarer Staates. Die Unterrichtsaufgabe trat dabei zunehmend in den Vordergrund. „Lehrstoffe sind nach Maßgabe der verschiedenen Schulgattungen die Grundtatsachen und Grundgedanken der Verfassung, der Wirtschaft und der Verwaltung im steten Hinblick auf die Rechte und Pflichten des Staatsbürgers", hieß es in den Richtlinien der Reichsschulkonferenz. Die Kunde vom Staat sollte zum Bewußtsein der sittlichen Verpflichtung des Bürgers gegenüber dem Staat führen. Wie wichtig hierbei die Kenntnis der Staats-Verfassung erschien, kam in der Überreichung eines Exemplars der Verfassung an jeden Schüler bei Schulabschluß zum Ausdruck. — Keineswegs wurde genügend gesehen, daß Stoffvermittlung an sich noch ohne erzieherische und gesinnungbildende Wirkung bleiben kann.

Die Praxis der neuen Staatsbürgerkunde sah anders aus als die Planung. Schon in den Schulbüchern wirkte der Geist einer neuen demokratischen Auffassung wenig überzeugend. Vielfach waren die alten nationalen Traditionen der monarchischen Zeit sichtbar. Das Ressentiment des verlorenen Krieges kam in den zeitgeschichtlichen Darstellungen zum Ausdruck. Dolchstoßlegende, Feindeinstellung, Ignorierung des Verständigungswillens, Ironisierung des Völkerbundes und der Demokratie waren hierfür charakteristisch. Entsprechend standen Lehrerschaft und Schülerschaft, letztere unter dem Eindruck der Einstellung ihres Elternhauses, den staatsbürgerlichen Erziehungsbestrebungen weitgehend ablehnend oder mißtrauisch gegenüber, und die demokratische Erziehung kam nur schrittweise vorwärts[24]).

Ein ähnliches Schicksal hatte die „Schülerselbstverwaltung" im Weimarer Staat. Mit großem Elan hatten Aufrufe und Bekanntmachungen des Preußischen und des Bayerischen Kultusministeriums wenige Wochen nach dem Novemberumsturz 1918 versucht, sie allgemein an den öffentlichen Höheren Schulen ins Leben zu rufen. (An der Abfassung des Berliner Aufrufes war Gustav Wyneken beteiligt gewesen)[25]). Aber diese Proklamationen, denen politische Inspirationen und zielgerichtetes Werben um die Schülerschaft allzu sehr anzumerken waren, stießen überwiegend auf Befremden und Widerstand und erreichten wenig. So konnten staatsbürgerlicher Unterricht und Schülerselbstverwaltung in den öffentlichen Schulen der Weimarer Republik noch keinen nennenswerten Beitrag zur staatsbürgerlichen Erziehung leisten.

Zehnter Abschnitt:
Intentionen der Einheitsschulbewegung

Die verschiedenen bisher behandelten Richtungen der Reformpädagogischen Bewegung lassen sich, soweit sie auf eine neue erzieherische und unterrichtliche Orientierung der Schule zielten, der „inneren Schulreform" zuordnen. Daneben bestanden damals Schulreformintentionen, die sich auf organisatorische Fragen richteten, also die „äußere Schulreform" betrafen. „Innere" und „äußere" Schulreform waren eng miteinander verbunden. Bei der damals im ganzen größeren Effektivität der „inneren" darf die „äußere" nicht übersehen werden. Sie war gekennzeichnet, summarisch gesprochen, durch das Streben nach der Einheit des Schul- und Bildungswesens. Solche Intentionen reichen bereits in die Bildungsgeschichte des 18. und 19. Jahrhunderts zurück, als ausgesprochene Bewegung traten sie jedoch erst im 2. Jahrzehnt dieses Jahrhunderts in Erscheinung — unter dem Namen „Einheitsschulbewegung". In den Jahren der Weimarer Republik wurde sie zu einem Pädagogicum und vor allem auch einem Politicum ersten Ranges.

Das kennzeichnende Wort „Einheit" weist darauf hin, daß es ihr insgesamt um die Aufhebung von Unterschiedlichkeiten, Differenzierungen und Trennungen im Schulwesen ging zugunsten eines stärkeren Zusammenschlusses. Die genauere Betrachtung zeigt dabei Unterschiede in bezug darauf, was und wie vereinheitlicht werden sollte. Die Einheitsschulbewegung war von ihren Anfängen an vielschichtig, z. T. auch widersprüchlich, und sie wurde es um so mehr, als sie in das politische Aktionsfeld überging.

Zwei Hauptrichtungen hoben sich heraus, auf die nach einem kurzen historischen Rückblick auf das 19. Jahrhundert einzugehen sein wird: Überwiegend war es die Volksschullehrerschaft, die in ihrer Schule die Trennung nach Konfessionen aufgehoben (II,1), die die privilegierte sog. „Vorschule" durch eine gemeinsame „Grundschule" ersetzt (II,2) und die letztlich ein einheitliches, alle pädagogischen Einrichtungen umfassendes Bildungswesen durchgeführt wissen wollte. (III) Wenig berührt von solchen Bestrebungen, ihnen sogar mit Ablehnung gegenüberstehend, sahen weite Kreise der Höheren Schule das Kernproblem der Reform in der bestehenden Differenzierung verschiedenartiger Typen von Höheren Schulen und wollten von einem neuen Bildungsideal aus eine einheitliche Höhere Schule schaffen. Die Klage über die verlorengegangene Bildungseinheit (IV,1) verband sich mit der Idee einer neuen deutschen Bildung. (IV,2)

I. Historische Voraussetzungen der Einheitsschulbewegung

1. Schulforderungen der Französischen Revolution

Die Wurzeln der Einheitsschulbewegung lagen in der Französischen Revolution. Deren Grundprinzip der Gleichheit aller Menschen motivierte ihren Kampf gegen die unterschiedlichen Unterrichtsformen und Schularten im aristokratischen Ständestaat des 18. Jahrhunderts. Sie argumentierte und forderte: „... Unterschiede in der Erziehung der Bürger machen, ... das heißt den Samen der Zwietracht ausstreuen, die heilige Gleichheit zerstören, sich den neuen Sitten entgegenstemmen und die Aristokratie der Reichen begünstigen ... Es ist daher nötig, daß das Vaterland den reichen Menschen dieses mächtige Instrument der Bildung wegnimmt. Ihre Kinder müssen sich in den öffentlichen Schulen bilden unter den Augen der Bürgerversammlung und zusammen mit den Söhnen der geringer Bemittelten ... die Rasse der Besitzer muß mit den Söhnen des Handwerkers vermischt werden, daß sie sich daran gewöhnt, in allen Menschen Gleiche, Freunde und Bürger zu sehen, die alle die gleichen Rechte auf die Güter der Natur haben ... Man muß den fanatischen Vätern ihre Kinder entreißen, damit sie ihre Erziehung nicht jenen anvertrauen, die unsere Seelen zu Sklaven und zu Tributpflichtigen ihrer Lügen gemacht haben"[1]).

Condorcets Plan einer Neuorganisation des Unterrichtswesens von 1792 wollte daher durch ein durchgängig einheitlich organisiertes öffentliches Unterrichtswesen institutionell das gleiche Recht aller auf Unterricht und damit auf Vervollkommnung aller Fähigkeiten und Fertigkeiten ohne Rücksicht auf Stand und Herkunft gewährleisten. Begabung und Leistung sollten der alleinige Maßstab für jedwede Auslese sein. Aus dem Grundsatz der Rechtsgleichheit wurde das Recht aller auf gleiche Bildungschancen gefolgert[2]).

2. Konzeptionen einer einheitlichen Schule in Deutschland

In Deutschland entstand zu Beginn des 19. Jahrhunderts aus dem Ideengut des Idealismus, verbunden mit nationalen Bestrebungen, die besonders bei Fichte und im Neuhumanismus eine pädagogische Wendung erhielten, die Idee einer „Nationalschule". In dem nach seinem Verfasser, Süvern, benannten Gesetzentwurf (1819) für das preußische Schulwesen, der nie Gesetz wurde und doch von weitreichender Wirkung war, hieß es: „§ 2 Die öffentlichen allgemeinen Schulen sollen mit dem Staate und seinem Endzwecke in dem Verhältnisse stehen, daß sie, als Stamm und Mittelpunkt für die Jugenderziehung des Volks, die Grundlage der gesamten Nationalerziehung bilden. Die Erziehung der Jugend für ihre bürgerliche Bestimmung auf ihre möglichste allgemein-menschliche Ausbildung zu gründen, sie dadurch zum Eintritt in die Staatsgemeinschaft zweckmäßig vorzubereiten und ihr treue Liebe für König und Staat einzuflößen, muß ihr durchgängiges eifriges Bestreben sein. § 3 Dieser Aufgabe zu entsprechen, sollen sie die allgemeine Jugendbildung vom Anfange des Schulunterrichts bis zu der Grenze, wo die Universität sie aufnimmt, durch drei wesentliche Stufen durchführen"[3]). In diesem Plan ging es weniger um die Gleichberechtigung der unteren Schichten als um eine einheitliche, auf ein Ziel gerichtete, von einem Geiste erfüllte und von der Einheit ihres geistigen Gehaltes bestimmte Schule. Auch wenn diese Schule in Stufen aufgebaut gedacht war, sollten diese so miteinander verbunden sein, daß sie zusammen eine geschlossene Bildungsform darstellten.
In der Mitte des 19. Jahrhunderts, im Zusammenhang der demo-

kratischen Bestrebungen der 48er Jahre, forderte die Volksschul-lehrerschaft die pädagogische Einheit aller Schularten und den Zu-sammenschluß ihrer Lehrer. Die Gründungsversammlung des All-gemeinen deutschen Lehrervereins 1848 in Eisenach proklamierte als Ziele: „a) Verbrüderung aller Lehrer der verschiedenen Schulen Deutschlands, b) Herstellung und Fortbildung eines geordneten Schul- und Erziehungswesens zur Förderung national-deutscher, sittlich-religiöser Volksbildung". Über das zukünftige Schulwesen hieß es: „Die einheitlich vom Kindergarten bis zur Hochschule auf-wärts gegliederte, auf gemeinsamer menschlich-volkstümlicher Grundlage beruhende deutsche Volksschule tritt als eine mit den übrigen Staatsanstalten gleichberechtigte und gleichverpflichtete in den Gesamtorganismus des Staates ein"[4]).

In jenen Jahren haben zwei Pädagogen wesentlich dazu beige-tragen, den Stand des Volksschullehrers zu heben und das Bewußt-sein von der inneren Einheit aller Lehrer zu bestärken: Adolf Diesterweg (1790—1866) und Karl Friedrich Wilhelm Wander (1803—1879). Diesterweg sah das Bildungswesen und die Schule von dem Ganzen der Gesellschaft aus, wobei er ausgesprochen als Anwalt der unteren Schichten auftrat. Er wollte die Schule weni-ger zu einer ausgesprochenen Staatsschule machen als zur „Natio-nalschule" einer freien Gesellschaft. Die Reform der Lehrerbildung sollte ebenfalls dem gering geachteten Volksschullehrer eine neue Würde und Stellung verschaffen, wobei er, etwa in der Auseinan-dersetzung mit dem bayerischen Schulmann Friedrich Thiersch, der dominierenden Stellung des Gymnasiums den Kampf ansagte. Diesterweg, dessen Leitwort „das Ganze" war, sagte in seinem Aufsatz „Die öffentliche Erziehung und Bildung der Jugend": „Wer den Fortschritt in der allgemeinen Kultur will, muß die Aus-gleichung wollen und mit ihr das Hauptmittel derselben, die ge-meinsame Erziehung und Bildung, muß verwerfen die Absonderung der Menschen nach den Vorurteilen der Geburt, des Besitzes und der Berufsarten, muß erhöhte Bildung, namentlich der sogenannten unteren Klassen, wollen. Absonderung und Trennung führt nicht zum Heil, sondern die Gemeinschaft. Mit der Ausgleichung ver-schwindet der letzte Grund für die Beibehaltung der Privilegien und Vorrechte, von welchen man wenigstens in Republiken keine Spur mehr vorzufinden sollte hoffen dürfen"[5]).

In Wanders Aufruf zur Gründung des Allgemeinen deutschen Lehrervereins an alle deutschen Lehrer hieß es in entsprechender Weise: „Jede *Art* von Schulen schloß sich mit ihren Lehrern von allen anderen Arten geflissentlich ab. Fremd oder hochmütig sahen sich die Arbeiter gegenseitig an, weil sie an verschiedenen Stockwerken der Volkserziehung arbeiteten. Die Männer, welche hoch oben die Kuppel wölbten, mochten das Werk derer, welche tief unten den Grund legten, nicht anerkennen, und die, welche aus dem mittleren Stockwerk heraussahen, fühlten zwar, daß es noch ein Stockwerk *über* ihnen gab, aber sie dankten doch Gott, daß sie über diejenigen hinwegsehen konnten, welche *unter* ihnen tagewerkten"[6]).

II. Die Überwindung konfessioneller Spaltung und sozialer Privilegierung

In weiten Kreisen der Pädagogischen Reformbewegung hatten die individuellen Erziehungsfragen der Kinder- und Schulstube den Vorrang vor weitergespannten schulorganisatorischen Aufgaben. Daß in Ellen Keys aufweckendem Buch bereits der Gedanke und das Wort „Gesamtschule" enthalten waren, wurde kaum registriert. In der Volksschullehrerschaft wirkten jedoch die Ideen der 48er Jahre weiter und neue Gesamtkonzeptionen des Schulwesens gewannen Gestalt. Zwei zur Einheitsschule gehörende Fragenkomplexe spielten bereits vor dem ersten Weltkrieg in den Diskussionen der Pädagogen eine erhebliche Rolle: der alleinige Geltungsanspruch der Konfessionsschule und die Absonderung der sogenannten „Vorschulen". Ihre Aufhebung hatte als Teilziel der Einheitsschulbewegung für die Weiterentwicklung zu einem einheitlichen Gesamtschulwesen eine nicht unbeträchtliche Bedeutung.

1. Die simultane Volksschule

Die dominierende Stellung der Kirchen im Volksschulwesen von ihren Anfängen an war die Ursache für deren Konstituierung als

Bekenntnisschule und die dadurch organisatorisch und inhaltlich bedingte Trennung nach Konfessionen. Die Aufhebung der geistlichen Schulaufsicht und ihre Ersetzung durch die staatliche Beaufsichtigung (seit 1872) änderte daran wenig. Die konfessionelle Schule gründete zudem in der Überzeugung, daß Bildung und Erziehung — jedenfalls für die Breite des Volkes, die die Volksschule besucht — am besten in einer Schule durchgeführt würden, deren Kinder und Lehrer jeweils der gleichen Konfession angehören und die in bezug auf ihre Erziehungs- und Bildungsaufgaben völlig von der Konfession durchdrungen sind.

Die Zweifel an der organisatorischen Zweckmäßigkeit der Konfessionsschule und an der Gültigkeit ihrer pädagogischen Rechtfertigung lagen besonders nahe in Gegenden mit konfessionell gemischter Bevölkerung. Dort führte die konfessionelle Trennung der Schulen zu unzweckmäßig kleinen Schulen, deren unterrichtliche Betreuung, Verwaltung und Ausstattung mit Lehrmitteln erschwert war. Tiefer in die Problematik der Bildungsaufgabe führte die Frage, ob es angesichts der konfessionellen Unterschiede in der Bevölkerung Deutschlands überhaupt richtig sei, in den Schülern durch die Konfessionsschule das Bewußtsein der konfessionellen Trennung zu festigen, statt sie die Begegnung der unterschiedlichen Konfessionen in der Schule erfahren zu lassen und sie zur Achtung vor der anderen Glaubenshaltung zu erziehen. Die Zweifel und Fragen führten zur Konzeption einer neu zu schaffenden Schule.

Die Schule, die geeignet schien, der Not der konfessionellen Trennung im Volke zu begegnen und zur Einheit der Bildung einen entscheidenden Beitrag zu leisten, wurde „Simultanschule" genannt. Ihre Gleichberechtigung neben den Konfessionsschulen — mehr zunächst nicht — wurde dringend gefordert. Der Deutsche Lehrerverein beschloß bereits auf seiner Versammlung 1906 in München: „1. Unter Simultanschulen sind Bildungsanstalten zu verstehen, in denen Kinder aller Konfessionen gemeinsam unterrichtet werden, den Religionsunterricht jedoch nach Konfessionen getrennt erhalten. Die Zusammensetzung des Lehrkörpers an einer Simultanschule soll möglichst dem zahlenmäßigen Verhältnis der Konfessionen unter den Schulkindern entsprechen.

2. Die von Gegnern der Simultanschule an ihre Einführung geknüpften Befürchtungen in religiös-sittlicher Beziehung sind durch die Erfahrungen widerlegt. Die Simultanschule fördert vielmehr die sittlich-religiöse Erziehung, indem sie ihre Schüler zur Achtung gegenüber fremden Überzeugungen erzieht und so zu einer Pflegestätte der Religion der Liebe und der gegenseitigen Duldung wird.
3. Die Frage der Errichtung von Simultanschulen ist weniger eine religiöse als eine nationale, soziale und pädagogische. Durch die Simultanschule kommt die nationale Einheit unseres Volkes am treffendsten zum Ausdruck, sie ist das getreue Abbild des paritätischen Staates und der modernen Gemeinschaften und entspricht daher ihrem Wesen und ihren Anforderungen in erhöhtem Maße.
4. An allen Orten mit konfessionell gemischter Bevölkerung bietet die Simultanschule wesentliche pädagogische Vorteile, indem sie
a) die Errichtung vollentwickelter Schulsysteme,
b) eine bessere unterrichtliche Versorgung der Kinder der konfessionellen Minderheit selbst bei geringeren finanziellen Aufwendungen,
c) die Erfüllung berechtigter Forderungen der Schulhygiene durch den Besuch der nächstliegenden Schule ermöglicht.
5. Für alle Staaten, in denen die Simultanschule noch nicht durch Gesetz anerkannt ist, ist daher mindestens die Gleichberechtigung der Simultanschule mit der Konfessionsschule zu fordern.
6. Die Voraussetzung der Simultanschule bilden konfessionell gemischte Lehrerbildungsanstalten und eine vom Staate ausgeübte fachmännische Schulaufsicht"[7]).
Die Bewegung zur Einführung der „Gemeinschaftsschule", wie die simultane Schule später genannt wurde, sah sich der Kritik ihrer Gegner ausgesetzt, daß sie eine Minderung der religiösen Grundlegung der Erziehung bewußt anstrebe oder zumindest notwendig bewirken würde. Vor allem vertraten weite Kreise katholischer Pädagogen die Unabdingbarkeit der Bekenntnisschule, — beispielsweise hatte das Pädagogische Lexikon von Roloff (1916) in seinem einschlägigen Artikel keine Bedenken, für die Erhaltung der Konfessionsschule die „konfessionelle Zwergschule", wie es dort hieß, in Kauf zu nehmen. Das Lexikon von Spieler (1930) sagte: „Die simul-

tane konfessions- oder religionslose Einheitsschule lehnen wir ab." Die Vertreter der Einheitsschule hatten dabei an der religiös-christlichen Erziehung in der Einheitsschule simultanen Charakters überwiegend keinen Zweifel gelassen und wollten mit der Aufhebung der Bekenntnisschule keine Minderung der religiösen Erziehung verbinden.

Trachtete man mit diesem ersten Teilziel der Einheitsschulbewegung eine durch religiös-kirchliche Bedingtheiten bewirkte Trennung im Schulwesen zu überwinden, so wurde in einem zweiten Teilziel die Aufhebung einer Trennung angestrebt, die aus der sozialpolitischen und ständisch bestimmten historischen Entwicklung resultierte.

2. Abschaffung der Vorschule

In Preußen und den anderen norddeutschen Ländern waren im 19. Jahrhundert in beträchtlicher Anzahl sog. Vorschulen entstanden: Schulen mit der Aufgabe, schon mit dem ersten Schuljahr für die Höhere Schule vorgesehene Kinder in drei Jahren auf diese vorzubereiten, während die Volksschulkinder vier Jahre benötigten, sofern sie überhaupt für die Höhere Schule infrage kamen. Die Kinder der Vorschule besuchten also nie die Volksschule, sondern waren, zumeist aus sog. gebildeten Kreisen kommend, schulisch von vornherein von den anderen Kindern abgesondert.

Mit Leidenschaft kämpften weite Kreise der Volksschullehrerschaft und andere Vertreter der Schulreform gegen die „schreiende Ungerechtigkeit"[8]), daß hier Kinder, deren Begabung im Alter des Schulbeginns noch gar nicht sichtbar sein konnte, von vornherein eine Anwartschaft auf die Höhere Schule erhielten: „ein Abonnement auf den Besuch der Sexta" — wohl nur auf Grund einer bevorzugten Stellung der Eltern. Man beanstandete, daß damit vorzeitig die Plätze für die höheren Bildungswege — zudem oft von Ungeeigneten — besetzt wären und es dadurch den Volksschülern kaum möglich sei, Zugang zur Höheren Schule zu gewinnen; dies sei „gleichbedeutend mit dem völligen Ausschluß unserer Volksschüler von der höheren Bildung". Man führte vor allem das soziale Motiv an, daß die somit früh bevorzugten Vorschüler hochmütig würden und eine Verbundenheit mit Kindern aus anderen sozialen Schichten kaum erlangen könnten.

Aus der Anklage entsprang die Forderung der Abschaffung solcher Schulen, die eine Spaltung im Schulwesen bedeuteten. Alle Kinder sollten gemeinsam die Volksschule besuchen, und zwar mindestens vier Jahre; vom ersten Schultag an sollten sie eine gemeinsame Grundbildung erhalten. Da ebenso wie Österreich und die Schweiz auch Bayern die Vorschulen nicht kannte, wurde auf sie als Vorbild gewiesen; — „der Bayerische Minister schickt, ohne mit der Wimper zu zucken, seine Kinder in dieselbe Volksschule hinein, in der die Kinder seines Portiers sitzen."

Der Vorstoß der Einheitsschulbewegung in dieser Richtung wurde mit so überzeugenden Argumenten geführt, daß der Weimarer Staat alsbald nach seiner Gründung die Vorschulen abschaffte und den Besuch der Grundschule, d. h. der ersten 4 Klassen der Volksschule, für alle Kinder verpflichtend machte. — Zahlreiche Vertreter der Einheitsschulbewegung haben darüber hinaus 6 Jahre und auch 8 Jahre gemeinsamen Schulbesuch für alle Kinder gefordert. Zu der Begründung der nur so möglichen sozialen Erziehung in der Gemeinschaft kam der Aspekt, daß der schulische Bildungsgehalt nicht schon so früh differenziert werden dürfe, im Gegenteil als ein allgemeiner allen Kindern für die Dauer von 6 oder 8 Jahren in gleicher Weise geboten werden müsse.

Alle Reformbemühungen in Richtung der Einheitsschule, vor allem soweit sie von Volksschullehrern getragen waren, zielten zugleich auf eine Hebung der Volksschule, ihrer sozialen Geltung und ihrer Leistung. Ihr bisheriges Ungenügen, ihr Ruf als „Schule zweiter Güte", als „Armenschule", müssen aufgehoben und eine völlige Erneuerung der Volksschule herbeigeführt werden, denn, „die Volksschule hat genau dieselben Aufgaben, die jede andere Schule hat. Sie soll unsere Kinder einführen in die Kultur der Gegenwart, sie soll diejenigen Kulturgüter, die man Kindern nach Maßgabe ihrer Entwicklung übermitteln kann und die wert sind, vererbt zu werden, übermitteln, und das soll sie mit derselben Unbefangenheit tun, wie es in den anderen Schulen geschieht, nicht mit der Engherzigkeit, mit der es auch heute noch vielfach in den Volksschulen geschieht."

III. Einheitsschule als Vereinigung des gesamten Schulwesens

1. Die Einheitsschulidee des Lehrervereins (1914)

Auf der Versammlung des Deutschen Lehrervereins, Pfingsten 1914 in Kiel, stellte Georg Kerschensteiner zu dem Thema der Versammlung „Die nationale Einheitsschule" 18 Leitsätze auf[9]). Sie enthielten Thesen, Grundsätze und Forderungen, wie „das Erziehungsrecht jedes Kindes" durch die Schule „nach Maßgabe seiner Veranlagung" (3); die „Erziehungspflicht", d. h. die Pflicht von den „öffentlichen Erziehungseinrichtungen solange Gebrauch zu machen, als es zur Ausbildung eines nützlichen Mitglieds der Kulturgemeinschaft notwendig erscheint" (4); Schulgeldfreiheit für alle öffentlichen Pflichtschulen, für „mittellose Begabte" auch an weiterführenden Schulen, „Erziehungsbeihilfen" (6); „Lehrmittelfreiheit" für „mittellose Schüler" (7); Ablehnung einer „sozialen Differenzierung", gemeint war die Vorschule (8); Schulbeginn nach vollendetem sechsten Lebensjahr (11).

Einen Hauptpunkt der Leitsätze bildete die „Differenzierung" des Schulwesens „aus psychologischen und pädagogischen Gründen" (9), d. h. aus solchen der „Wachstumsreife", der besonderen „Veranlagung für einzelne Kulturgebiete" und dem „Zwecke der Schule". Daß bei der Differenzierung des Schulwesens bisher die praktischen Interessen der Schüler nicht genügend berücksichtigt seien, war der bekannte kritische Vorwurf Kerschensteiners (10). Seine „Fundamentalforderung aller Differenzierung" lautete, „daß jeder Schüler in der allgemeinen öffentlichen Schule jene Bildungswerte vorfindet, die seiner Veranlagung gemäß sind" (10). Unter einer „simultanen Differenzierung" verstand er eine solche, die „teils durch Begabungsabteilungen, teils durch Versetzungsbeschleunigung, teils durch Wahlfreiheit des Unterrichts, teils durch besondere Schultypen befriedigt werden kann." (13)

„Einheitsschule" bedeutete ihm die Ermöglichung von Übergängen „ohne allzu große Opfer" von einem der mit der Differenzierung entstandenen „Zweige" in den anderen, entsprechend der Begabung. (14) „Nationale Einheitsschule" realisierte sich für ihn in der Durchdringung des gesamten Schulwesens mit dem „Geiste der Staatsgesinnung" (15), nicht durch Organisation.

Nach diesem Vortrag beschloß die Versammlung, die 132 000 Volks- und Mittelschullehrer Deutschlands vertrat, einstimmig: „Die Deutsche Lehrerversammlung fordert in Übereinstimmung mit den Ausführungen und den Leitsätzen des Vortragenden die organisch gegliederte nationale Einheitsschule, die einen einheitlichen Lehrerstand zur notwendigen Voraussetzung hat und in der jede Trennung nach sozialen und konfessionellen Rücksichten beseitigt ist. Sie richtet daher an alle volks- und bildungsfreundlichen Kreise des deutschen Volkes die Aufforderung, alle Kräfte daran zu setzen, daß die der Verwirklichung dieser Einheitsschule entgegenstehenden Widerstände überwunden werden"[10].

Kerschensteiners Modell der Einheitsschule wollte den Bedürfnissen nach Differenzierung auf Grund von Begabungen und unterschiedlichen Zielsetzungen entsprechen. Ihm lag an den Übergängen von einer Schulart in die andere, deren Selbständigkeit für ihn an sich nicht infrage gestellt war. Die Resolution sprach von der „organisch gegliederten Einheitsschule", und auch diese Formulierung mußte bei Betonung der „Gliederung" so ausgelegt werden, daß mit der aufsteigenden Differenzierung und den Querverbindungen zwischen den Schularten nicht eine simplifizierende Angleichung herbeigeführt werden sollte, wobei das vieldeutige Wort „organisch" die Art und Weise der inneren Zusammenhänge offen ließ.

Kerschensteiner hat sich nicht eigentlich als Vertreter der Einheitsschulbewegung angesehen und war es auch nicht, er hatte lediglich mit dem Wort „Einheitsschule" überzeugende Intentionen der Pädagogischen Bewegung aufgegriffen und somit ein Modellbild von „nationaler Einheitsschule" geschaffen, das den Vorstellungen weiter Kreise entsprach. — Ein wesentliches Stück über ihn hinaus gingen mit radikalen Forderungen die eigentlichen Vertreter der „Einheitsschulbewegung", deren Wortführer Johannes Tews war.

2. „Vom Kindergarten bis zur Hochschule" (Johannes Tews)

Johannes Tews (1860—1937), aus Ostpommern, war Volksschullehrer gewesen und wurde dann Geschäftsführer der „Gesellschaft für Verbreitung von Volksbildung". Er war als führender Schulpolitiker maßgebend im Deutschen Lehrerverein, trat mit einer Vielzahl von Schriften zur Volksschule, zur Volksbildung im Sinne der Volksschule und der Erwachsenenbildung und besonders zur Einheitsschule hervor. Im Jahre 1916 verfaßte er im Auftrag des Geschäftsführenden Ausschusses des Deutschen Lehrervereins die Programmschrift „Die Deutsche Einheitsschule. Freie Bahn dem Tüchtigen", die er zu dem 1919 erschienenen Buche „Ein Volk — eine Schule. Darstellung und Begründung der deutschen Einheitsschule" ausbaute.

Tews nahm von vornherein das Bildungswesen in seiner Gesamtheit in den Blick: „Denn wir verstehen unter der Einheitsschule das gesamte Gebiet des öffentlichen Unterrichts, vom Kindergarten bis zur Hochschule mit allen seinen Gliederungen und Verzweigungen auf den verschiedensten Stufen des Unterrichtswesens, in eine lebensvolle Verbindung aller Teile zu einem Ganzen gebracht." Er forderte: „Die Einheitsschule soll a) organisch gegliedert, b) ohne soziale Trennungen, c) ohne konfessionelle Trennungen aufgebaut sein und sie soll d) einen einheitlichen Lehrerstand aufweisen"[1]).

Unter diesen Gesichtspunkten sollte das gesamte Schulwesen zusammengeschlossen werden. Tews proklamierte die Aufgabe der Einheitsschulbewegung so: „Heute nun stehen wir vor einer Bewegung, die sich das Ziel gesetzt hat, alles verbindungslose Beieinander in unserem Schulwesen zu einer großen Wirk- und Lebenseinheit zusammenzuschließen, sämtliche Schulanstalten des Staates, wie sie auch heißen und wie weit sie auch führen mögen, in einem einheitlichen Schulkörper mit vielen Verzweigungen zusammenzufassen, so daß von jeder Stelle im Staate, von der letzten Dorfschule ebensowohl wie von der achtstufig ausgebauten Großstadtschule aus der Weg bis in die höchsten Stufen des Bildungswesens hinaufführt und auch zwischen den nebeneinander laufenden Zweigen planmäßige Verbindungen bestehen. Das ist die Forderung der Einheitsschule"[12]).

Mit dieser weitgespannten Schaffung eines „einheitlichen Schulkörpers" sollte an die Stelle der selbständigen, in sich abgeschlossenen traditionellen Schularten, zwischen denen es nur wenig Möglichkeiten des Überganges gibt und die eine frühe Entscheidung der Schulart fordern, zumeist schon bevor die Begabungsrichtung und Begabungshöhe der Kinder ermessen werden können, eine einheitliche Schule treten. Verzweigungen sollten Übergänge leicht ermöglichen und in ihrer Differenzierung geeignet sein, den sich allmählich herausstellenden Begabungen gerecht zu werden.

Auf der Reichsschulkonferenz 1920 hat Johannes Tews seine Leitsätze für die neue Schule im Sinne der nationalen Einheitsschule vorgelegt, wobei der Begriff „Volksschule" das Ganze des in sich gegliederten Schulsystems, das alle Schularten umschließt, bezeichnete. Für die darin enthaltenen Schulen wollte er einfache, ihre Eigenart kurz und treffend kennzeichnende Namen verwenden wissen, wie: „Altsprachenschule", „Neusprachenschule", „Deutsche Oberschule", und somit die veralteten Bezeichnungen wie Gymnasium, Realschule, Lyzeum usw. abschaffen. Wichtig war ihm die sinnvolle Verteilung der neuen Bildungsanstalten im Staatsgebiet, damit kein Kind durch die Lage seines Wohnortes benachteiligt wäre. Begabung, Neigung und Befähigung sollten allein bestimmend sein, Schulgeldfreiheit war ihm selbstverständlich, Elternbeiräte wurden gefordert, Schulheime sollten eingerichtet werden. „Der Aufbau der deutschen Volksschule" sollte sich in Stufen bzw. Zweige gliedern:

1. Kindergarten	voll.	3.— 6. Lj.
2. Grundschule	v.	6.—12. Lj.
Hilfsschule	v.	7.—12. bzw. 14. Lj.
3. Bürgerschule	v.	12.—14. Lj.
Mittelschule	v.	12.—15. Lj.
4. Berufsschule	v.	14/15.—18. Lj.
Oberschule	v.	15.—18. Lj.
Aufbauschule	v.	14.—18/19. Lj.

5. Hochschulen (Universitäten, technische usw. Hochschulen)
6. Das freie Fortbildungswesen für die einzelnen Berufe, die Volkshochschule, Volksbüchereien
7. Pflegestätten für Wissenschaft, Kunst und gewerbl. Schaffen[13])

Auf der Reichsschulkonferenz bildete die „Einheitsschule" ein
Hauptthema und es wurden noch weitere Konzeptionen von „Einheitsschule" von Kerschensteiner, Karsen u. a. vorgetragen und diskutiert. Hier und wo auch immer ihre Vertreter ihre Gedanken entwickelten, hatten sie mit den stärksten Widerständen und Argumenten ihrer Gegner zu rechnen. Vor allem waren es die Vorwürfe einer
„Gleichmacherei" mit den Folgen der allgemeinen Niveausenkung
in der Schule, gegen die sie sich wehren mußten. Ihre Gegner, zumal
der konservativen Richtung, nahmen auch für sich in Anspruch, daß
das bestehende Schulwesen „organisch gewachsen" sei, gewiß wohl
einiger Revisionen in bezug auf Begabtenförderung bedürfe, aber in
seiner Grundstruktur nicht angetastet werden dürfe.
Wie vielfältig der Begriff „Einheitsschule" damals bereits ausdeut-
bar war, zeigte das Preußische Kultusministerium, dessen repräsen-
tativer Bericht (1925) über seine Leistungen auf schulpolitischem
Gebiet, wie Grundschule und Reformen in allen Schularten bis hin
zur Förderung der Erwachsenenbildung und Universität, mit der
Überschrift „Die Durchführung der Einheitsschule in Preußen"[14])
versehen war. Eugen Löffler sagte in seinem Rückblick auf die Leistungen des Weimarer Staates im Schulwesen entsprechend: „Unter
der nationalen Einheitsschule ist (dabei) ein Schulaufbau zu verstehen, der ein nach den Veranlagungstypen der Schüler reich aus-
gebautes Gebäude darstellt, das von einer für alle gemeinsamen
Grundschule ausgehend sich immer mehr nach den Geistesrichtungen
der Schüler verzweigt, aber in seiner äußeren Form und in seinem
inneren Gehalt die Einheit der Deutschen als Volk und Nation zum
Ausdruck bringt"[15]). — Die Vorkämpfer der Einheitsschulbewegung jedoch, wie sie etwa den Versuchsschulen der 20er Jahre nahe
standen, fanden diese „Einheitsschule" des Weimarer Staates keineswegs ihren Ideen entsprechend. Die Teilreformen, so wichtig sie
waren, verwirklichten die Einheitsschule noch nicht. Dies ist erst

von den Gesamtschulen der Zukunft zu erwarten, die zugleich wesentlich über sie hinausführen sollen.

IV. „Die deutsche Bildungseinheit und die höhere Schule"

1. Die verlorene Einheit des Bildungsideals

Das „Bildungsideal" der Höheren Schule im 19. Jahrhundert war vom Neuhumanismus geprägt worden, und die humanistischen Gymnasien hatten als Höhere Schule die Monopolstellung bis zur Jahrhundertwende inne. Daneben aber machten sich seit dem 18. Jahrhundert die „Realien" geltend und beanspruchten zunehmend einen gemäßen Anteil an der höheren Bildung. Hauptinhalte der neuen Gymnasien, die dann nach 1900 als Realgymnasien und Oberrealschulen neben die humanistischen Gymnasien traten, waren die neueren Sprachen oder die naturwissenschaftlich-mathematischen Fächer. Der leidenschaftlich geführte Kampf um die rechte Form der Höheren Schule beruhte im Grunde auf unterschiedlichen Auffassungen der Bildungsziele, wobei die Argumente einerseits aus der Gegenwart und den zukünftigen Aufgaben, andererseits aus der Vergangenheit des „klassischen" Altertums herangezogen wurden.
Damit schien die Einheit der Bildung in Deutschland in Frage gestellt, wie dies schon die Kulturkritik erklärt hatte. Für das höhere Schulwesen stellte 1914 eine Denkschrift der Göttinger Philosophischen Fakultät mit Resignation fest: „Der Traum einer einheitlichen höheren Bildung für alle akademischen Berufe, wohl gar für alle in Wissenschaft, Verwaltung und freien Berufen tätigen Kreise der Nation ist ausgeträumt"[16]).

2. Richerts Ziel der „deutschen Nationalerziehung"

Im Jahre 1920 erschien von dem Realgymnasialdirektor, M. d. L. Hans Richert, das Buch, dem die obenstehende Überschrift entnommen wurde: „Die deutsche Bildungseinheit und die höhere Schule", mit dem Untertitel „Ein Buch von deutscher Nationalerziehung". Dies Buch war bereits begonnen, „als im Kriegsbeginn unserem Volk mit der inneren Einheit auch das eine Bildungsideal der Deutschheit als Gnadengeschenk zuzufallen schien"[17]). Daß es dann erst nach dem Zusammenbruch erschien, hatte keine Änderung in der Zielsetzung zur Folge.

Richert ging aus von der Kulturkritik. „Drei Männer haben vor andern in dieser Lage des gebildeten Bürgertums die tiefste Ursache unserer Bildungsnot erkannt: der junge Nietzsche, Lagarde und der Rembrandtdeutsche". (S. 3) „Bildungsnot" hieß fehlende Einheit: „Finden wir in unserer Lage für unsere Erziehung kein System der Geistesführung, kein allgemeines Bildungsideal, in dem das Recht des Individuums und das Recht des Staates, das Recht der Wahrheit und das der Minderheiten, das Recht des Lehrers und das der Eltern und vor allem das Recht des Kindes, dem keine Entwicklungsmöglichkeit abgeschnitten werden darf, sich ausgleichen, dann bleibt nur die Wahl zwischen Knechtung und Chaos." (S. 14) Auf 250 Seiten wurden in diesem Buche, ausgehend von den Grundzügen einer betont nationalen Geschichts- und Kulturauffassung, die verschiedenen Bildungsbereiche unter dem Gesichtspunkt einer „Bildung zur Einheit" untersucht. Hauptkapitel lauteten: „Die Bildung zur Einheit in der Religion", „Die Bildung zur Einheit in der Weltanschauung", „Die Bildung zur sozialen Einheit", „Die Bildung zur moralischen Einheit", „Die Bildung zur Einheit in der Sprache", „Die Bildung zur Einheit in der Kunst", „Die Bildung zur Mannigfaltigkeit in der Einheit."

Es ging Richert um die innere, die geistige Einheit mit dem Bildungsziel der „Deutschheit", demgegenüber die schulorganisatorischen Probleme für ihn sekundär waren. Er hielt es für gefährlich, wenn „unter dem Ruf ‚Freie Bahn dem Tüchtigen' aus sozial ungünstig gestellten Schichten Schüler in die höhere Schule gezogen werden", die geistige Einheit in der schulischen Wirklichkeit aber nicht vorhanden ist, sondern „zwischen Ideal und Lebensform sich Abgründe auftun". (S. 256) Die geistige Einheit zu schaffen sei im Grunde eine Angelegenheit des ganzen Volkes, dem in der Umbruchzeit die Chance hierfür noch einmal geboten sei. — Volk hatte für ihn eine andere Bedeutung als für Tews.

Richerts Buch war ein Ausdruck der starken nationalen Bestrebungen jener Zeit, in der die übernationalen Gesichtspunkte an anderen Stellen jedoch schon vielfältig sichtbar wurden. In ihm offenbarte sich eine im deutschen Bildungsdenken oft zu findende Sehnsucht nach der inneren Einheit, verstärkt in einer sich zunehmend pluralistisch entwickelnden Gesellschaft. Das Buch fand Aufmerksamkeit, sein Autor wurde in das Preußische Kultusministerium berufen und war dann der Verfasser der sog. „Richertschen Richtlinien", die die Grundlage für die Reform der Höheren Schule bildeten.

Elfter Abschnitt:
Schulreformen und -reformbemühungen des Weimarer Staates

Die Schulreform der Weimarer Republik gehört insofern mit in die Darstellung der Pädagogischen Bewegung, als der neue Staat weitgehend deren Ideen und Forderungen zur inneren und äußeren Schulreform aufnahm und sie durch Gesetz und Anweisung in der öffentlichen Schule durchführte bzw. durchzuführen versuchte. Die pädagogischen Konzeptionen entsprachen den demokratischen Auffassungen und waren als Grundlage für die Bildungsformen der neu geschaffenen und auszubauenden Republik geeignet. Der Weimarer Staat erfüllte damit Erwartungen der Reformer, allerdings nur zu einem Teil.

Unter diesem Aspekt sollen zunächst der imponierende Auftakt der großen Reichsschulkonferenz von 1920, dann die Volksschulreformen, ihnen folgend die Reformen der anderen Schularten und schließlich einige ausgewählte Fragen der inneren Schulreform unter dem Stichwort „Schule als Lebensform" zur Sprache kommen[1]).

I. Die Reichsschulkonferenz

1. Idee und Durchführung

Nachdem schon 1917 im deutschen Reichstag eine nach Beendigung des Krieges durchzuführende große Schulkonferenz angeregt worden war, trat man im Dezember 1918 im Reichsministerium des Innern der Einberufung einer Konferenz näher, „die aus freiheitlich, neuzeitlich und sozial gerichteten Pädagogen und Sachverständigen bestehen und die gründliche Erneuerung des deutschen öffentlichen Schul- und Erziehungswesen vorbereiten sollte"[2]). Vom 11. bis

19. Juni 1920 fand im Reichstagsgebäude in Berlin die sog. „Reichsschulkonferenz" statt. Der geladene Kreis von 631 Teilnehmern setzte sich zusammen aus Vertretern und Vertreterinnen der Ministerien des Reiches und der Länder, der Gemeindeverwaltungen, der Berufs- und Standesvertretungen, der Kindergärten, Volksschulen, Heilpädagogischen Anstalten, Höheren Schulen und Seminare, Berufs- und Fachschulen, Privatschulen, Hochschulen, der Kirchen, von Vereinigungen kultureller, kirchlicher und weltanschaulicher Art, der Wirtschaft, der Frauenbewegung und der Jugendbewegung. Aus der großen Anzahl der geladenen Einzelpersönlichkeiten sind als Vertreter der Pädagogischen Reformbewegung hervorzuheben: Georg Kerschensteiner, Gustav Wyneken, Paul Oestreich, Hugo Gaudig, Ludwig Gurlitt, Berthold Otto, Paul Geheeb, Fritz Karsen, Heinrich Scharrelmann, Fritz Gansberg, Johannes Tews, Gertrud Bäumer, Eduard Spranger, Aloys Fischer, Paul Natorp. Der Reichsminister des Innern brachte in seiner einführenden Ansprache seine Genugtuung und Freude darüber zum Ausdruck, „daß heute die Bahn frei gemacht ist für die Verwirklichung von Reformgedanken, die seit Jahrzehnten erörtert worden sind, deren Verwirklichung aber mit einer gewissen Ängstlichkeit zurückgehalten ist. (Sehr richtig!)" (S. 441) Es sei nun der Augenblick gekommen, die Gedanken der pädagogischen Reformbewegung in großer Breite mit der Unterstützung des Staates in die Wirklichkeit umzusetzen.

2. Die Themen

a) *„Einheitsschule"*. Dies Leitwort der Konferenz, zu dem Karsen, Kerschensteiner und Tews referierten, kennzeichnet die damalige Situation. Die Umgestaltung des deutschen Schulwesens im Sinne der Einheitsschulidee war das allgemeine von den Initiatoren der Konferenz angestrebte Ziel. Wie die Gestaltung „in einem einheitlichen Geiste" (S. 81) durchzuführen sei, darüber gingen allerdings die Auffassungen sehr auseinander, wie sich in den Berichten und in den Diskussionen zeigte. Die bereits kurz zuvor durch Gesetz verfügte Grundschule wurde zwar allgemein bejaht, aber in der Frage der Konfessionsschule differierten die Meinungen. Vorwürfe der Gleichmacherei und der Nivellierung wurden gegen die „Einheitsschule" erhoben, und der Begriff wurde nach der jeweils gewünschten Seite hin interpretiert. Spöttisch gegenüber seinem Vorredner aus Philologenkreisen sagte Paul Oestreich in der Diskussion: „Ich hatte nach dieser Rede den Eindruck, daß sie damit hätte schließen müssen: Wir sehen den Segen der deutschen Einheitsschule darin, daß sie keine Einheitsschule wird." (S. 480)

b) Daß der Begriff „Arbeitsunterricht" ein Hauptthema war zeigt, welche außerordentliche Bedeutung die Idee der Arbeitsschule damals bereits gewonnen hatte. „Arbeit" wurde sowohl im Sinne der Handarbeit wie als didaktisch-methodisches Verfahren in der Schule verstanden. Auch das Erlebnisprinzip und andere neue Formen des Unterrichts wurden in den Begriff Arbeitsschule mit hineingenommen. Die Leitsätze des Ausschusses zeigten die Funktion des Arbeitsunterrichts für den Bestand der „Volkseinheit" und enthielten ein umfangreiches Programm[3]).

c) Die Erkenntnis, daß alle Schulreform letztlich von der Persönlichkeit des Lehrers abhängt, gab dem Themenkreis „Lehrer (Lehrerinnen)" sein besonderes Gewicht. Hatte in den Anfängen der Pädagogischen Bewegung die Persönlichkeit des Lehrers unter dem Gesichtspunkt seines Berufenseins und seiner intuitiven Befähigung gestanden, traten nun die Überlegungen zur Ausbildung des Lehrers hervor und zugleich die Fragen seiner Stellung in Schule und Gesellschaft. Der alten Seminarausbildung wurde eine Absage erteilt und es wurden Vorschläge für eine Neugestaltung der Lehrerbildung in bezug auf die fachliche und pädagogische Ausbildung gemacht. Die Konferenz wollte die Eigenart der verschiedenen Zweige der Lehrerbildung berücksichtigen, zugleich aber einen geistig einheitlichen Lehrerstand verwirklicht wissen. Spranger sagte dazu: „Die Einheit des Lehrerstandes beruht nicht auf der Gleichförmigkeit der Berufsbildung, sondern auf der Gemeinschaftlichkeit des Erziehungsgeistes und der Gleichwertigkeit der Leistung." (S. 261)

d) Bei der Behandlung des Themenbereiches „Schüler (Schülerinnen)" wurden weniger psychologische, jugendkundliche, didaktische Probleme erörtert als die Auswahl der Schüler für die weiterführenden Schulen und die Probleme der Begabung, ferner die „Selbstregierung der Schüler", die Schulgemeinde, die Schülerausschüsse und Schulvereine sowie die Koedukation. Alfred Andreesen forderte, daß das, was „in jahrelanger Arbeit aufs gründlichste erprobt worden" sei, nun auch in der öffentlichen Schule angewandt werde, um sie zu einer echten „Erziehungsschule" werden zu lassen. „Kein Pädagoge, der einmal das Mittel der Selbstregierung benutzt hat, wird auf dieses wieder verzichten wollen." (S. 283) Wyneken trug die Leitsätze der Freien Schulgemeinde Wickersdorf (S. 787) vor und der Bund Entschiedener Schulreformer seine Forderungen zur Verbesserung der Beziehungen zwischen den Lehrenden und der Jugend in der Schule.

e) *„Eltern, Elternbeiräte".* Es hieß: nachdem in Artikel 120 der Verfassung den Gemeinden das Recht auf Selbstverwaltung gegeben sei, müsse nun auch die Folgerung gezogen werden, die Eltern an der Verwaltung der Schule mit zu beteiligen. Nach den Leitsätzen der Berichterstatter zu diesem Hauptthema sollte die institutionelle Einführung von Elternbeiräten an allen Schulen erreicht werden; hierzu wurden deren Aufgaben, Rechte und Pflichten im einzelnen entwickelt. Dem Wunsch, daß den Eltern die Teilnahme am Unterricht gestattet werde, stand das Argument der Praxis gegenüber, daß die Ruhe der Unterrichtsarbeit gesichert bleiben müsse. (S. 1001)

f) Unter der Überschrift *„Technische Vereinheitlichung des Schulwesens im Reiche"* wurden verhandelt: Einheitlicher Beginn des Schuljahres, einheitliche Regelung der Ferien, einheitliche Benennung der Klassen und Schulen, gegenseitige Anerkennung der Prüfungen und Zeugnisse der Schüler. Reifeprüfung, Reifezeugnis, Berechtigungen, gegenseitige Anerkennung der Lehramtsprüfungen, einheitliche Amtsbezeichnungen der Lehrer.

g) *„Verwaltung des öffentlichen Schulwesens":* Zuständigkeiten, Aufgaben und Befugnisse von Reich, Ländern und Gemeinden hinsichtlich der Schulverwaltung und der Schulaufsicht. Geldliche Grundlagen des Schulwesens (Schulunterhaltungspflicht). Ausgaben, sachliche und persönliche, insbesondere Lehrmittel und Erziehungsbeihilfen, Einnahmen, Lastenverteilung, Schulgelderhebung. (Art. 143,1; 144; 145; 146,3 der Verfassung).

h) „Privatschulen in ihrem Verhältnis zum öffentlichen Schulwesen."

i) *„Deutsches Schulwesen im Ausland."*

Die Reichsschulkonferenz spiegelte die Impulse der Reformpädagogischen Bewegung zu Beginn der Weimarer Republik wider. In der Art ihrer Durchführung und in bezug auf ihre Erfolge und Auswirkungen hat sie häufig Kritik erfahren. Georg Kerschensteiner dagegen würdigte sie auf dem Münchener Pädagogischen Kongreß 1924 wie folgt: Es seien als ihre fruchtbaren Auswirkungen „die Entspannung der pädagogischen Parteien, das gegenseitige Verstehen und Achten, die Annäherung der einzelnen Verfechter pädagogischer Reformen, die Zusammenfassung der pädagogischen Strömungen anzusehen", weiterhin „die Festigung des Grundschulgedankens", „die neuen Wege der Volksschule, der Lehrerbildung", „die Reform der höheren Schulen in Preußen", „die Durchführung des Arbeitsschulgedankens", des Gedankens der „Elternbeiräte" und „nicht zuletzt das Berufsschulgesetz in Sachsen". Er sagte: „Solche Kongresse werden um so fruchtbarer sein, je weniger sie darauf ausgehen, bindende Beschlüsse zu fassen und je mehr sich freiwillig wahrhaft Sachverständige und bildungsfreudige Verwaltungsbeamte beteiligen". Es sei ein „dringendes Bedürfnis" für die Entwicklung des Schulwesens, daß solche Kongresse weiterhin stattfinden[4]).

II. Die Volksschule, Reform und Restauration

Die Schulreform des Weimarer Staates galt in erster Linie der Erneuerung der Volksschule. Die Einführung der Grundschule war ihre bedeutendste Leistung. Es gelang dagegen nicht, die konfessionelle Gespaltenheit im Volksschulwesen zu überwinden.

1. Die Konstituierung der Grundschule

Im April 1920 wurde von der Verfassunggebenden Deutschen Nationalversammlung das „Grundschulgesetz" beschlossen. Damit wurde ein Ziel der Einheitsschulbewegung verwirklicht. Der Abbau der „bestehenden öffentlichen Vorschulen und Vorschulklassen" sollte bis 1925 abgeschlossen sein, er war es jedoch erst gegen Ende der Weimarer Republik, da diese Anordnung auf starke Widerstände stieß. „Die Volksschule ist in den vier untersten Jahrgängen als die für alle gemeinsame Grundschule, auf der sich auch das mittlere und höhere Schulwesen aufbaut, einzurichten", lautete der erste Satz des § 1 dieses Reichsgesetzes. Im Streite der Meinungen war die Entscheidung für die vierjährige Grundschule gefallen. Daß sie „die für alle gemeinsame" Schule sein sollte, ohne Rücksicht auf Stand, Beruf, Einkommen, entsprach der sozialen Intention der Einheitsschulbewegung[5]).

Im Jahre 1921 wurden die „Richtlinien zur Aufstellung von Lehrplänen für die Grundschule" erlassen; damit wurde eine tiefgreifende innere Wandlung der Volksschulunterstufe eingeleitet. Die Aufgabe der Grundschule wurde als „grundlegende Bildung" (S. 55) bezeichnet und es wurde gesagt, daß „alle geistigen und körperlichen Kräfte der Kinder zu wecken und zu schulen seien." Der Unterricht sollte in engem Zusammenhang mit dem außerschulischen Leben der Kinder stehen. Er sollte anknüpfen an die „heimatliche Umwelt", auf „Erlebnis" und „Selbsttätigkeit" aufbauen, die rein geistige mit der manuellen Ausbildung verbinden.

Das Prinzip des Unterrichts der Grundschule sollte der Gesamtunterricht, ein „lebensvoller Gesamtunterricht" sein, in dem es keine strenge Trennung nach Lehrfächern gibt, sondern dem Kinde die Welt in ihrer Einheit erscheint. Berthold Ottos Bezeichnung war hier aufgenommen für einen Unterricht ohne Fächerung. Folgende „Lehrgegenstände" sollten im Gesamtunterricht aufgehen: Religion, Heimatkunde, deutsche Sprache, Rechnen, Zeichnen, Gesang, Turnen und für die Mädchen Nadelarbeit. Der „heimatkundliche Anschauungsunterricht" sollte die Mitte dieses Gesamtunterrichtes sein: „Für den Anfangsunterricht ist eine strenge Scheidung der Lehrfächer nach bestimmten Stunden nicht vorzuschreiben, statt ihrer vielmehr ein Gesamtunterricht zuzulassen, in dem die verschiedenen Unterrichtsgegenstände zwanglos abwechseln. Im Mittelpunkte dieses Gesamtunterrichts steht der heimatkundliche Anschauungsunterricht, in den sich die grundlegenden Übungen im Sprechen und Lesen, im malenden Zeichnen, Schreiben, Rechnen und Singen eingliedern. Auch die ersten Unterredungen und Belehrungen über Religiöses und Sittliches können zu ihm in Beziehung gesetzt werden." (S. 55)

Im Abschnitt Heimatkunde wurde von der „Erfahrungswelt" des Kindes gesprochen und gezeigt, wie hier ausgehend von Beobachtung und Erlebnis Erzählungen, Märchen (auch Kunstmärchen), Lieder in den Unterricht aufgenommen und das Formen und malende Zeichnen und Ausschneiden als Ausdrucksmittel gepflegt werden sollten. Vom dritten Schuljahr an sollte der Heimatkundeunterricht stärker in den Dienst der Vorbereitung des späteren Erdkundeunterrichtes treten, für den die Grundlagen in Form der „Landeskunde" dann im 4. Schuljahr gelegt werden. (S. 58)

In die Weisungen für den Unterricht in der deutschen Sprache (S. 58) waren Gedanken der Reformvorschläge für den Deutschunterricht eingegangen, wenn etwa die notwendige enge Verbindung von Sprachunterricht und Sachunterricht gefordert, wenn vom „kindertümlichen Schrifttum" gesprochen wurde, wenn aus Erfahrung und Phantasie die Niederschrift erwachsen und die Grammatik auf das Notwendigste beschränkt werden sollte. Für allen Unterricht galt der Satz: „Die Auswahl der Unterrichtsstoffe wird in erster Linie durch die Fassungskraft und das geistige Wachstumsbedürfnis der Kinder, in zweiter Linie durch ihre Bedeutung für das Leben bestimmt. Jede Verfrühung und Überbürdung, namentlich auch durch Hausaufgaben, ist streng zu vermeiden." (S. 56)

2. Lehrplan für die Oberstufe

Im folgenden Jahr, 1922, erschienen weiterführend die „Richtlinien zur Aufstellung von Lehrplänen für die vier oberen Jahrgänge der Volksschule". Auch in ihnen spiegelten sich die Bestrebungen der Reformbewegung. So hieß es: „In erster Linie müssen aber auch hier das Bildungsbedürfnis der Altersstufe und die Aufgabe stetiger und gleichmäßiger Förderung der kindlichen Gesamtentwicklung, besonders auch nach der Gefühls- und Willensseite hin, entscheidend sein." (S. 62) Es war von der „Eigentätigkeit der Schüler, der geistigen sowohl wie der körperlichen" die Rede und es wurde auf die „Wege der Beobachtung, des Versuchs, des Schließens, des Forschens, des selbsttätigen Lesens" verwiesen, sowie auf die „Handbetätigung der Kinder", die „in möglichst weitem Umfang nutzbar zu machen" sei. Der Arbeitsschulkonzeption entsprach die Aufforderung: die Einrichtung „von Versuchen aus dem Gebiet der Naturlehre, die Pflege von Tieren in Terrarien, Aquarien, Insektarien, die Blumenpflege und die Schulgartenarbeit, sowie der Unterricht in Nadelarbeit und Hauswirtschaft". (S. 62) Die „Werkarbeit" wurde für die Volksschuloberstufe als Fach eingeführt, für Mädchen „Hauswirtschaft", — allerdings: „wo die äußeren Voraussetzungen dafür zu schaffen sind"[6]).

3. Landschulbewegung

Ein bisher weniger beachteter Zweig der Reformpädagogischen Bewegung war die Landschulbewegung, die ihr von den Anfängen an zugehörte und die gegen Ende des Weimarer Staates einen Höhepunkt erlebte. Drei landpädagogische Intentionen begleiteten, durchdrangen und unterstützten einander:
Dem zivilisations- und stadtkritischen Grundzug der Pädagogischen Bewegung entsprach die positive Hinwendung zum Lande und zum bäuerlichen Leben. Jugendbewegung, Heimatbewegung und andere fanden im Bewohner des Landes den noch ursprünglichen, noch nicht von Stadt und zivilisatorischen Verführungen angekränkelten Menschen. Von ihm wurde eine Erneuerung des ganzen Volkes erwartet. Ein oft sehr verklärtes Bild des bäuerlichen Lebenskreises trug die „Bewegung zum Lande hin"[7]).
Ein unmittelbarer und besonderer Zusammenhang zwischen der Schulreformbewegung und dem Lande und seiner Schule ergab sich dadurch, daß die Landschule teilweise von den Reformern als *die* Schule angesehen wurde, die ihrem Wesen nach in ausgeprägter Weise für die Durchführung der neuen pädagogischen Ideen prädestiniert sei. Friedrich Paulsens Artikel in der Zeitschrift „Dorfschule" (1905) „Dorf und Dorfschule als Bildungsstätte" war

der Auftakt einer neuen pädagogischen Würdigung der Landschule; Berthold Otto sah in ihr ein „Volksorgan der Natur- und Seelenerkenntnis" und in dieser Funktion schien sie ihm besonders geeignet, sein Modell der Schule und ihres Gesamtunterrichtes zu übernehmen. Für weitere Reformen, wie die Entwicklung der Schule als Lebensform, der Ausbau des Helfersystems, die Durchführung der Koedukation, die Verbindung von Schule und außerschulischem Leben in der übersehbaren Gemeinde des Dorfes waren in der Landschule günstige Bedingungen gegeben.

Es waren daher vielfach Landschullehrer, die als erste einzelne Ideen der Reform aufnahmen, eigene Wege in der neuen Richtung gingen und damit Versuchsschularbeit leisteten. So hat noch Adolf Reichwein im Sinne der Reformbewegung in der Landschule Tiefensee gearbeitet und in seinem Buche „Schaffendes Schulvolk" davon berichtet[8]).

Als der Weimarer Staat daran ging, auf administrativen Wegen die Volksschule im Ganzen neu zu gestalten, erfuhr er von Landschulpädagogen die Kritik, daß seine Richtlinien allzusehr auf die städtischen Verhältnisse bezogen seien und der Eigenart des bäuerlichen Lebens und den besonderen Notwendigkeiten der Landschule nicht ausreichend entsprächen. Unter psychologischen, soziologischen und pädagogischen Gesichtspunkten wurde das Bild des Landmenschen, des Landkindes, der Landfrau, der sozialen Gruppen des Landes, wie Landarbeiter, Siedler, Handwerker im Rahmen der ländlichen Strukturverhältnisse dargestellt und von da aus wurden neue landpädagogische Forderungen entwickelt.

Für die Landschule schienen vor allem eigene Bildungspläne, Lehrmittel, Schulbücher im Zusammenhang einer allgemeinen besseren Ausstattung notwendig. Die Forderungen betrafen ebenso die Knaben und Mädchen-Fortbildungsschulen und darüber hinaus die Volksbildungsarbeit auf dem Lande. Die Pläne für eine neue „Landvolkbildung", wie sie etwa Hans Fuchs (Jablonken in Masuren) proklamierte, vom Dorfkindergarten angefangen bis zur Heimvolkshochschule, waren der starke Ausdruck einer ausgesprochenen pädagogischen Landbewegung[9]). Sie konnten aber den Staat und seine Möglichkeiten der Unterstützung eines neuen ländlichen Bildungswesens kaum mehr erreichen, sondern gingen unter, als mit dem politischen Umbruch die Programme des Reichsnährstandes durchgesetzt wurden und das Wort von „Blut und Boden" den Intentionen der Landbewegung und ihrer Pädagogik eine politische und rassische Färbung gab.

4. Das gescheiterte Reichsschulgesetz

Der Weimarer Staat hat durch viele Jahre immer wieder von neuem versucht, die von der Reformbewegung kritisierten Differenzierungen der Volksschule aufzuheben und ihr eine einheitliche Gestalt zu geben. Bereits 1921 wurde im Reichstag ein Entwurf für das in der Verfassung vorgesehene Reichsschulgesetz, nach dem sich die Landesgesetzgebungen richten sollten, vorgelegt. Es kam nicht zur Verabschiedung, ebenso nicht der zweite Entwurf von 1925 und auch nicht der dritte von 1928. Durch die Jahre der Weimarer Republik zog sich weit über die Debatten des Reichstags hinaus ein leidenschaftlicher Kampf um die Gestaltung des Volksschulwesens, an dem die Verbände der Lehrer und Eltern sowie die Parteien, Kirchen und weltanschaulichen Gruppen beteiligt waren. Das Gesetz, das als „Reichsschulgesetz" bezeichnet wurde, das aber seinem Inhalt nach ein „Reichsvolksschulgesetz" war bzw. werden sollte, scheiterte vor allem auch am Widerstand der Lehrerschaft und der pädagogischen Reformer, die in den vorgelegten Entwürfen keineswegs die Erfüllung ihrer Ziele sahen, sondern Verfestigungen der bestehenden Differenzierungen und Spaltungen im deutschen Volksschulwesen[10].
Der Artikel 146 der Reichsverfassung hatte im ersten Abschnitt gesagt, daß das öffentliche Schulwesen „organisch" auszugestalten sei und daß sich auf einer für alle gemeinsamen Grundschule ein Schulwesen aufbauen solle, für das das Religionsbekenntnis der Eltern ebensowenig maßgebend sein dürfe wie deren wirtschaftliche oder gesellschaftliche Stellung. Es war nicht wörtlich gesagt, daß die Gemeinschaftsschule die „Regelschule" sein solle, aber es war so gemeint und ist in den ersten entscheidenden Sitzungen so interpretiert worden. Doch hieß es weiter, daß „inner-

halb der Gemeinden indes auf Antrag von Erziehungsberechtigten Volksschulen ihres Bekenntnisses oder ihrer Weltanschauung einzurichten" seien, „soweit hierdurch ein geordneter Schulbetrieb, auch im Sinne des Abs. 1, nicht beeinträchtigt wird. Der Wille der Erziehungsberechtigten ist möglichst zu berücksichtigen." Hierzu sagte damals Herman Nohl: „Es ist ganz klar, daß dieser Artikel mit seinen zwei Absätzen ein Kompromiß war. Zwei entgegengesetzte Willen haben sich hier unter dem Druck der Lage so vereinigt, daß zwar die Reichsnormschule die Gemeinschaftsschule sein, der Wille der Erziehungsberechtigten aber dadurch nicht vergewaltigt werden soll. Sie sollen die Möglichkeit haben, auf Antrag eigene Schulen zu bekommen, die ihrem Bekenntnis oder ihrer Weltanschauung entsprechen"[11]).

In den drei Schulgesetzentwürfen wurde diese in der Verfassung enthaltene Spannung weiter ausgetragen. Man wollte, man mußte sich an die Verfassung halten und doch ließ sie durchaus unterschiedliche Interpretationen zu. Entsprechend der politischen Konstellation im deutschen Reichstag gewannen diejenigen den Vorrang, die gegen die Einheit, d. h. gegen die Gemeinschaftsschule als Regelschule waren. Es war dann nicht mehr die Rede von einem Vorrang der „nach Bekenntnissen nicht getrennten Volksschule", sondern diese war nur der Bekenntnisschule und den bekenntnisfreien weltlichen oder Weltanschauungsschulen gleichgeordnet. In den Entwürfen standen nebeneinander: die Gemeinschaftsschule, drei Bekenntnisschulen (eine evangelische, eine katholische und eine jüdische) und grundsätzlich zwei bekenntnisfreie Schularten (eine weltliche und eine Weltanschauungsschule). Die Gemeinschaftsschule war als christliche Gemeinschaftsschule gemeint, in der Religionsunterricht in beiden Konfessionen erteilt werden sollte. In den Konfessionsschulen sollten auch Kinder anderer Bekenntnisse aufgenommen werden. Jede weltanschauliche und auch rein weltlich orientierte Gruppe sollte in der Lage sein, eine ihr entsprechende Schule auf öffentliche Kosten zu errichten.

Die Entwürfe legten die Gestaltung der Schule damit praktisch in die Hände der Erziehungsberechtigten; sie sollten den Charakter der Schule bestimmen. Darin wurde wiederum von vornherein die

Gefahr gesehen, daß in der Ebene der Eltern der Kampf um die Schule ausbrechen würde, und zwar in dem Kreis der jeweils gerade „Erziehungsberechtigten", unter Ausschluß der übrigen Bevölkerung. Schule und Lehrer würden sich, ebenso wie Staat und Gemeinde, den zufälligen Konstellationen, die rasch wechseln können, gegenüber sehen und müßten auf ständige Änderungen gefaßt sein.

III. Ausbau und Reform in anderen Schularten

1. Zur Reform der Höheren Schule

Hans Richert (s. o.) hat nach seiner Berufung als Referent in das Kultusministerium die Grundgedanken seines Modells der deutschen Bildungseinheit zu verwirklichen gesucht und für das Höhere Schulwesen eine über jene Jahre hinaus gültige Neuordnung gegeben. Die von ihm verfaßte „Denkschrift des Preußischen Ministeriums für Wissenschaft, Kunst und Volksbildung" von 1924 mit dem Titel: „Die Neuordnung des Preußischen Höheren Schulwesens" beruhte auf dem Gedanken, daß „jeder Schulart ein Kulturbezirk zur besonderen Pflege überwiesen wird, so daß erst in der Zusammenarbeit aller vier Schulformen die Gesamtheit der unserer höheren Bildung gestellten Aufgaben erfüllt wird"[12]).

Das altsprachliche Gymnasium sollte den Kulturbereich der Antike wahrnehmen, das neusprachliche Realgymnasium den eines modernen Europäismus und die Auseinandersetzung mit der modernen Kultur, die Oberrealschule den mathematisch-naturwissenschaftlichen Bereich; die Deutsche Oberschule sollte ihr Zentrum unmittelbar in den „Kernbereichen des deutschen Wesens und Werdens" haben. Die letztere war eine neue Schulform, die entweder grundständig war oder als „Aufbauschule" begabte Kinder nach dem 7. Volksschuljahr zum Abitur führte. So blieben nach dieser Reform die traditionellen Schulen, ergänzt durch eine neue, an sich bestehen, aber ein geistiges Prinzip sollte sie zu einer Einheit zusammenfügen.

Das neue Leitbild der höheren Schulen, das sie miteinander verbinden sollte, war „die deutsche Bildung", zu der die Beschäftigung mit dem national-deutschen Bildungsgut führen sollte. Dies geschah in sog. „Kernfächern", und zwar kulturkundlichen Kernfächern, vor allem Deutsch und Geschichte, Religion, Erdkunde, Staatsbürgerkunde, mit einer in allen Schularten zentralen Stellung. Sie sollten den Schüler hinführen zu dem Kern einer deutschen Bildung, aus der heraus sich die Erneuerung des deutschen Geisteslebens und der deutschen Bildung ereignen sollte. „In ihrer nationalen Prägung sollen die höchsten Menschheitswerte von der jungen Seele erlebt werden, daß sie in dieser Form das, was im deutschen Menschen schlummert und dunkel sein Gefühl bewegt, entbinden und formen und er den Ursinn seines Lebens als deutsches Leben erfasse. Das ist nur möglich, wenn er die nationale Prägung aller Lebensgebiete erfaßt." Richert sagte: „Deutschheit ist das Bildungsziel aller höheren Schulen."

Richerts Thesen entsprachen sowohl manchen Wünschen der Reformer des Deutschunterrichts, als auch dem seit der Kulturkritik verbreiteten Sehnen nach einer Einheit der deutschen Bildung. Sie entsprachen auch dem Nationalismus der Nachkriegszeit, der wieder dort anknüpfte, wo er im 19. Jahrhundert entstanden war, und der nur wenig den verlorenen Krieg und die Revolution registrierte. So waren diese Reformen allzusehr geeignet, den Traditionalismus der deutschen Höheren Schule zu bestärken.

2. Mittelschule

Anfänge der Mittelschule reichen bis in das 17./18. Jahrhundert zurück, aber erst die Bestimmungen von 1910 machten sie zu einem eigenen, in sich gegründeten Schultypus mit allgemeinbildendem Charakter zur Vorbildung für sog. mittlere Berufe, vornehmlich des Handwerks, des Handels, der Industrie und der mittleren Verwaltung. Im Jahre 1925 wurde auf einer Mittelschultagung und durch neue Richtlinien der weitere Weg dieser neuen Schulart vorgezeichnet. Im Jahre 1928 gab es allein in Preußen über 1100 Mittelschulen. Ihr Charakter, ihr Bildungsgehalt, vor allem die mathematischen, die naturwissenschaftlichen und die fremdsprachlichen

Fächer, sowie der Stil ihrer Arbeit mit betonter Selbsttätigkeit entsprachen in ihrer Ausrichtung auf das praktische Leben den realistischen Intentionen der Reformbewegung. In jenen Jahren wurde als Abschluß die sog. mittlere Reife entwickelt, zu der Gertrud Bäumer als Ministerialreferentin sagte: „Die mittlere Reife müßte als Norm des Eintritts in das Berufsleben eine gleichmäßige und breite Geltung haben. Sie müßte für alle mehr praktischen Begabungen den sinnlosen Weg über die Oberstufe der höheren Lehranstalten ersparen"[13]).

3. Ausbau der Hilfsschulen

Die Hilfsschule wurde erst im 20. Jahrhundert in ihrer vollen Bedeutung erkannt und erhielt ihren Platz im Aufbau des gesamten Schulwesens. Bestanden zu Beginn der 80er Jahre in Deutschland an 9 Orten des Deutschen Reiches Hilfsschulen, so existierten Ende der 20er Jahre an etwa 900 Orten zusammen 2650 Schulen mit etwa 70 000 Kindern, womit die Hälfte des etwa 2 % der schulpflichtigen Kinder betragenden Prozentsatzes der hilfsschulreifen Kinder schulisch erfaßt war. In jenen Jahren erhielt somit ein großer Teil der Kinder, die schulpflichtig sind, in der normalen Volksschule aber nicht mitarbeiten können, die jedoch durchaus bildsam sind und durch geeignete erzieherische und unterrichtliche Maßnahmen erheblich gefördert und zu lebenstüchtigen Menschen gemacht werden können, erstmals die ihnen und ihren Fähigkeiten entsprechende Schule. Die Sicht „vom Kinde aus" konnte hier mehr noch als in anderen Schularten wahrgenommen werden. Psychologie, Psychotherapie und Medizin konnten im Zusammenhang der neu sich bildenden Heilpädagogik ein neues pädagogisches Arbeitsfeld erschließen helfen, zu dem sich gerade *die* Lehrer hingezogen fühlten, denen die Bewältigung von erzieherisch besonders schwierigen Aufgaben Erfüllung ihres Berufs bedeutet.

4. Begründung der Berufsschule

Die Berufsschule, die als Sonntagsschule und gewerbliche Fortbildungsschule schon im 19. Jahrhundert eine Bedeutung hatte, begann erst um die Jahrhundertwende ihre heutige Gestalt herauszubilden. „Um 1900 ging die von Kerschensteiner repräsentierte erste Generation von Berufsschulpädagogen an die organisatorische Verwirklichung der neuen Forderungen"[14]). Diese betrafen die Einführung der Berufsschulpflicht auf der Grundlage einer neu entwickelten Berufsbildungsidee. Für die Bestimmung ihrer Lehrinhalte wurden die Berufsausbildung und die staatsbürgerliche Erziehung strukturierend. In den Lehrverfahren fanden Ideen der Reformbewegung ihre Verwirklichung, wie das Prinzip der Lebensnähe (Bezug des Unterrichts auf die Erfahrungen des Lehrlings in der Werkstatt), das pädagogische Prinzip der Handarbeit, das Prinzip der Berufsbezogenheit dieser Bildungsform, die zugleich auch Inhalte der Allgemeinbildung in ihren Lehrplan aufnahm. Von Georg Kerschensteiner, Eduard Spranger und Aloys Fischer erhielt die Berufsschule starke Unterstützung, das „Handbuch für das Berufs- und Fachschulwesen", hrsg. v. A. Kühne (1922), faßte die neuen Impulse dieser Schulart zusammen.

IV. Die neue Schule als „Lebensform"

Von Anbeginn an hatte sich die Reformbewegung gegen die Schule als reine „Unterrichtsanstalt" gewandt und eine Schule gefordert, für die der Begriff „Lebensform" als umfassende Kennzeichnung Verwendung fand. Sie sollte in ihrem Stil, Geist und Inhalt eine Lebensgemeinschaft bilden ähnlich der Familie und sich mit deren Auffassungen in Übereinstimmung befinden. Im Handbuch von Nohl-Pallat[15]) trug der von Heinrich Deiters verfaßte und den Band über die Schule einleitende grundsätzliche Artikel die Überschrift „Die Lebensform der Schule". Einige Bestrebungen dieser Art, die in den 20er Jahren behördlich gefordert und gefördert wurden, sollen im folgenden angedeutet werden.

1. Die Zusammenarbeit von Elternhaus und Schule

Die Stellung der Pädagogischen Reformbewegung zur Familie war nicht einheitlich. Auf der einen Seite wurde sie kritisch gesehen, und es waren vor allem die Landerziehungsheime, die mit dem nicht nur zeitbedingten sondern grundsätzlichen Ungenügen der Familie für die Erziehung des jungen Menschen ihre neue Schulform motivierten. Auf der anderen Seite wurde die Familienerziehung bejaht; Berthold Otto etwa sprach „Vom königlichen Amt der Eltern", vom „Hauslehrer" und gestaltete seine Schule nach dem Modell der Familie. Er wollte die volle geistige Übereinstimmung in der Erziehungsauffassung zwischen Elternhaus und Schule erreichen und entwickelte auch für ein künftiges Schulgesetz Ideen einer „Organisation der Eltern" mit „Vertrauenspersonen" und „Elternrat"[16]). Hugo Gaudig stellte Richtsätze zum „persönlichen Verkehr" zwischen Lehrern und Eltern auf[17]); für Johannes Tews standen die organisatorischen Fragen mehr im Vordergrund. In seinem Buche „Elternabende und Elternbeiräte. Freie und gesetzlich geordnete Mitarbeit der Eltern an der Schülererziehung" zitierte er Leitsätze eines Berliner Schul- und Erziehungsausschusses: „Die Umwandlung der Schulen in lebensvolle Erziehungsgemeinschaften verlangt den Zusammenschluß und das Zusammenwirken von Eltern, Lehrern und Schülern. — Die Schulgemeinde dient der Selbsterziehung der Schüler, die kollegiale Schulverfassung der Selbstregierung der Lehrer, der Elternbeirat der Mitarbeit und Einflußnahme der Eltern"[18]).

In Preußen wurden 1919 „Satzungen für Elternbeiräte an Schulen" erlassen, in denen es unter 1. hieß: „In jeder Schule wird ein Elternbeirat gebildet. Er soll der Förderung und Vertiefung der Beziehungen zwischen Schule und Haus dienen und den Eltern wie der Schule die Arbeit miteinander und den Einfluß aufeinander gewährleisten"[19]). Den Bestimmungen über „Zusammenstellung und Wahl", über „Erste Einberufung" und die „Tagungen" folgte unter der Überschrift „Zuständigkeiten": „Die Tätigkeit des Elternbeirats ist beratender Natur. Sie erstreckt sich auf Wünsche und Anregungen des Elternkreises, die sich auf den Schulbetrieb, die Schulzucht und die körperliche, geistige und sittliche Ausbildung der Kinder beziehen und über den Einzelfall hinaus von allgemeiner Bedeutung sind." Es wurde weiterhin gesagt, daß der Elternbeirat in besonders erziehungsschwierigen Fällen anzuhören

ist, daß er „in Verbindung mit dem Lehrkörper Gesamtelternver-
sammlungen einberuft, um wichtige Fragen durch Vorträge und
Aussprache klarzustellen." Man hat damals von einer „Elternbewegung" gesprochen und die miteinander verbundenen pädagogischen, weltanschaulichen und rechtlichen Probleme diskutiert[20]).
a) Das individuelle Elterngespräch und die Elternsprechstunde
wurden als äußerst wichtig, aber am wenigsten problematisch angesehen. Hugo Gaudig bezeichnete sie in seiner „Schule im Dienste
der werdenden Persönlichkeit" als eine wesentliche Einrichtung
der zukünftigen Schule und stellte Grundsätze für eine „Formen-
lehre" der Elternsprechstunde auf, wie diese: „Zwanglose Ge-
sprächsform ohne Schema und Pedanterie, aufmerksames gedul-
diges Hören, Eingehen auf Gedankengänge des anderen, psychologisches Kennen und Können, Stimmung behalten auch in ärger-
lichen Situationen, den Humor nicht verlieren."
b) Elternabende als Klassenelternabende sollten entweder mehr
den Blick auf die Schule bzw. die Klasse richten, über ihre Maßnahmen aufklären und der Befragung dienen oder sich den Fragen
der Erziehung im Elternhaus zuwenden. Als „Erziehungsabende"
sollten sie der Aussprache und dem Verstehen der beiden Erzieher-
gruppen dienlich sein. Dieser Aufgabe gegenüber sollen Kinder-
darbietungen an Elternabenden zurücktreten und Schulfesten und
Unterhaltungsstunden überlassen sein.
c) Nach dem Vorbild Preußens sind in Anerkennung des „Elternrechtes" und aus pädagogischen Motiven auch in den anderen
Ländern Bestimmungen über Elternbeiräte erlassen worden. Die
Elternbeiratsorganisationen haben sich damals in Zentraleltern-
beiräten in Großstädten zusammengeschlossen, z. T. unterschiedlich je nach der Schulart und Konfession. Zu älteren Vereinigungen
der Bekenntnisschulen kamen „Verbände" von Eltern, die für die
„Gemeinschaftsschule" eintraten und auch solche, die die sog.
„weltliche" Schule zum Ziele hatten. Die Elternorganisationen, die
ihre Interessen auch in Elternzeitschriften und Elternbüchereien zu
vertreten suchten, bildeten mit den Hintergrund der schulpolitischen Kämpfe des Weimarer Staates. So wurden die Fragen des
Elternrechtes vielfach auch zu einem Politicum.

2. Das Schulwandern

Solange die Schule nur als Stätte des Unterrichts aufgefaßt wurde, hatten Schulwandern und Studienfahrten nur eine geringe Motivation. Mit der Idee der Schule als einer Lebensform und Stätte der Erziehung wurde auch das Schulwandern aufgegriffen. Die Jugendbewegung, die sich zunächst ganz außerhalb der Schule entwickelte, hat entscheidend dazu beigetragen, daß die Schule das Wandern und dann auch die regelmäßigen Wandertage einführte. Unterschiedlich in den Ländern wurden sie bis zu 10 Tagen im Jahr angeordnet. Die Jugendherbergen — gegründet von dem Lehrer Richard Schirrmann und zunächst nur Organ der Jugendbewegung — wurden späterhin auch von Schulklassen aufgesucht und dienten dem Schulwandern.

Das Motiv der körperlichen Ertüchtigung durch das Wandern stand im Zusammenhang mit der Forderung der „täglichen Turnstunde", mit der Einführung des Reichssportabzeichens, der Schaffung von Kinderspielplätzen, der Einführung der Reichsjugendwettkämpfe in jenen Jahren, und es waren Männer wie E. Neuendorff, Direktor der Reichssportschule, die unermüdlich für alle Wege der körperlichen Ertüchtigung und der Leibeserziehung eintraten. Das Wandern sollte weiterhin der Charakter- und Gemeinschaftserziehung dienen. Lehrer und Schüler können sich bei Wanderungen näher kommen als in der Distanz des täglichen Unterrichts. Wandertage bringen Begegnungen, Aufgaben, Bewährungen, die außerhalb des üblichen Schulbetriebs liegen. Aber auch wegen seiner Bedeutung für den Unterricht und die geistige Bildungsarbeit wurde das Wandern gefördert. In den Richtlinien für die Oberstufe der Volksschule hieß es: „Die zunächst im Dienst der leiblichen Erziehung stehenden Schulwanderungen bieten Gelegenheit zum Beobachten des Pflanzen- und Tierlebens, der Boden- und Witterungsverhältnisse, der Himmelserscheinungen, der Verkehrs- und Arbeitsverhältnisse sowie zur Übung im Schätzen von Entfernungen und in einfacher und zeichnerischer Wiedergabe (Skizzieren) und tragen so zur Erweiterung der geistigen Bildung bei." Die Tageswanderungen fanden ihre Erweiterung in den damals aufkommenden Studienreisen über Tage und Wochen hinweg, die noch stärker die erzieherischen Momente des Schulwanderns zur Entfaltung kommen ließen. Den aktiven Förderern dieser Bestrebungen genügte jedoch nicht, was damals geschah, und Neuendorff klagte, daß die angeordneten Wandertage nur zum Teil durchgeführt und überhaupt zu wenig ernst genommen würden.

3. Die Schullandheimbewegung

Ein Werk der Pädagogischen Bewegung waren die seit Beginn der 20er Jahre in allen Teilen Deutschlands entstehenden Schullandheime, also Heime, die, an geeigneten Punkten der Landschaft gelegen, zu einer oder zu mehreren städtischen Schulen gehörten und in die für Tage oder Wochen Schulklassen unter Führung ihrer Lehrer verlegt wurden.

Auf der Pädagogentagung über das Schullandheim, Oktober 1925 im Zentralinstitut für Erziehung und Unterricht in Berlin, ging aus der von Franz Hilker gebotenen „Übersicht über den gegenwärtigen Stand der Schullandheim-Bewegung" hervor, daß ein „Bestand von 120 Schullandheimen, darunter einige 20 größere und kleinere Sammelheime und gegen 100 Einzelheime" vorhanden waren und: „nicht weniger als 62 Volks- und Höhere Schulen in 15 verschiedenen Städten haben außerdem bei der Rundfrage angegeben, daß sie die Absicht haben, ein Schullandheim zu errichten"[21]). Der 1926 gegründete „Reichsbund der deutschen Schullandheime e. V." förderte das umfassende Aufbauwerk. Im Jahre 1932 bestanden über 250 Heime.

Die „Schullandheimbewegung" — ein damals gebräuchlicher Ausdruck — hatte ihre Wurzeln in den verschiedenen Motiven der Pädagogischen Bewegung: der Kritik an Stadt und Zivilisation, dem Naturbekenntnis und Wanderstil der Jugendbewegung, der Heimatbewegung und Schulreformintentionen wie der Gemeinschaftserziehung durch Lebensgemeinschaft. Für die öffentliche Halbtagsschule konnte damit die pädagogische Bedeutung des Heimes bis zu einem gewissen Grade wirksam werden. Erfahrungen der Landerziehungsheime kamen den Schullandheimen zugute.

In der innerhalb weniger Jahre entstandenen pädagogischen Literatur zur Einrichtung von Schullandheimen wurde darauf hingewiesen, daß das Heim Gesundheit und Erholung bietet durch das entspannende und naturnahe Leben. Wandern, Schwimmen und andere Sportarten und in begrenztem Umfang Unterricht im Freien wirken körperlich und seelisch gesundend. Der Heimaufenthalt in einer anderen als der gewohnten Umgebung weitet das Blickfeld und gibt durch unmittelbare Erlebnisse und Erfahrungen, durch die Möglichkeiten des Erkundens und Erforschens für alle unterrichtliche und außerunterrichtliche Bildung eine einprägsame Grundlage. Unwillkürlich oder auch geplant treten diejenigen geistigen Gebiete in den Vordergrund der Arbeit, für die sich am jeweiligen Orte und in der umgebenden Landschaft Ansatzpunkte bieten. Heimaterlebnis und Heimatkunde ergänzen sich. Das Heim schafft Möglichkeiten des Gemeinschaftslebens, des Sichkennenlernens und des Sichhelfens, fordert Aufgabenerfüllung für andere und Bewährung im Dienst. „Alles kommt darauf an, in die Gemeinschaft einen guten Geist zu pflanzen, der auch die Widerstrebenden mit sich zieht." (S. 7) Man teilt miteinander, lebt unter den gleichen Bedingungen, anders als in der Schule, in der die Elemente der Gemeinschaft nicht so erfahren werden können. „Das Verhältnis zum Lehrer und zur Lehrerin wird freier und menschlicher". „Er teilt das Leben der Kinder. Das gibt ihm die Möglichkeit, die Kinder richtiger und vollständiger kennen zu lernen als in der Schule, wo er niemals den ganzen Menschen, sondern nur einzelne Seiten, die für den Unterricht in Betracht kommen, vor sich sieht." (S. 10) Als weitere Gesichtspunkte wurden angeführt: Vitales Sichaustoben und notwendige Bändigung, Gemütsbildung durch Naturbeobachtung, ruhiges Gespräch und Feierstunde am Abend, Charakterbildung durch Bewährung im Dienst für die anderen, Lebensorientierung in ungefächerter Unterrichtsarbeit.

Die Pädagogen haben damals das Schullandheim erstmalig pädagogisch durchdacht: seine landschaftliche Lage, Baulichkeit und Einrichtung, die Vorbereitung des Aufenthaltes, die Verständigung mit den Eltern, die Sicherung der Ordnung im Heim durch starke Mitträgerschaft der Schüler und Schülerinnen im Sinne der Schülerselbstregierung, die Programmgestaltung, die Einrichtung des Tagesrhythmus. Sie machten ihre ersten Erfahrungen, erlebten auch die besonderen Schwierigkeiten, die hier entstehen und die manchen Lehrer zunächst davon abhielten, sich zum Heim zu bekennen und sich zur Verfügung zu stellen. Die Bewegung aber nahm zu und breitete sich aus, bis durch die weitere politische Entwicklung die Schullandheimarbeit beeinträchtigt bzw. so gut wie ganz aufgehoben wurde.

4. Freiluftschulbewegung und Waldschulen

An dieser Stelle sollen auch die „Waldschulen" genannt werden, die entstanden sind aus der allgemeinen Beobachtung und ärztlich nachgeprüften Feststellung, daß für Kinder von schwächlicher körperlicher Konstitution und Kinder in der Rekonvaleszenz der Schulbesuch gesundheitlich abträglich sein kann und daß überhaupt die Schule mit ihrer oft so verbrauchten Luft in den Klassenzimmern, früher auch oft ungenügendem Licht, der Forderung langen Stillsitzens in unangepaßten Bänken u. a. der Gesundheit schaden kann, wenn nicht Hilfen und Ausgleichsmöglichkeiten geboten werden. Als solche entstanden die sog. „Waldschulen"; die erste 1904 bei Berlin, weitere folgten, gefordert und gefördert vor allem durch die „Vereinigung deutscher Freiluft- und Waldschulen", die zu Beginn der 30er Jahre 70 solcher Schulen umfaßte[22]).
Für etwa 4 Wochen bis 6 Monate wurde für Klassen aller Schularten oder einzelne Gruppen (Sammelklassen) der Unterricht planmäßig außerhalb der Stadt im Grüngürtel oder nahe gelegenen Wald in geeigneten Räumen durchgeführt. Meist waren hier Freiluftunterrichtsräume, Liegehallen, Spiel- und Sportplätze, Luft- und Schwimmbäder, Schulgartenanlagen und Werkstätten vorhanden. Die Schüler waren den ganzen Tag über draußen in der Waldschule, erhielten die bestmögliche Verpflegung, wurden zu Liegekuren angehalten und zu einer die Gesundheit fördernden Lebensweise. Sie standen dabei unter ärztlicher Kontrolle. Einzelne Waldschulen hatten auch Übernachtungsmöglichkeiten; sie nahmen Lehrer mit ihren ganzen Klassen auf und ähnelten damit teils Erholungsheimen, teils Schullandheimen.

Der Weimarer Staat hat an äußerer und innerer Schulreform in der Durchführung von Gedanken der Reformbewegung Bedeutendes geleistet, auch wenn man die Distanz zwischen behördlicher Verfügung „von oben" her und der Verwirklichung im Alltag der Schule in Rechnung stellt. Aber mit alledem war doch nur ein Teil des Gesamtkonzeptes der Reformer in Angriff genommen und erfüllt. Die „Bewegung" ruhte nicht, ihre Polemik gegen die allgemeine öffentliche Schule und ihre Mängel ließ nicht nach. In Weiterführung und Abwandlung erprobter Reformideen wurden neue Ziele gesteckt, neue Konzeptionen geboren, neue Modelle der Schule entworfen und in die Wirklichkeit umgesetzt. Dies geschah zumeist außerhalb des öffentlichen Schulwesens im Bereich von neuen freien privaten Versuchsschulen, nur vereinzelt gefördert von solchen Behörden, in denen selbst der Geist der Reform lebendig war.

Zwölfter Abschnitt:
Neue Versuchsschulen und Schulreformpläne in den zwanziger Jahren

Zwischen 1923 und 1925 erschienen 4 aufschlußreiche Werke über Schulversuche und Versuchsschulen[1]). Als Herausgeber bzw. Autoren zeichneten Franz Hilker, Fritz Karsen und Gustav Porger. Diese Berichte sind ein beredter Ausdruck dafür, wie stark in jenen Jahren das Interesse für die praktische Durchführung der Schulreform war und sie zeigen, wie von neuen Modellen Anregungen für eine allgemeine Schulreform ausgingen. Hilker (1881—1969), der spätere Leiter des Zentralinstituts für Erziehung und Unterricht, schrieb in seinem Band, der hervorgegangen war aus einer Vortragsreihe „Deutsche Schulversuche" des „Bundes Entschiedener Schulreformer": „Die neuen Schulen müssen Keimzellen für die Umgestaltung unseres gesamten Schulwesens werden" (S. 448) und forderte für diese „Reformation an Haupt und Gliedern" die Unterstützung des Staates. Die Behörden sollten den öffentlichen Schulen, vor allem auch den Höheren Schulen, die Freiheit zu weiteren Versuchen und zur Übernahme der gemachten guten Erfahrungen geben, sollten den Prozeß der Umgestaltung im Sinne einer „nach Begabungen differenzierten Einheitsschule" einleiten und sollten weitere Reformen im Prüfungswesen, in der Lehrerbildung, in den Hochschulen und in Konsequenz auch auf den Gebieten der Sozialpädagogik veranlassen.

In den genannten Schriften traten als neue Versuchsschulen besonders die Lebensgemeinschaftsschulen und die Freien Waldorfschulen hervor, von denen in diesem Abschnitt zunächst berichtet werden soll. Es wird dann auf die Jenaplanschule Peter Petersens eingegangen, die in der zweiten Hälfte der Zwanziger Jahre eine Rolle zu spielen begann, und abschließend ein Blick auf die Bestrebungen des Bundes Entschiedener Schulreformer geworfen.

I. Die Lebensgemeinschaftsschulen

Bald nach dem Umsturz von 1918/19 unternahmen es einige Schulen in Norddeutschland, auf den Voraussetzungen der Reformpädagogischen Bewegung einen neuen Schultyp zu verwirklichen, den sie als „Lebensgemeinschaftsschule" oder auch „Gemeinschaftsschule" bezeichneten. Die ersten Volksschulen in Hamburg, die mit Zustimmung der Elternschaft die Umgestaltung einleiteten, waren in ihrer Reform weitgehend von Lehrern inspiriert, die schon lange die neue pädagogische Bewegung vorangetragen hatten, wie J. Gläser, W. Reese, F. Jöde, W. Lottig, H. Wolgast, C. Götze. Die Bremer H. Scharrelmann und F. Gansberg standen diesem Kreise nahe. In Dresden, Leipzig, Magdeburg, Gera, Essen, Frankfurt/M. und vor allem Berlin haben Gemeinschaftsschulen bestanden.

Besonders Fritz Karsen hat sich als Gründer und Leiter der Aufbauschule in Berlin einen Namen gemacht. Seine Schule umschloß außer der Volksschule eine Höhere Schule, wie dies ebenso bei der Lichtwarkschule in Hamburg der Fall war. Fritz Karsen war auch der Gründer und Hauptherausgeber des eigenen Organs: „Lebensgemeinschafts-Schule, Mitteilungsblatt der Neuen Schulen in Deutschland. Unter Mitwirkung Wilhelm Paulsens, herausgegeben von Fritz Karsen und Johannes Hein". (ab 1924)

1. Gesellschaft und Schule

Die Lebensgemeinschaftsschulen vereinigten pädagogische und soziale Motive verschiedener Richtungen miteinander. Sie unterschieden sich von den früheren Reformanregungen dadurch, daß sie bewußt einen gesellschaftlichen Auftrag der Schule zu erfüllen suchten. Fritz Karsen schrieb: „Die Gesellschaft, die sich kämpfend in den letzten 60 Jahren durchgesetzt hat, schuf in Arbeiter-, Frauen- und Jugendbewegung eine neue soziale, in der Republik eine neue politische Gemeinschaftsform und fängt nun mit der Schule an, eine weit über diese hinausweisende neue Kulturgemeinschaft zu gestalten, die aus geschichtlicher Notwendigkeit ebenso wie die neue Schule ungeahnte Formen gewinnen kann. Wie sollte sie verheissungsvoller genannt werden als ‚Gemeinschaftsschule' "[2]).

Das Programm der Lebensgemeinschaftsschule war bezogen auf die Strukturwandlungen der Gesellschaft im Zusammenhang der politisch-kulturellen Entwicklung und wurde im Blick auf die Zukunftsaufgaben bestimmt. Die neue Schule erschien als die der neuen demokratischen Staats- und Gesellschaftsform gemäße Schule und entsprechend wies „Gemeinschaft" über die Schule hinaus auf die soziale Gemeinschaft, für die sie die entsprechende pädagogische Form darstellen sollte. Der Weg zur neuen Kultur, bzw. Gesellschaft, sollte über die als Gemeinschaft zu formierende Schule führen, im Sinne einer sozialistischen Gemeinschaft. „Schule der werdenden Gesellschaft" nannte Karsen seine Schule, gelegen in dem vor allem von Arbeitern bewohnten Stadtteil Neukölln. Dem politisch-gesellschaftlichen Ziel entsprach der pädagogische Gemeinschaftsbegriff, wenn er sie als eine Schule bezeichnete, deren „Hauptaufgabe auf erziehlichem Gebiete liegt, deren ganze Arbeit getragen ist von einer sittlichen Idee, der Idee der Gemeinschaft"[3]).

2. Formen der Gemeinschaft

Der ·Gemeinschaftsgedanke der Lebensgemeinschaftsschulen konzentrierte sich auf folgende Hauptpunkte:

a) Die Lebensgemeinschaftsschulen hatten die „Einheitsschule" als Gesamtschule zum Vorbild, auch wenn sie zum überwiegenden Teil allein Volksschulen waren. Wo sie mit Höheren Schulen vereinigt waren, wie in der Lichtwarkschule und in der Aufbauschule Fritz Karsens, konnte die Einheitsschule im vollen Sinne verwirklicht werden. Die Teilziele der Einheitsschulbewegung, wie die Überwindung aller konfessionellen Trennungen, die Koedukation und das Bemühen, Trennungen des Standes und Besitzes nicht aufkommen zu lassen, waren den Lebensgemeinschaftsschulen selbstverständlich.

b) Die Eltern, deren völlige Zustimmung zu den Reformen der neuen Schulen Voraussetzung war, wurden zur Mitbestimmung herangezogen, die „offene Schultür" intensivierte das Zusammenwirken von Schule und Elternhaus: „Wir wollten alle die Eltern um uns scharen, die mit uns des Glaubens und guten Willens waren, daß auch mitten in einer Großstadt, umbrandet vom Gewühl der Straßen und allen geistigen Strömungen, eine Schule möglich sei, die durch Erziehung durch die Gemeinschaft, nicht nur in der Gemeinschaft den unveräußerlichen Rechten des Kindes und den Forderungen einer neuen Gesellschaft gerecht werden könnte"[4]).

c) Gemeinschaft bedeutete die geistige Übereinstimmung und kollegiale Zusammenarbeit der Lehrer: „Die Arbeitsgemeinschaft (= das Wahlkollegium der Versuchsschule an der Staderstraße in Bremen) wirkt im Sinne der kollegialen Schulleitung, d. h. die Richtlinien und Grundsätze ihrer Arbeit werden durch jeweiligen absoluten Mehrheitsbeschluß geregelt, die für den einzelnen bindend sind. Daraus folgt, daß jedes Mitglied, das die von der Mehrheit vertretenen Grundsätze nicht anerkennen kann, ausscheidet und sich verpflichtet, in diesem Falle die Versuchsarbeit nicht zu stören. Verantwortlicher Träger der Versuchsarbeit ist das Kollegium. Der Schulleiter ist nur Beauftragter des Kollegiums"[5]).

d) Der Gemeinschaftsgedanke bezog sich weiterhin auf das Verhältnis der Lehrer zu den Schülern und der Schüler zu den Lehrern. Dabei wurde eine Stärke der inneren Beziehung angestrebt, für die das Attribut „kameradschaftlich" nicht mehr auszureichen schien; Scharrelmann sagte: „Wir durften uns nicht damit zufrieden geben, wenn wir ein kameradschaftliches Verhältnis zwischen Lehrer und Kind erreicht hatten. Diese Kameradschaftlichkeit mußte sich zu wirklicher Gemeinschaft vertiefen, und Gemeinschaft bedeutete uns mehr und mehr ein Leben nach dem Worte des Galaterbriefes: einer trage des anderen Last"[6]). Schulgemeinde, Schülerselbstverwaltung, Schülerzeitung, Schulfahrten waren selbstverständlich in diesen Schulen.

Den Unterschied der neuen zu den früheren Reformschulen hat Scharrelmann einmal so ausgedrückt (wobei sich zeigt, wie sehr damals „Arbeitsschule" bereits zur allgemeinen Bezeichnung der Reformschule geworden war): „Ihre Tätigkeit (der Arbeitsschule) hat ihr Ziel erreicht, wenn zwischen Lehrer und Kind ein freundliches Verhältnis eingetreten ist, das die Grundlage zu einem gegenseitigen freudigen Geben und Nehmen bildet. Die Gemeinschaftsschule dagegen will mehr! Sie will vom Kinde aus und durch das Kind zur

Erziehung der Familie kommen, will Schule und Eltern zu einer Lebensgemeinschaft zusammenschweißen ... Die Arbeitsschule ist das Schulideal von Gestern, die Gemeinschaftsschule strebt das kommende Ideal an"[7]).

3. Innere Reformen

Für das Leben und für die Unterrichtsarbeit der Schule wurden von den Lebensgemeinschaftsschulen zahlreiche weitere Gesichtspunkte der ersten Reformzeit aufgenommen und verwirklicht. Karsen, der von Kerschensteiner, Gaudig, Berthold Otto und der sowjetrussischen Produktionsschule als seinen Vorbildern sprach[8]), beseitigte den Frontalunterricht und nahm den Gesamtunterricht, das Unterrichtsgespräch, die Formen der Arbeitsgemeinschaft, die Gruppenarbeit und die Kurse in seine Schule auf. Er führte ein Fachklassensystem durch, hatte Blockstunden, er verzichtete auf Benotungen und Nummernzeugnisse. Mit Gedanken der Arbeitsschule vereinigte er solche der Kunsterziehungsbewegung. Erlebnis und Erlebnisniederschrift hatten im Deutschunterricht eine besondere Bedeutung. Wie sehr der Unterricht seiner Schule durch die Selbsttätigkeit der Schüler geprägt war, zeigt Karsens Bericht: „Nichts hatte die zahlreichen Besucher unseres Unterrichts so sonderbar berührt, wie dieses merkwürdige Bild einer Klasse, in der der Lehrer vollkommen in der Gemeinschaft untergetaucht war. Er erteilte nicht einmal das Wort, er faßte nicht die Ergebnisse der Diskussion zusammen, er stellte nicht einmal, wenn die Jungen offenbar abgeirrt waren, die zur Behandlung stehende Frage wieder richtig, ja er unterwarf sich und seine Autorität sogar einer äußeren Ordnung, die von den Schülern selber aufgestellt war"[9]).
Berlins Schulbehörden unterstützten Karsens durchgreifende Reformen. Neue „Richtlinien" hoben die bisherigen Bindungen des Unterrichts durch Stoff- und Lehrpläne auf und legten die Planung in die Hände der Schule und ihrer Arbeitsgruppen. Die Wege zu den gesteckten Zielen sollten von der Schule selbst gewählt werden: „1. Der Gesamtunterricht wird eingestellt auf die schöpferische Arbeit der Hand und des Geistes. Mit dem Grundsatz materieller Bil-

dung wird rücksichtslos gebrochen. Kenntnisse und Fertigkeiten sind natürliche Ergebnisse schaffender Arbeit, nicht Selbstzweck des Unterrichts. 2. Verbindliche Stoffpläne werden nicht aufgestellt. Der ordnende Grundsatz aller Schularbeit ist die Entfesselung schöpferischer Kräfte im Kinde. 3. An Stelle der Lehrpläne tritt der Arbeitsplan der Lebens- und Arbeitsgemeinschaften. Die allgemeinen Bildungsziele, die die amtlichen Richtlinien festlegen, werden auf der Unterstufe nach 4 Jahren, auf der oberen Stufe nach 6 und 8 Jahren erfüllt. 4. Stundenpläne fallen fort. Für den Fortgang der Arbeit ist das wechselnde Bedürfnis der Gemeinschaft und der natürliche Ablauf der Arbeit selbst, d. h. der aller wissenschaftlichen, künstlerischen und technischen Arbeit innewohnende gesetzmäßige Zwang zur Vollendung, entscheidend"[10]).

„Lebensgemeinschaftsschule" war in den Zwanziger Jahren ein Begriff für revolutionäre Schulreform. Die neuen Schulen wurden viel besucht, diskutiert, anerkannt und als Modelle zukünftiger allgemeiner Schulreform hingestellt. Sie wurden ebenso auch verurteilt und bekämpft als Gefahr für das deutsche Bildungswesen, was nicht zuletzt in ihren häufig ideologischen Motivierungen und der Verflochtenheit ihrer pädagogischen Prinzipien mit politischen und weltanschaulichen Positionen begründet war.

II. Die Freien Waldorfschulen

Die „Waldorfschulbewegung", wie sie sich selbst bezeichnete[11]), war eine besondere Richtung der Reformpädagogischen Bewegung in deren drittem Jahrzehnt. Ihre Schulen, die Freien Waldorfschulen oder auch Rudolf-Steiner-Schulen genannt, und die ihnen zugrundeliegende Pädagogik entsprachen den neuen pädagogischen Bestrebungen und stimmten mit anderen Reformschulen jener Zeit weitgehend überein. Darüber hinaus erhielten diese Schulen durch originale pädagogische Gedanken ein eigenes Gesicht, entsprechend den philosophisch-pädagogischen Konzeptionen Rudolf Steiners.

1. Rudolf Steiner

Rudolf Steiner, 1861 in Kraljevec (Ungarn) geboren (gestorben 1925 in Dornach bei Basel), war nach seinem Studium der Mathematik und Naturwissenschaften einige Jahre Privatlehrer und Dozent an einer Arbeiterbildungsschule in Berlin, war dann in den 90er Jahren Mitarbeiter an der Weimarer Goetheausgabe und trat zugleich als Verfasser philosophischer und weltanschaulicher Schriften über Goethe, Nietzsche, Haeckel u. a. hervor. Nachdem er sich zuerst zur theosophischen Lehre bekannt hatte, begründete er eine neue besondere „Geisteswissenschaft", die Anthroposophie. Seine Ideen vom Wesen und den Kräften des Menschen baute er zu einem tiefgründigen System aus. Darin waren wesentlich auch pädagogische Gedanken enthalten, die er zuerst 1907 in seinem bekannt gewordenen Vortrag „Die Erziehung des Kindes vom Gesichtspunkt der Geisteswissenschaft" entwickelte.

Im Jahre 1919 bat der Besitzer der Waldorf-Astoria Zigarettenfabrik in Stuttgart, Kommerzienrat Emil Molt, den Anthroposophen Dr. Rudolf Steiner, für die Arbeiter und Angestellten seiner Fabrik eine Schule so einzurichten, wie sie dessen pädagogischen Ideen entsprach. Steiner schuf danach die erste Freie Waldorfschule in Stuttgart, im Jahre 1921 eine zweite in Dornach in der Schweiz, wo sich seit 1913 als Zentrum der Anthroposophischen Gesellschaft das von ihm gegründete Goetheanum befindet. Es folgten Gründungen weiterer Waldorfschulen in Hamburg (1927), Hannover (1927), Berlin (1928), Dresden (1929), Breslau und Kassel (1930) und schon von 1923 an auch im Ausland in England, Holland, der Schweiz und Norwegen. In der Zeit des Nationalsozialismus wurden die Waldorfschulen geschlossen, nach 1945 erstanden sie von neuem und erlangten bald einen Bestand von fast 30 Schulen, die mit den zahlreichen Waldorfschulen in anderen Ländern in Verbindung stehen.

Wenn Steiner seine Schule „Freie" Waldorfschule nannte, so kam darin sein Wille zur Unabhängigkeit von der Staatsschule und zur Gestaltung der Schule ganz nach eigenen Grundsätzen zum Ausdruck. „Die Waldorfschule will eine freie Schule sein, d. h. sie will gänzlich frei vom Staate sein und unterwirft sich nur, soweit es die Gesetze nicht anders zulassen, der Aufsicht der staatlichen Schulbehörden"[12]). Nur notgedrungen nahmen die Waldorfschulen die Vorbereitung auf das Abitur in ihren Lehrplan auf. — Den Gedanken der Freiheit von staatlicher Bevormundung begründete Steiner auch mit seiner anthroposophischen Theorie der „Dreigliederung", die die Freiheit des Geisteslebens vom Staate zum Ausdruck bringt.

2. Menschenkunde und Erziehung

Steiners pädagogische Lehre und damit seine Schule folgten aus seiner anthroposophischen „Menschenkunde", die in ihrer Besonderheit in wenigen Sätzen nicht wiederzugeben ist. „In jeder Schule, die mit anthroposophischer Pädagogik arbeitet, waltet bestimmend das ewige Bild des wahren Menschentums, als Urbild wirksam, aber in den Einzelheiten der Ausformung der Erziehungskunst sich wandelnd"[13]). Steiner sah das irdische Sein des Menschen im Zusammenhang mit seinem vorgeburtlichen Geistessein, in das er nach seinem Tode wieder zurückkehrt und von dem er auch in seinem irdischen Sein nicht getrennt ist. Dem Bild des Menschen, das seine Erziehung leitet, ist die Ganzheit eigen, „das Wesen des ganzen Menschen" fordert Beachtung. „Einseitiges Wissen" und „bloße Pflege der intellektuellen Anlagen" genügen nicht, wie überhaupt Steiner in der Kritik des Intellektualismus mit den anderen pädagogischen Reformern ebenso übereinstimmte wie mit der positiven Bewertung der tieferen Seelenkräfte und des Willens. An Einsichten seien für den aufwachsenden Menschen vor allem solche vonnöten, die „die Stoßkraft für das Leben" geben und ihn befähigen, dem Leben gewachsen zu sein. Tüchtig zu machen für die in der Gesellschaft gestellten Aufgaben, war sein erzieherisches Ziel. Wie alle Reformer gab er der erzieherischen Aufgabe den Vorrang vor der Wissensvermittlung[14]).

Für die Erziehungs- und Unterrichtskunst — er betonte, daß Erziehen eine „Kunst" sei — entwarf Steiner eine Lehre von einem 7-Jahres-Rhythmus der Entwicklung des heranwachsenden jungen

Menschen, dessen Hauptwendepunkte mit dem Zahnwechsel und der Geschlechtsreife zusammenhängen. In der ersten Phase ist das Kind noch ganz das nachahmende Wesen, auf das der Erzieher mit seiner selbstverständlichen Autorität wirkt. In der zweiten Phase bildet sich das Ichgefühl, das zum Weltgefühl geweitet werden muß. Die Umformung des Körpers in der Zeit der Pubertät erscheint wichtig auch für die neuen geistigen Vorgänge. In der dritten Phase zeigt sich eine neue Verselbständigung, die ihr Recht in allen Fragen der Erziehung und des Unterrichts fordert. „Aus dem Wesen des werdenden Menschen heraus werden sich wie von selbst die Gesichtspunkte für die Erziehung ergeben"[15]).

3. Einheitliche Volks- und Höhere Schule

Die für die Erreichung seiner erzieherischen Ziele am besten geeignete Schulform war für Steiner die Einheitsschule, und zwar „eine wirkliche freie Einheitsschule, aber auf geistgemäßer Grundlage"[16]). Als einheitliche Volks- und Höhere Schule führt die Waldorfschule ihre Klassen in geschlossenem Aufbau von der ersten bis zur 12. Klasse durch, für einen Teil der Schüler auch noch weiter bis zum Abitur. In Steiners Werk spielte der soziale Gedanke immer eine Rolle, und so hatte auch bei seiner Entscheidung für die Einheitsschule das soziale Motiv den Primat: „Für alle soll es keine Unterschiede geben in bezug auf die soziale Stellung der Eltern der Zöglinge"[17]). Damit verband sich der Gesichtspunkt des Anspruches jeden Kindes auf Förderung seiner Begabung. „Sie (die Waldorfschule) sieht die Aufgabe der Einheitsschule darin, daß sie *alle* ihr anvertrauten Kinder zu der Höhe der Schulung hebt, zu der sie überhaupt nach ihren Anlagen gehoben werden können. Sie lehnt Begabtenauswahl ab, weil jeder Mensch, ganz gleich, welchen Beruf er später ergreift, einen Anspruch auf die vollkommenste Erziehung hat, denn nur eine allseitige Erziehung befähigt den Menschen, seine eigentlichen Aufgaben im Leben aus innerer Selbständigkeit zu erfüllen"[18]).
Der Einheitsschulgedanke bedingt bei Steiner ein einheitliches, in sich nur nach Fachrichtungen, aber nicht nach Rangstufen geglieder-

tes Lehrerkollegium und eine kollegiale Schulleitung und Verwaltung. Zur Festigung des Lehrer-Schüler-Bezuges und zur gleichmäßigen geistigen Förderung jedes Einzelnen führt der gleiche Lehrer als Klassenlehrer seine Klasse vom ersten bis zum achten Schuljahr. Dem Einheitsschulgedanken entsprach bei Steiner die enge Zusammenarbeit von Elternhaus und Schule, einschließlich einer gewissen Mitbestimmung der Eltern. Die Koedukation in allen Klassen war von Anfang an gegeben. Für Steiner war die geschlossene Klasse die gültige Form für den Unterricht, und zwar auffallenderweise die große Klasse von etwa 30—40 Kindern; bei aller Individualisierung der Erziehungs- und Unterrichtsarbeit sei eine Gemeinschaftserziehung mit der Ein- und Unterordnung des Einzelnen in ein größeres Ganzes schon früh nötig.

Im Fortgang des Schülers von Klasse zu Klasse gibt es in den Waldorfschulen kein Sitzenbleiben, weil nach Steiners Meinung im Falle des Sitzenbleibens eine ungute Differenz auftritt zwischen der psychophysischen Reifung des heranwachsenden Menschen, wie er diese in seiner geisteswissenschaftlichen Pädagogik begründet hatte, und den dann nicht der Reifestufe angepaßten Formen und Inhalten des Unterrichtes. Die Situation einer „Überalterung" wäre sowohl für das betreffende Kind als auch für die übrige Klasse nachteilig. Steiner lehnte das Noten- und Zeugnissystem der alten Schule ab wegen der damit verbundenen Nachteile des Druckes, der Depression, Angst und Versuchung zur Unwahrhaftigkeit und Täuschung.

4. Kunsterziehung

Der von Steiner festgelegte Lehrplan der Waldorfschule wurde von ihm von seinem menschenkundlichen Entwicklungsgang her strukturiert. „Der ideale Lehrplan muß das sich wandelnde Bild der werdenden Menschennatur in ihren verschiedenen Altersstufen nachzeichnen"[19]). Er war also vorwiegend konzipiert vom Kinde aus und den Gesetzen seiner Entwicklung, — in anthroposophischer Sicht.

Einen Schwerpunkt der Waldorfschule bildet die künstlerische Erziehung, — diesen Begriff in der Breite verstanden, wie ihn die

Kunsterziehungsbewegung konzipiert hatte, als allgemeines Prinzip des Unterrichts und des Schullebens und als besondere Geltung von bestimmten Fachbereichen. Das Malen, und dieses mehr als das Zeichnen, wird vom ersten Schultag an gepflegt, aus ihm auch die Schrift entwickelt. Eigentümlich ist die in den Waldorfschulen gepflegte aquarellierende Farbgebung mit verschwommenen Übergängen; hier liegen ebenso wie bei der Aversion gegen den rechten Winkel weltanschauliche Ausdeutungen vor. Auch durch handwerkliche Tätigkeit wird der künstlerische Sinn der Schüler gefördert. Steiner berichtete 1921: „Der Handwerks- oder Handfertigkeitsunterricht ist vom sechsten Schuljahre an für Knaben und Mädchen obligatorisch. Vorläufig ist eine Schreinerwerkstatt eingerichtet. Die Unterweisung der Kinder erfolgt von dem Gesichtspunkte aus, daß außer der rein sachgemäßen, technischen Behandlung der Arbeiten sie sich ein Gefühl dafür aneignen, wie das kleinste Ding richtig, d. h. wesenhaft erfaßt, künstlerisch gestaltet werden kann. Das Kunstempfinden bei diesen Kindern zu erwecken und zu fördern, ist eine der wesentlichsten Aufgaben dieses Unterrichtsfaches"[20]). Zu den handwerklichen Tätigkeiten gehört auch Gartenarbeit.

Eine Besonderheit der Waldorfschulen, Bestandteil ihrer musischen Bildungsarbeit, ist ihre Bewegungskunst: die Eurythmie. Vom ersten bis zum letzten Schuljahr nehmen Schüler und Schülerinnen an diesen Übungen teil, in denen „Sprache sichtbar gemacht" wird, und zwar dadurch, daß sie in Körperbewegung übersetzt und damit zum anschaubaren Ausdrucksmittel wird. „Die Natur verwandelt sozusagen menschliche Bewegungen in Lautsprache oder Gesang. Wir in der Eurythmie verwandeln wiederum zurück die Lautsprache oder den Gesang in Bewegungen..."[21]). Dem bildenden Wert dieser Übungen und auch ihren Darbietungen als künstlerische Form wird in der Waldorf-Pädagogik eine große Bedeutung beigemessen, — weil: „die Eurythmie die Offenbarung der sprechenden Seele ist."

Eurythmie und Musik entwickeln das rhythmische Gefühl der Schüler. Alle Kinder lernen die Blockflöte spielen, die meisten später auch das Geigenspiel. Das Schulorchester ist Träger des musischen Lebens der Schule. Regelmäßig findet die Monatsfeier der Klassen statt, in denen sie für sich und für die Eltern, die dazu eingeladen sind, Ergebnisse der geleisteten Arbeit zeigen. Des Geburtstages jedes Kindes wird gedacht, die Feste im Jahresrhythmus werden in den entsprechenden Formen gefeiert. Alljährlich bildet das große Schulfest den Höhepunkt, an dem die Kinder, die Lehrer, die Eltern und Freunde der Schule aktiv teilnehmen.

Für die Lehrinhalte ist in Steiners Pädagogik der Gedanke bestimmend, daß sie nie für sich und nie allein in ihrer äußeren Erscheinung gesehen werden, sondern von den Kindern in ihrer sinnbildlichen Bedeutung verstanden werden sollen. Mensch und Tier, Pflanze und Gestein erhalten auf Grund ihres „geisteswissenschaftlich" verstandenen Beziehungszusammenhangs ihren Platz innerhalb eines kosmologischen Systems zugewiesen. Die Materie ist immer nur als Zeichen für das Kosmische, für den Geist zu verstehen. Wird die Umwelt für sich als Selbstzweck erschlossen, ist das in Steiners Augen „Materialismus". Letztlich soll aller Unterricht zum Verständnis der „Höheren Welten" führen.

5. Epochenunterricht und Geist der Reform

Von besonderer Bedeutung ist die Unterrichtsplanung des sog. Epochenunterrichtes, durch die zu einem Teil die sonst übliche stundenmäßige Erteilung des Unterrichts abgelöst wird. Durch etwa je 4 Wochen wird ein und dasselbe Unterrichtsfach an jedem Morgen zu Beginn eindreiviertel bis zwei Stunden lang behandelt. Weite Gebiete des Jahrespensums werden in diesem „Hauptunterricht" konzentriert durchgenommen. Mit der Blockbildung wird dem üblichen Zerlegen des Stoffes in kleine Abschnitte und der Häufung unterschiedlicher Themen an einem einzelnen Unterrichtstag begegnet und eine konzentrierte und gesammelte Arbeit mit dem Gegenstand erreicht. Erstrebt wird statt des flüchtigen Kennenlernens die vertiefte Aneignung durch gründlichere Beschäftigung mit dem Gegenstand. „Ökonomie des Unterrichts" nannte Rudolf Steiner solche Regelung[22]).

Für den Unterricht ab 12. Lebensjahr in den Fächern der Naturwissenschaft und Mathematik gab Steiner die Kennzeichnung: „eine

Art Arbeitsunterricht" und sprach von Übungen, „die ganz aus der Natur des menschlichen Betätigungstriebes heraus gestaltet sind"[23]). Bemerkenswert als ein Höhepunkt des Unterrichts der Oberstufe ist die im Sinne der Vorhabenmethode durchgeführte und zum mathematischen Unterricht gehörende Feldvermessung an einem fremden Ort — etwa auf einer Hallig — als ein- bzw. zweiwöchige Studienzeit.

Hervorzuheben in der Waldorfpädagogik ist die positive Einstellung zum Kind, das Ernstnehmen jedes einzelnen und das intensive Sichkümmern um seine Förderung — denn kein Kind darf aufgegeben werden. Dem entspricht es auch, daß sich Waldorfpädagogen den Aufgaben der heilpädagogischen Erziehung besonders zugewandt haben und eigene Heime dafür einrichteten. Hervorzuheben ist ferner die weniger in der Theorie erwähnte als in der Praxis entwickelte pädagogische Atmosphäre der Offenheit und des Vertrauens zwischen Kindern und Lehrern und zwischen Eltern und Lehrern als Basis für die gesamte Schularbeit, wie dies die Reformpädagogische Bewegung in allen ihren Richtungen anstrebte. Zu unterstreichen ist die von Steiner gewünschte pädagogische Einsatzfreudigkeit: „In ihrem (der Waldorfschule) pädagogischen und methodischen Geiste muß Idealismus wirken; aber ein Idealismus, der die Macht hat, in dem aufwachsenden Menschen die Kräfte und Fähigkeiten zu erwecken, die er im weiteren Lebensverlauf braucht, um für die gegenwärtige Menschengemeinschaft Arbeitstüchtigkeit und für sich einen ihn stützenden Lebenshalt zu haben"[24]). Die weltanschauliche Gebundenheit der Waldorfschulkreise und deren Konzentration auf Steiners Lehre sind u. a. die Ursache dafür, daß in dieser Schule in ungebrochener Tradition ein Stück der Reformpädagogik bis heute lebendig geblieben ist[25]).

III. Die Jena-Plan-Schule

Dem Verständnis der Jena-Plan-Schule Peter Petersens kann ein Blick auf zwei Versuche der amerikanischen Schulreform dienen, die in den beginnenden 20er Jahren international viel diskutiert und auch nachgeahmt wurden: Der Dalton-Plan der Helen Parkhurst und der Winnetka-Plan des Carleton Washburne[26]).

1. Helen Parkhurst und Carleton Washburne

Die amerikanische Lehrerin Helen Parkhurst, die eine Zeit lang Mitarbeiterin von Maria Montessori gewesen war und die Pädagogik Deweys studiert hatte, führte ab 1920 an einer koedukativen Normalschule in dem Orte Dalton (Mass.) eine Gestaltung ihrer Schule durch, die im Dienste der Prinzipien der Freiheit, der Individualität und der Sozietät stand und über die bis dahin in den USA entwickelten Schulreformen hinausging. Sie sah den geschlossenen Klassenverband, der durch einen gemeinsamen Unterricht ohne Rücksicht auf die Unterschiede der Individualitäten, der Begabungen und der Art des geistigen Fortschrittes des einzelnen Schülers gleichmäßig gefördert werden soll, als nicht genügend ergiebig und in mehrfacher Beziehung als pädagogisch falsch an und schaffte ihn ab. Damit entfielen bei ihr auch die mit der Klassengliederung üblicherweise verbundene Versetzung bzw. die zwangsweise Wiederholung der Klasse: das „Sitzenbleiben".
Helen Parkhurst richtete die Unterrichtsräume als Facharbeitsräume ein (Laboratorien, „subject rooms"), etwa für Geschichte, Geographie, Naturwissenschaften, Mathematik usw. und stattete sie mit den entsprechenden Arbeitsmitteln wie Büchern, Bildern, Karten, Modellen, Werkzeugen für das jeweilige Fach aus. Der Unterricht bestand darin, daß sich eine Anzahl von Schülern in diesen Räumen aufhielt und Arbeitsaufgaben erfüllte, für die Anweisungen ausgegeben waren. Jahrespläne waren dafür in kleinere Abschnitte bis zu Wochenaufgaben hin aufgeteilt. Es gab verpflichtende Kernaufgaben für den Schüler und weitere freiwillige Aufgaben nach Neigungen. Die Aufgaben wurden von den Schülern möglichst allein bearbeitet und gelöst, doch standen auch andere Schüler und anwesende Fachlehrer als Berater zur Verfügung. Laufend kontrollierte sich der Schüler selbst durch den Eintrag seiner Arbeit in seine Schülertabelle („the pupils contract graph"), die ergänzt und kontrolliert wurde durch die Tabelle des Lehrers und

dessen wiederholte Prüfungen durch Tests. Bei gleichen Schwierigkeiten mehrerer half der Lehrer den betreffenden durch Unterricht weiter. Diese im ganzen sehr individuelle und auf der Selbständigkeit des Einzelnen beruhende Arbeit des Vormittags wurde ergänzt durch den gemeinsamen Nachmittagsunterricht in Leibesübungen, Musik, Zeichnen, Werken. Hausaufgaben entfielen als Pflichtaufgaben; sie waren freiwillig.

Auch die schul- und unterrichtsorganisatorisch neuen Wege der Reform Carleton Washburne's in Winnetka, einer Vorstadt von Chicago, zielten unter Beseitigung des Klassenunterrichts in erster Linie auf die individuelle selbständige Aufgabenerfüllung durch die Verwendung von Arbeitsmitteln des Einzelnen. Geeignetes Lehr- und Lernmaterial („Individual work" oder „Individual technique") wurde von Washburne dafür geschaffen und den Schülern zur Verfügung gestellt. Ergänzend trat bei ihm die regelmäßige Gruppenarbeit (group and creative activities) hinzu und füllte täglich die zweite Hälfte des Vormittags aus. Die Zusammenarbeit mit ihrem gegenseitigen Sichanregen, Sichhelfen und der dabei notwendigen Einordnung und Verständigung mit dem anderen sowie das Beteiligtsein mehrerer an einem gemeinsamen Werk erschienen ihm erzieherisch besonders förderlich im Sinne der Gemeinschaftserziehung. Auch die Schülerselbstverwaltung wurde als Faktor der Schularbeit einbezogen. Wie im Dalton-Plan trat auch im Winnetka-Plan der Lehrer als Lehrender und Führender zurück und übernahm mehr die Rolle des Helfers, Beraters und Organisators der gemeinsamen Arbeit.

In Anpassung an den genannten im internationalen pädagogischen Gespräch eingeführten Brauch, die Schulreformen als Pläne (programs) nach den jeweiligen Orten zu bezeichnen, wurde auf der IV. Internationalen Konferenz des Arbeitskreises für Erneuerung der Erziehung (New Education fellowship) in Locarno 1927 der Schulversuch des international bekannten deutschen Universitätspädagogen Petersen aus Jena als „Jena-Plan" bezeichnet. Petersen nahm in seinen mündlichen Konferenzbericht und dann auch in seine Schriften diese Namensgebung auf, die seitdem bestehen blieb.

2. Peter Petersen, Leben und Werk

Peter Petersen (1884—1952), als Sohn eines Bauern im Kreise Flensburg geboren, besuchte nach der Dorfschule das Gymnasium in Flensburg und unterrichtete nach seinem Studium Englisch, Geschichte, Philosophie und Religionswissenschaft an Höheren Schulen in Leipzig und Hamburg, wo er zuletzt die Lichtwarkschule leitete. Im Jahre 1920 habilitierte er sich an der im Jahr zuvor gegründeten Universität Hamburg und folgte 1923 einem Ruf auf den Lehrstuhl für Erziehungswissenschaft an der Universität Jena, den zuvor Wilhelm Rein von 1886 an innegehabt hatte. Er hatte zugleich die „Erziehungswissenschaftliche Anstalt" und die damit verbundene Universitätsübungsschule zu leiten, die der an der Universität durchgeführten akademischen Volksschullehrerbildung diente[27]).

Petersens Versuche an dieser Übungsschule und die Herausarbeitung eines neuen Schulmodells standen in Verbindung mit seiner wissenschaftlichen Arbeit. Sie hatten zur Voraussetzung seine Erfahrungen an den Hamburger Lebensgemeinschaftsschulen, seine Kenntnis der Pädagogischen Reformbewegung mit dem besonderen Studium der Landerziehungsheime (Schondorf am Ammersee) und dazu die Teilnahme am internationalen pädagogischen Erfahrungsaustausch. Petersen legte 1927 den ersten Bericht über sein neu entwickeltes Schulmodell vor, den später sog. kleinen Jena-Plan. Zusammen mit seinen Mitarbeitern hat er seinen Schulversuch systematisch weiter erprobt, geprüft und wissenschaftlich-begrifflich zu fassen versucht. Seine Ergebnisse wurden dann vor allem in den drei Bänden des sog. großen Jena-Plans vorgelegt: „Schulleben und Unterricht einer freien allgemeinen Volksschule nach den Grundsätzen Neuer Erziehung" (1930), „Das gestaltende Schaffen im Schulversuch der Jenaer Universitätsschule 1925—1930" (mit Arno Förtsch zusammen 1930) und „Praxis der Schulen nach dem Jena-Plan" (1934). In zahlreichen weiteren Schriften und Aufsätzen haben seine Gedanken und Erfahrungen und solche seiner Freunde und Schüler, vor allem auch seiner Frau, Else Petersen, ihren Niederschlag gefunden. 1950 wurde seine Schule aufgelöst.

3. Individuum und Gemeinschaft

Deutlich zeigten sich in Petersens Schule und in seiner Pädagogik die Hauptmotive der Reformbewegung von deren Anfängen an, wie Berthold Ottos stark individuelle Sicht der Schule vom Kinde und vom Elternhaus aus und sein Gesamtunterricht, die Arbeitsschulbewegung mit ihrer Herausforderung der Selbsttätigkeit und der freien geistigen Arbeit, die Kunsterziehungsbewegung mit der Bewertung des Musischen. Die Einschätzung des Schullebens, der „Schulwohnstube", der Schulgemeinde als tätiger Gemeinschaft und die enge Verbundenheit und Zusammenarbeit von Lehrern und Schülern waren der tragende Grund seines neuen Schulmodells.

Darüber hinaus kam Petersen von seiner Ausgangsfrage aus zu neuen Konsequenzen in schul- und unterrichtsorganisatorischer Beziehung, durch die die aufgenommenen älteren Motive erst ihre volle Bedeutung in der Einheit eines neuen Schulganzen erhalten konnten. Seine Grundfrage, die er bereits 1924 in seinem Werk „Allgemeine Erziehungswissenschaft" (S. 107) formulierte und in den kleinen Jena-Plan wieder aufnahm, lautete: „Wie muß diejenige Erziehungsgemeinschaft gestaltet werden, in welcher sich ein Menschenkind die für es beste Bildung erwerben kann, eine Bildung, die seinem in ihm angelegten und treibenden Bildungsdrange angemessen ist, die ihm innerhalb dieser Gemeinschaft vermittelt wird und die es reicher, wertvoller zur größeren Gemeinschaft zurückführt, es ihr als tätiges Glied wiederum übergibt. Oder kürzer: Wie soll die Erziehungsgemeinschaft beschaffen sein, in der und durch die ein Mensch seine Individualität zur Persönlichkeit vollenden kann"[28]).

Das Zitat läßt die Doppelheit erkennen: einmal den Blick auf das einzelne Kind in seiner Individualität, seinem Bildungsdrang und seiner Aktivität, und zum anderen den Blick auf die Gemeinschaft, in der, durch die und zu der es gebildet werden soll. Die Vereinigung dieser zwei Aspekte erschien Petersen als die eigentliche Aufgabe der Erziehung und damit der Einrichtung der Schule, die er durch eine neue Organisation erreichen wollte. Einzelmaßnahmen schienen ihm nicht ausreichend und ebensowenig der Verlaß auf eine noch so gute Atmosphäre. Es ging ihm um die Schule im Ganzen und zwar um eine Neuentwicklung ihrer Struktur. Darin lag die Bedeutung seines Versuchs, dessen Modellcharakter sich alsbald zeigte, indem er erste Nachfolger fand[29]).

4. Statt Klassen: Gruppen

Petersens entscheidende Reform war die Abschaffung der traditionellen und seit etwa 3 Jahrhunderten als selbstverständlich geltenden Jahresklasse. Als ihr leidenschaftlicher Gegner sah er den „Bankrott der Jahresklasse" darin, daß ein großer Teil der Schüler, der Volksschüler wie der Schüler der höheren Schule, die Schule nicht ganz durchläuft, sondern vorzeitig abbricht. Oft sind diese Schüler schon mehrfach sitzen geblieben, bis es sich herausstellt, daß sie den zunehmenden Anforderungen endgültig nicht gewachsen sind. Die unteren Klassen sind daher immer stark besetzt, die oberen dagegen geringer. Ein erheblicher Teil der Schüler verläßt die Schule ohne eine abgeschlossene Bildung. Der Versuch, die Klasse durch Aussiebung auf ein einheitliches Niveau zu bringen und sie auf der Ebene dieses Niveaus im Ganzen zu unterrichten, erschien ihm erzieherisch falsch. Dazu kam sein kritischer Einwand, daß die Jahresklasse den Begabungen und ihren Entwicklungsmöglichkeiten nicht genügend gerecht werde.

Petersen teilte statt dessen die zehn Jahrgänge seiner Schule in vier Gruppen ein, die er als „Stammgruppen" bezeichnete: Untergruppe (1.—3. Schuljahr), Mittelgruppe (4.—6.), Obergruppe (6./7.—8.) und Jugendlichengruppe (8./9.—10.). Die Gruppen umfaßten also jeweils etwa drei Jahrgänge. Für die Zugehörigkeit waren die „allgemeine Reife und die menschliche Haltung" mit entscheidend. Sie zeigten sich in der Weise, wie sich die Einzelnen in die Gruppe eingliederten und sich durchsetzten. Diese Gruppen umfaßten etwa je 25—35 Schüler und Schülerinnen. Die Gesamtschülerzahl einer Schule sollte nach Petersens Meinung 250 nicht übersteigen, so daß etwa 8 Gruppen im Ganzen gebildet werden können. Die Differenzen innerhalb der Gruppen in bezug auf Alter, Reife, Leistung waren ihm wichtig wegen der damit gegebenen Möglichkeiten der wechselseitigen Unterrichtung, der Vorbildwirkung und der Hilfe. Die alljährlichen Veränderungen in jeder Gruppe durch das Aufrücken von etwa 1/3 jeder Gruppe in die nächst höhere Gruppe und das Nachrücken aus der folgenden jüngeren hielt er ebenfalls für pädagogisch wertvoll, weil dadurch jeder Schüler einmal in die Lage kam, innerhalb seiner Gruppe der fortgeschrittene Ältere zu sein, der den nachgerückten Jüngeren helfen kann. Jede der Stammgruppen, Untergruppen usw. hatte ihre besondere Ordnung in bezug auf die Themen der Unterrichtsarbeit und auf die Arbeitsformen.

Jede Stammgruppe war bei Petersen nur einige Male in der Woche und nur zu bestimmten Veranstaltungen zusammen, — man sprach dann vom „Kreis". Im übrigen vollzog sich unter jeweiliger Aufteilung der Stammgruppe die eigentliche Unterrichtsarbeit in kleinen Gruppen und Kursen. Die an einem Tisch sitzende Gruppe bildete eine Arbeitsgemeinschaft, die in größtmöglicher Selbsttätigkeit arbeitete. Es wurde also ein „Gruppenunterricht" durchgeführt, der zwar unter der Beratung und Aufsicht des Lehrers stand, aber den Schülern die Initiative und die Erarbeitung weitgehend selbst überließ. Die Arbeit in den naturkundlichen ebenso wie in den kulturkundlichen Unterrichtsgebieten wurde zu einem wesentlichen Teil in dieser Gruppenarbeit geleistet, die voraussetzte, daß reichlich Arbeitsmaterial vorhanden war. Dies konnte natürlich nicht so ohne weiteres verwandt werden, sondern der Umgang damit bedurfte der Einführung und des Erlernens.

In allen drei bzw. vier Stammgruppen wurde etwa ein Fünftel bis ein Viertel der Unterrichtszeit in dieser Form der Gruppenarbeit durchgeführt, und zwar möglichst nicht als eine Einzelstunde, sondern in Blockstunden, da Petersen die Meinung der Waldorfschule teilte, daß für eine intensive Arbeit eine konzentriertere und länger anhaltende Unterrichtseinheit nötig sei. Die Gruppenarbeit einer frei gebildeten Tischgruppe geht etwa so vor sich, daß sich ein Kind allein oder zusammen mit anderen über eine Sache gründlich orientiert: indem es liest (die Klassenarbeitsbücherei steht ihm dafür zur Verfügung), es sieht Bilder und Karten an, macht Auszüge, stellt zeichnerisch dar. Der Einzelne bietet das Erarbeitete der Gruppe dar, die sich darüber ausspricht. Gegebenenfalls wird der Gruppenleiter, d. h. der Lehrer, mit zu Rate gezogen. — Der Unterricht kann sich dann so entwickeln, daß später einzelne Gruppen den übrigen Gruppen das Erarbeitete vortragen und zur Diskussion stellen.

5. Kurs und Kreis

Der „Kurs" entsprach der üblichen Unterrichtsform. In den Kursen wurden Spezialgebiete bearbeitet, die einen stetigen Fortgang benötigen und die zumal in den späteren Stufen besondere Interessen und Begabungen voraussetzen. Es gab zudem „Einschulungs"- und „Übungs"-Kurse, in den oberen Gruppen ausgesprochene „Wahlkurse", und es gab „Niveaukurse".

Der „Kreis" als die Zusammenfassung der Stammgruppe umschloß „an stofflichem Gehalt" in der Untergruppe: „1. Die Pflege des sprachlichen Ausdrucks in der Form von Berichten, Vortrag und Dramatisierung von Gedichten, Vorführung kleiner Rollenspiele, Aussprachen, Vorlesen der Kinder, Märchenerzählungen und Vorlesen durch den Gruppenleiter, Darbietung belehrender Stoffe. 2. Die Pflege guter Umgangsformen im Spiel, im Verhalten zueinander, im Gruppenraum. 3. Die Pflege des Musikalischen und der Bewegung (Singspiele-Volkstänze)." Für die Mittelgruppe heißt es: „An Kreisen gibt es außer dem Montags- und dem Wochenschlußkreis gelegentlich Vortragskreise in der Gruppenarbeit, die denselben Aufgaben dienen, wie die Kreise der Obergruppe." Zur Obergruppe wurde gesagt: „Neben dem Montagskreis, der das in der Morgenfeier Gebotene aufnimmt und erweitert, oder auch ein Erzählkreis verschiedensten Inhaltes ist (der kann sein: Erlebnisse, lebenskundliche Fragen, Tages-Fragen, „Gegenwartskunde", Literatur), besteht der Wochenschlußkreis, der einen Rückblick auf Arbeit, Gruppenleben und Gruppenfeiern der Woche gibt und der Bericht- und Vortragskreis im Anschluß an die Gruppenarbeit"[30]).

Somit bedeutete die Jena-Plan-Schule die Sprengung der starren Form der Klasse und deren Ersetzung durch eine differenzierte Durchgliederung des Schullebens und der Schularbeit, die den Be-

314

dürfnissen angepaßt sein und für sich ändernde Verhältnisse elastisch bleiben mußte. Sie umschloß die Ablösung des frontalen Lehrerunterrichts durch eine Vielfalt von Formen, unter denen die selbsttätige Gruppenarbeit dominierte. Petersen hat in seinen für die Hand der Eltern bestimmten „Grundzügen der Schulordnung und des Schullebens" gesagt: „Unterrichtlich verwendet sie, je nach der Schülerindividualität, den in der Gruppe vorhandenen Begabungstypen, der Unterrichtszeit, dem Lehrstoff und dem Unterrichtsziel mannigfaltigste Arbeitsbetätigungen in den Formen des Einzelunterrichts, Gesamtunterrichtsformen, gegenseitigen Unterricht, Gruppenunterricht, gebundenen Unterricht, ausgedehnteren Unterricht im Freien und auf Wanderungen, sie gibt reichlich Gelegenheit zu werklich und künstlerisch gestaltender freier kindgemäßer Arbeit und später auch einführenden fremdsprachlichen Unterricht und erstrebt eine diesen Arbeitsformen entsprechende Ordnung des Schullebens im Gruppenraum wie in der ganzen Schule"[31]).

6. Weitere Motive der Reform

Unter den zahlreichen weiteren von Petersen in seiner Schule praktizierten und theoretisch entwickelten pädagogischen Faktoren, die an die früheren Phasen der Reformbewegung anschließen und sie weiterführen, sind besonders zu erwähnen: das Spiel in seiner erzieherischen Bedeutung für das Schulleben und als didaktisches Mittel (nicht nur in der Untergruppe), das Gespräch als didaktische Form mit vielfältigen pädagogischen Aspekten vor allem auch in sozialer Beziehung. Beide wurden neben Arbeit und Feier von Petersen als die „Grundformen" bezeichnet, „in denen der Mensch nach außen tätig wird im Verein mit anderen" und die darum „in die Schule übernommen" und dort pädagogisch ausgenutzt wurden[32]). Zu den Problemen von Zensur und Zeugnis sagte Petersen: „Die Gefahr der Zensur durch den Lehrer kann als nicht groß genug bezeichnet werden. Sofort befördert sie die Einstellung des Lernens auf den Lehrer und um seinetwillen, verdirbt die eigene Arbeitslinie des Kindes und verstört das eigene sittliche Urteil, die Sicherheit der eigenen Stimme im Kinde"[33]). Statt Zeugnisse gab die Jena-Plan-Schule Berichte, und zwar einen objektiven Bericht ausschließlich für die Hand der Eltern und einen subjektiven für die Hand des Kindes, seinem Verständnis angepaßt und auf seine Selbsterziehung zielend. „So muß manches verschwiegen, anderes milder oder härter gesagt werden als im objektiven Berichte"[34]).

Über das Zusammenleben in der Schule sagte Petersen ganz im Sinne der schulreformerischen Tradition: „In den Fragen der Zucht ist sie ,Schule ohne Zwang und Strafe'. Sie erstrebt ein durch die selbsttätigen Gesetze der Gemeinschaft geordnetes, durch die Gewöhnung an beste Umgangsformen und gute Sitten gepflegtes Zusammenleben der Kinder, dessen äußere Gestaltung im Alltag wie bei Feiern die Kinder in engem Verein mit den Erziehern und nach Kräften auch mit den Eltern bestimmen"[35]).

Es ist wohl nicht zu viel gesagt, wenn die Jena-Plan-Schule Peter Petersens als „das reifste Ergebnis der Reformbewegung" bezeichnet worden ist. Schon in den 20er Jahren sind eine Anzahl Schulen ihrem Beispiel gefolgt, worüber der Jena-Plan III 1934 berichtete, und als nach dem 2. Weltkrieg der Bestand an Schulversuchen in der Bundesrepublik untersucht wurde, konnte auch die Wiederaufnahme ihrer Tradition festgestellt werden[36]).

7. „Pädagogische Tatsachenforschung"

Die pädagogische Arbeit in der Universitätsübungsschule war für Petersen und seine Mitarbeiter ein ständig mit neu entwickelten Methoden untersuchtes Feld erziehungswissenschaftlicher Forschung. Er nannte diese Forschung „Pädagogische Tatsachenforschung", sah in ihr den „eigenständigen Arbeits- und Forschungsbereich der Erziehungswissenschaft" und bezeichnete die Zeit von 1924—30/31 als sein erstes Forschungsstadium, in dem der Begriff „pädagogische Tatsache" herausgearbeitet wurde: „Pädagogische Tatsachen finden sich in dem Verhalten, der Tätigkeit, den Handlungen und Leistungen der Kinder und Jugendlichen, der Lehrer und Erzieher. Sie stehen neben solchen Tatsachen am selben Gegenstand, der etwa den Mediziner, den Nationalökonomen, den Juristen usw. interessiert und angeht, d. h. ebenfalls in ein anderes Forschungsgebiet hineinreicht"[37].

Als Grundlage der Tatsachenforschung sah er die Pädagogische Situation: „Pädagogische Situation ist jener absichtsvoll gebildete und unterhaltene Lebenskreis problemhaltiger (gleich: fragenerfüllter) Situationen, der dazu bestimmt ist, der allseitigen Entwicklung, Formwerdung (Bildung) und Reifung der rein menschlichen Anlagen und geistigen Kräfte von Kindern und Jugendlichen die beste Umwelthilfe zu gewähren. Sie stellt die Jugend unter Reize und vor Aufgaben der mannigfaltigsten Art, durch die ein jeder genötigt wird, sich als ganzer Mensch, als ganze Persönlichkeit zu äußern, tätig zu werden, zu handeln und mit relativ abgeschlossenen Stellungnahmen und Leistungen zu antworten"[38]. Die reale pädagogische Situation wurde von ihm in einer „Gesamtaufnahme" des Unterrichts und in „Einzelaufnahmen" (Verhalten des Lehrers oder eines Schülers) mit Hilfe von Protokollen festgehalten. So stellte seine pädagogische Tatsachenforschung einen wissenschaftlich-systematischen Ausbau dessen dar, was in den „Leitlinien für einen nutzbringenden Besuch der Unterrichtssituationen der Jenaer Universitätsschule" empfohlen wurde:

„1. ein Kind oder eine Kindergruppe dabei zu beobachten — Arbeitshaltung, Leistung. — Zusammenarbeit und Hilfe von Kameraden. Kind und Gruppenleiter. Gebrauch von Arbeitsmaterial. 2. Einzelkind, seine Einordnung in seinen Typus: Schaffens-, Arbeits-, ungeordneter Typ. 3. Wechselbeziehungen der Kinder a) Arbeitskontakte, b) Freundschaftskontakte. 4. den Gruppenleiter: Welche Anforderungen stellt die jeweilige pädagogische Situation an ihn? Fordern Sie vom Gruppenleiter in der Pause oder in einer vereinbarten Zeit Erklärungen oder Gründe für diese oder jene Beobachtungen. Alle Hefte und Material und Bücher werden Ihnen vom Gruppenleiter nach Schluß der Arbeit gern und eingehend gezeigt. Sehr wichtig ist die Platzwahl. Einen Platz so wählen, daß kein Kind in seiner Arbeit gestört wird (auffallendes Beobachten vermeiden, ebenso ein „auf-die-Finger-sehen"). Nicht den Arbeitsvorgang stören durch Ansprechen, Fragen, Wegnehmen von Heft, Buch, Arbeitsmaterial usw., d. h. alle Kontakte vermeiden. Längere Zeit in einer Gruppe hospitieren, um den Arbeitsrhythmus des Tages und der Woche zu sehen (s. Wochenarbeitsplan, Jena-Plan I, S. 73)"[39]).

IV. Der Bund Entschiedener Schulreformer

Eine starke Aktivität in allen Fragen der Schulreform entwickelte in den 20er Jahren der von Paul Oestreich 1919 gegründete und bis zu seiner Auflösung geleitete „Bund Entschiedener Schulreformer". Hatte es schon früher einen „Bund für Schulreform" gegeben, so brachte nun das Attribut „entschieden" die Entschlossenheit zum Ausdruck, nach Jahren der Vorschläge und Entwürfe endlich eine durchgreifende Verwirklichung der Pläne zu erreichen. Gegenüber der bis dahin überwiegend verfolgten „inneren" Schulreform zeigte das Programm des Bundes, daß es jetzt vor allem auch um die „äußere" Schulreform ging, um „eine Erneuerung des Erziehungs- und Bildungswesens", wie es in § 1 der Satzung des Bundes hieß.

1. Paul Oestreich

Paul Oestreich wurde 1878 in Kolberg als Sohn eines Tischlers geboren, studierte Mathematik und Naturwissenschaften, war Studienrat in Berlin und dort auch Abgeordneter im Stadtrat sowie Mitarbeiter im Reformausschuß des Berliner Philologenvereins und in der Arbeitsgemeinschaft sozialdemokratischer Lehrer. Der im September 1919 von ihm gegründete Bund Entschiedener Schulreformer mit zunächst wenigen Mitgliedern erweiterte sich bald und hatte in vielen Städten Ortsgruppen. In der Schulreform damals bekannte Männer und Frauen gehörten ihm an, wie Olga Essig, Adolf Grimme, Franz Hilker, Fritz Karsen, Siegfried Kawerau, August Messer, Wilhelm Paulsen, Elisabeth Rotten, Anna Siemsen. Die Tätigkeit des Bundes bestand in der Behandlung grundlegender Themen der Schulreform in Arbeitsgemeinschaften, Vorträgen, Versammlungen, Konferenzen, Aufrufen, Deklarationen, Eingaben an Behörden und in Beiträgen zum pädagogischen Schrifttum.

Der Bund hatte ein eigenes Organ:: „Die Neue Erziehung, Monatsschrift für entschiedene Schulreform und freiheitliche Schulpolitik", hrsg. v. Paul Oestreich, Hermann Kölling und Gerhardt Danziger (Berlin, später Jena 1930—33). Eine der Abhandlungsfolgen hieß: „Entschiedene Schulreform. Abhandlungen zur Erneuerung der deutschen Erziehung im Auftrage des Bundes entschiedener Schulreformer", (51 Hefte). Die Höhepunkte der Jahreskonferenzen waren besonders geeignet, die Aufmerksamkeit der Öffentlichkeit auf den Bund zu richten, zumal deren Vorträge und Resolutionen publiziert wurden. Die Themen lauteten 1921: Frauenbildung und Wirtschaftsreform, Pazifismus und Erziehung, 1922: Menschenbildung und Lebensgestaltung, Jugendnot, künstlerische Körperschulung, 1923: Die Produktionsschule, 1924: Internationale Geschichtstagung, 1925: Der neue Lehrer, 1926: Strafrechtspflege, der Jugendhelfer, 1927: Großstadt und Erziehung, 1928: Beruf Mensch Erziehung, 1929: Eugenik und Erziehung.

Die Schulreformideen des Bundes Entschiedener Schulreformer hatten eine stark kultur- und sozialkritische Haltung zur Grundlage, — gerichtet „gegen eine mit veraltetem Gedanken- und Gefühlswerk mühsam gestützte Zivilisation", „gegen den Geist des Militarismus, gegen Völker-, Rassen-, Konfessionsverhetzung" und gegen alle Ungerechtigkeiten sozialer Privilegierungen und willkürlicher Machtansprüche[40]). In der Satzung bekannte sich der Bund zur neuen Demokratie: „Allgemeine Voraussetzung für die Mitgliedschaft ist ein entschiedenes Bekenntnis zur Idee des freien Volksstaates und zum Geiste sozialer menschheitsumfassender Gemeinschaft." Werte und Parolen wie „Gemeinschaftssinn", „Genossenschaftliche Zusammenarbeit", wie „Menschenwürde, Menschenachtung, Völkerwürde, Völkerachtung, brüderliches Denken und Handeln im einzelmenschlichen wie im Völkerverkehr" bezeichneten die weltanschauliche Willensrichtung und zugleich die Zielsetzungen der angestrebten Schulreform[41]).

Die alte Schule wurde mit den gleichen Epitheta versehen, wie sie die Reformbewegung von ihren Anfängen an verwandte: sie war „die alte Kastenschule", „die starre für alle Schüler gleiche Zwangs-

schule", die „mechanisierende Lern- und bloße Unterrichtsschule".
Die Kritik richtete sich gegen veraltete Unterrichtsinhalte und Verfahrensweisen, gegen die unsoziale Schulorganisation, gegen Leh-
reruntertänigkeit und Vorgesetztentum, gegen Abschließen der verschiedenen Lehrerkategorien voneinander. „Gegen die Schulreak-
tion! für unsere Zukunft!" lautete der Ruf.

2. Elastische Einheitsschule

Als die „für die Erneuerung des Erziehungs- und Bildungswesens"
erforderliche neue Schule wurde die Einheitsschule angesehen und
zwar eine solche, die des Näheren als „elastische" und als „differenzierte" Einheitsschule gekennzeichnet wurde[42]). Darunter
wurde im Sinne der Einheitsschulbewegung „der Ausbau der Schule
zur allumfassenden, autonomen Volksbildungs- und Volkserzie-
hungs-Gemeinschaft vom Kindergarten bis zur Hochschule" verstanden, der aber nicht starr und geschlossen sein sollte, sondern
den auftretenden Begabungen und Interessen der Schüler entsprechend in sich gegliedert und somit anpassungsfähig. Wie im einzelnen diese innere Differenzierung und Elastizität durchgeführt werden sollte, darüber gingen die Meinungen auseinander. Es gab keine
verbindliche einheitliche Vorstellung des Bundes, der auch kein
einzelnes von ihm als vorbildlich bezeichnetes Modell in der Praxis
entwickelt hat. Die Lebensgemeinschaftsschulen, vor allem Fritz
Karsens Aufbauschule, kamen den Vorstellungen am nächsten.
Der Einheitsschulbewegung entsprach es, daß die neue Schule „eine
Erziehungsgemeinschaft von Schülern, Eltern und Lehrern" sein
sollte, daß sie als Koedukationsschule und Simultanschule konzipiert war und daß sie eine kollegiale Schulverwaltung sowie eine
Schülerselbstverwaltung haben sollte. Viele Begriffe wurden geprägt und verwandt, die die Bedeutung und Stellung der neuen
Schule in der Gesellschaft, ihr Ziel und ihre äußere und innere Form
charakterisieren sollten, wenn etwa von der „Lebensschule", der
„Schule der Menschenbildung", der „Schule der Volkskultur" gesprochen wurde. Weitgehend legte man sich auf den Begriff „Produktionsschule" fest. Wie oben ausgeführt, wurde diese Bezeichnung

teils von Kerschensteiner, dem „verehrten Altmeister" her interpretiert, teils von der Arbeitsschule Blonskijs, teils aber auch im Sinne einer allgemein erzieherisch wertvollen und daher „produktiven" Schule[43]). Man wollte „die Erziehung des jugendlichen Menschen zum körperlich durchgebildeten, geistig freien, willensstarken, seelisch empfänglichen und sozialgesinnten Mitgliede der Volks- und Menschengemeinschaft", wie es in der Satzung hieß. „Umwandlung der bisherigen Lernschule mit ihrer einseitigen Wissensbildung in eine alle jugendlichen Kräfte weckende Produktionsschule, die intellektuelle, technisch-werktätige und künstlerische Veranlagungen gleichmäßig bewertet und fördert, Körper und Triebleben bildet und das soziale Bewußtsein entwickelt".

Der Bund sah seine Aufgabe nicht allein darin, umfassende allgemeine Richtlinien der Schulreform vorzulegen, sondern brachte aktuelle Einzelthemen der Schule und der Erziehung zur Sprache, die vordringlich schienen, und versuchte durch Resolutionen unmittelbar praktisch auf die Schule seiner Zeit einzuwirken. So hat er u. a. 1922 mit einer Eingabe an die obersten Schulbehörden aller deutschen Länder zur Schulstrafe neue Schulverordnungen zu veranlassen versucht, und gleichzeitig hat Oestreich einen Sammelband „Strafanstalt oder Lebensschule" herausgegeben, in dem 38 Autoren zur Problematik der Strafe Stellung nahmen[44]).

Die Bedeutung des Bundes Entschiedener Schulreformer lag darin, daß er als ein großer Arbeitskreis an den Aufgaben der Schulreform Engagierter Impulse gab für eine Neuorientierung und Neugestaltung des Schulwesens. Der Bund blieb jedoch in seinen Erfolgen begrenzt und stieß auch bei vielen, die ebenso im Zuge der Reformbewegung tätig waren, auf Befremden und Ablehnung, nicht zuletzt, weil seine pädagogischen Konzepte allzusehr von politisch-weltanschaulichen Vorentscheidungen mitbestimmt waren und mit viel Begeisterung und Aktivität auch Pathos, Schwulst und Ideologisierung verbunden waren.

Oestreich wurde 1945 aus Frankenhausen am Kyffhäuser, wohin er sich nach seiner Amtsenthebung 1933 zurückgezogen hatte, in die Abteilung Höhere Schule der Schulverwaltung Ost-Berlin berufen, erhielt auch den Ehrendoktor der Universitäten Greifswald und

Berlin und den Titel „Verdienter Lehrer des Volkes", weil man in seinem Wirken in der Weimarer Zeit eine fortschrittliche Pädagogik im Sinne der sozialistischen sah und zu ehren gedachte. Oestreich schied jedoch auf eigenen Wunsch 1950 wieder aus, ohne zu neuer bedeutender Wirksamkeit gelangt zu sein. Er starb 1959. In seiner 1928 erstmalig erschienenen Selbstbiographie „Aus dem Leben eines politischen Pädagogen" stehen die Worte: „Mein Werdegang ist der des proletarischen Empörers, der ‚aufsteigt‘, aber sich nicht kaufen läßt"[45]).

In unserer Darstellung ist damit das Thema Schulreform abgeschlossen. Die Sozialpädagogische Bewegung und die Volksbildungsbewegung und abschließend der Anteil der damals entstehenden Erziehungswissenschaft an der Reformbewegung bilden den Inhalt der drei folgenden und letzten Abschnitte.

Dreizehnter Abschnitt:
Die Sozialpädagogische Bewegung

In weitgehender innerer Übereinstimmung mit den pädagogischen Intentionen der Schulreform vollzog sich die Sozialpädagogische Bewegung als eine eigene Richtung der Reformpädagogischen Bewegung. Mit ihr wurde ein neues Gebiet der Erziehung begründet, das seitdem neben der Familienerziehung und neben der Schule einen dritten Erziehungsbereich darstellt, die „Sozialpädagogik". Gertrud Bäumer, die maßgebend an der Sozialpädagogischen Bewegung beteiligt war, definierte: „Er (der Begriff Sozialpädagogik) bezeichnet nicht ein Prinzip, dem die *gesamte* Pädagogik, sowohl ihre Theorie wie ihre Methoden, wie ihre Anstalten und Werke — also vor allem die Schule — unterstellt ist, sondern einen Ausschnitt: alles was Erziehung, aber nicht Schule und nicht Familie ist. Sozialpädagogik bedeutet hier den Inbegriff der gesellschaftlichen und staatlichen Erziehungsfürsorge, sofern sie außerhalb der Schule liegt. Diese Erziehungsfürsorge entstand als ‚Nothilfe' "[1].

Der Weimarer Staat nahm die sozialpädagogischen Aufgaben mit in seine Verantwortung auf und unterstützte sie. „Erziehungsfürsorge", in entsprechendem Sinne auch „Jugendwohlfahrt" genannt, war ein Teilbereich der „Volkswohlfahrt", für die ein 1919 neu geschaffenes „Ministerium für Volkswohlfahrt" zuständig war. Von grundlegender Bedeutung wurden die gesetzlichen Regelungen der Jugendwohlfahrt durch das am 9. Juli 1922 erlassene „Reichsjugendwohlfahrtsgesetz", das, wie Aloys Fischer sagte, erziehungspolitisch „der Höhepunkt der Tätigkeit des Reiches" war, „für die ganze deutsche Erziehungsbewegung von höchster Tragweite und in einzelnen seiner Bestimmungen auch ein unzweideutiges Bekenntnis des deutschen Staates zu einem in anderen Ländern noch nicht formulierten Recht jedes deutschen Kindes auf eine gute Erziehung"²). Dieses Gesetz nahm die langjährigen Reformbestrebungen der Pädagogischen Bewegung auf. An seine Spitze stellte es den Satz, der seitdem der klassische Rechtsgrundsatz für alle Erziehungsverantwortung ist: „Jedes deutsche Kind hat ein Recht auf Erziehung zur leiblichen, seelischen und gesellschaftlichen Tüchtigkeit."

Eine umfassendere Darstellung der Sozialpädagogischen Bewegung hätte außer auf Jugendpflege und -fürsorge einzugehen auf den Mutterschutz, die Wohlfahrt der Säuglinge, der Kleinkinder, der Schulkinder und der Schulentlassenen, auf die Sorge für Psychopathen und sinnesgeschädigte Kinder, die Erholungsfürsorge aller Altersstufen, das Vormundschaftswesen, die rechtliche und pädagogische Betreuung der unehelichen Kinder, die Bestimmungen für Pflegekinder u. a. Alle diese Aufgaben haben damals, auch gerade dann, wenn es sich um rechtliche Regelungen handelte, einen pädagogischen Aspekt erhalten und müssen als Ausdruck und Werk der Sozialpädagogischen Bewegung gesehen werden.

1. Jugendpflege als neues Aufgabenfeld

Der Begriff Jugendpflege, wie er sich im Zusammenhang der Pädagogischen Bewegung entwickelt hat, meint die Erziehung, die im Jugendalter die Erziehung durch Elternhaus, Schule und Berufsvorbildung ergänzt. Gegen Ende der „Jugendpflegebewegung" — ein Ausdruck jener Jahre — wurde für sie die folgende Umschreibung von Günther Dehn geprägt: „Unter Jugendpflege verstehen wir hier die Bemühungen um die erzieherische Beeinflussung der in der Regel schulentlassenen Jugend männlichen und weiblichen Geschlechts vom vierzehnten bis etwa zwanzigsten Lebensjahr in ihren freien Stunden, soweit sie mit oder ohne Unterstützung von Staat oder Stadt von Erwachsenen, sei es nun innerhalb großer Verbände oder in einzelnen Gruppen geleistet werden"³).

1. Anfänge der Jugendpflege

Die Wurzeln der Jugendpflege reichen in das 19. Jahrhundert zurück. Es waren zum ersten die Kirchen, die in den von ihnen geschaffenen Jugendvereinigungen religiöse Jugendarbeit betrieben. Sie diente der Pflege des religiösen Lebens und war zugleich auf die allgemeine Förderung der jungen Menschen bedacht, wie etwa die Gesellenvereine des Domvikars Kolping seit 1846 auf der katholischen Seite, oder wie der Christliche Verein Junger Männer seit 1883 auf der evangelischen. Zum zweiten: Das von Friedrich Ludwig Jahn vor den Freiheitskriegen geschaffene Turnen — von ihm stammte auch diese Bezeichnung — wurde von der Mitte des Jahrhunderts an zur Aufgabe von Vereinen, die sich dann in der Deutschen Turnerschaft und im Deutschen Turnerbund zusammenschlossen. Vor allem sollte die Jugend daran teilnehmen. Die Devise „frisch, fromm, fröhlich, frei" zeigte, daß es um mehr ging als nur körperliche Ertüchtigung. Die Tradition einer charakterlichen Erziehung mit vaterländisch-nationalen Zielsetzungen wurde immer gewahrt. Drittens sind die Berufsverbände zu nennen, die zwar zunächst die Vertretung der gemeinsamen Berufs- und Standesinteressen zur Aufgabe hatten, aber auch Bildungsaufgaben übernahmen und vielfach spezielle Bildungsvereine entstehen ließen. Berufsorientiertes Bildungsstreben war ein Hauptinhalt der Jugendgruppen, die über die Ausbildungsaufgaben hinaus die jungen Menschen im ganzen erzieherisch erfaßten. Zum vierten entstanden auch Jugendgruppen von seiten der politischen Parteien. Die Zentrumspartei, die nationalliberale und die sozialdemokratische Partei haben Jugendbünde geschaffen und das geflügelte Wort: „Wer die Jugend hat, hat die Zukunft" bestärkte dieses parteipolitisch orientierte Bemühen um die Jugend.
Für alle diese Formen der Jugendarbeit waren zwei Hauptmotive bestimmend: zum ersten sollte die Jugend schon früh herangezogen und darauf vorbereitet werden, in rechter Weise einmal später Mitarbeiter bei den jeweiligen Aufgaben der Trägerverbände zu werden, zum zweiten war man überzeugt, daß das Jugendalter eine besondere erzieherische Führung braucht, um es vor den Gefahren der

Fehlentwicklung zu bewahren. Den jungen Menschen sollten die rechten erzieherischen Zielsetzungen gewiesen und die entsprechenden Hilfen zu deren Verwirklichung gegeben werden.

Diese Jugendarbeit, vornehmlich in Vereinen, war bis zum Beginn dieses Jahrhunderts noch nicht Jugendpflege genannt worden. Diese Bezeichnung kam auf, als die Jugendarbeit von der Öffentlichkeit und vom Staate aus in den Blick genommen wurde, deren Unterstützung fand und neue pädagogische Aspekte erhielt. Die Zusammenfassung der Jugendarbeit bildete den Anfang der Jugendpflege. Der „Zentralausschuß für Volks- und Jugendpflege", die „Zentralstelle für Volkswohlfahrt", die „Deutsche Zentrale für Jugendfürsorge" waren solche organisatorischen Zusammenschlüsse, deren Tätigkeit im wesentlichen darin bestand, die Jugendarbeit zu fördern, sie anzuregen, zu unterstützen und in Arbeitsgemeinschaften und Konferenzen der Mitarbeiter die gemeinsamen Fragen zu erörtern[4].

Besondere Bedeutung für die gesamte Jugendpflegebewegung gewann ein Erlaß des Preußischen Kultusministeriums von 1911, der ausging von der Feststellung: „Die in den letzten Jahrzehnten erfolgte Veränderung der Erwerbsverhältnisse mit ihren nachteiligen Einflüssen auf das Leben in Familie und Gesellschaft hat einen großen Teil unserer heranwachsenden Jugend in eine Lage gebracht, die ihr leibliches und noch mehr ihr sittliches Gedeihen aufs schwerste gefährdet"[5]. Darin begründe sich die Notwendigkeit von allgemeinen die Jugend fördernden Maßnahmen, um „ein fröhliches Heranreifen zu körperlicher und sittlicher Kraft (zu) ermöglichen." Dies zu leisten sei die Aufgabe der Jugendpflege. Ausdrücklich wurde dieses Wort verwandt und dabei vorgeschlagen, es als alleinigen Begriff für diese freie Form der Jugendarbeit in Zukunft zu verwenden und nicht mehr die Bezeichnung Jugendfürsorge, da „unter dieser im Volke vielfach irrtümlich nur Zwangserziehung verstanden wird."

Der Erlaß enthielt einen sehr eindringlichen Appell: „Das Werk der Jugendpflege bedarf aber vor andern des Wohlwollens und der opferwilligen Mithilfe aller Vaterlandsfreunde in allen Ständen und Berufsklassen." Er wandte sich an die Behörden, an die Kirchen, Schulverwaltungen, an die Beamten und Lehrer, an alle, die auf irgendeine Weise diese Jugendarbeit unterstützen und durch aktive Mitarbeit fördern können. Er empfahl die Schaffung von „Stadt- bzw. Ortsausschüssen für Jugendpflege" und von „Kreisausschüssen für Jugendpflege" und eines arbeitsfähigen Apparates, der der Jugendarbeit dienen sollte. Nicht etwa neue staatliche Einrichtungen mit Besuchszwang seien zu gründen, sondern allein diejenigen zu fördern, die bereits Jugendarbeit leisteten, ohne deren Selbständigkeit zu beeinträchtigen. Räumlichkeiten für die Jugend sollten zur Verfügung gestellt und Mitarbeiter für die praktische Arbeit freigegeben werden. Von seiten des Staates wurden Gelder für die Jugendarbeit als Beihilfen angesetzt.

Der Erlaß, der „Jugendpflege als eine nationale Aufgabe ersten Ranges und als unabweisbare Pflicht vornehmlich auch der oberen Schichten der Gesellschaft" bezeichnete, kann als Vorstufe des Gesetzes gelten, das 11 Jahre später die Jugendpflege gemeinsam mit der Jugendfürsorge auf eine rechtliche Grundlage stellte. Das Reichsjugendwohlfahrtsgesetz schuf als wichtige institutionelle Einrichtung das Jugendamt, eine Kommunalbehörde mit den Schwerpunkten der Jugendfürsorge und Jugendpflege.

2. Soziale Krise und Jugendnot

Die pädagogischen Energien der Jugendpflegebewegung und der neuen Fürsorgearbeit erwuchsen aus dem zunehmenden Bewußtsein der Gefährdung und der Not der Jugend. Die Erfahrungen des Krieges und der Nachkriegszeit führten eine Wandlung der Auffassung herbei: Lautete in der Vorkriegszeit, wie etwa im Erlaß von 1911, die Frage: wie erziehe ich durch Jugendpflege den von Natur (Anlage) und durch sein Milieu gefährdeten Heranwachsenden zu einem tüchtigen Menschen der bestehenden Gesellschaft, so sah man in der Nachkriegszeit die Gesellschaft in ihrer Fragwürdigkeit und folgerte, daß die Jugend zu einer neuen, aber nicht zu der bestehenden Gesellschaft zu erziehen sei. Im Bewußtsein der Jugendpflegebewegung bildete die Sozialproblematik einer „Volkszerstörung" den eigentlichen Anstoß für ihre Arbeit, und sie sah ihre Aufgabe als Beitrag zur Gesamterneuerung des Volkes.

Erich Weniger hat 1928 in einem Aufsatz „Jugendpflege und Jugendführung als sozialpädagogische Aufgaben"[6]) eine Darstellung der sozialen Situation aus der Sicht des Pädagogen gegeben, im Blick auf „die besondere Lage, in die die Jugend zwischen 14 und 18 durch die Tatsache der Volkszerstörung geraten ist." „Die ‚naturgegebenen Bindungen' zerstört, die Lebensformen, die den jungen Menschen umfingen, ihn selbstverständlich von Stufe zu Stufe in der Ordnung des Lebens führten, zerbrochen. Die Industrialisierung bemächtigt sich auch der Jugend, die Mechanisierung durch die Arbeitsteilung, die Entleerung der Arbeit von jedem Sinngehalt, dazu das Vordringen der ungelernten Arbeit, die Freizügigkeit auch der Jugend infolge ihrer Abhängigkeit vom Arbeitsmarkt, damit Trennung von der Familie und ihren erzieherischen Kräften, während andererseits das Lehrverhältnis sich auf den Arbeitsvorgang beschränkt, im übrigen das Leben frei läßt, ganz abgesehen davon, daß auch der Arbeitsvorgang selbst immer ärmer an erzieherischen Gehalten wird. Auch wo äußerlich die Familie noch besteht, ist sie häufig eine bloße Erwerbsgemeinschaft geworden, in der jeder gilt nach dem Einsatz, den er hinzubringt. Im Produktionsprozeß ist jeder nur eine Nummer, in der Massenhäufung der Großstadt führt der junge Mensch eine völlig anonyme Existenz, unbekannt ist sein Leben oft seiner eigenen Familie, fast immer seinem Arbeitgeber, sicher der Kirche und der Schule, die ja auch in der Fortbildungs- und Berufsschule nur Teile seines Daseins ergreift. Hinter allen sozialen und wirtschaftlichen Nöten erscheint dann die geistig-seelische Not des Großstadtproletariats, der Mangel an jedem geistigen Besitz und an tieferen Überzeugungen, die völlige Relativität der Werte. Alle diese Erscheinungen sind nun freilich nicht beschränkt auf die Jugend des Proletariats im eigentlichen Sinn, auf die handarbeitenden Klassen, vielmehr sieht es in den mittleren Schichten, in der Kaufmanns- und Angestelltenjugend, im Kleinbürgertum zwar im Einzelnen vielleicht anders, aber im Ganzen nicht erfreulicher aus, und ebenso sind solche Gefahren des Jugendlebens nicht auf die Großstadt beschränkt, in der Kleinstadt und auf dem Lande erscheinen sie in anderen Formen, aber doch wieder mit ganz besonderen Schwierigkeiten." Diese sozialkritische Analyse kennzeichnet die Ausgangssituation der neuen Jugendarbeit.

3. Jugendbewegung und Jugendpflege

Voraussetzung der neuen pädagogischen Entwicklung der Jugendpflege war der Einbruch der Jugendbewegung in die Jugendarbeit. In der Vorkriegszeit waren die Gruppen der Wandervögel noch unter die Richtungen der Jugendpflege eingeordnet worden, in den folgenden Jahren, Erich Weniger datierte von 1915—1923, gerieten die immer weiter um sich greifende Jugendbewegung und die im Ausbau begriffene Jugendpflege in ein Spannungsverhältnis. Dies beruhte darauf, daß die Jugendbewegung erwachsen war als eine eigenständige kritisch zur Erwachsenen-Gesellschaft eingestellte Bewegung der Jugend selbst. In Distanz zu allen bürgerlichen Formen, autonom gegenüber aller Bevormundung und auch wohlmeinenden Hilfe „von oben" her[7]) wollte sie ihr Leben gestalten. Damit stand sie auch der Jugendpflege kritisch gegenüber, die von den gesellschaftlichen Mächten und Interessen getragen war, von Erwachsenen betreut, vom Staate auf Grund von Rechtssatzungen mit Hilfe eines Behördenapparates gefördert und unterstützt wurde.

Dieses Spannungsverhältnis löste sich jedoch, als die neue Jugendpflege unter Beweis stellte, daß sie ihre Arbeit in einem echt pädagogischen Sinne um des jungen Menschen willen und nicht um anderer Zwecke willen leistete, und als führende Mitglieder der Jugendbewegung in die Jugendpflegearbeit selbst hineingingen und hier ein ihnen entsprechendes Betätigungsfeld fanden, bzw. sich schufen. Zunehmend wurden Mitglieder und Gruppen der Jugendbewegung zu Helfern und Trägern der Jugendpflege und brachten die Formen der Jugendbewegung, ihren Stil und ihren Geist in die Jugendpflege ein. Damit erst gewann die Jugendpflege ihre gültige Gestalt und wurde zu dem umfassenden pädagogischen Bereich, den die Merkmale der Freiheit, der Selbständigkeit und der Selbsttätigkeit in jugendgemäßen Gemeinschaftsformen kennzeichneten.

Dieser Bereich war ausschließlich der Freizeit zugeordnet. Alle frühere Erziehung hatte sich auf Arbeit, auf Leistung gerichtet und diente, vor allem die Schule, der Vorbereitung auf die Ansprüche der Gesellschaft. Zum erstenmal wurde jetzt die Freizeit zum Erziehungsfeld und forderte ihr pädagogisches Recht. Die Jugendpflege bezog sich ausschließlich auf die Mußezeit der jungen Menschen und war angewiesen auf die völlige Freiwilligkeit der Annahme. „Gerade mit diesen Merkmalen hatte die Erziehung bis dahin eigentlich noch niemals zu tun gehabt, sie waren sozusagen im Erziehungsplan der vergangenen Geschlechter noch nicht vorgesehen"[8]). Diese Jugendarbeit sollte für die Jugendlichen anziehend sein und zugleich in Verantwortung ihrer Zukunft dienen.

4. Vom Stil der Jugendpflege

Die jugendgemäßen Formen und der Stil der Jugendbewegung setzten sich in der Jugendpflege durch. Dies zeigte sich in der Kleidung, in der Bildung kleiner Gruppen, in den Liedern und im Spiel, im Diskutieren, im Wandern, in der Pflege der Leibesübungen, im Laienspiel, in der größeren Fahrt. Diese Betätigungsweisen erfüllten die Jugendpflegearbeit, welche spezifischen Inhalte auch immer den tragenden Grund bildeten, seien es religiöse, politische, berufliche, sportliche. Wurde von Anfang an die Jugendpflege als „Anleitung zur Selbstbetätigung der Jugendlichen angesehen" (Sierks), so verstärkte sich mit dem Eindringen der Jugendbewegung das Motiv der Selbständigkeit. Der Erwachsene sollte in der Jugendarbeit möglichst zurücktreten. Und doch behielt er mehr oder weniger, unterschiedlich in den verschiedenen Gruppen nach den jeweiligen Gegebenheiten, leitende Aufgaben.

Zur Jugendpflege gehörten die verschiedensten Richtungen und der größere Teil der Jugendvereinigungen war ausdrücklich an eine Idee, an ein Programm „gebunden". Die Jugendpflege als vom Staate geförderte Einrichtung war damit vor ein gravierendes Problem gestellt: sie durfte nicht einzelne Richtungen bevorzugen und andere benachteiligen, sie mußte eine Orientierung haben, die über den verschiedenen Richtungen lag. Daß die Jugendpflege als „tendenzlose Arbeit" anzusehen sei, war schon vor der Weimarer Republik gefordert worden, in der neuen Demokratie bestimmte es nachdrücklich ihre Erziehungsaufgabe. Das Problem verschärfte sich, als Ende der 20er Jahre die Politisierung auch in der Jugendarbeit zunahm. Der Versuch, im pädagogischen Sinne die Jugendarbeit „neutral" gegenüber den Gegensätzen der Parteien durchzuführen, war, wie Erich Weniger 1928 sagte, „die dornigste Aufgabe des heutigen Jugendführers".

Der Rückblick auf die Entfaltung der Jugendpflege im Verlauf der 20er Jahre der Reformpädagogischen Bewegung läßt erkennen, daß aus kleinen Anfängen ein umfassender neuer Erziehungsbereich geschaffen wurde, der freilich immer nur einen Teil der Jugend erfaßte — 1928 waren es etwa 40 %. Die Selbstkritik jener Zeit hat das Erreichte als ungenügend angesehen. Herman Nohl monierte, daß die öffentliche Jugendhilfe der Jugendämter und die Jugendhilfe überhaupt sich allzusehr auf die Fürsorgefälle konzentriert hätten. Sie seien damit beschäftigt, die Wagen, die bereits aus dem Gleis gesprungen seien, wieder auf die Schienen zu bringen, statt sich mehr der „Vorbeugung" zu widmen. Die Prophylaxe sei die vordringliche Aufgabe, damit die Therapie nicht erst nötig werde[9]).

II. Pädagogische Reformen der Fürsorgeerziehung

1. Verwahrlosung

Im Reichsjugendwohlfahrtsgesetz lauteten die §§ 56 und 62: „Ein Minderjähriger ist unter Schutzaufsicht zu stellen, wenn sie zur Verhütung seiner körperlichen, geistigen oder sittlichen Verwahrlosung geboten und ausreichend erscheint." „Die Fürsorgeerziehung dient der Verhütung oder Beseitigung der Verwahrlosung und wird in einer geeigneten Familie oder Erziehungsanstalt unter öffentlicher Aufsicht und auf öffentliche Kosten durchgeführt."

Die Erscheinung der Verwahrlosung im Kindes- und Jugendalter fand während des ersten Weltkrieges und in den nachfolgenden Jahren eine besondere Aufmerksamkeit und die Fürsorgeerziehung bemühte sich um deren „Verhütung" bzw. „Beseitigung". Die drei Richtungen der Verwahrlosung sah man zumeist miteinander verbunden: die körperliche Verwahrlosung, häufig gekennzeichnet durch Unsauberkeit, Unterernährung, körperliche Schäden, Vernachlässigung der Kleidung; die geistige und seelische Verwahrlosung, die sich u. a. in Stumpfheit, Haltlosigkeit, mangelnder eigener Urteilsfähigkeit äußert und die häufig mit einer Verrohung des Gefühls verbunden ist; die sittliche Verwahrlosung, zu deren Symptomen eine nihilistische, asoziale Einstellung gehört, ein unstetes, arbeitsscheues Wesen, das zum Streunen verleitet, die Unfähigkeit, ein geordnetes Leben zu führen, kriminelle Neigungen. Die Ursachen der Verwahrlosung wurden in der Anlage und im Milieu gesehen, die Erscheinung selbst gedeutet als eine „Erschütterung des seelischen Gleichgewichts in dem Sinne, daß das Triebleben aus den verschiedensten Ursachen heraus die Gesamtpersönlichkeit richtungsgebend und einseitig beeinflußt und eine Entgleisung von dem geraden Wege der geordneten Lebensführung herbeigeführt hat"[10]).

Neue Aspekte für das Verstehen der Verwahrlosung und zugleich für Abhilfen hatten die neuen psychoanalytischen und individualpsychologischen Forschungen gebracht. Sie zeigten die Ursachen in der Kindheit auf, die zumeist in Erfahrungen fehlender liebender Zuwendung, repressiver Behandlung, in erschütternden negativen Erlebnissen, in Enttäuschungen nach intensiven Erwartungen lagen. Schwachsinn, Psychopathie und Neurosen können die Verwahrlosung begünstigen. Vor allem hat das von Siegmund Freud eingeleitete Werk des Psychoanalytikers August Aichhorn „Verwahrloste Jugend" (1925) eine starke Wirkung ausgeübt. Aichhorn, geb. 1878, ursprünglich Lehrer, selbst jahrelang Leiter städtischer Fürsorgeanstalten, schrieb zur Erziehungsaufgabe an der verwahrlosten Jugend: „Unsere Aufgabe als Fürsorgeerzieher setzt ein, wenn ein Erziehungsnotstand vorliegt, das heißt, wenn es der Erziehung nicht gelungen ist, dem Kinde oder Jugendlichen die seiner Altersstufe normal entsprechende Kulturfähigkeit zu vermitteln. Die Fürsorgeerziehung unterscheidet sich daher den Zwecken nach nicht von der Erziehung im Allgemeinen, denn beide haben die Jugend kulturfähig zu machen. Sie sondert sich von der Erziehung vor allem durch die Methoden ab, die wesentlich andere sind als die der allgemeinen Erziehung"[11]).

Ein Vortrag Nohls auf der Tagung für Psychopathenfürsorge 1924 trug den Titel „Die Pädagogik der Verwahrlosten"[12]). Für ihn „handelt es sich bei aller Verwahrlosung, wo nicht rein psychiatrische Fälle vorliegen, um eine zu primitive oder eine falsche Struktur der Seele in ihrem vertikalen und horizontalen Aufbau. Für eine richtige Behandlung des verwahrlosten oder gefährdeten Kindes ist ein klarer Blick in diese Struktur und die Gesetzmäßigkeit ihrer Bestandteile nötig."

Er führte hierzu aus: Die grundlegende Triebschicht der menschlichen Seele fordert ihre pädagogische Beachtung, „die Libido", „der Trieb nach Anerkennung", „der Freiheitsdrang", „der Nahrungstrieb". Ebensowenig darf in der Fürsorgeerziehung, wie in jeder anderen, die zweite seelische Schicht übersehen werden, die Nohl nach Plato (Staat) die Schicht des Thymos nannte, in der „Wille, Kraft, Mut, Geschlossenheit, Ausdauer, Sieg" erfahren werden. „In Spiel und Sport, in jeder fortschreitenden Arbeit, in den Willensübungen aller Art, die den Jungen die beglückende Erfahrung des Überwindens, des Durchhaltens machen lassen, in der Steigerung dieser Gefühle gehobenen Lebens durch die Teilnahme an Erfolg und Sieg der Gemeinschaft ist das große Mittel gegeben, einem anderen als dem bloßen Triebwillen zur Herrschaft in der Seele zu verhelfen."

Die dritte Schicht, „die der höheren geistigen Grundrichtungen", wollte Nohl nicht wie in der alten Erziehung nur einseitig von der Religion her angesprochen wissen, sondern in der Breite vorhandener bzw. anzuregender geistiger Interessen, zu denen auch das Interesse an Fortkommen und Beruf gehört. Er sagte: „Der Glaube, den Verwahrlosten gerade mit der primitiven Arbeit und den niedrigsten Berufen kurieren zu können, ist ein großer Irrtum" und sah in der Werkstatterziehung wertvolle Ansätze für die Fürsorge- und Gefängnispädagogik.

Schließlich schien es ihm von großer Bedeutung, daß der „haltlose", „zerstreute" junge Mensch wieder den festen Punkt in dem erhält, „was wir die ‚Person‘ in uns nennen". Die fehlende Achtung vor sich selbst sah er als eigentliche Schwäche der Verwahrlosten. „Es gibt kein größeres pädagogisches Unglück in der Entwicklung des Menschen, als wenn ihm diese Selbstachtung verloren geht". Selbstbewußtsein und Selbstachtung können aber weniger durch den moralischen Anspruch und durch Aufforderung zur Pflichterfüllung wiedergewonnen werden, als durch den Appell an den freien Willen, durch das Übertragen von Verantwortung und damit durch Anerkennung der Person. „Die alte Erziehung hat aber leider oft gemeint, sie müsse den Zögling erst moralisch niedertreten, statt diesen positiven Zug in ihm aufzurufen, indem sie ihn mit Achtung behandelt". So ist dies „das große pädagogische Werkzeug der Freiheitserziehung — das Wachrufen des Ich, indem ich es verantwortlich mache"[13]).

2. Karl Wilker und der „Lindenhof"

Eine der Persönlichkeiten, die als Pioniere der Reform der Fürsorgeerziehung hervortraten, war Karl Wilker. Er wurde 1885 als Lehrersohn in Osnabrück geboren. Sein Studium und seine Promotion galten der Pädagogik, seine starke Neigung zu praktischer erzieherischer Arbeit war von seiner Zugehörigkeit zur Jugendbewegung bestimmt. Als er Ostern 1917 Leiter der Fürsorgeerziehungsanstalt Berlin-Lichtenberg wurde, die er auf Wunsch der Heiminsassen in „Erziehungsheim Lindenhof" umbenannte, war für ihn die Stunde gekommen, seine eigenen pädagogischen Reformideen in die Tat umzusetzen. Nur wenige Jahre konnte er sein Reformwerk durchführen. Als er 1920 bereits die Leitung niederlegte, geschah dies nicht, weil er an der pädagogischen Aufgabe gescheitert wäre, sondern weil er sich in seinen Auffassungen und Methoden im Gegensatz zu einem Teil seiner Mitarbeiter und zu den ihm übergeordneten Behörden befand. Anschließend war er in der Heimvolkshochschule Dreißigacker tätig und wirkte als Herausgeber der pädagogischen Zeitschrift „Das Werdende Zeitalter". Wie vorher in seinem Buch „Der Lindenhof" (1921) äußerte er nun in Zeitschriftenbeiträgen seine Gedanken. 1933 verließ er Deutschland und wirkte in Südafrika an einem College[14]).

Als Karl Wilker die Berliner Fürsorgeerziehungsanstalt übernahm, hatte er andere Vorstellungen vom Menschen und besonders vom jungen Menschen, — von dem, was er seinem Wesen nach ist, was er sein kann und werden soll — als sie allgemein in der Fürsorgeerziehung herrschten. Er lehnte das negative Bild des Fürsorgezöglings ab, das ihn als von Grund auf bösen Menschen hinstellte, so daß man ihm nur mit Mißtrauen begegnen zu können meinte. Er verurteilte den traditionellen Anstaltsbetrieb, „wo Unmenschlichkeit, wo Barbarei noch herrscht, wo man den Zögling als Sklaven, als Paria, als Halbmenschen nur betrachtet, wo seine Worte Lügen sind, seine Angaben Schwindel, wenn's einem so in den Kram paßt, wo man von ihm strikten Gehorsam, widerspruchsloses Beugen unter die Autorität erwartet"[15]). Diese negative Einstellung entsprach nach seinem Urteil der Gesellschaft selbst, über die Wilker sehr kritisch sprach: sie beruhe auf „lügnerischer Konventionalität, auf Hohlheit, Verfall, auf Seelenlosigkeit".

Demgegenüber glaubte Wilker an den guten Kern jedes Menschen und an die Möglichkeiten eines wahren eigentlichen Menschseins, die in jedem Menschen angelegt sind und an deren Vorhandensein bei dem Jugendlichen er auch dann noch glaubte, wenn die Gesellschaft ihn als unverbesserlich verstieß. Er war der Überzeugung: der Mensch ist gut, er kann es jedenfalls sein, weil das Gute ursprünglich in ihm ist. Wenn er es nicht besser realisiert und Vollkommenheit letztlich nie erreicht, so sind das Suchen und das Streben nach dem Guten doch sein Teil. Auf dieser Grundlage ist er als autonom und verantwortlich anzusprechen und kann als Glied der Menschengemeinschaft und in der Verbundenheit mit Gott sein Leben erfüllen.

Wenn wie beim Kriminellen und beim Verwahrlosten das Gute wenig verwirklicht wird, war dies für Wilker eine „Entfremdung" des Menschen, die nicht Schlechtigkeit bedeutet, sondern Fernsein vom Guten. Der Begriff des Verbrechers war ihm im Grunde fremd. Für ihn gab es nur Verstöße gegen das Menschsein, d. h. gegen das Wesen des Menschen, die zutiefst auf dem Irrtum des Menschen selbst beruhen. Den entfremdeten, nur in den Augen der Welt schlechten Menschen wieder zu sich selbst und damit zum Guten zu führen, sah er als Möglichkeit und als Aufgabe der Erziehung an.

Gegen die frühere Erziehung hat sich Wilker mit aller Entschiedenheit gewandt und sie verabscheut: „Zerstören ist seit erdenklichen Zeiten das Grundziel aller Pädagogik. Zerstören ist die Unschädlichmachung des Eigenwillens, des Eigenkönnens, des Schöpferischen — auf daß man ja nicht vor Schwierigkeiten, vor nachdenkliche Aufgaben, vor Eigenarbeit gestellt werde. Zerstören ist Hassen lehren anstatt Lieben, ist Herrschen anstatt Dienen, Unfreisein statt Freisein, Materialismus anstatt Gotteingebundenheit, Reifsein anstatt Ursprünglichsein, Gekünsteltsein anstatt Echtsein, Hohlsein anstatt Überfließendsein"[16]).

3. Freiheit und Vertrauen als Leitmotive

Erziehen bedeutete für Wilker nicht das Einwirken des Erziehers auf den Zögling und nicht ein Anwenden von Mitteln und Maßnahmen, sondern war „Leben", „Lebensentfaltung", Miteinanderleben in der Gemeinschaft. „Dieser sieghafte Glaube an ein anderes Werden läßt es berechtigt erscheinen, hier neue Richtlinien für die Fürsorgeerziehung zu weisen, die nicht mehr Strafe, Sühne, Schulersatz, Elternhausersatz oder ähnliches sein will, sondern nur: Lebensschule oder Lebensschulung. Hinführung zu stärkster Lebensentfaltung"[17]). Der Begriff Erlebnis wurde von Wilker in den Bereich der sozialen Erziehung aufgenommen. Das Erlebnis sah er als die eigentlich erziehende Macht, besonders *das* Erlebnis, das Erzieher und Zögling miteinander verbindet.

Voraussetzung aller Erziehung war für Wilker die Freiheit. Er ließ die Fenstergitter im Lindenhof absägen, als es in den ersten 14 Tagen nach seinem Eintreffen mehreren Jungen trotz der Gitter gelang, in die ersehnte Freiheit zu entkommen. Als die Gitter fortgefallen waren, brach keiner mehr aus. Er öffnete das Tor zur Außenwelt: er gab Urlaub, ließ Besucher herein, veranstaltete Elternzusammenkünfte. Er gab den Zöglingen die größtmögliche Entscheidungsfreiheit. An die Stelle des Zwangs sollten die Freiwilligkeit und die eigene Initiative treten, an die Stelle der Anordnung von oben die Eigenführung. Der Devise der Freiheit suchte er im Heimbetrieb zu entsprechen, soweit dies möglich war. Freiheit war für ihn nicht Willkür, Zügellosigkeit, individualistisches Neigungsleben, sondern „selbstverantwortete Freiheit".

Im Gegensatz zu dem in der alten Heimarbeit herrschenden Mißtrauen suchte Wilker Vertrauen herzustellen, Vertrauen in mehrfacher Beziehung: der Zögling sollte wieder Vertrauen zu sich selbst bekommen, da dies die Bedingung für seine Selbstachtung bildet, die bei Fürsorgezöglingen zumeist verloren gegangen ist; er sollte Vertrauen zu den Kameraden und zum Erzieher gewinnen, was voraussetzt, daß der Erzieher zu ihm Vertrauen hat. Die menschliche Beziehung war für Wilker Voraussetzung und Ziel des gemeinsamen Lebens. „Wesentlich war uns, meinen Freunden und mir, der Mensch. Diese Wechselwirkung von Mensch zu Mensch ist ja eines der geheimnisvollsten Wunder im kosmischen Zauberbau"[18]). Vertrauen sollte an die Stelle von äußerer auf Macht gegründeter Autorität treten. In Einzelfällen konnte das vertrauensvolle Verhältnis zwischen dem Erzieher und den Jungen zur Freundschaft werden.

Wilker wollte als Leiter seines Erziehungsheims keine künstliche Distanz zu seinen Mitarbeitern und Zöglingen herstellen und legte nicht Wert darauf, als Amtsperson respektiert zu werden. Er fühlte sich nicht über seine Jungens erhaben, sondern er war unter ihnen und war immer für sie da; jederzeit, auch in seiner Wohnung, konnten sie ihn aufsuchen. Er gab sich natürlich, war offen, sah in jedem den Menschen und nahm ihn ernst. Enttäuschungen konnten ihn nicht entmutigen. Wilker sagte: „Wir wollen in unseren Jungen immer wieder das Gute und Gesunde, und sei es auch noch so verborgen, suchen und stärken, und wir glauben an dieses Gute auch in den scheinbar schlimmsten Jungen mit Inbrunst. Wir wollen unseren Jungen nicht vorschreiben und befehlen, wo wir ihr Verständnis wecken und ihr freiwilliges Mit-uns-gehen erreichen zu können hoffen. Dieses freiwillige Mit-uns-gehen ist uns höchstes Ziel. Dazu werben wir um das Vertrauen und die Liebe der Jungen, und wir erhalten sie nur, wenn wir auch unsererseits ihnen unser Vertrauen und unsere Liebe schenken. Wir tun dies, auch wenn wir noch so oft getäuscht werden und enttäuscht sind. Es ist der einzige Weg zu den Herzen unserer Jungen; kein Anlernen, keine Gewöhnung, kein

Zwang behält außerhalb der Anstalt bleibende Wirkung. Darum leben wir mit unseren Jungen unser ganzes Leben, lassen auch in unsere Herzen hineinsehen, versuchen, unsere innere Wahrhaftigkeit immer mehr zu steigern, und mühen uns, den Jungen ein Freund — im edelsten Sinne des Wortes — zu werden"[19]).

4. Gemeinschaft und Selbstverwaltung

Die Erziehungspraxis des Heims beruhte auf der Gemeinschaft, die sich zunächst aus dem einfachen Zusammensein von selbst ergab und die dann durch Aufgaben für den Ausbau des gemeinsamen Lebens erweitert und vertieft wurde. „Hier taucht der Begriff Gemeinschaft auf bei Jungen, die noch kaum sonst davon gehört hatten. Er tritt auch nicht in der der Jugendbewegung heute eigentümlichen Art auf, sondern so: das ganze Heim bildet eine Gemeinschaft. Ganz ohne zu erwägen, ob wirklich ein Gemeinschaftsverhältnis unter den Gliedern des Heims bestand"[20]).

Wilker teilte die große Zahl der Zöglinge in kleinere Gruppen auf, die er „Familien" nannte. Er wußte um die Bedeutung des „Geistes" in solchen engen Gemeinschaften, wußte auch, wie groß die Gefahr ist, daß die weniger Gutwilligen die anderen beherrschen und einen unguten Einfluß haben. Er war darum bemüht, daß die „Familien" einen guten Stil entwickelten. Die die Gemeinschaft besonders fördernden Mitglieder sollten das gehobene Gefühl der Bewährung erfahren.

In der Organisation der Heimerziehung hat es schon immer das Verfahren gegeben, daß einzelnen Zöglingen Aufgaben und Ämter übertragen wurden, die sie im Auftrag der Erzieher durchführten. Wilker schuf demgegenüber eine weitgehende Selbstverwaltung. „Wir bekamen aber mehr: eine regelrechte Selbstverwaltung. Ob anderswo Ähnliches war, ob unsere Bezeichnungen anderswo eher gebraucht waren, darauf kommt es auch wieder nicht an, wohl aber darauf, daß sich aus innerer Notwendigkeit heraus unser Jungenrat bildete"[21]). Die Selbstverwaltung im Lindenhof erwuchs aus den Bedürfnissen des Heims und war von den Zöglingen selbst so gewollt. Sie wählten die „Vertrauensjungens" und so lag die

Initiative des Heimlebens bei ihnen. Bei Verwahrlosten und Schwererziehbaren wandte Wilker also die gleichen Formen einer Selbsterziehung in der Gemeinschaft an, die sich in jenen Jahren in den
Schulgemeinden der Landerziehungsheime und in der „Schülerselbstregierung" der öffentlichen Schulen aus dem Geiste der Reformpädagogik anbahnten.

Auch die letzte mögliche und sinnvolle Stufe der Selbstverwaltung
der Zöglinge wurde von ihm erreicht, ohne daß er sie „einführte":
„Ich hatte — bei einem unserer ersten Elternnachmittage 1917 —
mal erzählt von Kinderrepubliken in Amerika und England, von
Kindergerichtshöfen bei uns, etwa wie in Berthold Ottos Hauslehrerschule. Und gesagt: vielleicht kommen wir auch noch mal so
weit. — Und wir kamen so weit. Nicht plötzlich. Da mußte wieder
langsam was werden. Und dann hatten wir's. Wie von selbst eines
Tages . . . Unser Jugendgericht: unser Jungengericht, wie es hieß"[22]).
Satzungen wurden erarbeitet und beschlossen, in denen die Zusammensetzung des Gerichtes, seine Zuständigkeit, die Verfahrensweise,
Verteidigung und Anklage, Berufungsmöglichkeiten und die verschiedenen Strafen in ihren Abstufungen genau festgelegt waren.
Wilker nahm diese Einrichtung ernst und hielt die Jungen für be-
rufener als Erwachsene, das Vergehen eines Gleichaltrigen zu beurteilen, weil sie ihn besser verstehen können. Der erzieherische
Wert solcher Regelungen lag für ihn allein schon darin, daß ihr
Empfinden für Autorität und Gerechtigkeit, für Schuld und Lösung
in der Situation der Mitverantwortung in anderer Weise angeregt
würde, als wenn sie sich nur in der passiven Rolle der Gehorchenden befinden. Unterhaltungen, die er mit den Jungen über Strafe,
Gefängnis und andere Strafarten, auch die Todesstrafe hatte, gingen, wie er schrieb, in ihrer Tiefe und Bedeutsamkeit weit über das
hinaus, was man normalerweise erwarten konnte[23]).

5. Arbeit und Freizeit

Unter den Erziehungsmitteln der alten Anstaltserziehung hatte die
Arbeit mit an erster Stelle gestanden; sie schien vor allem geeignet,
nicht nur zu beschäftigen, sondern die Tugenden des Fleißes, der

Arbeitsamkeit, der Ordnung und Strebsamkeit zu entwickeln und damit die Untugenden der Faulheit, Unordnung, der Nachlässigkeit und Willkür zu überwinden. Wilker stand der Arbeit als Erziehungsmittel im Heim insoweit kritisch gegenüber, als sie Zwangscharakter hat, und er erwartete von ihr im ganzen überhaupt keine größeren erzieherischen Erfolge. Er mußte nach den Bestimmungen seine Jungens auch arbeiten lassen, aber er versuchte, die Arbeit so einzurichten und sie so durchführen zu lassen, daß sie sinnvoll war, dem natürlichen Schaffensdrang entsprach und durch Leistungserfolge Freude bereitete. Er reduzierte die Arbeit zugunsten der Freizeit, von der er sich mehr für die Erziehung versprach[24]). „Von 4 Uhr an muß Freizeit sein, muß jeder ganz zu sich selbst kommen können". In der Freizeit ergaben sich Gespräche, die fördern konnten, bildeten sich Kontakte, die gemeinschaftsbildend waren. Es konnten die einzelnen und die Gruppen dem nachgehen, was sie interessierte und womit sie sich beschäftigen wollten. Die Berichte vom Lindenhof zeigen, wie reich sich hier ein Freizeitleben entwickelte, wie gewandert wurde, Theater, Museen und Konzerte besucht wurden, wie Spielgruppen sich betätigten, wie gebastelt, gesungen und gelesen wurde. An den Heimabenden wurden im Anschluß an das Vorlesen häufig Diskussionen durchgeführt. „Aus tiefster, eigener Not ward da vieles gedacht und gesagt, was manchem als unerhört scheinen mochte."
Die Schwierigkeiten und Mißerfolge, die es in Wilkers Heim auch gab und die er nicht leugnete, sind nicht maßgebend für die Beurteilung seines Reformwerkes. Entscheidend ist, daß er als eine starke Erzieherpersönlichkeit mit Konsequenz neue Wege der Heimerziehung einschlug und deren grundsätzliche pädagogische Bedeutsamkeit praktisch demonstrierte. Wilker selbst sah seine pädagogischen Auffassungen bestätigt in der Anhänglichkeit der Jungen, in der Art, wie sie für ihn Partei nahmen, wie sie ihm die Treue wahrten, wie sie Opfer brachten für das Heim und wie sie auch mit ihm in Verbindung blieben, wenn sie ausgeschieden waren. Er maß den erzieherischen Erfolg weniger an dem momentanen äußeren Bild ihres Verhaltens im Heim als an ihrem späteren Verhalten, wenn sie wieder im Leben draußen standen und es sich erweisen

mußte, ob sie sich hier bewährten und einen rechtschaffenen Weg gingen.

Wilker galt in den Zwanziger Jahren als Hauptvertreter einer radikalen Reform in der Heimerziehung mit Schwererziehbaren, der als erster mit Entschiedenheit auf den, wie er selbst meinte: „ganz einfachen" Gedanken verwiesen und ihn in die Wirklichkeit umgesetzt hatte, daß auch bei Verwahrlosten die Erziehung auf Gewalt verzichten und vielmehr versuchen soll, an den eigenen Willen und die Verantwortung der Zuerziehenden zu appellieren. Von den echten menschlichen Beziehungen und von der werterfüllten Gemeinschaft her soll die Wandlung zum Guten und dessen Bestärkung in den jungen Menschen erreicht werden.

6. „Jungen in Not"

Wilkers neue Wegweisung für die Heimerziehung bedeutete damals noch keineswegs, daß nun allgemein in die Fürsorgeerziehung der Geist der pädagogischen Reformen einzog. Wie langsam vielmehr dieser Prozeß vor sich ging, zeigten am Ende der Zwanziger Jahre das Buch des Schriftstellers und Zeichners Peter Martin Lampel „Jungen in Not, Berichte von Fürsorgezöglingen" (1928)[25]), sein Bühnenstück „Revolte im Erziehungshaus" (1929) und die dadurch ausgelöste lebhafte, über Fachkreise hinausreichende Diskussion. Lampel hatte als Hospitant Einblicke in die inneren Verhältnisse von Fürsorgeerziehungsheimen getan. Seine Berichte, ergänzt durch Äußerungen und Lebensläufe von Jugendlichen, offenbarten ein erschütterndes Ausmaß an Verständnislosigkeit und Unmenschlichkeit in der Behandlung von Fürsorgezöglingen, wie man es nach den Jahren der Reformbewegung nicht für möglich gehalten hatte. Lampel rief erneut zur Reform auf: „Im Lindenhof — aus dem man Wilker fortgeekelt hat — hat man unterdessen längst nach dem Überfallkommando telefonieren gelernt. Rastenburg und Berlinchen sind Schauplätze leidenschaftlicher Revolten der Jungen geworden. Die bürgerliche Fürsorge bedarf einer umwälzenden und schleunigen Veränderung"[26]). In den Diskussionen über Lampel, an denen sich auch Wilker beteiligte, zeigten sich unterschiedliche

Auffassungen über die rechten Formen der Heimerziehung. Es konnte nicht einfach von „alter" und „neuer" Methode gesprochen werden. Im ganzen vollzog sich eine Schärfung des sozialpädagogischen Gewissens in der Richtung, die die Reformpädagogik eingeschlagen hatte.

III. Erziehung im Jugendstrafrecht und Reformen im Jugendgefängnis

Die Sozialpädagogische Bewegung hat sich außer auf die Jugendpflege und Jugendfürsorge auch auf das Jugendkriminalwesen erstreckt. Sie trug dazu bei, daß ein eigenes Jugendkriminalrecht entstand, und sie hat der Behandlung straffälliger Jugendlicher neue Wege gewiesen. Mit beidem hat sie geholfen, zwischen den Gebieten der Strafrechtspflege und der Erziehung Brücken zu schlagen. Die Gedanken der Reform, die sich auf die Jugend bezogen, wirkten darüber hinaus auch auf das Erwachsenenstrafwesen.

1. Das Jugendgerichtsgesetz

In den ersten zwei Jahrzehnten dieses Jahrhunderts verdichtete sich der Gedanke, daß der Jugendliche für ein Vergehen nicht mehr wie bis dahin nach dem Strafgesetz für Erwachsene beurteilt und verurteilt werden sollte, sondern daß für ihn ein eigenes seiner Altersstufe und Reife entsprechendes Gesetz geschaffen werden müßte. Um 1910 tagten die ersten Jugendgerichte in Deutschland, fand ein erster Deutscher Jugendgerichtstag statt, entstanden die ersten Jugendgefängnisse, verstärkte sich die Tätigkeit der „Vereinigung für Jugendgerichte und Jugendgerichtshilfe". Die Zusammenarbeit von Juristen und Sozialpädagogen führte zu einer neuen Beziehung des Strafrechts zur Erziehung. Das Ergebnis war das „Jugendgerichtsgesetz", das 1923 erlassen wurde und das mit einigen späteren Abänderungen noch heute gilt.

Pädagogische Merkmale dieses Gesetzes zeigten sich an zahlreichen Regelungen, in denen es sich vom allgemeinen Strafrecht unterschei-

det. So wurde das Alter der Strafmündigkeit auf 14 Jahre festgesetzt — die obere Grenze lag beim Beginn des 18. Lebensjahres. Das Gesetz verlangte, daß außer nach der Tat vor allem nach dem Täter, nach seinen Beweggründen, nach seiner Vergangenheit, nach seinen häuslichen Verhältnissen gefragt werden sollte. Seine Reife sollte berücksichtigt werden und auch seine Eltern sollten mit gehört werden. Weiterhin wurden die Jugendgerichte — und nur sie durften nunmehr unabhängig von der Schwere der Tat für Jugendliche zuständig sein — angewiesen, von Strafen abzusehen, wenn sog. „Erziehungsmaßregeln" ausreichend erscheinen. Unter Erziehungsmaßregeln wurden verstanden: „Verwarnung, Überweisung in die Zucht des Erziehungsberechtigten oder der Schule, Auferlegung besonderer Verpflichtungen, Unterbringung, Schutzaufsicht, Fürsorgeerziehung". (§ 7) Für die Jugendstrafe, die nunmehr nur in Jugendgefängnissen verbüßt werden durfte, so daß die jugendlichen von erwachsenen Gefangenen vollständig getrennt waren, sollte der Strafvollzug so eingerichtet werden, daß die Erziehung darin gefördert wird. (§ 16)
Diese und weitere Neuregelungen bedeuteten, daß der Jugendrichter nicht nur Jurist sein, sondern eine pädagogische Grundeinstellung, möglichst auch Vorbildung, besitzen sollte, um den jugendlichen Täter verstehen, in psychologischer Einfühlung seine Motive richtig beurteilen und die erzieherisch richtigen Folgerungen ziehen zu können.

2. Erziehungsgemeinschaft und pädagogische Atmosphäre

Im Hamburgischen Jugendgefängnis Hahnöfersand haben Walter Herrmann, ein früherer Mitarbeiter von Karl Wilker, und Curt Bondy von 1917 an über mehrere Jahre als Wachtmeister und Sozialbeamte den Versuch unternommen, den Strafvollzug von Gruppen 14- bis 18jähriger Gefangener im Sinne der Reformpädagogik durchzuführen, wobei ihnen die Fürsorgeerziehung im „Lindenhof" als Vorbild diente[27]). Diese pädagogische Arbeit mit den jungen Gefangenen, die in Baracken untergebracht und vorwiegend in der Landwirtschaft beschäftigt waren und deren Behandlung bis dahin von den Prinzipien der äußeren Ordnung, der Zucht und des Arbeitszwanges bestimmt worden war, war noch schwieriger als die im Fürsorgeheim. Gleichwohl nahmen sie den gleichen Ansatz wie Wilker, „mit besonders schwierigen Jugendlichen zusammen eine Erziehungsgemeinschaft zu schaffen, deren Grundpfeiler nicht Furcht und Strafe sondern Freundschaft und Vertrauen waren, eine Gemeinschaft, in der Erzieher und Zögling nicht im Verhältnis von Vorgesetzten und Untergebenen sich gegenüberstanden, sondern wo ein Miteinandergehen war, wo der Ältere Führer und Freund wurde"[28]).

Herrmann berichtete, daß die anderen Beamten in Hahnöfersand zum Teil die Anerkennung der Gleichwertigkeit nicht verstanden hätten, die so weit ging, daß sie sich mit den Gefangenen „an einen Tisch setzten" und offen mit ihnen sprachen und verhandelten. Aber eben diese Gleichstellung und die dadurch mögliche Unmittelbarkeit im Umgang mit den Gefangenen, das Ernstnehmen als Mensch, die Formen des Verkehrs mit ihnen, etwa das „Bitte" und „Danke" sagen, waren der adäquate Ausdruck ihrer neuen erzieherischen Haltung und Voraussetzung für einen Erfolg. Nur bei einer derartigen Gefangenenbehandlung war die Herbeiführung eines Kontaktes, einer inneren Beziehung möglich, auf die es ankommt. „Soll die Erziehung wirksam werden, so ist es notwendig, daß jeder Zögling zu einem Erzieher eine ganz persönliche Bindung findet", schrieb Bondy[29]). Diese Beziehung war weder von selbst da, noch konnte sie gefordert oder erzwungen werden, sie konnte nur langsam gewonnen werden. Sie setzte voraus, daß der Erzieher dem Gefangenen nicht mit Mißtrauen und Ablehnung gegenübertrat, sondern bei aller realistischen Sicht und Kritik an dessen guten Kern glaubte und dies auch in der rechten Weise zum Ausdruck brachte.

Die Gemeinschaft bedeutete für die erzieherischen Absichten Bondys und Herrmanns Erschwerung und Hilfe zugleich. Sie begünstigte einerseits die ungute Beeinflussung der Gefangenen untereinander, die Entstehung von quertreibenden Gruppen u. a., aber sie ermöglichte anderseits die Bildung dessen, was Herrmann die „pädagogische Atmosphäre" nannte. „In der Gemeinschaft allein läßt sich das schaffen, was ich als ‚pädagogische Atmosphäre' bezeichnen möchte und was uns die wichtigste Voraussetzung für jede wertvolle Erziehungsarbeit im Gefängnis zu sein scheint"[30]). Sie beruhte letztlich auf den Beziehungen, die der Erzieher zu den einzelnen Gefangenen hatte, und sie ergab sich aus der Haltung, mit der der Erzieher der Gruppe gegenübertrat. Als eine eigene „Grundstimmung" wirkte sie sich auch auf diejenigen aus, die sich noch in einer Protesthaltung oder Apathie befanden.

3. Disziplin und Selbstverwaltung

Es war das Bemühen der beiden Pädagogen, auf eigentliche Disziplinarmittel, so weit es irgend ging, zu verzichten. Wenn Zwang und Anordnung erforderlich waren, sollten ihre Notwendigkeit und ihr Zweck einsichtig sein. „Darum war es uns Gewohnheit, unsere Anordnungen zu begründen und Maßnahmen, deren Sinn nicht ohne weiteres verständlich war, zu erklären"[31]). Die Forderungen der Disziplin, Straffheit und Ordnung konnten nicht aufgegeben werden, im Gegenteil: da die Gefahr bestand, daß die Erleichterungen und größeren Freiheiten und die Minderung des gewohnten Druckes die Laxheit begünstigten, kam es darauf an, neue Mittel zu finden, einer möglichen disziplinären Auflösung zu begegnen. Ordnung und Disziplin wurden auch hier bei den Gefangenen, nicht anders als im Lindenhof, in den Formen der Mitarbeit und einer weitgehenden Selbstverantwortung entwickelt. Die Selbstverwaltung wurde „Innenring" genannt. Dennoch, berichtete Herrmann, ergaben sich Situationen, in denen der Zwang angewandt werden mußte: „Genügte der Versuch zu überzeugen nicht, so wurde auch Zwang angewandt. Es gab im Wesen unserer Leute vieles, was ihrem besseren Wollen entgegenstand und die Gewöhnung an das Gute ließ sich oft nur durch unmittelbaren Zwang ermöglichen." Mit Entschiedenheit setzten sie sich jedoch für die gänzliche Abschaffung der Körperstrafe als notwendiger Voraussetzung pädagogischer Arbeit ein. Sie bekämpften diese, weil sie demoralisiert, entehrt, verbittert, abstumpft, Wut erzeugt, geschlechtlich erregt, sexuelle Abnormitäten fördert und weil sie auch für den Züchtigenden und Miterlebenden Gefahren mit sich bringt. Sie standen damit nicht nur im Gegensatz zu verbreiteten Gepflogenheiten, sondern auch zu anderen Vertretern der Gefängnispädagogik jener Tage.

Bei aller Kargheit und Härte des Gefangenendaseins sollte das Leben der Gefangenen wertvolle Inhalte bekommen, die ihnen zum Bedürfnis werden sollten. Herrmann beschrieb, wie sie Freude am Singen gewannen und sich dabei ihr Geschmack verbesserte, wie sie beim Sport Freude an der Selbstüberwindung und an der eigenen Leistung bekamen und wie Feste Höhepunkte ihres Gemeinschaftslebens wurden, — Feste, die etwas anderes waren als Lärmen und Toben. Seelsorge, Ansprachen, Vorträge, Leseabende, Aussprachen fanden Resonanz.

4. Jugendstrafe und Erziehung

Das Hauptproblem, das die Erziehung im Strafvollzug zu bewältigen hatte, war die Strafe, d. h. die Tatsache, daß sich die Jungens, auf Grund eines Vergehens ihres freien Lebens beraubt, in Haft befanden. Die Strafe durfte weder nur als erfahrenes und nun einmal zu ertragendes Schicksal hingenommen, noch durfte sie gleichsam ignoriert werden. Das Gefängnis konnte kein Erziehungsheim sein. Die Strafe durfte nicht *neben* der Erziehung stehen, sondern mußte in die Erziehung einbezogen und als ein Mittel der Erziehung verwandt werden. Dazu mußte der Bestrafte einsehen, daß in ihr der Anspruch der Gesellschaft zum Ausdruck kam, dem er sich nicht nur zu beugen hatte, sondern den er auch anerkennen mußte. Weder Abschreckung, noch Vergeltung, noch Sühne konnten dabei als Strafzweck sinnvoll sein, sondern die Einsicht in das Recht der gesellschaftlichen Ordnung. „Der junge Mensch muß das Vorhandensein und die Unerbittlichkeit über ihm stehender Mächte anerkennen lernen und dazu bedarf es der Strafe, auch der staatlichen Strafe. Aus dem Recht des Kindes auf Erziehung ergibt sich das Recht des Staates zu strafen, als eine Form staatlicher Erziehung"[32]). Die Bejahung der Strafe war ein Ziel der Erziehung. Das Einzelgespräch, das das Eingehen auf den individuellen Fall ermöglicht, hatte hierfür eine besondere Bedeutung und wurde von Herrmann überhaupt als „Mittelpunkt ihrer Erziehungsarbeit" bezeichnet.

Statt den Willen, den angenommenen „verbrecherischen Willen" der Gefangenen brechen und die Subordination mit Abschreckung erreichen zu wollen, galt es also, die Kräfte für ein in Verantwortung geführtes Leben zu bestärken. An die Stelle der Gegenwirkung mußte die Unterstützung treten; Anerkennung, Bestätigung und auch Belohnung konnten dabei eine anspornende Wirkung haben. Es wurde ein „progressiver Strafvollzug" eingeführt, in dem in Vergünstigungen die Anerkennung einer vollbrachten Leistung und Bewährung zum Ausdruck kam. Hierbei galt es die Nachteile zu vermeiden, die ein Berechnungen herbeiführendes Belohnungssystem zur Folge haben kann, weswegen von pädagogischer Seite aus Bedenken gegen Progressivsysteme geäußert werden. Bondy sagte: „Es liegt im Sinne einer richtig verstandenen Gefängnispädagogik, daß jede Erleichterung, die dem Gefangenen gewährt wird, nur Folge einer sittlichen Anspannung und einer sittlichen Leistung ist, die auf dem Wege zu einer tiefgehenden Wandlung liegen"[33]). Auf diese Wandlung aber mußte bei dieser schwierigen Arbeit alles ankommen, wenn sie den Anspruch, Erziehung zu sein, erfüllen wollte.

Bei jedem Versuch wird man die Frage nach dem Erfolg stellen. Der Kriminalist Moritz Liepmann, aus dessen Universitätsseminar Herrmann hervorgegangen war, schrieb im Vorwort zu dessen Buch, daß diese Arbeit nicht hätte voll ausreifen können, denn „sie blieb ein Fremdkörper in einem im übrigen ganz unpädagogisch gestalteten Strafvollzug". Aber mit ihr wurde doch gezeigt, daß ein Gefängnis, besonderes eines mit jugendlichen Gefangenen, nicht der Ort ist, zu sein braucht und nicht sein soll, an dem die verhängte Strafe nur „vollzogen", d. h. vom Gefangenen „abgesessen" wird, sondern daß Möglichkeiten einer erzieherischen Gestaltung des Gefängnisaufenthaltes bestehen, die tiefgehender und weiterführender sind als man sie bis dahin gekannt und für möglich erachtet hatte. — So wurden Ideen der pädagogischen Reformbewegung auch an dieser Stelle unter schwierigsten pädagogischen Bedingungen erprobt.

IV. Neue Erzieherberufe

1. Erziehung als Beruf

Die Sozialpädagogische Bewegung eröffnete ein weites erzieherisches Wirkungsfeld, teils nebenberuflicher Tätigkeiten, wie vor allem in der Jugendpflege, teils hauptberuflicher, wie in den Kindergärten, in der Fürsorge und in der Verwaltung der Jugendarbeit. Die Bezeichnungen „Sozialarbeiter" und „Sozialarbeiterin" umschlossen die neuen Gruppen dieser Berufe mit einem erzieherischen Charakter.

Aloys Fischer schrieb in seinem Aufsatz „Erziehung als Beruf" (1921): „Ich erinnere nur an die zahlenmäßig heute ebenfalls zu respektablen Ständen gewordenen Kindergärtnerinnen, Jugendleiterinnen; ich erinnere an die in Berufsvormundschaft, in Jugendpflege, Jugendfürsorge und Jugendwohlfahrt berufsmäßig arbeitenden Männer und Frauen, an Jugendsekretäre, an die Führer in den mannigfachen Kreisen der bürgerlichen wie der proletarischen Jugendbewegung. Wer dieses Neuland des pädagogischen Berufsstandes aus eigener Anschauung kennt, wird wissen, daß hier nicht nur eine Fülle pädagogischer Begabungen wirkt, sondern auch zugeben müssen, daß diese Arbeit nicht zum wenigsten deshalb als rein pädagogische sich darstellt, weil Wissenschaft und Lehre, schulmäßige Unterweisung und Einwirkung auf den Intellekt so gut wie gar nicht für ihre Zwecke belangreich sind"[34]).

Junge Menschen gingen aus Interesse als Mitarbeiter in die sozialpädagogischen Berufe, und gerade der „rein pädagogische" Charakter und die erzieherischen Schwierigkeiten dieser Arbeit zogen sie an. Viele kamen aus der Jugendbewegung. Sicher war auch die mit dem Willen zur Selbsterziehung verbundene Reflexion über den Menschen, was er ist und werden kann, mit ein Motiv solcher Berufswahl.

2. Wege der Ausbildung

Auf den Voraussetzungen von Neigung und Begabung mußten nun auch für diese Berufe die Wege einer planmäßigen Ausbildung

348

durchdacht und praktiziert werden. In den drei Jahrzehnten nach 1900 entwickelte sich ein reich gegliedertes sozialpädagogisches neues Berufsbildungswesen. Aus Jahreskursen zur Ausbildung von Wohlfahrtspflegerinnen (seit 1899) entstand im Jahre 1908 die erste Soziale Frauenschule in Berlin, gegründet und geleitet von Alice Salomon (geb. 1882), der weitere Soziale Frauenschulen folgten. Zusammen mit den Wohlfahrtsschulen für Männer, die aus Sozialpolitischen Seminaren und Wohlfahrts- und Wirtschaftsschulen hervorgegangen waren, bestanden im Jahre 1932 insgesamt 47 soziale Frauen- und Wohlfahrtsschulen. Hervorzuheben ist das Pestalozzi-Fröbel-Haus, gegründet von Henriette Schrader, geb. Breymann, einer Großnichte von Friedrich Fröbel, in Berlin, das einen besonderen Einfluß auf die Entwicklung des sozialpädagogischen Wirkens hatte. Der Fröbelverband, heute als Pestalozzi-Fröbel-Verband weitergeführt, war 1873—1938 der Berufsverband der Sozialpädagogen[35]).

Im Mittelpunkt der Ausbildung standen die psychologisch-pädagogischen Fragen mit besonderer Betonung der Kinder- und Jugendkunde. Mit der Wohlfahrtskunde verbanden sich die sozialpädagogischen und sozialpolitischen Fragen einschließlich denen des Rechtes und der Verwaltung. Dazu kamen die Freizeitbeschäftigungen, das Singen, Werken, Spielen, — jeweils unterschiedlich entsprechend dem speziellen Zweig der Ausbildung. — Auch die Universitäten nahmen sich im Rahmen der Pädagogischen Seminare der sozialpädagogischen Fragen an, vor allem in Frankfurt, Berlin und Göttingen, und trugen in Forschung und Lehre und durch neue Ausbildungsformen für leitende Aufgaben in den sozialpädagogischen Berufen zu deren Förderung bei.

V. *Exkurs zur sozialpädagogischen Bewegung im Ausland*

Erst in den letzten zwei Jahrzehnten sind auch bei uns die sozialpädagogischen Versuche mit neuartigen Formen der Heimerziehung für schwererziehbare Jugendliche bekannt geworden, die in den USA durch Father Flanagan und in der UdSSR durch Makarenko in den zwanziger Jahren durchgeführt worden sind und deren innere Verwandtschaft mit der sozialpädagogischen Bewegung in Deutschland offenbar ist. Auch auf diesem Gebiet zeigt die Reformpädagogische Bewegung ihren übernationalen Charakter[36]).

1. Father Flanagans Boys Town (USA)

Edward Joseph Flanagan (1886—1948) hatte als Kaplan in Ohama (Nebraska) zunächst ein Heim für asoziale Erwachsene eingerichtet und schuf dann in der Überzeugung, daß man der Verwahrlosung schon in frühem Alter begegnen müsse, im Jahre 1917 ein Jugenddorf für Jugendliche aller Bekenntnisse und Rassen, die heimatlos und in ihrer Entwicklung gefährdet waren. Unter dem Namen „Boys Town" ist seine Gründung weit bekannt geworden. Sie umfaßte mit der Zeit außer Wohngebäuden ein Handwerkerzentrum, ein Postamt, eine Dampfwäscherei, eine Mechanikerwerkstatt, ein Stadion, einen Speisesaal, einen landwirtschaftlichen Betrieb, ein Krankenhaus, Kirche und Pfarrei, eine kleine Fabrik usw., konnte also zu Recht als eine „Stadt" bezeichnet werden. Die in sich abgeschlossene Jugendgemeinschaft war eine Gemeinde mit Stadtrechten, in der die notwendigen Funktionen der Verwaltung weitgehend von den Jugendlichen selbst durchgeführt wurden, einschließlich all der Aufgaben, die für die Ausbildung und Unterrichtung der Jungen wahrzunehmen waren. Ein ausgeprägtes Vertrauen zum jungen Menschen, der sich zuvor verstoßen vorkam und nun hier heimisch werden sollte, und eine erstaunliche Delegierung von Verantwortung sowie Herausforderung von Aktivität und Selbständigkeit kennzeichneten die erzieherische Welt, die Flanagan herzustellen verstand und mit der er ein interessantes Modell einer Gemeinschaftserziehung für Schwererziehbare schuf.

2. A. S. Makarenkos Gorkij-Kolonie (UdSSR)

Anton Semjonowitsch Makarenko (1888—1939) — wie Flanagan also etwas jünger als Wilker — war zunächst Lehrer, dann Leiter einer höheren Elementarschule und erhielt 1920 den Auftrag, eine

Arbeitskolonie für verwahrloste und kriminell gewordene Jugendliche einzurichten und zu leiten. In den Jahren nach der Oktoberrevolution 1917 und den Bürgerkriegen waren in einem verheerenden Ausmaß heimat- und elternlose Kinder und Jugendliche in der Sowjetunion schutzlos dem Elend preisgegeben, waren verkommen, verwildert und weitgehend zu einer ernsten Sorge für den Aufbau der Sowjetunion geworden. In Arbeitskolonien sollten sie nun für „das Lebenskollektiv der Sowjetvölker" erzogen werden. Wie Makarenko dieses als eine ausgesprochen pädagogische Arbeit in der „Gorkij-Kolonie" bis 1928 durchgeführt hat, hat er in seinem „pädagogischen Poem" mit dem Titel „Der Weg ins Leben" und die anschließende Arbeit in der von ihm geleiteten „Dsershinskij-Kommune" bis 1935 in seinem Werk „Flaggen auf den Türmen" in eindrucksvoller Weise beschrieben.

Diese beiden Dokumente eines bedeutenden Pädagogen lassen erkennen, wie sich bei ihm die Achtung vor dem Einzelnen und eine individuelle erzieherische Behandlung verbanden mit straffen Formen der Kollektiverziehung, bei der die Jugendlichen selbst als Angehörige des Kollektivs wichtige Aufgaben der Selbsterziehung in der Gemeinschaft zu erfüllen hatten. Die dramatisch geschriebenen Werke, voll unmittelbarer Lebendigkeit — Makarenko war Maxim Gorkij in Freundschaft verbunden und Gorkij hatte ein Patenverhältnis zu Makarenkos Kolonie — zeigen eine Erzieherpersönlichkeit, die es verstand, schwierige menschliche und erzieherische Situationen pädagogisch zu bewältigen, sie gedanklich zu analysieren und dann auch darzustellen, so daß er der Ost-Pädagoge jener Zeit ist, mit dem sich auch die Wissenschaft des Westens in den letzten Jahren eingehend befaßt hat. Übereinstimmende Züge seiner Pädagogik mit der der deutschen Sozialpädagogischen Bewegung haben sich dabei deutlich gezeigt, ungeachtet aller Unterschiedlichkeit in entscheidenden Fragen. Die Problematik, wie sich die kollektiven Elemente seiner kommunistischen Erziehung mit einem personalen Menschenverständnis vertragen, hat die neuere Makarenko-Literatur erörtert.

Vierzehnter Abschnitt:
Die Volksbildungsbewegung

Die Pädagogische Reformbewegung, die sich mit ihren neuen pädagogischen Prinzipien zunehmend auf alle Bereiche der Erziehung und Bildung erstreckte, betraf auch die Erwachsenenbildung. Die „Volksbildungsbewegung" gelangte in den 20er Jahren zu ihrer eigentlichen Entfaltung, begünstigt durch die Unterstützung, die ihr der Weimarer Staat gewährte. Die „neue Richtung" hob sich in spezifischen Merkmalen ab von der traditionellen Volksbildung, von der zunächst zu sprechen sein wird.

I. Die „verbreitende" Volksbildung

1. Anfänge der Volksbildung

Die Wurzeln der Volksbildung lagen im 18. Jahrhundert, dessen beherrschender Begriff „Aufklärung" sich u. a. auch auf die Aufklärung des Volkes im Sinne der Verbreitung von Wissen und der Förderung des Denkvermögens bezog. Mittel hierfür waren das Buch und die Zeitschrift. Die Entstehung der Erwachsenenbildung im neueren Sinne hängt zusammen mit der wirtschaftlich-technischen Entwicklung des 19. Jahrhunderts, sozialen Strukturveränderungen, den zunehmenden Berufsansprüchen und dem Aufstiegswillen der unteren Schichten, ferner mit den Bildungsbemühungen der Parteien und dem Prozeß der Emanzipation. Im berufsständischen Vereinswesen begannen „Ausbildung" und „Bildung" eine Rolle zu spielen und die entstehenden bürgerlichen Bildungsvereine, die „Handwerkerbildungsvereine", die Bildungs-Gesellschaften, die Museums- und Harmonie-Gesellschaften sind Ausdruck eines sich neu entwickelnden Bildungsstrebens. Von der politischen Seite her wirkte die Parole „Wissen ist Macht" bildungsaktivierend, und die Kirchen griffen ihrerseits in Verbindung mit den sozialen Aufgaben auch die der Bildung auf. Bemühungen um die Erwachsenenbildung auf bürgerlicher Seite waren häufig mit der Absicht verbunden, der vom Sozialismus her sich anbahnenden Bildungsrevolution den Wind aus den Segeln zu nehmen[1]).

Im Jahre 1871 wurde der größte Teil der sich der Volksbildung widmenden kommunalen, ständischen, privaten u. a. Vereinigungen, soweit sie nicht ausgesprochen der politischen Linken zugehörten, zu der großen Dachorganisation der „Gesellschaft zur Verbreitung von Volksbildung", die später in „Gesellschaft für Volksbildung" umbenannt wurde, zusammengeschlossen. Der Gründungsaufruf dieser Gesellschaft wandte sich „an alle Freunde deutscher Bildung und Gesittung, ja an alle diejenigen, welche die Gemeinsamkeit der geistigen Interessen anerkennen und einseitig materiellen und sozialistischen Richtungen die gemeinsamen Kulturschätze und die solidarische Kulturarbeit unseres Volkes entgegenstellen wollen..." Als Zweck der Gesellschaft bezeichnet ihre Satzung, „der Bevölkerung, welcher durch die Volksschulen im Kindesalter nur die Grundlagen der Bildung zugänglich gemacht werden, dauernd Bildungsstoffe und Bildungsmittel zuzuführen, um sie in höherem Grade zu befähigen, ihre Aufgaben im Staate, in Gemeinde und Gesellschaft zu verstehen und zu erfüllen"[2]). Beide Äußerungen lassen sowohl das politische Motiv dieser neuen Bildungsaktivität erkennen: eine antisozialistisch bestimmte Hinführung zur bestehenden Gesellschaft, als auch die hierbei eingenommene Perspektive, besonders denen geistige Förderung angedeihen zu lassen, die nur die Volksschule besucht und somit „nur" die Grundlagen der Bildung erhalten haben. Im Jahre 1891 wurde der ehemalige Volksschullehrer Johannes Tews Generalsekretär der Gesellschaft.

2. Universitätsausdehnungsbewegung

Eine charakteristische Form der Volksbildung vor und nach der Jahrhundertwende war von der sog. „Universitätsausdehnungsbewegung" getragen. Sie hatte ihren Ursprung in England, wo in den 70er Jahren zuerst in Cambridge, dann auch in Oxford und London Universitätslehrer volkstümliche Kurse am Universitätsort und auch in anderen Städten durchführten. Sie wandten sich besonders an die Industriearbeiter und die Frauen. Innerhalb einiger Jahre entstand ein weitgespanntes Netz von Universitätskursen, durch die sich die Wirkung der Universitäten über ihre Mauern hinaus erstreckte[3]).

Diese „University extention movement" griff auf das Festland über: 1893 wurde vom Senat der Universität Wien ein Ausschuß gewählt, der sich aus Vertretern aller Fakultäten zusammensetzte: „Ausschuß für volkstümliche Universitätsvorträge der K. K. Universität Wien". Weitere österreichische und dann auch deutsche Universitäten folgten mit der Durchführung von volkstümlichen Lehrveranstaltungen. Im Jahre 1899 entstand der: „Verband für volkstümliche Kurse von Hochschullehrern des deutschen Reiches". Thematisch und in bezug auf den Teilnehmerkreis entwickelte sich dieser Zweig der Volksbildungsarbeit nach den jeweils gegebenen Voraussetzungen. Die Festschrift zum 25jährigen Bestehen der Ferienkurse der Universität in Jena bemerkte z. B., daß dort die naturwissenschaftlichen Kurse ebenso wie die pädagogischen eine große Bedeutung gewonnen hätten, daß besonders die Volksschullehrer sie zur Weiterbildung nutzten und daß immer auch eine beträchtliche Anzahl ausländischer Besucher festzustellen sei[4]).

Das Engagement der deutschen Universitäten war im übrigen ungleich und entsprach im ganzen nicht den Erwartungen, die man nach dem englischen Vorbild hegte. Der auf einem Volkshochschultag von dem Philosophen und Pädagogen Paul Natorp vorgebrachte Wunsch, daß das Volksbildungswesen als Lehrfach in die Universität aufgenommen werden sollte, hat damals praktisch kaum Widerhall gefunden[5]). Jedoch waren die Universitäten stark beteiligt, als nach dem ersten Weltkrieg die zahlreichen neuen Volkshochschulen ihre Arbeit begannen.

3. Entwicklung der Volksbildung von 1870 bis 1920

In der Geschichte der Erwachsenenbildung gilt die Gründung der genannten Gesellschaft zusammen mit der Universitätsausdehnungsbewegung als Beginn des „Freien Volksbildungswesens" und damit einer Arbeit, die teils große Anerkennung erfahren hat, teils aber auch der Kritik unterzogen worden ist. Robert von Erdberg hat die Entwicklung der Volksbildung von 1870 an über 5 Jahrzehnte hin gezeigt, und zwar gesehen von der neuen Sicht aus, die er mit anderen Hauptvertretern der Volksbildungsbewegung in der Zeit des 1. Weltkrieges gewonnen hatte. Er selbst, geb. 1866, aus baltischem Adel stammend, war vom Jahrhundertbeginn an in Einrichtungen der Arbeiterwohlfahrt tätig gewesen, hatte 1909 das „Volksbildungsarchiv" und 1916 den „Ausschuß der deutschen Volksbildungsvereinigungen" gegründet. Von 1919 an war er zuerst als Berater und dann als Referent für die Erwachsenenbildung im preußischen Kultusministerium tätig und hatte in den folgenden Jahren bis zu seinem Tode 1929 als die bedeutendste Persönlichkeit der deutschen Volksbildungsbewegung einen starken Anteil an deren Entfaltung.

Robert von Erdberg nannte seinen Rückblick auf die Volksbildung im Halbjahrhundert zwischen der Gründung des Kaiserreiches und der Republik „Vom Bildungsverein zur Volkshochschule"[6]) und gliederte ihn in drei Perioden, weniger äußeren Daten als dem Wandel der Auffassungen folgend. Die erste Periode von 1870—1890, für die die politische Einigung, die Einführung des neuen Wahlrechtes und das Anwachsen der Sozialdemokratie von Bedeutung gewesen seien, nannte er die der Bildung des guten Staatsbürgers: „die Mittel der Bildung wurden lediglich nach Maßgabe dieses Zieles ausgewählt und angewandt. Dabei ging man aus von der Anerkennung des Staates, wie er war"[7]). Kritisch hob von Erdberg weniger den staatlichen Dirigismus hervor, als daß man „einen bestimmten Menschentypus in Massen zu züchten"[8]) strebte, hierfür „Massenbildungsmittel" anwandte und die Popularisierung der Wissenschaften als eine äußerliche, quantitative und qualitative Anpassung an die Möglichkeiten und Bedürfnisse der breiten Masse betrieb. Er sagte: „Wie wenig diese Arbeit in die Tiefe zu gehen versuchte, zeigte sich ja in dem Anspruch, durch massenhafte Vermittlung für die Masse zurechtgemachter Kenntnisse eine Massenbildung, an der jeder einzelne seinen Anteil hatte, züchten zu können"⁹).

Die zweite Periode von 1890 bis 1915 sei von der Kultur ausgegangen und hätte unter der Frage gestanden, „Wie ist es möglich, jeden Volksgenossen zum gleichberechtigten und gleichbefähigten Mitgenießer der bürgerlichen Kultur zu machen?"¹⁰) In diesem Zeitabschnitt kam die „Universitätsausdehnungsbewegung" stärker zur Geltung und es bildeten sich neue Vereine, Verbände, Stiftungen, die Volksbildung und Volksunterhaltung praktizierten¹¹). Im Zusammenhang mit der Kunsterziehungsbewegung seien die Bemühungen zu sehen, die „Kunst dem Volke" darzubieten. Aber auch diese Phase beurteilte von Erdberg trotz ihrer Verdienste, an denen er selbst einen Anteil hatte, kritisch. „Es herrschte eine ungeheure Betriebsamkeit auf allen Gebieten, eine Überfütterung mit Kulturgütern, die, eben weil von einer inneren Verarbeitung nicht gesprochen werden konnte, den Hunger nach immer neuen Sensationen reizte. Wie wenig die Arbeit in die Tiefe ging, wie wenig sie nach ihren eigenen Voraussetzungen fragte, wie wenig sie die erzielten Erfolge richtig einzuschätzen wußte, dafür liefern unsere Tage die Zeichen"¹²).

Die dritte Phase, deren Verwirklichung für von Erdberg den eigentlichen Sinn der Volksbildungsbewegung bildete und für die er sich kraftvoll einsetzte, richtete sich auf den einzelnen Menschen: „Es gibt auch für das freie Volksbildungswesen keine andere Aufgabe, als jedem einzelnen zur vollen Entfaltung der ihm von der Natur verliehenen Anlagen zu verhelfen"¹³). Nur durch Bildung des einzelnen, durch eine Bildung, die echt ist, in die Tiefe geht und die Menschenbildung im wahren Sinne des Wortes ist, kann eine „Volkskultur" aufgebaut werden.

Diese dritte Periode, der die Bezeichnung „die neue Richtung" gegeben wurde, ist unter diesem Stichwort in die Geschichte der Erwachsenenbildung eingegangen. Das Wort, in der Volksbüchereiarbeit entstanden, bezog sich zunächst lediglich auf die neue Methode der Bücherausleihe, wurde dann aber für einen bestimmten Personenkreis, der in übereinstimmendem Sinne arbeitete, zum Inbegriff der neuen Auffassung von Volksbildung, ihrer Zielsetzungen, ihrer Gehalte und ihrer Wege. An ihm schieden sich die Geister. Robert von Erdbergs „Betrachtungen zur alten und neuen Richtung im freien Volksbildungswesen"[14]) von 1920 waren ein charakteristisches Dokument der ständigen Auseinandersetzung über das Volksbildungsproblem im Sinne der „neuen Richtung", die im eigentlichen Sinne die Volksbildungsbewegung der 20er Jahre war.

II. Kennzeichen der „Neuen Richtung" der Volksbildungsarbeit

1. Der kulturkritische Ansatz

Die Volksbildungsbewegung der 20er Jahre hatte als gemeinsame Grundlage die Überzeugung einer tiefgreifenden Kulturkrise epochalen Charakters, sich darstellend in entscheidenden bis in das persönliche Leben des einzelnen eingreifenden gesellschaftlich-kulturellen Strukturveränderungen. Kulturkritik und freie Volksbildungsbewegung hingen eng zusammen. „Wir mußten erst den Zusammenbruch unserer Kultur erleben, ehe uns die ganze Problematik unseres freien Volksbildungswesens aufgehen konnte", schrieb Werner Picht in seinem Rückblick auf die Epoche[15]).
Die Äußerungen der kulturkritischen Bewegung des ausgehenden 19. Jahrhunderts wurden um so mehr aufgenommen, als die weitere geschichtliche Entwicklung, vor allem der Weltkrieg, ihnen recht zu geben schien. Besonders das in den Nachkriegsjahren stark erregende Werk von Oswald Spengler „Der Untergang des Abendlandes" wurde als der schlagende wissenschaftliche Nachweis des epochalen Kulturverfalls betrachtet. Der Krieg selbst, eine deutsche, eine europäische Katastrophe, war die Folge einer Krise der letzten Generationen[16]). Die Kultur war fragwürdig geworden, denn als Erscheinung eines abgelebten bürgerlichen Zeitalters hatte sie ihre wesentlichen Werte eingebüßt. So sagte Robert von Erdberg: „Vor dem Kriege mochte der Glaube an die alle selig machende

Wirkung unserer Kultur allenfalls noch hingehen. Nach dem Kriege und nach der Revolution kann er nicht mehr bestehen. Wer heute diesen Glauben noch hat und auf ihm seine Volksbildungsarbeit aufbauen will, der verkennt die Lage völlig, so sehr, daß er zur Mitarbeit schwerlich mehr berufen scheint. Das sage ich nicht in radikaler Verneinung des Wertes unserer bürgerlichen Kultur, in der Stimmung eines geistigen Bolschewiken. Ich sage es vielmehr in ernster Sorge um diese Kultur, an deren Fülle unvergänglicher Werte ich glaubte"[17].

Daß die Wissenschaft in der beherrschenden Stellung, die sie in der Neuzeit gewonnen hatte, ein sehr problematischer Faktor des geistigen Lebens der Nation geworden war, hatte schon die Kulturkritik der Nietzsche-Zeit angeführt. Jetzt kamen die Zweifel erneut und Wilhelm Flitner schrieb 1921: „Die vorwiegend wissenschaftliche Bildung, die unter Verlust wahrer Menschenbildung sich erhält, hat uns seelisch leer gelassen und betrügt uns um den letzten Sinn unseres Daseins"[18].

Das Problem einer fehlenden einheitlichen, das ganze Volk umschließenden und sein Dasein begründenden Weltanschauung wurde erneut akut. Werner Picht führte aus, daß uns „mit dem Verlust eines geschlossenen Weltbildes und einer glaubensmäßig verankerten Weltanschauung die innere Form, die Geschlossenheit unseres geistigen Wesens zerbrochen ist. Mit der Zerstörung der geistigen Gestalt aber verloren wir auch die Herrschaft über die objektiven Kulturgüter. Der Mensch verarmte innerlich, während sich eine nie geahnte Fülle toten materiellen und geistigen Gutes um ihn häufte"[19].

Mechanisierung, Rationalisierung, Technisierung, die zunehmende Macht der Wirtschaft und des Gewinnstrebens hatten die materialistische Grundeinstellung und das Desinteresse an den eigentlichen Werten gefördert. Der Mensch war den sekundären Mächten dienstbar geworden und hatte sich an die „Zivilisation", d. h. die Apparatur der äußeren Daseinsfürsorge verloren, während die „Kultur" darniederlag. Spengler hatte den der Sicht des Neuhumanismus entstammenden Gegensatz von Kultur und Zivilisation neu ins Bewußtsein gerufen.

Wilhelm Flitner hat 1928 folgende Erscheinungen des modernen Lebens hervorgehoben, mit denen für weite Volksschichten Ordnungen, Werte und Sitten zusammengebrochen seien, auf denen früher der innere und äußere Halt unserer moralischen Verhältnisse beruht habe: Die Veränderung im Verhältnis der Geschlechter, die Verengung des Raumes der Familie, der Eintritt der Frau in die gewerbliche Tätigkeit, der Fortgang der Arbeitsteilung, die unpersönliche Berufsarbeit, die Verstädterung des Landes, der Gegensatz zwischen Arbeitgebern und Arbeitnehmern, die Entkirchlichung, die Entmoralisierung, der Verlust der gemeinsamen Überzeugungen und Sitten[20]).

In den „Leitsätzen der Reichsschulkonferenz über Volkshochschule und freies Volksbildungswesen" (1920) wurde die Notwendigkeit der Volksbildungsarbeit mit der „seelischen, geistigen und sittlichen Not unseres Volkes" motiviert. „Die Aufgabe kann nur gelöst werden durch intensive und individualisierende Bildungsarbeit. Es liegt in deren Wesen, daß sie von den sozialpsychologischen Gegebenheiten des Volkslebens der einzelnen Volkskreise und -schichten ausgeht. Es ist unmöglich, eine solche Arbeit mit Mitteln zu leisten, die selber aus dem Kulturverfall hervorgehen"[21]).

Die neue Richtung der Volksbildungsarbeit, die diese Not der Zeit überwinden und eine Erneuerung des Volkes pädagogisch herbeiführen wollte, war vor allem durch die folgenden Begriffe gekennzeichnet: Laienbildung, individualisierende, intensivierende und gestaltende Volksbildung.

2. Laienbildung

Die Schrift von Wilhelm Flitner (geb. 1889) „Laienbildung" (1921) fand Zustimmung und Widerspruch, und wenn Flitner selbst sich später in einzelnen Punkten von ihr distanzierte, so blieb doch „Laienbildung" über die damalige Zeit hinaus als ein konstitutiver Begriff der Erwachsenenbildung lebendig. In „Laienbildung" war der Gegensatz zu der Nicht-Laienbildung enthalten, d. h. zur Fachbildung, zur wissenschaftlichen und überhaupt der Bildung, die besondere Schulung und intellektuelle Lernanstrengungen benötigt und die auf den Beruf und besondere Funktionen bezogen ist. „Laie" bezeichnet den Nichtfachmann; das Wort hängt sprachgeschichtlich mit dem Wort laos, Volk, zusammen. Flitner wollte mit diesem Wort die Eigenständigkeit der Volksbildung deutlich machen als einer Bildung, die weder Fachbildung noch von der Wissenschaft abzuleiten ist und auch nicht als deren Popularisierung oder Ausgabe zweiter Hand angesehen werden kann, sondern ihren eigenen Ansatz hat.

Flitner sah Volksbildung als das „Enthaltensein eines geistigen Lebens in dem werktätigen und gemeinen drin. Das Enthaltensein eines geistigen Lebens, das Ernst hat, Tiefe, metaphysischen Gehalt, und das dem Werktag als eine höhere Sphäre eingebaut ist"[22]). Im Alltag der Arbeit des Volkes, in seinem Denken und Empfinden zeigt sich die Bildung des Volkes ebenso wie in seiner handwerklichen Kultur, in seiner Sprache und Dichtung, in seinem Geschmack, in seinem Sinn für Kunst, besonders in seiner Musik, und letztlich in der Einheit des Stils seiner Lebensäußerungen. Freilich fehlte für Flitner solche „Laiengeistigkeit" in der verarmten Gegenwart. In der Jugendbewegung jedoch, der „autonomen Bildungsbewegung der jungen Generation"[23]), schienen Ansätze zur Erneuerung der verlorenen Bildung des Volkes vorhanden zu sein.

Flitner sagte weiter, daß auch die als Ursache der Bildungskrise angegriffene Wissenschaft durchaus eine Bildungsfunktion habe, vor allem in einem Zeitalter, das in seinen Anschauungen und seiner Lebensorganisation auf deren Grundlagen beruhe. Zu Recht habe sie Naives überwunden und einen starken Einfluß auf unser Lebens- und Weltgefühl gewonnen. Es bestehe also an sich keine innere Notwendigkeit, daß Wissenschaft die Zersetzung der „Laiengeistigkeit" zur Folge haben müsse, vielmehr: „Mit dem Dasein der Wissenschaft und ihrer Aufklärung ist die Entfaltung einer tiefen und reichen Laiengeistigkeit verträglich. Entfaltung der Wissenschaft und selbst rationalerer Ausbau unserer Wirtschaft, Arbeitsform, Gesellschaft sind nicht notwendig auch Untergang des geistigen Lebens in der Laienwelt, nicht notwendig Zerstörung von Gemeinschaft und Volk"[24]).

Aber nur eine *neue* Wissenschaft vermöge echte Laienbildung zu begreifen und zu fördern, eine Wissenschaft, die ihre eigenen Grenzen kennt und in Wechselbeziehung zur Volksbildung steht, denn: „Das Merkmal heutigen Lebens ist die Helligkeit des Bewußtseins" — und es wird daher die Aufgabe bewußter Volksbildung sein, Leben und Bewußtsein in die rechte Beziehung zueinander zu bringen. „Eine solche Vereinigung von Vernunfthelle und gemeinschaftsgebundener Geistigkeit, so unerhört diese Verbindung uns noch ist, zeichnet den Bildungsbegriff eines solidarischen, einfachen arbeitstüchtigen, in seiner Aufgliederung geistig und sittlich verbundenen Volkes." Daraus folgen die Aufgaben einer aktiven Volksbildungsarbeit. „So entsteht auch für den neuen Bildungsgedanken die Notwendigkeit einer allgemeinen Schulung"[25]). In einem umfassenden Schulwesen, von der Volksschule bis zur Universität und Volkshochschule müsse der Gedanke der Laienbildung Bedeutung gewinnen. Humboldts Bildungsbegriff reiche hierfür nicht aus, denn er habe zu einer einseitigen wissenschaftlichen Bildung geführt, soziale Schranken gesetzt und sei auf den kontemplativen und nicht auf den tätigen Menschen hin orientiert. Stärker könne Goethe wegweisend sein[26]).

3. Individualisierende Volksbildung

Das Wort von der „individualisierenden Volksbildung" wurde gleichfalls zum Schlagwort der neuen Richtung. Erdberg sprach vom „Bekenntnis zur individualisierenden Arbeit", sah in dieser Bezeichnung den entscheidenden Zug der neuen Arbeitsweise der Erwachsenenbildung und vertrat die Anschauung, daß auch Volksbildung wie jede Bildung unabdingbar die Bezogenheit auf die Individualität haben müsse. Die alte Volksbildung hatte sich in Vorträgen an weite Hörerkreise gewandt, sich in großen Teilnehmerzahlen bestätigt gefunden und nach dem einzelnen wenig gefragt. Jetzt hieß es, „daß die Bildungsarbeit vom Menschen aus eingestellt werden muß"[27]), und man hielt es „nicht für einen Gewinn, wenn möglichst viele Menschen über möglichst vieles aufgeklärt werden. Mit einem Wort, sie (die neue Richtung) geht nicht von der Wissenschaft aus, sondern vom Menschen"[28]).

Bildung kann sich nur im einzelnen Menschen entwickeln und vollenden. Ihn in seinen Anlagen und Kräften, in seinen inneren Möglichkeiten zu fördern, muß das Bemühen sein, und alle Begegnung und Auseinandersetzung mit Bildungsgehalten wird immer der individuellen Bildung dienen müssen. „Die Volksbildungsarbeit kann gar nichts anderes tun, als den einzelnen zu einer innern ehrlichen Auseinandersetzung mit den geistigen Gütern zu führen. In diesem Sinne spricht die neue Richtung von einem Bildungsziel des einzelnen Menschen schlechthin"[29]). Zugleich war damit gesagt, daß die Bildung immer ihren Ansatz bei den Voraussetzungen des einzelnen nehmen müsse, weniger seiner sozialen Zugehörigkeit als den persönlichen menschlichen Gegebenheiten, an die es anzuknüpfen und die es auszubauen gelte. „Von der Auffassung ausgehend, daß Bildung nicht ein geistiger Besitz, sondern eine geistige Form ist, die durch die innere Auseinandersetzung mit der Kultur gewonnen wird, kommt die neue Richtung zu der Forderung einer individualisierenden Volksbildungsarbeit, die auf die im einzelnen Menschen gegebenen Voraussetzungen aufbauen muß. Diese Voraussetzungen liegen viel weniger in den äußeren Gegebenheiten, z. B. der sozialen Stellung oder dem Beruf des einzelnen, als vielmehr in seiner inneren seelischen und geistigen Disposition"[30]).

4. Das Prinzip der Intensität

Auch das Schlagwort der „intensiven Volksbildungsarbeit"[31]) wurde als Kennzeichen der neuen Richtung verwandt, im Gegensatz zur alten Volksbildung als der „extensiven", die nur mit „extensiven Methoden"[32]) arbeite. „Intensiv" und „extensiv" standen sich konträr in der Bildungsdiskussion gegenüber. Die extensive Bildung arbeite „verbreitend"; sie habe sich selbst diese Bezeichnung gegeben. Auf die Masse gerichtet, um die Erfassung einer möglichst großen Zahl bemüht, gelange sie nur zu einer äußerlichen und oberflächlichen „Halbbildung". Echte Bildung wurde dagegen definiert als „das Intensitätsverhältnis zur Kultur, dem das Streben eignet, sich in der Richtung eines Bildungsideals zu vertiefen"[33]). Die alte extensive Bildung, hieß es, sei eine „... völlige Mißdeutung des Geistigen. Die Aufklärung feierte hier noch einen späten Triumph. Die bloße Berührung, die Beziehung zum objektivierten Geist schien zu genügen, um den Menschen geistig zu machen. Nicht innerlich verarbeiteter Besitz, nicht inneres Ergriffensein und innere Bewegung wurden gesucht, sondern unproduktives geistiges Kapital wurde aufgespeichert"[34]). „Intensive" Bildung bedeute dagegen eine geistige Durchdringung, die gründlich und wirkungsvoll sei, die in die Tiefe führe und Ergriffensein und innere Bewegung erreiche. Statt Flüchtigkeit: Gründlichkeit; statt Oberflächlichkeit: Tiefe; statt Äußerlichkeit: Innerlichkeit — so etwa läßt sich das Leitwort „Intensität" in der neuen Auffassung der Volksbildung charakterisieren.

5. Gestaltende Volksbildung

Als Walter Hofmann (geb. 1879, seit 1914 führend in der Volksbüchereibewegung), im Jahre 1925 einen Aufsatz mit der Überschrift „Gestaltende Volksbildung" veröffentlichte, wurde auch diese Bezeichnung zum geflügelten Wort, weil sie einen weiteren wesentlichen Aspekt des neuen Bildungsbegriffes aufzuzeigen geeignet schien[35]).

In temperamentvoller Polemik gegen die Bildungsauffassung und die Verfahrensweisen der alten Volksbildung, die fehlgeleitet gewesen sei und statt Bildung „Verbildung" erzeugt habe sowie gegen den Ungeist der Zeit überhaupt stellte Hofmann fest: „Es geht heute auf das Volk und auf jeden einzelnen im Volke — ganz gleich welches sein sozialer Standort ist — eine ungeheure Fülle von Bildungsstoff hernieder, und fast in jedem Falle überwiegen in dieser erdrückenden Fülle die der Art nach nicht gemäßen Bildungsstoffe. Die Tageszeitung, die illustrierte Zeitschrift, das Buch, die Photographie, das Kino, jetzt gar der Rundfunk, dazu Museen, Theater, Bibliotheken, dann aber auch der moderne Verkehr und nicht zuletzt die Schule — alle diese Hilfen der modernen Zivilisation schütten täglich und stündlich beinahe eine unübersehbare Fülle von Tatsachen, Vorgängen, Leistungen und Erscheinungen aus der natürlichen, kultürlichen und sozialen Welt auf uns alle und auf jeden einzelnen unter uns aus. Keiner von uns hat mehr die Um-Welt, die ihn ernährt, sondern nur noch das Chaos, das ihn zerstört. Und anstelle des gebildeten, des nach seinem Gesetz geformten Menschen, ein graues Heer schwankender Gestalten, schlotternder Lemuren"[36]).

Der alten Volksbildung fehle es an einer formenden Kraft, die auf einem geistigen Gesetz beruhe, wie die Zeit überhaupt der formenden Idee und der Idee der Formung ermangle. „Das ist ihre tiefste Tragik". Die Stoffe seien ungeordnet und die moderne Technik, die lebenzerstörende Arbeitsmechanisierung hätten einen „Hexensabbat der Stoffumwirblung" herbeigeführt. Die Atomisierung, Mechanisierung, Technisierung seien die eigentlichen Wurzeln des Übels, dem die Praxis der Erwachsenenbildung sich hingegeben habe, statt ihnen zu widerstehen. Sie ziele auf die „Erhöhung des Stoffumsatzes" und die Erfassung „der breitesten Schichten". „Wir können der Begriffsverwirrung, die hier eingerissen ist, vielleicht etwas steuern, indem wir diese Arbeit der Verbreitung von Bildungsstoffen künftighin mit dem Worte ‚verbreitende Volksbildung' bezeichnen." —

Für die „gestaltende Volksbildung", die bilden als gestalten und Bildung als Gestalt verstand, erhob Hofmann als richtungsweisende Forderungen: a) die entschiedene Echtheit: nur solche Gehalte sollten behandelt werden, die selbst hohen geistigen und künstlerischen Ansprüchen entsprechen. „Es darf in dieser Bildungsarbeit denen, an die sie sich wendet, an keiner Stelle etwas entgegentreten, was nicht selbst geformtes Leben ist." Das gilt für Buch, Bild, Lied und Gedanke. b) die Gemäßheit: alle Bildungsbemühungen sollten dort anknüpfen, wo bereits, noch oder schon Ansatzpunkte einer Empfänglichkeit für das Echte vorhanden sind. Dies konnte bedeuten, daß sie sich auf einen ausgewählten Kreis beschränken mußte und keineswegs mehr Bildung „für alle" sein konnte. c) die individualisierende Methode: Man muß den einzelnen nach dem Grade und der Art seiner Empfänglichkeit an den ihm gemäßen Stoff heranführen, wobei es dann darauf ankommt, daß er weitgehend aus seinem eigenen Vermögen heraus sich aktiv verhält. d) die Abschirmung des zu Bildenden gegen die zerstörenden, die

gefährdenden Kräfte der Umwelt, die „prinzipiell feindlichen Lebensmächte der Zeit" und Schaffung eines „eigenen Raumes der Volksbildung mit seinem eigenen Stil, seinen eigenen Formen des Verkehrs, seiner eigenen sinnlich geistigen Luft!"
Hofmanns Artikel zeigt, wie sehr die neue Richtung im Zuge der deutschen Bildungstradition stand und von einem Bildungsbegriff bestimmt war, der sich in seiner Tiefe, Stärke und seinem Anspruchsniveau im Grunde nur auf einen begrenzten Kreis bezog. Gleichwohl glaubte man, auf diese Weise ein neues Volk schaffen zu können.

6. Volk-bildung als Aufgabe der Volksbildung

Den Vertretern der Volksbildung war immer bewußt, daß sie mit ihrer Arbeit in der Verantwortung standen gegenüber dem Volk. Sie sahen ihre Arbeit am einzelnen in der kleinen oder größeren Gruppe im Zusammenhang des großen Ganzen des Volkes. Mit dem Wort von der individualisierenden Bildungsarbeit war noch nicht das ausgesprochen, worum es ihnen ging: „Denn das letzte Ziel der Volksbildungsarbeit reicht über den einzelnen hinaus, ist der einzelne Mensch als Glied einer geistigen Volksgemeinschaft"[37]). Ihren eigentlichen Anstoß erhielt die Volksbildungsbewegung durch die Not des Volkes, die „Volkszerstörung", als Folge der allgemeinen Kulturkrise, des Krieges und der Revolution und ihrer Nachwirkungen. Vor allem sah sie als Krise die Tatsache der inneren Zerrissenheit des Volkes. Sie wollte die Gegensätze zwischen den Konfessionen, Weltanschauungen, zwischen den zahlreichen politischen Parteien, im sozialen Leben zwischen Arbeitgebern und Arbeitnehmern, zwischen der jungen und der alten Generation durch ihre Bildungshilfe aufheben, wollte Brücken schlagen, Verständigung herbeiführen und die geistige Einheit wieder herstellen. Das sah die Erwachsenenbildung als ihre vordringliche pädagogische Aufgabe an, die zu bewältigen gerade ihr aufgetragen war und an deren Erfüllbarkeit sie glaubte.
In der Bildung der Gemeinschaft hatte die Volksbildungsbewegung ein übergreifendes Ziel, das aller ihrer Arbeit immanent war. Sie

wollte durch Volksbildung eine neue Volksgemeinschaft herstellen. Ihre Bezeichnung lautete: „Volkbildung"[38]). Wo es der Politik nicht gelang, die pluralistisch auseinanderstrebenden Kräfte zusammenzuführen, da sah die Volksbildungsbewegung in ihrem pädagogischen Einsatz die Möglichkeit, in der Tiefe der geistigen Auseinandersetzung die Einheit herbeizuführen, die ihr für die Verwirklichung der verfassungsmäßig zwar erreichten, aber als Lebensform noch keineswegs verwirklichten Demokratie erforderlich schien. Dazu mußte sie selbst „frei" sein, und im Gegensatz zu der „gebundenen", d. h. einem Bekenntnis oder einer Weltanschauung verpflichteten Volksbildung betonte sie ihren Charakter als „freie Volksbildung" sehr nachdrücklich.

III. Die neuen Volkshochschulen

1. Ausbau

Organe der Volksbildungsbewegung im weitesten Sinne waren die Volkshochschulen, Volksbüchereien, Volksbühnen, Volkskonzerte, sowie die Volksmusikschulen und Singkreise, Gruppen der Laienspielbewegung und mit Vorbehalt auch Rundfunksendungen und Filmvorführungen. Die letzteren wurden allerdings zumeist kritisch angesehen und nur von einigen wenigen mit Aufmerksamkeit verfolgt und unter eine volksbildnerische Verantwortung gestellt. Die Einrichtungen der Volksbildungsbewegung im engeren Sinne waren die Volkshochschulen in erster und die Volksbüchereien in zweiter Linie, die ersteren in ihrer Hauptform der Abendvolkshochschule und in der Sonderform der Heimvolkshochschule. Der Ausdruck „Volkshochschulbewegung" war verbreitet, oft synonym mit Volksbildungsbewegung gebraucht.

In den ersten Jahren der Weimarer Republik wurden, mit großen Erwartungen verbunden, etwa 600 Volkshochschulen errichtet. Im geistigen Leben jener unruhigen spannungsgeladenen Zeit spielten sie eine beachtliche Rolle. Da ein Teil von ihnen vor allem infolge der Inflation einging, waren es 1932 zusammen 215 Volkshoch-

schulen, die jährlich von rund 330 000 Personen besucht wurden[39]).
Die Volkshochschulen vollzogen ihre Lehrtätigkeit zumeist in Räumen von Schulen, denn volkshochschuleigene Gebäude und Volkshochschulheime entstanden in kleiner Zahl erst im Laufe der Jahre.

Das Volkshochschulwesen, wie die Volksbildung überhaupt, wurden zunehmend von der Öffentlichkeit als ein legitimer Bestandteil des Bildungswesens gewertet und vom Staat und seinen Behörden entsprechend unterstützt. Der Artikel 148 der Weimarer Verfassung enthielt den Satz: „Das Volksbildungswesen, einschließlich der Volkshochschulen, soll von Reich, Ländern und Gemeinden gefördert werden." Das preußische Kultusministerium, das zuvor den Namen „Ministerium der geistlichen, Unterrichts- und Medizinalangelegenheiten" getragen hatte, hieß nun: „Ministerium für Wissenschaft, Kunst und Volksbildung", wobei der Begriff Volksbildung das Schulwesen und die Erwachsenenbildung umschloß. Bereits Anfang 1919 gab der preußische Kultusminister Konrad Haenisch in einem Erlaß Anweisungen, wie die Volkshochschulbewegung zu unterstützen sei, und machte in seinen „Richtlinien für den Volkshochschulunterricht" Vorschläge für die praktische Arbeit. Ein gleichzeitig verbreitetes, von Werner Picht entworfenes Flugblatt war stark von revolutionärem Elan getragen. Es begann mit dem Satz: „Die Volkshochschule ist eine Arbeitsgemeinschaft von geistigen und Handarbeitern. Ihr Ziel ist die Schaffung einer das ganze Volk umfassenden Gemeinsamkeit des geistigen Lebens."
An den „Leitsätzen der Reichsschulkonferenz über Volkshochschule und freies Volksbildungswesen" waren führende Persönlichkeiten der Volksbildungsbewegung, wie Hofmann, von Erdberg und A. Heinen beteiligt. Die genannten Kennzeichen der „neuen Richtung" waren darin enthalten und fanden damit verstärkt Eingang in das Bewußtsein der pädagogischen Öffentlichkeit. Von 1923 an war der „Hohenrodter Bund" der maßgebende Fachkreis für die wissenschaftliche Besinnung über die Grundfragen der Volksbildung. Die von ihm erarbeiteten „vorläufigen Richtlinien", Berichte und Denkschriften halfen mit, die Volkshochschul- wie die Volksbildungs-

arbeit überhaupt in ihrem Selbstverständnis zu fördern. Gegen Ende der Volksbildungsbewegung hat in den Kreisen der Träger der Volkshochschularbeit die sog. „Prerower Formel" als Beratungsergebnis der im Juni 1931 in Prerow versammelten Leiter und Lehrer deutscher Abendvolkshochschulen eine besondere Beachtung gefunden. In nüchterner Sprache und mit starkem Bezug auf die Praxis enthielt sie eine revidierte Auffassung der neuen Richtung.

Das soziale Ziel der Volkshochschule wurde in den genannten Dokumenten mit den Worten Gemeinschaft, Volksgemeinschaft, „wirkliche Volksgemeinschaft", gegenseitiges Verständnis, Gesinnungsgemeinschaft (Reichsschulkonferenz) bezeichnet. In der „Prerower Formel" hieß es: „Das Bildungsziel ergibt sich aus der Notwendigkeit der verantwortlichen Mitarbeit aller am staatlichen, gesellschaftlichen und kulturellen Leben der Gegenwart." Die Volkshochschule sah sich als die „Bekämpferin der Halbbildung", wie es im Flugblatt hieß, sie wollte das Volk „zur Ehrfurcht vor dem Geist", zur „Wertschätzung geistiger Arbeit" führen, sie wollte „Bildungswerte wecken" und vermitteln, sie wollte „an der Durchbildung und Vertiefung ihres eigenen Wesens arbeiten". Die „Herbeiführung der geistigen Selbständigkeit" (Reichsschulkonferenz) war ihr Ziel, die Prerower Formel sagte: „Die erzieherische Wirkung der Abendvolkshochschule liegt in der Klärung und Vertiefung der Erfahrungen, der Vermittlung gesicherter Tatsachen, der Anleitung zu selbständigem Denken und der Übung gestaltender Kräfte."
Man sprach vom „Unterricht" in der Volkshochschule und betonte damit die Forderung des planmäßigen Fortgangs der geistigen Arbeit: „Wie bei jeder Schule steht auch in der Abendvolkshochschule der geordnete Unterricht im Mittelpunkt". Ein „planmäßiger Aufbau der Lehrgebiete" erschien unerläßlich. Die didaktischen Gesichtspunkte entsprachen denen, die die Reformbewegung für Schule und Unterricht seit langem entwickelt hatte: „Für den Aufbau des Arbeitsplanes maßgebend sind die Lebenserfahrungen der Besucher und ihre Bedürfnisse, wie sie sich aus der sozialen Gliederung, den landschaftlichen und örtlichen Besonderheiten ergeben"[40]).

2. Die Inhalte der „Lebensbildung"

Es kennzeichnete die Wendung der Volksbildungsarbeit, daß nicht mehr die Universität und die Wissenschaft als Ursprung und Autorität der Bildung angesehen wurden. Der Universitätsprofessor Eugen Rosenstock, geb. 1888, führte in seiner Schrift „Das Dreigestirn der Bildung" aus: „Bis zum Kriege war die Universität fast unbestritten die Quelle der Bildung. In der Alma Mater sammelten sich die Tropfen des Geistes, hier wurden sie gefaßt, um sich dann tausendfältig, durch Bücher, Presse, Oberlehrer, Lehrer ins Volk zu verbreiten. Heute (1920) können wir uns auf diesen ihren Standort im Volksganzen kaum noch besinnen. Die Universität ist nur noch eine Bildungsanstalt unter anderen, ist höchstens die Bekrönung, sicher aber nicht die Quelle des geistigen Volksdaseins"[41].

Rosenstock beschrieb die Abfolge von drei Bildungsformen in der abendländischen Geistesgeschichte: als erste die geistliche Bildung der christlichen Welt, die im Mittelalter in ihrem ganzen Reichtum zur Entfaltung gekommen war, als zweite die philosophische bzw. wissenschaftliche Bildungsform, die anschließend an die antiken Traditionen mit der Renaissance aufzublühen begann und seitdem unaufhörlich fortgeschritten war, und als dritte Form die neue Bildung, er sagte: die „Lebensbildung", im Sinne der Volksbildungsbewegung, die ihre Stätte in der Volkshochschule hat.
Diese „neue Bildung" ist nach Rosenstock noch nicht da, sondern soll erst geschaffen werden — „gerät sie nicht, so sind wir verloren, im buchstäblichen Sinne dieses Wortes" — und zwar in folgender Weise: Sie muß „an notwendige Dinge anknüpfen", „auf notwendige Fragen antworten", sie hat „zum Kern die soziale, die Gemeinschaftsfrage", ihr Element ist die Gemeinschaft, „die Arbeitsgemeinschaft", sie ist politische Bildung im weitesten Sinne des Wortes, sie wird international werden, sie ist das erste, was wir brauchen, als Lebensbildung muß sie neue Maßstäbe gewinnen. Sie soll ihre Gegenstände nicht aus den Systemen der Wissenschaft nehmen, sondern aus dem Leben selbst, aus seinen drängenden Problemen. Dabei geht es um Klärung von geistigen Notsituationen, die

der Lösung harren, von Fragen mit existentieller Bedeutung. Wenn er das Wort „philosophisch" anwandte, war dies nicht im Sinne der akademischen Disziplin gemeint, sondern einer Grundbesinnung, einer Aufhellung des Ungeklärten, eines Suchens nach Antwort auf die Frage nach der Sinngebung unseres Daseins.

Paul Steinmetz, ein führender Vertreter der Praxis der Volkshochschularbeit, hat das didaktische Prinzip der „Lebensnähe" als Merkmal der Lehrtätigkeit der Volkshochschule am Beispiel eines Arbeitsplanes dargelegt: „So ist es das Kennzeichen aller intensiven Volkshochschularbeit geworden, daß sie — gleich welches ihre Bildungsidee ist — die Forderung der Lebensnähe ihres Unterrichts zu realisieren sucht. Dieses Prinzip der Lebensnähe, des Ausgehens vom Leben als solchem, wirkt sich mit mehr oder weniger großer Intensität im Formellen, in der Gliederung des Unterrichtsplanes aus. So gliedert (wohl vorbildlich) die Volkshochschule Leipzig ihr Lehrgebiet: 1. Die natürlichen Grundlagen des Lebens. 2. Gesellschaftliche Grundlagen des Lebens. (Wirtschaft, Recht, Staat, Gesellschaft). 3. Welterkenntnis und Weltdeutung (Philosophie, Kulturlehre, Erziehung). 4. Kunst und praktische Übungen (Literatur, bildende Kunst, Musik). 5. Körperübungen. 6. Als Lebensgebiet mit besonderen Problemen: Die Frau"[42]).

Daß in die Volksbildungsarbeit auch die unmittelbare Lebenshilfe für den Alltag einbezogen werden sollte, zeigt ein Absatz aus Wilhelm Flitners „Plan einer deutschen Schule für Volksforschung und Erwachsenenbildung": „Volksbildung soll also der Mutter helfen, ihr Kind erziehen, den Eheleuten helfen, die Familie halten und ihr Heim richten, soll den Erwerbstätigen helfen, die Nöte des Erwerbslebens und der Arbeitskrisen zu bestehen, dem Staatsbürger, dem Gemeindeglied, dem Nachbarn, dem Freund — dem Menschen in seinen konkreten Verhältnissen"[43])

Eines wurde dabei nicht als die Aufgabe der Volksbildung gesehen, vielmehr ausdrücklich als Utilitarismus abgelehnt: jede Art von praktischer zweckvoller Ausbildung, die der äußeren Verbesserung der Lebensverhältnisse dient. Der Bereich der „Ausbildung" stand außerhalb der „Bildung", beide wurden ihrem Wesen nach als einander entgegengesetzt betrachtet. Im Sinne des traditionellen Bil-

dungsbegriffs und der „Allgemeinbildung" wurde der berufsprak-
tische Gesichtspunkt aus der Bildung ausgeklammert, die es nur mit
dem geistigen Leben zu tun haben sollte. Daß es in der Praxis
manche Streitfrage gab, inwieweit etwa Stenographie- und Schreib-
maschine-Unterricht in den Arbeitsplan der Volkshochschule gehörten, war nur zu natürlich.

3. Arbeitsgemeinschaft und Gespräch

Die dem neuen Begriff von Bildung entsprechende Abwendung von
der Wissenschaft und ihren Methoden zugunsten einer Bildung, die
individuell und intensiv sein und sich auf Lebensfragen beziehen
sollte, führte zu neuen Arbeitsformen der Erwachsenenbildung.
Vortrag und Vorlesung, die im Rahmen akademischer Ausbildung
üblich und sinnvoll sind als Formen der Darbietung eines Sachzu-
sammenhangs, dem schweigend ein großer Zuhörerkreis folgt, wurden für die Bildung im neuen Sinne problematisch. Die Volkshochschulbewegung bekämpfte und diskreditierte die Vortragsform,
ideologisch allerdings mehr, als es in der Praxis möglich war. Sie
konnte ohne den Vortrag nicht auskommen. Durch die Einbeziehung
von Zwischenfragen und anschließende Diskussionen versuchte sie
die einseitige Form des reinen Vortragens aufzulockern. Die mini-
steriellen Richtlinien von 1919 besagten: „Grundsätzlich keine Vorlesung, sondern freier Vortrag. Jedem Vortrag muß eine Besprechung des Vorgetragenen mit der Hörerschaft folgen"[44].
Als die neue gemäße Bildungsform der Erwachsenenbildung wurde,
mit großen Erwartungen verbunden, die Arbeitsgemeinschaft entdeckt, herausgestellt und hoch eingeschätzt. Sie war Ausdruck und
Symbol des eigenen Wollens, war „der Kern des Volkshochschul-
gedankens". Eine im Jahre 1919 gegründete Zeitschrift trug den
Titel „Die Arbeitsgemeinschaft". Die „Prerower Formel" sagte:
„Die Arbeitsweise gründet sich auf selbständige Mitarbeit der Teilnehmer", und bei Steinmetz hieß es: „Die Forderung der ‚Arbeitsgemeinschaft' als Unterrichtsform war die grundlegende pädagogische Forderung der sog. ‚neuen Richtung' der gestaltenden Volksbildung"[45].

In der Gesprächsgruppe erlebte man „die Arbeitsgemeinschaft der Hand- und Kopfarbeiter", sah, daß Vertreter verschiedener Parteien und Konfessionen sich geistig fanden und daß das sie Verbindende stärker als das Trennende war. Es bedurfte in den Augen der Volksbildner nur einer immer weiter um sich greifenden Verbreitung solcher vom Geiste der Volksbildung getragenen Arbeitsgemeinschaften, damit das ganze Volk sich zu einer wirklichen Gemeinschaft formieren konnte. Das methodische Mittel der Erwachsenenbildung war letztlich auf die „Arbeitsgemeinschaft des Volkes" bezogen, „zu der die zum Volk der Arbeit gewordenen Deutschen sich zusammenschließen und durchbilden sollten", wie Werner Picht sagte. Die Not der Zerrissenheit des Volkes sollte durch „die große Reichsarbeitsgemeinschaft" überwunden werden (Eugen Rosenstock)[46].

Der Gemeinschaftsbegriff der Erwachsenenbildung ist damals stark ideologisiert und mit Pathos überhöht worden, aber das Entscheidende bleibt doch, daß die ihm entsprechenden Arbeitsformen erstmalig mit aller Entschiedenheit vertreten und praktiziert worden sind. Deutlich zeichnen sich auf dem Sektor der Erwachsenenbildung die Parallelen ab zu Georg Kerschensteiners Forderung der Arbeitsgemeinschaft in der gesamten schulischen Tätigkeit und zu Berthold Ottos und Friedrich Wilhelm Foersters Aufnahme des Gesprächs als Bildungs- und Erziehungsform[47].

Die Volksbildungsbewegung wollte in den Volkshochschulen auch beim Musizieren und Wandern, beim Zeichnen und Werken in Gruppen, beim Laien- und Stegreifspiel die Gemeinschaft erfahren lassen. Die Kunsterziehungsbewegung drang mit allen ihren reichen Gehalten und Formen in die Erwachsenenbildung nicht weniger ein als in die Schule. Freizeiten, Fahrten und Feiern der Volkshochschulen bildeten Höhepunkte ihrer Veranstaltungen. Die Jugendbewegung prägte mit ihren Gemeinschaftsformen den neuen Stil der Volksbildung.

IV. Die Heimvolkshochschule

1. Grundtvig und die deutschen Heimvolkshochschulen

Eine eigene Richtung im Rahmen der allgemeinen Volkshochschulbewegung war die „Heimvolkshochschulbewegung", wie sie sich selbst nannte. Neben der großen Zahl der „Abendvolkshochschulen", die alle nur für Stunden ihre Hörer vereinen, entwickelte sich eine der Zahl nach wesentlich kleinere Gruppe von Volkshochschulen in Internatsform, die für mehrere Wochen bis zu sechs Monaten ihre Teilnehmerkreise von etwa 20—40 „Schülern" in einer Heimgemeinschaft zusammenschloß. Für sie war die nach Grundtvigs Ideen ausgebaute dänische Volkshochschule Vorbild.

Der bedeutende und vielseitig organisatorisch und schriftstellerisch tätige dänische Bischof Nikolaj Frederik Severin Grundtvig (1783 bis 1872) schuf 1844 in Rodding die erste Volkshochschule. Junge Bauern wurden in der Gemeinschaft eines Heimes über 5 Monate in Fragen von allgemeinbildender Bedeutung über ihre Schulbildung hinaus weiter gefördert und auf ihre Aufgaben in Leben und Gesellschaft vorbereitet. Vorträge, Arbeitsgemeinschaften, Gesprächsstunden und Lehrstunden waren eingebaut in ein durchgegliedertes Gemeinschaftsleben. Zahlreiche Schulen entwickelten sich in der Folgezeit und begründeten eine feste Tradition dieser Form der Erwachsenenbildung über Dänemark hinaus in den Skandinavischen Ländern. In den 20er Jahren folgte Deutschland[48]).

Anders jedoch als die dänische Heimvolkshochschule, die sich ausgesprochen als Bauernvolkshochschule verstand, war die deutsche ausdrücklich für alle sozialen Schichten konzipiert. Besonders die Jugend wollte sie heranziehen. Sie bevorzugte die Arbeiterjugend der Industrie, immer lag ihr an Teilnehmern verschiedener Schichten und Berufskreise. Einzelne Heime waren von weltanschaulichen Gruppen getragen und empfingen von ihnen besondere Zielsetzungen; die eigentlichen Wortführer aber waren diejenigen, die der Freiheit der Begegnung der verschiedenen Richtungen dienen wollten. Die Heime lagen abseits der Großstädte in kleineren Städten oder ganz auf dem Lande: Dreißigacker bei Meiningen, Comburg, Her-

374

mannsburg, Colberg, Rendsburg, Prerow sind zu nennen. Diese Heime, nur zum Teil in Neubauten untergebracht, sonst in alten Schlössern oder anderen zur Verfügung stehenden Gebäuden, führten Lehrgänge durch für je etwa 30—60 junge Menschen im Alter von etwa 18—28 Jahren unter der Betreuung von einem Leiter, 1—2 hauptamtlichen Dozenten und auch Gastlehrern. Sehr viel stärker als die Abendvolkshochschule war die Heimvolkshochschule geeignet, im Sinn der neuen Richtung individuell und intensiv zu arbeiten und zugleich zur Auseinandersetzung und gegenseitigen Verständigung zu führen und damit Volk(s)-Bildung im eigentlichen Sinne des Wortes zu leisten. Die Gefahr des Abgleitens der Bildungsarbeit in als überholt angesehene Formen der Belehrung und Aufklärung schien hier weniger gegeben. Der Bildungsfaktor der „Lebensgemeinschaft" konnte gerade im Heim voll zur Wirkung kommen.

2. Eduard Weitsch und „Dreißigacker"

Eine besondere Aufmerksamkeit fand damals die Heimvolkshochschule „Dreißigacker", die von Eduard Weitsch 1920 gegründet und bis 1933 geleitet wurde und über die er selbst wiederholt berichtet hat[49]). Weitsch bezeichnete es als sein Ziel, junge Menschen, die kritisch zur Gesellschaft stehen, die nicht in mechanisierter Berufsarbeit aufgehen und die aus einer ursprünglichen Lebendigkeit nach etwas Neuem suchen und eine Veränderung herbeiwünschen, zur Besinnung über eine sinnvolle Erfüllung ihres Daseins zu veranlassen. Er wollte ihnen ein bewußtes geistiges Leben eröffnen, wollte sie zur Teilhabe an den Kulturgütern führen, nicht durch Vermittlung einer Allgemeinbildung, sondern aus ihrer eigenen spontanen Aktivität heraus. Sie sollten selbst philosophieren, sollten sich mit politischen, wirtschaftlichen, gesellschaftlichen und nicht zuletzt religiösen Problemen beschäftigen und sich so bilden in der Auseinandersetzung mit der Welt. Dabei „liegt es dem Volkshochschulheim völlig fern, in irgendeiner politischen, konfessionellen oder weltanschaulichen Richtung seine Schüler zu beeinflussen."

Dreißigacker hatte eine vielseitig zusammengesetzte Schülerschar, — um der bildenden Lebendigkeit der Gemeinschaft willen lag Weitsch gerade an dieser Vielfalt. Nicht jeder wurde in das Heim aufgenommen, sondern Weitsch wählte aus, unter den Gesichtspunkten der sozialen Schicksale der einzelnen, nach den Lebenslaufunterlagen und nach dem persönlichen Eindruck. Ein geringes Entgelt war von den Teilnehmern zu zahlen. Am Ende standen weder Prüfung, noch Zeugnis, noch Berechtigung.

3. Lehrplan, Unterricht und Lebensgemeinschaft

Der Bezeichnung Volkshochschule entsprechend bildete in Dreißigacker wie in anderen Heimvolkshochschulen der Unterricht den Mittelpunkt. Doch war es ein Unterricht „ohne Katheder", in dem nicht ein vorgegebener Lehrgehalt nach einem Lehrplan von Lehrern vermittelt wurde, sondern Inhalt und Verfahren von den Schülern selbst bestimmt wurden. Nach ihren Wünschen, Fragen und Interessen wurde der Arbeitsplan zu Beginn jedes Lehrganges neu und nur für eben diesen Lehrgang gemeinsam entwickelt. Weitsch berichtete, daß hierbei nie der Wunsch nach praktischen Lehrgegenständen geäußert worden sei. Allein die in Weltanschauung, Religionslehre, Kunst, Volkswirtschaft, Politik und Soziologie hineinreichenden Fragen wurden als Themen gewählt, wie etwa: „Völkisch oder nicht. — Entwicklung der Staaten, vom Marxismus aus gesehen. — Der Sinn des Lebens. — Religiöse Fragen. — Stellung zum Christentum. — Stellung zum Beruf. — Warum sind die Völker und Menschen nicht einig? — Warum lehnt der Arbeiter häufig Kunst und Wissenschaft ab? — Erziehungsfragen. — Gemeinschaftsformen (Staatsformen, Ehe). — Die sexuelle Not der Jugend. — Die wirtschaftliche Not der Jugend. — Die Entstehung der Familie. — Der Pazifismus. — Ist der Mensch gut? — Intellektualismus . . .".

Lehrer und Schüler saßen „um einen Tisch" — Ausdruck einer Gleichberechtigung und günstigste Voraussetzung für das gesamtunterrichtliche Gespräch, das in Dreißigacker den Namen „Rundgespräch" führte. Weitsch und seine Mitarbeiter hielten sich zurück, forderten höchstens die wechselseitigen Stellungnahmen der Schüler heraus, steuerten den Gesprächsablauf vorsichtig und trugen Sorge, daß das Gespräch sich nicht vom Hundertsten ins Tausendste verlief. Ihre Meinung erhob nicht den Anspruch auf besondere Geltung, wenn die Ansichten differierten. Nicht *eine* Lösung war das Ziel, wenn mehrere Lösungen möglich waren.

Die Schüler betätigten sich im Garten und auf dem Feld, in Haus und Küche, bei Kunstabenden und Feiern. Ein dreiköpfiger Schülerrat war das führende Organ der Gemeinschaft. Nicht immer ging es ohne Schwierigkeiten ab, und das „Hausparlament" hatte notfalls über die zu entscheiden, die dem Willen der Mehrheit nicht entsprachen. Die Gemeinschaft selbst fand als Sozialform das Interesse der Teilnehmer, in der sich die Mitverantwortung jedes einzelnen immer wieder neu erweisen mußte. Jeder Lehrgang entwickelte sich aus der Initiative der Teilnehmer heraus neu und wurde in seiner Gestaltwerdung bewußt erlebt. Daß hierbei Sachlichkeit und Rationalität herrschten und es auf das Tun mehr als auf das Reden ankam, deutete Weitsch mit seiner Bemerkung an, daß das Reden über Gemeinschaft verboten war und man gegen alle Art von „Gemeinschaftsfimmel" anging.

Das Prinzip der Freiheit und Selbstverantwortung erläuterte Eduard Weitsch in seinem pädagogischen Resümee: „Im Heimleben hat die Erfahrung gezeigt, daß die Reibungen meist stark sind, insonderheit deshalb, weil sehr selbständige Köpfe, die meistens schon in der Jugendbewegung irgendwie Führer gewesen sind, zusammenkommen. Es hat sich gezeigt, daß die außerordentliche Belastung mit Selbstverantwortung, das gänzliche Fehlen von Strafen, von Zwang, ja, von moralischer Ermahnung nicht leicht von den Schülern ertragen wurde. Anfangs empfinden sie die Freiheit sehr angenehm, bis sie sich in der Mitte des Kurses etwa ihrer Unzulänglichkeit hinsichtlich der Selbstverantwortung (allerdings vor dem sehr scharfen Richterspruch ihres eigenen ethischen Empfindens) bewußt werden und dann häufig sogar nach Zwang und Befehlen verlangen, ein Verlangen, dem von unserer Seite nicht nachgekommen wird, da wir die Erziehung zu selbständigen Menschen, die nicht nur geistig, sondern auch moralisch auf eigenen Füßen stehen, erstreben." Soweit Dreißigacker, das als symptomatisch für die Bestrebungen der Heimvolkshochschulbewegung und zugleich als eine durch einen bedeutenden Pädagogen geprägte besonders interessante Bildungsform jener Jahre gelten kann.

4. Arbeitslagerbewegung

In den letzten Jahren der Volksbildungsbewegung wurde in einzelnen Heimvolkshochschulen körperliche Arbeit mit allgemeinem, über die Heimbedürfnisse hinausgehenden Nutzen geleistet. Die Unterschiede und Gegensätze zwischen Kopf- und Handarbeiter sollten durch gemeinsames Verrichten einer Handarbeit im Sinne einer Sozialerziehung überwunden werden. Die Heimvolkshochschule Boberhaus in Schlesien unter der Betreuung von Eugen Rosenstock wurde als Arbeitslager für „Arbeiter und Bauern und Studenten" bekannt. Die pädagogische Idee des Arbeitsdienstes blieb auch später noch weitgehend erhalten, als in der Zeit der großen Arbeitslosigkeit von zahlreichen Trägern verschiedenster Richtungen Arbeitslager durchgeführt wurden[50]. Als noch einen weiteren Schritt, durch Erlebnis Gemeinschaft zu bilden, unternahm das Boberhaus Auslandsfahrten mit Gruppen von Arbeitern und Studenten, vor allem in den Südosten Europas.

V. Die Volksbüchereibewegung

Im Zuge der Volksbildungsbewegung wurde neben der Volkshochschule die Volksbücherei zu einem wichtigen Organ der Volksbildung. War sie früher kaum mehr als eine Einrichtung zur bequemen und billigen Benutzung von belehrender und unterhaltender Lektüre für minderbemittelte Volkskreise, so wurde sie nun in Idee und Gestalt von volksbildnerischen Grundsätzen durchdrungen und gliederte sich damit den anderen Einrichtungen des Bildungswesens ein. Sie fand in ihrer neuen Funktion die Unterstützung der Öffentlichkeit, des Staates, der Gemeinden und gelangte zu einem — verglichen mit ihren Anfängen — beachtenswerten Ausbau.

1. Die Bildungsaufgabe der Volksbücherei

Um die Jahrhundertwende zeigten sich starke Impulse zum Neubau des deutschen Volksbibliothekswesens. So hatte die „Gesellschaft zur Verbreitung von Volksbildung" in den ersten 20 Jahren ihres Bestehens allein 352 neue Volksbibliotheken ins Leben gerufen, und von der Gesellschaft für ethische Kultur, der Comeniusgesellschaft u. a. wurden die Gemeinden und die Öffentlichkeit zur Gründung von Bibliotheken mit Erfolg angeregt. Parallel zur Entwicklung des Volkshochschulwesens entstand eine „Volksbüchereibewegung". Walter Hofmann schuf 1914 die „Zentralstelle für Volkstümliches Büchereiwesen" in Leipzig, 1922 wurde der „Verband der deutschen Volksbibliothekare" gegründet. In den bildungspolitischen Diskussionen, im Rahmen der Reichsschulkonferenz und auf Tagungen der Volksbildung standen auch die spezifischen Probleme des Volksbüchereiwesens zur Diskussion. Im Schrifttum zur Volksbildung kamen die Fragen der Bücherei zur Sprache.

Die pädagogischen Aufgaben, die sich die Volksbüchereibewegung stellte, waren zunächst keine anderen als die der Volksbildungsbewegung überhaupt: individualisierende, intensive und gestaltende Bildungsarbeit durchzuführen, damit beizutragen zur Volkwerdung. Im besonderen ging es um die pädagogische Erschließung der Literatur. „Daß die Nation in ihrer Gesamtheit, daß jedes einzelne Glied und jede Schicht der Nation in ein inneres Verhältnis zur nationalen Literatur komme, das ist der gesellschaftliche Zustand, der durch die öffentliche Bücherei erstrebt werden soll"[51]. In den „Leitsätzen der Reichsschulkonferenz über Volkshochschule und freies Volksbildungswesen" hieß es: „Die Volksbücherei hat allen denjenigen zu dienen, die durch das gedruckte Wort die Förderung suchen, die ihnen die Volksbildungsarbeit geben soll. Insonderheit hat sie die Aufgabe, als vom Wertbewußtsein erfüllte Mittelstelle zwischen Schrifttum und Gesellschaft zu wirken, um auf diese Weise der Anarchie auf dem Gebiet des Schrifttums entgegenzutreten"[52]. Für die praktische Arbeit der Volksbüchereien war die neue Richtung durch die Formel gewiesen, daß „das rechte Buch zur rechten Zeit an den rechten Leser" kommen solle. Für die Verwirklichung

dieses Leitwortes mußten vor allem zwei Probleme unter pädagogischem Gesichtspunkt grundsätzlich und je im einzelnen Falle geprüft und entschieden werden: die richtige Buchbeschaffung und die
richtige Ausleihe der Bücher.

2. Der pädagogische Aspekt des Buchbestandes

Völlige Übereinstimmung bestand in der strikten Ablehnung aller
minderwertigen Literatur: Schund, Schmutz und Kitsch unterhalb
der guten Literatur. Der Kampf der Lehrer um das gute Jugendbuch (s. o.) fand auf neuer Ebene seine Entsprechung und richtete
sich in der Büchereibewegung gegen die in der modernen Zivilisation immer mehr anwachsende sog. „Unterhaltungsliteratur", die
„Pseudoliteratur", „Auchliteratur", wie man sagte, „vom blut-
triefenden Groschenheft bis zum ,besseren modernen Gesellschafts-
roman', in dem mit Elektromobilen, amerikanischen Milliardären
und ihren Töchtern (reich aber oberflächlich) und deutschen Kom-
mißoffizieren (arm aber ehrlich) jongliert wird"⁵³). Dabei trat die
Schwierigkeit der Grenzbestimmung dieser Literatur auf, zumal im
Blick auf das Volk, das, wie man feststellte, „mit Karl May, mit
der Eschstruth und mit der ganzen Flut der sentimentalen, sensa-
tionellen, faden und gefühlsverlogenen Unterhaltungsliteratur erster bis fünfter Ordnung" verbunden ist und danach verlangt.
Hofmann erwartete aus seiner kulturkritischen Haltung heraus
strengste Maßstäbe bei der Buchbeschaffung der Volksbüchereien.
Mit der Forderung, nur das „gute" Buch zu beschaffen und anzubieten, wurden grundsätzliche Probleme aufgeworfen: Welches Gewicht sollten die für viele nicht immer leichten Klassiker in den
Büchereien haben, welche Bedeutung die Literatur der Zeit, deren
künstlerischer Wert dem wenig bewanderten Leser verschlossen sein
könnte? Wie weit sollten wertvolle, aber schwere Bücher etwa philosophischen Inhalts die Regale füllen? Die Volksbücherei wandte
sich an jedermann, also an einen in seinen Aufnahme- und Verständ-
nismöglichkeiten sehr unterschiedlichen Leserkreis. Es schien fragwürdig, etwa immer nur nach dem Grundsatz „nur höchstwertige
Literatur" zu verfahren.
In den Diskussionen der Volksbibliothekare konnten keine ein-

fachen Regeln für den Ausbau der Büchereien und damit auch für die Ausleihe gefunden werden. Doch konnten Gesichtspunkte und Maßstäbe erarbeitet werden, z. B. daß das belehrende Sachbuch in beträchtlichem Umfang in der Volksbücherei vorhanden sein muß, daß die Volksbücherei keineswegs allen Wünschen ihrer Leser nachkommen kann und darf, daß die sog. schöne Literatur nur in Auswahl infragekommen kann, daß die Bücherei in weltanschaulicher Beziehung „neutral" bleiben muß und nicht zum Instrument einer Richtung werden darf, daß sie sich in ihrem Aufbau nach dem Ort, an dem sie steht, und nach ihrem Leserpublikum richten muß, daß sie Lebens- und Gegenwartsnähe wahren sollte, ohne sich zu sehr an die Tagesereignisse zu verlieren.

3. Die Buchausleihe als pädagogische Aufgabe

Das zweite Hauptproblem der Volksbücherei war das der Ausleihe, also der Vermittlung des Buches in die Hand des Lesers. Die Volksbücherei jener Jahre lieh an Schaltern aus, der Buchbestand war also dem Leser selbst nicht unmittelbar zugänglich. Der Leser mußte sich im Katalog der Bücherei orientieren, oder sich mit dem Wunsch um Beratung an den ausleihenden Volksbibliothekar wenden. Damit war dem Bibliothekar eine Aufgabe gestellt, die er als eine wichtige spezifisch pädagogische Funktion wahrzunehmen hatte. Vor allem hat Hofmann sie vertreten, durchdacht und damit eine „Leserpädagogik" begründet.

Die Beratung fordert vom Volksbibliothekar, daß er im persönlichen Gespräch, von dem Eindruck des Lesers und von der Kenntnis des Buches aus, den Entleiher behutsam hinführt zu dem für ihn jeweils rechten Buch. Dabei sollte er ihn nicht beeinflussen und nicht bevormunden, „denn das Ziel ist durchaus nicht die Entmündigung des Lesers"[64]). Der Leser soll selbst entscheiden, allerdings auf Grund der Einsicht, was für ihn bildenden Wert hat. In diesem Zusammenhang wurde auch der Gedanke des „Hinauflesens" erörtert, der meinte, daß der Leser als regelmäßiger Benutzer der Bibliothek mit der Zeit mehr und mehr für bessere Bücher ansprechbar würde und dann selbst nach ihnen verlange.

Mit der „Beratung" als dem eigentlichen Kern der Bildungsarbeit des Volksbibliothekars war, wie in der Volkshochschule, ein durchaus individueller Bildungsansatz genommen. Es ging auch hier nicht um die Masse, die große Zahl, sondern um den einzelnen Leser. Das persönliche Bemühen um ihn hatte um so mehr Aussicht auf Erfolg, je mehr Zeit dem einzelnen gewidmet werden konnte, und das heißt auch: je mehr pädagogisch geeignete und vorgebildete Bibliothekare zur Verfügung standen. Hier zeigten sich in der Praxis Grenzen, aber das pädagogische Ziel individueller Arbeit wurde bewußt festgehalten in der Abwehr der Versuchung, ehrgeizig mit großen Leserzahlen aufzuwarten und die Ausleihe zu einer rein mechanischen Vermittlung werden zu lassen.

Als technische Hilfe wurde damals die Leserkarte erdacht, die so angelegt ist, daß der Bibliothekar mit einem Blick die bisherige Lektüre des Lesers erkennen kann. Der Katalog sollte weniger von der sachlichen Systematik bestimmt sein als von dem Leserinteresse und Leserverständnis.

Es lag in der Bildungsauffassung der Volksbüchereibewegung begründet, daß sie letztlich nicht zufrieden damit sein konnte, nur Bücher auszuleihen und dann den Leser sich selbst zu überlassen. Sie wollte ihm auch Hilfe leisten bei seinem Bemühen um Verständnis des Buches, wenn ihm der Inhalt Schwierigkeiten bereitete. Die Richtlinien der Reichsschulkonferenz schlugen die Angliederung von Vortragsstunden und die Verbindung von Volksbücherei und Volkshochschule vor: „Die Arbeit der Bücherei wird unterstützt durch ein intensives Vortragswesen, das geistige Hilfen zur fruchtbaren Benutzung des Büchermaterials bringt und das eine Brücke zur Volkshochschule im engeren und höchsten Sinne bildet. Dieses Vortragswesen — welches die volkstümliche Bücherei um ihrer selbst willen braucht — wird zweckmäßigerweise entweder von der Bücherei selbst entwickelt, oder in engste organisatorische und personale Verbindung mit ihr gebracht"[55]).

So hat die Volksbildungsbewegung auch die Volksbibliothek zu einem Organ des öffentlichen Bildungswesens werden lassen, das in Wechselbeziehung zu deren anderen Einrichtungen steht. Die produktiven Ansätze der neuen Richtung ergaben sich aus der Zusammenarbeit aller ihrer Vertreter.

VI. Der Hohenrodter Bund

1. „Vertiefung der volksbildnerischen Erkenntnisse"

„Hohenrodter Bund" war der Name für eine freie Vereinigung einer Anzahl von Persönlichkeiten, die in der Erwachsenenbildung der damaligen Zeit selbst führend tätig waren oder ihr zumindest sehr nahe standen. Obgleich sich dieser Bund nie vereinsmäßig konstituiert oder ein offiziell beauftragtes Gremium dargestellt hat und infolgedessen „ein schwer faßbares, nur mühsam durchschaubares Gebilde" war, war sein Einfluß auf die in der Volksbildung Tätigen, auf die Nachwuchsbildung und auf die amtliche Bildungspolitik doch bemerkenswert. „Durch regelmäßig stattfindende Besprechungen ist den Führern der freien Volksbildungsbewegung die Möglichkeit zu einer fortdauernden Vertiefung ihrer volksbildnerischen Erkenntnisse zu geben. Die Erkenntnisse dieser theoretischen Arbeit sind weiteren Kreisen in kleineren Arbeitsgemeinschaften fortdauernd mitzuteilen." Dieser Satz aus den „Vorläufigen Richtlinien"[56]) wies auf die Bedeutung hin, die der Bund für die Volksbildungsbewegung haben wollte und gehabt hat.

Der Hohenrodter Bund nannte sich nach dem Ort Hohenrodt im Schwarzwald, in dem seit dem Herbst 1923 bis 1930 alljährlich Tagungen stattfanden, auf denen Themen der Volksbildungsarbeit erörtert wurden, und zwar wiederholt gerade solche Themen, über die unterschiedliche Meinungen in der Öffentlichkeit und in den Fachkreisen bestanden. Bei allem „liebevollen Streit", der hier ausgetragen wurde, wie Erich Weniger sagte, war es das Bedeutsame, daß in der Tiefe der Fragestellung eine gemeinsame geistige Basis vorhanden war und bei aller Unterschiedlichkeit der Position im einzelnen dann doch immer wieder ein Konsensus der Meinungen erreicht wurde.

Theodor Bäuerle, damals Direktor des Vereins zur Förderung der Volksbildung in Stuttgart, hatte die erste Initiative für diese Tagungen ergriffen, zu jeder weiteren Veranstaltung wurde der Kreis der Eingeladenen neu ausgewählt. Außer ihm waren vor allem Robert von Erdberg, Wilhelm Flitner, Anton Heinen, Fritz Laak,

Wolfgang Pfleiderer, Eugen Rosenstock und Eduard Weitsch in der Mitarbeit führend[57]).

Ein Hauptthema dieses Kreises war die Vielfalt der Meinungsrichtungen in unserem Volke und die Stellung, die die Erwachsenenbildung dieser Gegebenheit gegenüber einnehmen könnte und sollte. Schon in den „Vorläufigen Richtlinien" hieß es: „Die Volksbildungsarbeit erkennt die Verschiedenartigkeit der Strömungen innerhalb der geistigen Grundanschauungen im deutschen Volk als eine Tatsache an und geht von ihr aus, ohne sich jedoch auf die Erreichung dieser Zwecke einstellen zu können. Sie will aber durch Einsicht in das Wesen und die Entstehung dieser Verschiedenartigkeit ein gegenseitiges Verstehen und als dessen Folge den tätigen Willen zum Aufbau eines organisch gestalteten Volksganzen wecken"[58]). Hier war bereits ausgesprochen, warum sich die Volksbildungsarbeit immer wieder ausdrücklich als „frei" bezeichnete: sie konnte im Streben nach Einheit des Volkes die Vielfalt der Richtungen anerkennen, sich selbst aber nicht auf den Boden einer dieser Richtungen stellen, sondern wollte das herausstellen und im Bemühen um das gegenseitige Verstehen das fördern, was ausdrücklich dem Ganzen dienen würde.

2. Die „Deutsche Schule für Volksforschung und Erwachsenenbildung"

Der Hohenrodter Bund sah als seine Aufgabe die wissenschaftliche Erforschung der Volksbildung und ihrer Voraussetzungen an. Eine eigene hierfür errichtete Stätte sollte der Volksbildung für ihre planmäßige Weiterführung über die ersten spontanen Anfänge hinaus Hilfe leisten. Die Planungen realisierten sich alsbald in der „Deutschen Schule für Volksforschung und Erwachsenenbildung" als einer Einrichtung des Hohenrodter Bundes. Der von Wilhelm Flitner konzipierte Entwurf[59]) fand die Zustimmung der Regierungen der deutschen Länder, und 1927 begann diese Schule ihre Arbeit. Sie hatte einen Etat aus Reichs- und Ländermitteln und eine Geschäftsstelle; daß sie es nicht zu einem eigenen Gebäude brachte, wurde damals nicht unbedingt als Nachteil angesehen. Ihre Schulungen, Konferenzen und Tagungsveranstaltungen waren nicht an einen Ort gebunden. In den wenigen Jahren, die dieser Volksbildungshochschule zu fruchtbarer Arbeit vergönnt waren, wurden unterschiedliche Arbeitsansätze genommen. Eine Schulungsfreizeit auf der Comburg bei Schwäbisch Hall war um die Erarbeitung einer Theorie der Erwachsenenbildung bemüht. Die Arbeitslager im Boberhaus (Löwenberg in Schlesien), die Angehörige der sozialistischen Arbeiterjugend, Jungbauern und Studenten der Schlesischen Freischar vereinigten (s. o.), verfolgten besonders das Verhältnis der Erwachsenenbildung zur Wirtschaft. Die Thematik Industriepädagogik und Erwachsenenbildung wurde auf Zusammenkünften in Köln und Königswinter behandelt. Eine Konferenz in Heidelberg befaßte sich mit dem Thema Universität und Erwachsenenbildung. Als weitere Vorhaben wurden eine Bibliographie des Volksbildungswesens, eine Bücherei und eine Schriftenreihe in Angriff genommen.

Der Hohenrodter Bund hat besonders auch eine Aufgabe aufgegriffen und zu der seinen gemacht, die die Volksbildungsbewegung von ihren Anfängen an beschäftigte: die Ausbildung der Mitarbeiter in der Volksbildung. Schon 1920 hatte Eugen Rosenstock in einem Vortrag „Die Ausbildung des Volksbildners"[60]) darauf hingewiesen, daß es zwar Volksbildner gebe, aber das Problem der Ausbildung undiskutiert und damit der Begriff des Volksbildners noch nicht eigentlich konstituiert sei: „Der Volksbildner als Mensch war noch keine bestimmte Standesperson, kein Typus, keine geprägte Gestalt, wie der Professor, wie der Oberlehrer oder der Volksschullehrer das längst waren." Er zeichnete die Merkmale und Bedingungen dieses neuen Berufstypus und reflektierte über die Wege seiner Ausbildung. Die damals vom preußischen Kultusministerium veranlaßten Staatlichen Lehrgänge für Volksbildner erschienen ihm als ein, allerdings auch bis dahin einziger, positiver Ansatz der Arbeit in dieser neuen Richtung und er hob die Mitwirkung von Robert von Erdberg, Werner Picht, Carl-Richard Wegener, Hermann Heller und Paul Tillich anerkennend hervor. Ein „Pädagogium" mit festem Haus und Lehrkörper erschien ihm nicht realisierbar. Die 20 staatlichen Lehrgänge, die bis 1927 stattfanden,

und die dann von der Deutschen Schule für Volksforschung und Erwachsenenbildung durchgeführten Lehrgänge sind die ersten Formen der Ausbildung und Weiterbildung von Mitarbeitern der Erwachsenenbildung gewesen.

Zusammenfassend läßt sich mit Erich Weniger sagen, daß „der
Hohenrodter Bund in mancherlei Hinsicht eine Vorform und ein
Vorbild für das darstellt, dessen wir heute so sehr bedürfen:
der unvoreingenommenen rückhaltlosen Begegnung von zu verant-
wortlichem Denken und Handeln aufgerufenen Menschen verschiedener weltanschaulicher, politischer, gesellschaftlicher Herkunft
und Überzeugung zur Verständigung über gemeinsame Aufgaben,
die nur zu bewältigen sind, wenn die Fülle der Aspekte sichtbar
bleibt"[61]).

Die Erwachsenenbildung der Gegenwart ist auf den Grundlagen
der Volksbildungsbewegung der 20er Jahre errichtet. Mit der veränderten gesellschaftlichen Situation der Gegenwart hat sie jedoch
entscheidende neue Ansatzpunkte für ihre Arbeit gefunden[62]).

Fünfzehnter Abschnitt:
Pädagogik als Wissenschaft

I. Reformbewegung und Pädagogik

In den Jahrzehnten der Reformpädagogischen Bewegung hat auf den deutschen Universitäten die Erziehungswissenschaft bedeutend an Geltung gewonnen. Erstmalig wurden Lehrstühle errichtet, die ausschließlich pädagogische Lehrstühle waren, während bis dahin die Pädagogik vom philosophischen Lehrstuhl mit vertreten wurde. Diese Aufwertung der Erziehungswissenschaft war wesentlich mit ein Verdienst der Bewegung. Die Praxis der pädagogischen Reform und die Theorie standen in enger Verbindung miteinander und förderten sich gegenseitig.

Vor allem war es die geisteswissenschaftliche oder auch „hermeneutisch-pragmatisch" genannte, auf Wilhelm Dilthey zurückgehende Richtung, deren Intentionen denen der Reformbewegung entsprachen. Aus historischer Distanz (1964) hat Ernst Lichtenstein sie charakterisiert: „Denn in einer, wie es heute scheint, unwiederholbaren Weise hatte sich im Aufbau ihres pädagogischen Werkes ein philosophisches Bewußtsein aus der Substanz geistiger Überlieferung in überraschendem Einklang und Übereinstimmung mit lebendigen Tendenzen einer deutschen Gegenwart gefunden, die aus den verschiedensten Bereichen der Wirklichkeit her zu den Gedanken einer neuen Erziehung, eines pädagogischen Humanismus, einer Unterstellung aller Lebensverhältnisse unter die pädagogische Spannung von Ideal und Wirklichkeit konvergierten. Als ‚sinnvolles Ganzes' konnte ein solcher Lebenszusammenhang die Erkenntnisgrundlage einer Reflexion über das pädagogisch Eigentliche werden"[1]).

Unter den zahlreichen Zeitschriften und Periodica der Pädagogischen Bewegung war das führende wissenschaftliche Organ dieser

Richtung die 1925 begründete, von A. Fischer, Th. Litt, H. Nohl und E. Spranger herausgegebene und von W. Flitner redigierte Zeitschrift „Die Erziehung. Monatsschrift für den Zusammenhang von Kultur und Erziehung in Wissenschaft und Leben." Wilhelm Flitner schrieb (1955) rückblickend: „ ‚Die Erziehung' sah ihre besondere Aufgabe darin, die deutsche pädagogische Bewegung, die seit der Jahrhundertwende zu spüren war, zu einem zusammenfassenden Bewußtsein und zu kritischer Besinnung zu bringen. Sie wollte einen in der Zeit wirksamen erziehenden Willen aufklären und ihm die Hilfe der Wissenschaft zuführen. Dieser Erziehungswille konnte damals vorausgesetzt werden. Auf beinahe allen Gebieten des pädagogischen Lebens hatte er sich gezeigt. Er schien überall spontan hervorgebrochen zu sein und bedurfte nun eines gemeinschaftlichen Bewußtseins, vor allem auch des Zusammenhangs mit der philosophischen Besinnung und der aller Einzelwissenschaften, die in das Erziehungsgebiet eingreifen"[2]).

Da also die hier nur angedeutete erziehungswissenschaftliche Richtung — cum grano salis — der Reformbewegung beizuordnen ist, soll sie an Hand einer kurzen Orientierung über ihre maßgebenden Persönlichkeiten im folgenden Abschnitt exemplarisch erläutert werden.

II. Maßgebende Pädagogen

1. Herman Nohl

Herman Nohl, 1879 in Berlin als Sohn eines Gymnasialprofessors geboren, studierte Philosophie und war Schüler und auch Assistent von Wilhelm Dilthey. Nach seiner Promotion („Sokrates und die Ethik") und seiner Habilitation („Die Weltanschauungen der Malerei") lehrte er an der Universität Jena zunächst vor allem Philosophie. Er hat in seiner gesamten akademischen Lehrtätigkeit immer wieder auch philosophische Vorlesungen und Übungen gehalten und mehrere philosophische Werke publiziert. Aber nach dem

Erlebnis des Krieges verlegte er das Hauptgewicht seiner Arbeit auf die Pädagogik. „Es gibt kein anderes Heilmittel für das Unglück unsres Volks als die neue Erziehung seiner Jugend zu froher, tapferer, schöpferischer Leistung", schrieb er 1918 in der Einleitung zu der ersten Auflage seines Sammelbandes „Pädagogische Aufsätze". Nach Jena aus dem Kriege zurückgekehrt, baute er neben seiner Lehrtätigkeit zusammen mit Wilhelm Flitner und dem Theologen Heinrich Weinel die Volkshochschule Jena auf. 1920 erhielt Nohl den Ruf der Universität Göttingen auf den neu errichteten pädagogischen Lehrstuhl.

In den darauffolgenden Jahren wurde durch ihn Göttingen zu einem Zentrum für die neue Pädagogik in der Weiterführung des Werkes von Wilhelm Dilthey und im Zusammenhang mit der Reformbewegung. Nach dem Umbruch von 1933 wurde Nohl vorzeitig emeritiert. 1945 übernahm er wieder den Göttinger pädagogischen Lehrstuhl und war als Dekan auch wesentlich am neuen Aufbau der Universität Göttingen beteiligt. Er lehrte bis zum W. S. 1952/53. Er starb 1960[3]).

Wir nennen Nohl an erster Stelle, weil er es war, der zuerst die „Pädagogische Bewegung" und die „Reformpädagogik" im Ganzen dargestellt, in die Erziehungswissenschaft eingeführt und in ihrer Bedeutung im Rahmen der pädagogischen Gesamtentwicklung gezeigt hat. In den 20er Jahren hielt er die Vorlesung „Pädagogik der Gegenwart", die einging in das von ihm und Pallat herausgegebene „Handbuch der Pädagogik", an dem ein großer Mitarbeiterkreis beteiligt war und das das umfassendste pädagogische Kompendium jener Epoche war. „Die pädagogische Bewegung in Deutschland und ihre Theorie" ist aus dem Handbuch hervorgegangen.

Nohls systematischem Denken entsprach sein Bemühen um die Erarbeitung einer gültigen pädagogischen Theorie. Für ihn stand in deren Hintergrund nicht ein System, etwa philosophischer Provenienz, sondern für ihn war der Ausgangspunkt der pädagogischen Theorie die erzieherische Wirklichkeit. Er sagte: „... die Bewegung ist das Primäre, ein lebendiger Strom pädagogischen Suchens und Gestaltens, aus Not und Sehnsucht der Zeit geboren, in einer großartigen Fülle von Erziehern jeder Art wirklich, sich objektivierend in Richtlinien und Einrichtungen und immer zugleich doch in theoretischer Auseinandersetzung begriffen und sich zur Besinnung auf Grundlagen und Ziele ihrer Arbeit erhebend"⁴).

Drei Gedanken, für Nohl charakteristisch und in ihrer Fortwirkung bedeutsam geworden, seien angedeutet:

Nohl hat den Gedanken der Autonomie der Pädagogik vertreten. Er meinte damit, daß die Pädagogik in Praxis und Theorie nicht in der völligen Abhängigkeit von anderen Kultursystemen und ausschließlich als deren ausführendes Organ gesehen werden kann, sondern eigene Gesichtspunkte, Standpunkte und Entscheidungsbefugnisse hat. Ausgehend von der „Emanzipationsbewegung der Pädagogik" sagte er: „... was immer an Ansprüchen aus der objektiven Kultur und den sozialen Bezügen an das Kind herantreten mag, es muß sich eine Umformung gefallen lassen, die aus der Frage hervorgeht: welchen Sinn bekommt diese Forderung im Zusammenhang des Lebens dieses Kindes für seinen Aufbau und die Steigerung seiner Kräfte, und welche Mittel hat dieses Kind, um sie zu bewältigen?"

Als Kern der Erziehung sah Nohl die innere Beziehung, die den Erzieher und das Kind, bzw. den jungen Menschen miteinander in spezifischer Weise verbindet. Er nannte diese Beziehung den „pädagogischen Bezug" und sagte darüber: „Die Grundlage der Erziehung ist also das leidenschaftliche Verhältnis eines reifen Menschen zu einem werdenden Menschen, und zwar um seiner selbst willen, daß er zu seinem Leben und seiner Form komme."

Nohl nannte die Bildung „das pädagogische Werk" und hat ihr Wesen mit diesen Worten beschrieben: „Bildung ist die subjektive Seinsweise der Kultur, die innere Form und geistige Haltung der Seele, die alles, was von draußen an sie herankommt, mit eigenen Kräften zu einheitlichem Leben in sich aufzunehmen und jede Äußerund und Handlung aus diesem einheitlichen Leben zu gestalten vermag." Von dieser Auffassung aus hat er sich gegen den Trend der Bildung und der Schule gewandt, sich vom Leben und der Gesellschaft abzusondern und einen esoterischen Bereich zu bilden. Er unterstützte die Kräfte, die dazu beitragen, „die Aufhebung der hu-

manistischen Trennung von Bildung und Wirklichkeit zu erreichen."
In seinen Aufsätzen „Schule und Alltag" und „Jugend und Alltag" hat er dem besonders Ausdruck gegeben[5]).

Nohl hatte ein unmittelbares Verhältnis zur pädagogischen Praxis
und besaß ein Gespür für ihre fruchtbaren erzieherischen Impulse.
Er verstand, Probleme zu klären und Wege zu zeigen, wo die Praktiker vor Schwierigkeiten standen und Widersprüche nicht zu lösen
vermochten. Ein seinem pädagogischen Universitätsseminar ange-
schlossener Kindergarten und eine Schulklasse boten Beobach-
tungs- und Versuchsfelder für ihn und seine Studenten.
Es bedeutete einen Beitrag zum Ausbau der wissenschaftlichen Pädagogik, daß Nohl in all den Jahrzehnten seines Wirkens sehr um
die Förderung eines wissenschaftlich tätigen Schülerkreises bemüht
war. Schon vor 1933 traten durch ihre pädagogische Lehrtätigkeit
an Universitäten und an Pädagogischen Akademien Wilhelm Flitner, Erich Weniger, Otto Friedrich Bollnow und Curt Bondy hervor. Einen großen Teil der bei ihm gefertigten pädagogischen Dis-
sertationen veröffentlichte er in der Reihe der „Göttinger Studien
zur Pädagogik", die seitdem zahlreiche Nachfolger in pädagogischen
Studien- und Forschungsreihen gefunden hat. Um der wissenschaftlichen Beschäftigung mit Erziehungsfragen und insbesondere der
Arbeit an pädagogischen Seminaren der Universitäten und Pädagogischen Fach- und Hochschulen ein einwandfrei ediertes Arbeitsmaterial zur Verfügung zu stellen, gab Nohl gemeinsam mit Elisabeth Blochmann, Georg Geißler und Erich Weniger die Reihe
„Kleine Pädagogische Texte" heraus.
In einer Rundfunkansprache zu Nohls 75. Geburtstag sagte Elisabeth Blochmann: „Uns aber scheint die Tatsache, daß sich an der
großen Wasserscheide unserer Volkskultur Menschen wie Nohl und
seine Generationsgenossen, etwa Spranger oder Litt, Guardini oder
Georg Misch, um nur einige zu nennen, ruhig und sicher in ihrer reichen Geistigkeit behauptet haben, noch einmal in eindrucksvoller
Weise sichtbar zu machen, was deutsche Bildung sein kann oder
jedenfalls sein konnte, und daß uns auch damit ein Maßstab gegeben ist, den wir auch in veränderter Zeit nicht verlieren dürfen,
selbst wenn wir ihn nicht mehr erreichen könnten"[6]).

2. Eduard Spranger

Eduard Spranger ist 1882 in Berlin-Lichterfelde als Sohn eines Kaufmanns geboren. Nach dem Besuch des Gymnasiums studierte er an der Universität Berlin, promovierte bei Friedrich Paulsen und war Assistent von Wilhelm Dilthey. Seine große Habilitationsschrift „Wilhelm von Humboldt und die Humanitätsidee" (1909) und ein gleichzeitig erschienenes zweites Humboldtbuch „Wilhelm von Humboldt und die Reform des Bildungswesens" waren seine beiden ersten Werke, die die enge Verbundenheit ihres Autors mit der Zeit der Klassik, dem deutschen Idealismus und seiner Humanitätsidee kennzeichneten. Diese Epoche hatte für ihn lebenslang gerade auch in seinem pädagogischen Denken eine große Bedeutung, vor allem Goethe. — Von 1911 bis 1920 war Spranger Professor für Philosophie und Pädagogik an der Universität Leipzig, dann folgte er einem Ruf nach Berlin und hat dieser Universität bis nach dem Ende des zweiten Weltkrieges angehört. Von 1946 an bis zu seinem Tode 1963 lehrte er an der Universität Tübingen.
Die Bibliographie der Arbeiten Sprangers umfaßt über 900 Titel, mehr als 500 Arbeiten erschienen über ihn[7]. Weist dies schon äußerlich auf seine große Produktivität und Bedeutung hin, so lassen besonders auch die Festschriften zu seinen Jubiläumsgeburtstagen und die posthum erschienene Gedenkschrift einen Gelehrten und Menschen erkennen, der weit über sein Fachgebiet und weit über den deutschen Sprachraum hinaus besondere Beachtung und Anerkennung fand und findet. Er verkörperte selbst eine große geistige Tradition und stand zugleich in seiner Zeit; er nahm Stellung zu ihren Problemen und war zu Rat und Wegweisung immer bereit, wo sie von ihm erbeten wurden und ihm notwendig erschienen. Auf dem Gebiete der Kultur- und Bildungspolitik, vor allem der 20er Jahre, war er führend als Mitarbeiter und auch als Streiter tätig. Spranger war der Pädagogischen Bewegung verbunden. Ihre Fragen in allen pädagogischen Bereichen der Schule, Gymnasium wie Volksschule, beschäftigten ihn ebenso wie die soziale Bewegung, die Frauenbewegung, die Jugendbewegung. Seine Leipziger Jahre brachten ihn in Berührung mit den Fragen der Lehrerbildung. Er

entwickelte das Modell einer „Bildnerhochschule" und bereitete die akademische Lehrerbildung durch sein Gutachten mit vor. Auf der Reichsschulkonferenz war er einer der Hauptwortführer. Seine Freundschaft mit Georg Kerschensteiner umfaßte einen fruchtbaren kritischen Gedankenaustausch über die Reformideen.

Sprangers erste pädagogische Aufsatzsammlung mit systematischen Beiträgen trug den Titel „Kultur und Erziehung". Der Titel sollte, wie er sagte, zum Ausdruck bringen, „daß ich mir ein bewußtes Erziehertum nicht ohne ein umfassendes und vertieftes Kulturbewußtsein denken kann." Und weiterhin sagte er in der Einleitung, daß ihm das Neue, um das er sich bemühte, „nur in Verbindung mit einem sehr Alten lebensfähig und lebenswert erscheint, nämlich mit der Bewahrung des alten, schlichten, eisernen Pflichtgedankens". So sehr er sich hinter die Hauptforderungen der Reformpädagogik stellte und sie bejahte, sagte er dann doch auch, Einzelmotive in ihrer Bedeutung einschränkend: „Individualität und Gemeinschaftsleben, Arbeitsschule und staatsbürgerliche Kenntnisse sind schöne Dinge. Vor allem aber muß der Mensch zum Verantwortlichkeitsbewußtsein gebildet werden, nicht zum Genuß, nicht zum Fordern, nicht zum Sichausleben. Seine Schultern müssen stark gemacht werden, das zu tragen, was jetzt auf uns allen liegt. Und das ist nicht bloß die deutsche ‚Not und Armut', wie immer wieder beweglich geklagt wird, sondern die Verantwortung für die deutsche Zukunft"[8]).

Zwei Werke Sprangers waren für den Ausbau der Geisteswissenschaft von besonderer Bedeutung und begründeten Sprangers übernationale Geltung: Das eine war das Werk „Lebensformen. Geisteswissenschaftliche Psychologie und Ethik der Persönlichkeit" (zuerst 1914, dann in erweitertem Umfang 1921). In ihm waren auf den „geistesphilosophischen Grundlagen" „die idealen Grundtypen der Individualität" und ein anthropologisches System entwickelt, das den theoretischen, den ökonomischen, den ästhetischen, den sozialen Menschen, den Machtmenschen und den religiösen Menschen umfaßte. Er setzte seinen Ausführungen das Wort von Goethe voran (zu Eckermann am 26. Februar 1824): „Es liegt in den Charakteren eine gewisse Notwendigkeit, eine gewisse Konsequenz, vermöge welcher bei diesem oder jenem Grundzug eines Charakters gewisse sekundäre Züge stattfinden. Dieses lehrt die Empirie genugsam, es kann aber auch einzelnen Individuen die Kenntnis davon angeboren sein. Ob bei mir Angeborenes oder Erfahrung sich vereinige, will ich nicht untersuchen; aber soviel weiß ich: wenn ich jemand eine Viertelstunde gesprochen habe, so will ich ihn zwei Stunden reden lassen."

Das zweite Werk, „Psychologie des Jugendalters", das erstmalig 1925 erschien, hat besonders die Erziehergeneration angesprochen und ist für die Entwicklungspsychologie und die Jugendforschung wegweisend geworden. Zur Frage nach dem, was es wollte und wie es konzipiert war, sagte er einleitend: „Und so habe ich gewagt, das ganze große Objekt mit Einem Griff zu packen, aus der Überzeugung heraus, daß in der Psychologie eben auf den Sinn fürs Ganze alles ankommt ... daß ich meine Aufgabe als ein Stück echter Wissenschaft genommen habe, mit all der Objektivität, oder sagen wir besser: dem Willen zur Objektivität, den mein innerer wie mein äußerer Beruf mir zur Pflicht machen ... Aus demselben Grunde habe ich jede Beleuchtung, die von dem Wunsch nach ‚Sensation' erfüllt wäre, ferngehalten. Wie ich meinen Gegenstand mit Ehrfurcht betrachte, so sehe ich ihn zugleich auch als ein Stück der geistigen Natur ... — nicht die triviale Überzeugung, die die Jugend notwendig in allem besser, reiner, zukunftsreicher findet, als die reife Generation, — mit diesem bequemen Satz streuen sich die Jahrhunderte nur Sand in die Augen ... Als Forscher spreche ich in Begriffen und Kategorien. Aber ich spreche nur für die, die das alles wieder in Leben, Tat und Liebe umwandeln können. Denn nicht auf dieses oder jenes Einzelfaktum kommt es zuletzt an, sondern daß man dies Gebilde von eigener Form und Schönheit und Würde als ein Ganzes sehen lerne: den Menschen in seiner Jugendzeit."

War die Reformbewegung in der Vorkriegszeit vorwiegend vom Kinde aus gegangen und hatte dabei dem Kleinkindalter ein besonderes Interesse gezollt, so stand in den Zwanziger Jahren, vertieft und verstärkt durch Sprangers Buch, die Jugend im Blickpunkt.

3. Aloys Fischer

Aloys Fischer wurde 1880 als Sohn eines Gärtnereigehilfen in Furth im Bayerischen Wald geboren. Er besuchte dort eine zweiteilige Landschule und war später Zögling eines Bischöflichen klösterlichen Seminars (Gymnasium). Sein Studium in München betraf zunächst die klassische Philologie, später wurden die Wendung zur Philosophie und weitere umfassende Studien mit Promotion und Habilitation für ihn wegweisend. Schon als Student war Fischer Lehrer im Hause des Bildhauers Adolf von Hildebrand in München und Florenz gewesen, wo er erstmalig mit Kerschensteiner zusammentraf, mit dem ihn eine lebenslange Freundschaft verband. Mehrere Jahre war er Prinzenerzieher im Hause der Wittelsbacher. Von 1908—1937 lehrte er an der Universität München, von 1918 an als Ordinarius für Pädagogik und Philosophie. Im gleichen Jahr 1937, in dem er vorzeitig auf Grund der sog. Nürnberger Gesetze in den Ruhestand versetzt wurde, starb er; sein Sohn, ein begabter Maler, fiel im Kriege; seine Frau kam im K.Z. Theresienstadt um. Das Verzeichnis der von Fischer gehaltenen Vorlesungen und seiner über 300 Publikationen, die in Zeitschriften, Sammelbänden und Handbüchern erschienen, offenbart die Vielseitigkeit dieses Gelehrten und zeigt zugleich auch von früh an als die deutliche Hauptlinie in seinem Schaffen die Pädagogik. Seine Artikel und Aufsätze sind Gelegenheitsschriften im besten Sinne des Wortes, d. h. sie sind ihm abgefordert, aus den pädagogischen Problemstellungen seiner Zeit heraus. Immer waren seine Äußerungen solche eines strengen Wissenschaftlers, der bei allem Engagement souverän die Mehrseitigkeit der Aspekte und ihre Grenzen übersah, der das Für und Wider abwog und oft weit ausholend auf Grund seiner Fachbeschlagenheit eine umfassende Problemdarstellung zu geben vermochte. Da Fischer nicht mehr dazu kam, eines der ihn besonders beschäftigenden Themen zu einem Buch zusammenzufassen oder durch eine Aufsatzsammlung selbst Akzente in seinem Gesamtwerk zu setzen, blieb es seinen geistigen Erben überlassen, in Neupublikationen Themengruppen zusammenzufügen[9]).
Fischers pädagogisches Werk steht in engem Zusammenhang mit

der Pädagogischen Bewegung und es gibt nur wenige von deren Hauptfragen, zu denen er nicht Stellung bezogen hat. Wiederholt hat er in die Diskussion um die Arbeitsschule, die manche Einseitigkeit und Verworrenheit zeigte, klärend eingegriffen; Themen wie Einheitsschule, Erlebnispädagogik, Jugendpflege, Jugendbewegung, Heimatbewußtsein, Schülerselbstregierung, Elternschaft, Lehrerbildung beschäftigten ihn. Die starke Resonanz, die er besonders auch in enger Zusammenheit mit der Lehrerschaft fand, beruhte darauf, daß er auf drängende Fragen einsichtige und klärende Antworten zu geben vermochte. An pädagogischen Schwerpunkten heben sich folgende heraus: Fischers systematische und auf das erkenntnismäßig Grundsätzliche gehende wissenschaftliche Einstellung wandte sich den Grundlagen der Pädagogik als Wissenschaft zu. Schon 1912 befaßte sich eine Vortragsreihe (die 10 Vorträge sind verloren gegangen) „Philosophie und Pädagogik in prinzipieller Betrachtung" mit den erkenntnistheoretischen Prinzipien der Pädagogik. Ihn beschäftigten „Das Experiment in der Pädagogik", „Der Begriff des Gesetzes in der Geisteswissenschaft", die Themen „Vom Sinn der Erziehung" und „Vom Geist der Wissenschaft". Sein Aufsatz „Deskriptive Pädagogik" (1914) wurde bei Bemühungen um die Methodenklärung der Pädagogik immer wieder herangezogen, weil hier zum erstenmal die Erziehung phänomenologisch gesehen und der „descriptiven", d. h. beschreibenden Erforschung der Gegenstände der Erziehung der Weg gewiesen worden ist. Fischer hat sich wie kein anderer der Pädagogen seiner Generation den Fragen der damals neu in das Blickfeld tretenden Soziologie und des Zusammenhangs von Soziologie und Pädagogik gewidmet und damit einen Aspekt in die Pädagogik eingeführt, der seitdem zunehmend Bedeutung gewonnen hat. Er sagte: „Eine einfache Überlegung zeigt auch, warum Zusammenhänge zwischen Gesellschaft und Erziehungswesen bestehen müssen. Die Gesellschaft wird in letzter Linie konstituiert durch die Gemeinsamkeit eines geistigen Gehaltes der vielen nach Stand, Vermögen, Beruf, Macht differenzierten und durch ein System psychischer Wechselwirkung verbundenen Individuen. Soweit eine Gesellschaft strebt, sich selbst zu erhalten, muß sie in erster Linie diesen ihren Gliedern gemeinsamen Inhalt ihrer Kultur zu erhalten und zu tradieren suchen. So kommt sie dazu, das Bildungswesen zu organisieren, um diese Tradition an der nachwachsenden Generation zu vollziehen, richtiger gesagt: um sich selbst in der nachfolgenden Generation zu erhalten"[10]). Über das speziell Soziologische hinaus muß man auch sein Bemühen um die sozialen Aufgaben im weitesten Sinne sehen und damit seine Arbeiten zur Sozialpädagogik: zu Jugendpflege, Jugendfürsorge, Sozialbeamtentum, Psychologie der Gesellschaft würdigen[11]).

Umfassend sind Fischers Arbeiten zur damals neu sich anbahnenden und von ihm unterstützten Berufserziehung, deren Einsichten für die Volksschulerziehung und vor allem für die Konstituierung der Berufsbildung von großer Bedeutung waren. Indem er den Berufsbegriff in die Pädagogik hineinnahm, gab er dem Beruf eine ethische Ausrichtung im Blick auf die Aufgabe einer „Humanisierung" des Berufs und aller auf ihn bezogenen Bildung. In diesem Themenzusammenhang drängte sich Fischer auch die Frage „Erziehung als Beruf" auf. Seine diesbezügliche Untersuchung reiht sich ein in die Folge der Beiträge zum Selbstverständnis des Erzieher- und Lehrerseins.

Wiederholt hat Fischer in die Auseinandersetzungen über die sog. „Arbeitsschule" und die „Arbeitspädagogik" eingegriffen. (Er war Mitherausgeber der Zeitschrift: „Die Arbeitsschule") Die Arbeit sah er unter psychologischen Gesichtspunkten und stellte sie in den Bezug zur Berufspädagogik. Sein eigentlicher Beziehungspunkt war jedoch der methodische: den Vorgang des Lernens zu erhellen und dabei die neuen Erkenntnisse über die schulische und außerschulische Lernform der Arbeit herauszuarbeiten und damit Gültiges aus der Arbeitsschulbewegung festzuhalten.

4. Theodor Litt

Theodor Litt, 1880 in Düsseldorf geboren, war nach einem Studium in Philosophie, Geschichte und alten Sprachen von 1904 an zunächst Gymnasiallehrer. Aus den Erfahrungen der Unterrichtspraxis erwuchs sein Interesse für Grundsatzfragen der pädagogischen Theorie. Damit verbanden sich für ihn die Einsichten aus der Geschichts-, Sozial- und Kulturphilosophie, die er beim Studium Wilhelm Diltheys, Georg Simmels und Ernst Troeltschs gewonnen hatte. Gegen Ende des ersten Weltkrieges war er als Mitarbeiter an neuen Lehrplänen im Kultusministerium Berlin tätig. Anschließend erhielt er eine außerordentliche Professur für Pädagogik und übernahm 1920 als Nachfolger von Eduard Spranger den Lehrstuhl für Philosophie und Pädagogik an der Universität Leipzig. Seine Lehrtätigkeit erstreckte sich auch auf die Ausbildung der Volksschullehrer, die in Sachsen der Universität angeschlossen war. Von 1947 an bis zu seinem Tode 1962 lehrte er an der Universität Bonn.

Die Bibliographie Litts zeigt ihn als Autor teils philosophischer Werke, unter denen Arbeiten zur historischen Forschung (Herder, Kant, Hegel) ein besonderes Gewicht hatten, teils pädagogischer Werke, aus deren Titel schon ersichtlich ist, daß es ihm vor allem um Grundsatzfragen und um dialektische Beziehungen pädagogischer Hauptbegriffe ging. Sein philosophischer Ansatz hinderte ihn dabei nicht, pädagogische Fragen der Gegenwart aufzugreifen und die Klärung aktueller Probleme mit einzubeziehen[12]).

Als Litt in die pädagogische Diskussion eintrat, lagen die erschütternden Erfahrungen des ersten Weltkrieges vor, und es entsprach seiner historischen und philosophischen Grundhaltung, daß er den geistigen Strömungen seiner Zeit und so auch der Reformpädagogik mit kritischer Nüchternheit gegenübertrat. Im Radikalismus, im ausgesprochenen Irrationalismus und im Subjektivismus einzelner ihrer Vertreter sah er Vereinseitigungen und Überspitzungen, wobei er jedoch die Fruchtbarkeit der Ansätze im Zusammenhang der Gesamtströmung durchaus anzuerkennen und zu würdigen wußte. So sah er seine Aufgabe darin, zu sichten und zu klären, Vereinseitigungen als solche aufzudecken, Übersteigerungen in ihre Grenzen zurückzuweisen, Erreichtes und als richtig Erkanntes festzuhalten und somit von wissenschaftlicher Warte aus Klärungen herbeizuführen und Gültiges zu manifestieren.

Auf dem Weimarer Pädagogischen Kongreß, Oktober 1926, hat Litt als erster Referent — der zweite war Georg Kerschensteiner — über die gegenwärtige Lage der Pädagogik und ihre Forderungen gesprochen. Sein Vortrag ging in erweiterter Fassung in sein Werk „Möglichkeiten und Grenzen der Pädagogik" (1926) ein[13]). Er handelte besonders von dem Verhältnis der Pädagogik zu den geistigen Mächten: Staat, Gesellschaft und Wirtschaft, Religion, Wissenschaft, Kunst, Sittlichkeit und Gemeinschaft, wobei ihm daran lag, „Grenzbereinigungen", wie er sagte, vorzunehmen. In kritischer Selbstbegrenzung stellte er das „Inventar des pädagogischen Ideenbestandes und der pädagogischen Wirklichkeit" in seiner Selbständigkeit und seinem Eigenrecht heraus und lehnte zugleich den von einzelnen Vertretern der Reformbewegung erhobenen Führungsanspruch der Pädagogik gegenüber den anderen Kultur- und Lebensmächten ab. Er sagte: „Das, was man als ‚Autonomie' der Pädagogik fordert und proklamiert, ist nur dann ein sinnvolles Verlangen, wenn es die Selbständigkeit der Betrachtungsweisen, die Unableitbarkeit der Fragestellungen bezeichnet, mit denen die Pädagogik dem Wertreich des Geistes gegenübertritt — es wird zum pädagogischen Allmachtsschwindel, wenn es die sachlich gebotene Auseinandersetzung mit den nicht weniger ‚autonomen' Prinzipien dieses Wertbereiches durch einen Machtanspruch der einen Partei abschneiden will. Dies aber war es, was der pädagogische Sturm und Drang in dem Ungestüm seines annexionslustigen Vordringens tatsächlich versucht hat und was ihn zu Fall brachte"[14]).

Dieser Vortrag brachte Litt einerseits den Verdacht ein, daß er den Geist der „alten Schule" habe auferstehen lassen wollen, anderseits den Vorwurf, daß seine Kritik am pädagogischen Geist der Zeit überflüssig sei, weil seine Gedanken bereits die „neue Schule" erfüllten, — was Litt zu Recht als einen Widerspruch vermerkte. Um den „kaum glaublichen Grad der Verwirrung gerade im Grundsätzlichen" zu entwirren und durch den „Nebel von Schlagworten, halbgeklärten Begriffen und undurchdachten Imperativen" zur Klarheit durchzudringen, schrieb er sein Buch „Führen oder Wachsenlassen" mit dem Untertitel „Eine Erörterung des pädagogischen Grundlagenproblems" (1927). Es wurde zu einem der einflußreichsten Bücher der erziehungswissenschaftlichen Literatur der Reformzeit. Den wesentlichen pädagogischen Begriff, nicht nur der Frühzeit der Reformbewegung, den Begriff des „Wachsenlassens"

erkannte er in seinem Recht und seiner Bedeutung an und wollte
ihn recht verstanden und angewandt wissen. Zugleich aber wollte
er den ihm dialektisch gegenüberstehenden Begriff des „Führens"
in seiner Berechtigung aufzeigen und wieder neu zur Geltung bringen. Erziehung ist beides: Wachsenlassen und Führen, keines
schließt das andere aus, beide wollen verständnisvoll aufeinander
bezogen sein: „In verantwortungsbewußtem Führen niemals das
Recht vergessen, das dem aus eigenem Grunde wachsenden Leben
zusteht — in ehrfürchtig-geduldigem Wachsenlassen niemals die
Pflicht vergessen, in der der Sinn erzieherischen Tuns sich gründet —
das ist der pädagogischen Weisheit letzter Schluß"[15]).

III. Akademische Lehrerbildung

Soweit man sich nicht als Voraussetzung für das rechte Erziehen
und Lehren mit der pädagogischen Anlage, dem Berufensein und
Begnadetsein des Erziehers und Lehrers begnügte, kam man zur Erörterung der Fragen seiner planmäßigen Ausbildung. Man stimmte
in der Auffassung überein, daß nur die besten Wege und Einrichtungen hierfür infrage kommen könnten. Für die neu entstandenen
Berufe im Bereich der sozialen Arbeit und in der Erwachsenenbildung wurden erste Versuche der Berufsvorbildung unternommen
und entsprechende Einrichtungen geschaffen. Für die Zweige des
Schulwesens lagen traditionsbegründete Wege der Ausbildung vor,
deren Reform nun unabdingbar schien. So wurden für die Ausbildung des Lehrers an Höheren Schulen die Ergänzung der reinen
Fachausbildung an der Universität durch begleitende pädagogische
und didaktische Studien im Rahmen der Gesamtausbildung auf der
Universität für notwendig erachtet und außerdem in den 20er Jahren die ersten Versuche mit der Einrichtung von Studienseminaren
gemacht. Am stärksten jedoch war die Ausbildung der Volksschullehrer von den Reformen betroffen. Der neu eingeschlagene Weg bedeutete für sie eine neue Epoche: die Konstituierung der akademischen Lehrerbildung[16]).

1. Neue Volksschullehrerbildung

Seit dem 18. Jahrhundert war die Ausbildung des zukünftigen Volksschullehrers in der Weise durchgeführt worden, daß er anschließend an den Volksschulbesuch zunächst Schüler einer sog. Präparandenanstalt war, an die sich der Besuch des zweijährigen Seminars anschloß, das mit dem Examen den fertigen Volksschullehrer entließ. Unbeschadet der Verdienste dieser einerseits sehr berufspraktisch orientierten, andererseits inhaltlich von den höheren Schulen beeinflußten Ausbildung, die vor allem in der Erlernung der Unterrichtsmethode, den „Formalstufen" Herbarts nachgehend, ihre Aufgabe sah, wurde von seiten der Lehrerschaft schon seit der Mitte des 19. Jahrhunderts die Forderung nach einer Reform der Lehrerbildung laut. Der Lehrer schien durch die traditionelle Ausbildungsform auf die in seinem geistigen Amte gelegenen Aufgaben nicht ausreichend vorbereitet. Der Ruf nach einer neuen, unmittelbar an die Wissenschaft heranführenden Ausbildung wurde verstärkt seit dem Ausbruch der Pädagogischen Bewegung. Die Weimarer Verfassung bestimmte in Artikel 143: „Die Lehrerbildung ist nach den Grundsätzen, die für die höhere Bildung allgemein gelten, für das Reich einheitlich zu regeln." Dieser Satz bot die Handhabe, in den folgenden Jahren die Präparandenanstalten und die Seminare in Preußen zu schließen, den Besuch der höheren Schule und das Abitur für den Volksschullehrer zu verlangen und die Neugestaltung der Lehrerbildung in Angriff zu nehmen. In Sachsen, Thüringen, Braunschweig, Hamburg übernahmen die Universitäten die Ausbildung, in Preußen wurden eigene pädagogische Hochschulen, die den Namen Pädagogische Akademie erhielten, gegründet.

Für die weitgehend von Vorstellungen der Reformbewegung inspirierten Diskussionen über die neue Lehrerbildung waren drei Gutachten von besonderer Bedeutung: Eduard Sprangers „Gedanken über Lehrerbildung" (1920), die „Denkschrift des Preußischen Ministeriums für Wissenschaft, Kunst und Volksbildung" (1925) und die Schrift des preußischen Kultusministers und eigentlichen Schöpfers der Pädagogischen Akademien, Carl Heinrich Becker: „Die

Pädagogische Akademie im Aufbau unseres nationalen Bildungswesens" (1926). Die Reichsschulkonferenz behandelte die Lehrerbildung als eines ihrer Hauptthemen[17]).

2. Die Pädagogischen Akademien

Die ersten drei, zunächst noch als Versuchsanstalten gedachten Pädagogischen Akademien waren Bonn, Elbing und Kiel, gegründet 1926; es folgten: Halle, Dortmund, Kottbus, Frankfurt (Oder), Breslau, Stettin, Erfurt, Altona, Kassel, Hannover, Beuthen und Frankfurt a. M.; — davon waren 12 evangelisch, zwei katholisch (Bonn und Beuthen) und eine simultan (Frankfurt a. M.). Dem Rückschlag einer vorläufigen Schließung von 8 Akademien 1932 aus Gründen der Ersparnis folgten mit 1933 aus politischen Gründen weitere Schließungen.

Die neue Pädagogische Akademie war inspiriert durch den neuen Begriff von Bildung, das neue Bildungsideal und die Überzeugung, daß die Schule ein notwendiges Organ der Volksbildung sei. Schon Sprangers Schrift über die „Bildnerhochschule" oder „Pädagogische Hochschule", die über die Aufgabe der Lehrerbildung hinauswies, setzte nicht mit kulturpolitischen Erwägungen ein, wie sie damals zur Diskussion standen, sondern mit Grundsatzfragen zum Problem der Bildung. Noch stärker war in Beckers Schrift mit ihren Forderungen der „deutschen Einheitsbildung" und der Zentrierung der Pädagogischen Akademien auf das „neue Bildungsideal" der Reformgeist der Bewegung sichtbar. Dem „neuen Humanismus" entsprach das Ziel einer „Volkserziehung" und Volksbildung und dem Volksschullehrer wurde die entscheidende Funktion bei der Erfüllung dieses Zieles zuerkannt: „Der Volksschullehrer soll nicht nur geistiger Anreger und Organisator in seiner Schule und in seiner Gemeinde, er soll vor allem durch seine dienstliche wie menschliche und bürgerliche Haltung auch ohne Unterweisung zum Volkserzieher werden", und Becker sprach „von einem neuen Volksschullehrergeschlecht", „das mit dem Bilde des neuen Menschen vor der Seele selbst diesem Bilde gleich zu werden strebt und damit die ganze Volksgemeinschaft von der Volksschule her mit neuem Geist durchdringt"[18]).

Der Geist eines neuen Menschentums sollte bereits im Leben und in der Arbeit der neuen Pädagogischen Akademien selbst herrschen, wofür die Auswahl des Lehrkörpers entscheidend war. Becker hatte vielfältige Beziehungen zu allen denen, die durch neue pädagogische Versuche, Vorschläge, Ideen in Schulen und auf anderen pädagogischen Gebieten hervorgetreten waren. Als Minister noch besuchte er den Unterricht, sah er sich die Schulpraxis an, besonders wo sie neue fruchtbare Wege ging. Die Jugendbewegung verkörperte für ihn vor allem den Geist, der auch die Pädagogischen Akademien tragen sollte, und so setzten sich die Lehrkörper zu einem Teil aus solchen Persönlichkeiten zusammen, die aus der Jugendbewegung kamen und die in der Praxis Gedanken der Reformbewegung vertreten hatten. „Die Landerziehungsheime, die Landschulpädagogik, die Heilpädagogik, die Erwachsenenbildung, der Arbeitsschulgedanke, die Vielzahl kleinerer methodischer Neuerungen auf so gut wie allen Gebieten des Volksschulunterrichts — sie alle hatten ihre Sachverständigen unter den Dozenten der Pädagogischen Akademien." Damit waren die Voraussetzungen dafür gegeben, daß der Zusammenhang zwischen Pädagogischer Bewegung und Pädagogischer Akademie sich in deren Arbeitsprogramm verwirklichte: die Pädagogik bildete deren eigentlichen Mittelpunkt und das zentrale Studiengebiet. Die Akademien wurden Stätten der Besinnung über die Reformpädagogik und zugleich ihrer Erprobung in Übungsschulen, die an die Akademien angeschlossen waren. Als Hochschulen legten sie auch Kritik an, und so vollzog sich an ihnen im Zusammenhang ihrer wissenschaftlichen Erörterungen zugleich die erste kritische Sichtung des umfassenden, aber oftmals auch in einseitiger Überschätzung verstiegenen Gedankengutes der Bewegung.

Der Zusammenhang der Akademien mit der Reformbewegung zeigte sich auch in der besonderen Pflege der Gemeinschaft der Lehrenden und Studierenden. Die Akademien wurden deswegen bewußt klein gehalten, sie sollten die Zahl von 360 Studierenden nicht übersteigen. Dies war auch einer der Gründe, daß Becker nicht, wie es andere Länder taten, die Universitätslösung wählte, sondern die übersehbare eigene Pädagogische Hochschule bevorzugte. Vom

Gemeinschaftsleben der Hochschule wurde eine bildende Wirkung auf die Studierenden erwartet, die über den reinen Lehrbetrieb hinaus und vielleicht noch stärker als dieser für die Erziehung des Erziehers von Bedeutung sein könnte. Wesentlich für die Gemeinschaftsbildung war die Pflege des musischen Bereiches, in dem sich die Kunsterziehungsbewegung in allen ihren Funktionen auswirkte, nicht zuletzt in den Akademiefesten, die Höhepunkte des musischen Lebens und der Gemeinschaftsbildung wurden.

So erfüllte sich hier „das eigene Gesetz der Pädagogischen Akademien", wie es Becker nannte und zu verwirklichen suchte, in Verbindung mit einer Konzeption von Volksbildung, die von der Pädagogischen Bewegung getragen war. Mancher Gedanke, der in der Bewegung angelegt war und auch diskutiert wurde, kam dabei nicht zur Erfüllung, wie z. B. der, daß die Akademien nicht auf die Volksschullehrer beschränkt sein sollten, sondern auch auf Lehrer anderer Schularten und Erzieher anderer pädagogischer Bereiche ausgedehnt werden, daß sie also zugleich Erzieherhochschulen sein würden für die Ausbildung der Sozialarbeiter und der Mitarbeiter in der Erwachsenenbildung. In dem Status, der damals verwirklicht wurde, sind sie bedeutungsvoll geworden für die weitere Entwicklung der Lehrerbildung. Die Akademien müssen als ein für die Geschichte unseres Bildungswesens bedeutender Ertrag der Pädagogischen Reformbewegung gewertet werden.

Schlußwort

Die Reformpädagogische Bewegung war ein Aufbruch, der manche Extreme und entsprechend zugespitzte Forderungen enthielt. Die Revision war jedoch von Anfang an schon in ihr selbst enthalten. Die unterschiedlichen Richtungen ergänzten einander weitgehend. Die wissenschaftliche Reflexion trug mit dazu bei, daß Vereinseitigungen ausgeglichen und Übersteigerungen in ihre Grenzen zurückgewiesen wurden.

In den zwanziger Jahren zeigte sich eine gewisse Ausreifung der Gedanken, verbunden mit der Synthese und Koordination der unterschiedlichen Richtungen. Gegenüber dem starken Enthusiasmus der ersten Zeit trat eine gewisse Ernüchterung ein durch das zunehmende Bewußtwerden der eingeschränkten Möglichkeiten, die dem Erzieher überhaupt und somit auch den neuen Reformgedanken gegeben sind. Die beiden Bücher „Die Wiederentdeckung der Grenze" (1926) von Kurt Zeidler und „Von Sinn und Grenzen der bewußten Erziehung" (1927) von Friedrich Delekat trugen wesentlich dazu bei, die realen Möglichkeiten der Erziehung deutlicher erkennen zu lassen. Sie bedeuteten keine Aufhebung der neu gewonnenen pädagogischen Erkenntnisse, brachten aber Korrekturen durch die stärkere Berücksichtigung der konkreten Gegebenheiten.

Die Reformpädagogische Bewegung wurde gewaltsam abgebrochen, als mit der Machtergreifung des Nationalsozialismus nur noch die von ihm propagierte Weltanschauung gebilligt und die Erziehung in allen ihren Funktionen der Politik untergeordnet wurde. Das bedeutete die Ausschaltung derer, die in der Reformpädagogischen Bewegung hervorgetreten waren und führende Stellungen eingenommen hatten.

Nach dem Zusammenbruch 1945 hegten viele die Erwartung, daß der unmittelbare Anschluß an die Zeit vor 1933 im pädagogischen

Bereich den richtigen Weg in die Zukunft bedeuten würde. Es wurden nicht nur die Grundauffassung, sondern auch viele einzelne pädagogische Ansätze der Reformzeit wieder aufgenommen. Noch heute sind wir darum bemüht, Ideen der Reformbewegung unter den neu gegebenen Verhältnissen zu realisieren. Aber im ganzen gesehen konnte die Reformbewegung nicht unmittelbar weitergeführt werden. Dazu waren ihre Aufgaben und Probleme allzusehr aus den Bedingungen ihrer Zeit hervorgegangen und an diese gebunden. Eine breit angelegte kritische Stellungnahme zu ihr vom heutigen Standpunkt aus wäre eine eigene Aufgabe.

Anmerkungen

Folgende Werke, Darstellungen und Quellensammlungen, die wiederholt herangezogen werden, sind in den Anmerkungen abgekürzt angegeben:

1. Herman Nohl: Die pädagogische Bewegung in Deutschland und ihre Theorie. Verlag Schulte-Bulmke, Frankfurt/M., 4. Aufl. 1957 (Abk. Nohl, Päd. B.).

2. Handbuch der Pädagogik, hrsg. v. Herman Nohl und Ludwig Pallat, Bd. I—V. Verlag Julius Beltz, Langensalza 1928—1933. Faksimile-Druck, Verlag Julius Beltz, Weinheim/B. 1966. (Abk. Nohl-Pallat).

3. Die Deutsche Reformpädagogik, Bd. I u. II, hrsg. v. Wilhelm Flitner und Gerhardt Kudritzki (Pädagogische Texte, hrsg. v. Wilhelm Flitner). Verlag Küpper/Bondi, München/Düsseldorf 1961 u. 1962. (Abk. Flitner-Kudritzki I bzw. II).

4. Kleine Pädagogische Texte, hrsg. Bd. 1—27 v. E. Blochmann, G. Geißler, H. Nohl, E. Weniger, ab Bd. 28 v. M. Fischer, C. L. Furck, G. Geißler, W. Klafki. Verlag Julius Beltz, Weinheim/B. (Abk. Beltz-Texte).

5. Klinkhardts Pädagogische Quellentexte, hrsg. v. Theo Dietrich u. Albert Reble, Verlag Julius Klinkhardt, Bad Heilbrunn/Obb. (Abk. Klinkhardts Quellen).

6. Schöninghs Sammlung Pädagogischer Schriften, Quellen zur Geschichte der Pädagogik, hrsg. v. Theodor Rutt. Verlag Ferdinand Schöningh, Paderborn. (Abk. Schöninghs Sammlung).

7. Grundlagen und Grundfragen der Erziehung, hrsg. v. Th. Ballauff, H. Mühlmeyer, K. Püllen. Verlag Quelle und Meyer, Heidelberg. (Abk. G. u. G.).

In der „Geschichte der Pädagogik" von Albert Reble (Verlag Ernst Klett, Stuttgart) und der „Geschichte der Pädagogik" von Fritz Blättner (Verlag Quelle und Meyer, Heidelberg) sowie in der „Pädagogik der Gegenwart" von Theodor Wilhelm (Verlag Kröner, Stuttgart) ist die Reformpädagogische Bewegung in jeweils größerem Zusammenhang behandelt.

Von einer eigenen Bibliographie wird hier abgesehen; vgl. die Angaben, die bei Flitner-Kudritzki I u. II bis 1961 und danach in weiteren speziellen Arbeiten jeweils in Auswahl vorliegen.

Einleitung

1 Berthold Otto: Die Reformation der Schule. Verlag des Hauslehrers. Groß-Lichterfelde 1912, S. 1.
2 Otto Karstädt (Hrsg.): Methodische Strömungen der Gegenwart. Verlag J. Beltz, Langensalza 1930. (18. Auflage).
3 Herman Nohl: Pädagogik aus dreißig Jahren. Verlag Schulte-Bulmke, Frankfurt/M. 1949, S. 21.
4 A. a. O. S. 28 u. S. 40.
5 Nohl, Päd. B., S. 218; Wilhelm Flitner: Die drei Phasen der pädagogischen Reformbewegung (1928), in: Theorie des pädagogischen Weges. Verlag J. Beltz, Weinheim 6. Aufl. 1963, S. 71.
6 Vgl. Hermann Röhrs: Schule und Bildung im internationalen Gespräch. Frankfurt/M. 1966 u. H. Röhrs (Hrsg.): Die Reformpädagogik des Auslands. (Pädagogische Texte, hrsg. v. W. Flitner) Verlag Küpper/Bondi, Düsseldorf/München 1965.

Erster Abschnitt: Motive der Bildungskritik im ausgehenden 19. Jahrhundert

1 Rembrandt als Erzieher. Von einem Deutschen. Verlag Hirschfeld. Leipzig 1890 (8. Aufl.). Seitenzahlen im Text.
2 Nach der Ausgabe im Verlag Reclam (1951) zitiert.
3 Paul de Lagarde: Deutsche Schriften. Gesamtausgabe letzter Hand. Göttingen 1920. S. 404.

Zweiter Abschnitt: Soziale Bewegung, Frauenbewegung, Jugendbewegung

1 John Russel: G. Braque, Phädon Verlag, Köln 1959, S. 5.
2 S. Johann Hinrich Wichern: Schriften zur Sozialpädagogik, hrsg. v. J.-G. Klink, (Klinkhardts Quellen) 1964.
3 S. Adolf Kolping: Ausgewählte pädagogische Schriften, bes. von H. Göbels (Schöninghs Sammlung) 1964.
4 S. Lexikon der Frau, 2 Bde., Zürich 1953.
5 Der Große Brockhaus. Leipzig 1930, Bd. 6, S. 545.
6 S. Frauenbewegung und Frauenbildung, hrsg. v. E. Dauzenroth, (Klinkhardts Quellen) 1964, S. 20.
7 Frauenbewegung, a. a. O. S. 74.
8 E. Bumm: Über das Frauenstudium, Rede in der Aula der Universität Berlin 1917. Sonderdruck S. 20.
9 S. d. Beiträge in Nohl-Pallat, Bd. V.

10 Nohl, Päd. B., S. 12.

11 S. Grundschriften der deutschen Jugendbewegung, hrsg. v. W. Kindt, i. A. des Gemeinschaftswerkes Dokumentation der Jugendbewegung. Eugen Diederichs, Düsseldorf 1963 u. 1968. Die deutsche Jugendbewegung, hrsg. v. Karl Seidelmann, (Klinkhardts Quellen) 1966. Bernhard Schneider: Daten zur Geschichte der Jugendbewegung. Voggenreiter Verlag, Bad Godesberg 1965.

12 Hermann Mau, in: Zeitschrift für Religions- und Geistesgeschichte, Bd. 2. 1948, S. 136. Vgl. Eduard Spranger: Fünf Jugendgenerationen 1900—1949, in: Pädagogische Perspektiven. Quelle und Meyer, Heidelberg 1950.

13 Flitner-Kudritzki I, S. 277/278.

14 Vgl. Th. Wilhelm, in: Grundschriften der deutschen Jugendbewegung, a. a. O. Einl.

15 Flitner-Kudritzki I, S. 280.

16 Th. Wilhelm a. a. O., S. 16.

17 Hans Bohnenkamp: Die Jugend vom Hohen Meißner, in: 5. Beiheft der Zeitschrift für Pädagogik 1964, S. 36.

18 Grundschriften, a. a. O., S. 204.

19 H. Bohnenkamp, a. a. O. S. 37.

20 Flitner-Kudritzki I, S. 282.

21 Flitner-Kudritzki I, S. 295.

22 Grundschriften, a. a. O. S. 88.

23 Karl Seidelmann in: Die deutsche Jugendbewegung, a. a. O. S. 136.

Dritter Abschnitt: Das Kind — *„Ausgangspunkt aller Erziehungs- und Unterrichtsmaßnahmen"*

1 S. Fischer Verlag, Berlin (2. Aufl.) 1902.

2 S. Die pädagogische Bewegung „Vom Kinde aus", hrsg. v. Th. Dietrich, (Klinkhardts Quellen) 1963, S. 42. Dieser Band enthält ausgewählte Texte von Ellen Key, Ludwig Gurlitt, Berthold Otto, Heinrich Scharrelmann, Fritz Gansberg, Ovide Decroly, Adolphe Ferrière.

3 Vgl. die Stellungnahme Gurlitts zum Wandervogel in: Flitner-Kudritzki I, S. 273 f.

4 Karl Heinz Günther: Der lebensphilosophische Ansatz der Bremer Schulreformer Gansberg und Scharrelmann, in: Erziehung und Leben. Quelle und Meyer, Heidelberg 1960, S. 13.

5 Hamburg u. Braunschweig 1920. Vgl. Die Pädagogik vom Kinde aus, hrsg. v. Theo Gläss (Beltz-Texte 26). Enthält Beiträge von Carl Götze, Wilhelm Lamszus, William Lottig, Wilhelm Reese, Johannes Gläser. Die folgenden Zitate auf den Seiten 78, 51, 73.

6 Für weiteres Schrifttum wird auf den in Anm. 2 gen. Band verwiesen.

7 Vgl. Andreas Flitner und Walter Hornstein: Kindheit und Jugend in geschichtlicher Betrachtung. Zeitschrift für Pädagogik 1964, S. 311.

8 J. Gläser, a. a. O. (Beltz-Texte 26) S. 80.

9 Gertrud Prellwitz: Vom Wunder des Lebens. Eugen Diederichs Verlag, Jena 1909. Die damals sehr bekannte Schrift ist in diesem Zusammenhang zu nennen.

10 A. a. O. S. 111.

11 J. Gläser, a. a. O. S. 81.

12 Paul Oestreich (Hrsg.): Strafanstalt oder Lebensschule. Karlsruhe 1922, S. 32.

13 J. Gläser, a. a. O. (Beltz-Texte 26) S. 81.

14 Beltz-Texte 26, S. 63.

15 K. R. Langewiesche, Königstein.

16 S. u. S. 399.

17 Ellen Key: „Das Kind nicht in Frieden zu lassen, das ist das größte Verbrechen der gegenwärtigen Erziehung", a. a. O. S. 113, „Gerade in unserer Zeit der Maschine sollten wir uns häufiger mahnen: ‚Das Kind in Ruhe zu lassen.' " Beltz-Texte 26, S. 106.

18 A. a. O. S. 172.

19 Beltz-Texte 26, S. 63, hier die folgenden Zitate.

20 Vgl. „Das Spiel in der Pädagogischen Bewegung" in Hans Scheuerl: Das Spiel. Verlag J. Beltz, Weinheim 2. Aufl. 1959. Entsprechend die Absätze in den Texten von Beltz u. Klinkhardt. Zum Folgenden vgl. Elisabeth Blochmann: Der Kindergarten, in: Nohl-Pallat Bd. IV, S. 75—90.

21 Heinrich Scharrelmann, „Herzhafter Unterricht. Gedanken und Proben aus einer unmodernen Pädagogik". Hamburg 1902, S. 27 f.

23 Die pädagogische Bewegung „Vom Kinde aus", a. a. O. S. 41.

24 Die Schule der Zukunft, Fortschritt (Buchverlag der Hilfe), Berlin 1912, S. 7 f.

25 Zit. nach A. Messer: Pädagogik der Gegenwart. Mauritius Verlag, Berlin 1926.

26 Vgl. W. Scheibe: Die Strafe als Problem der Erziehung. Verlag J. Beltz, Weinheim 1967, bes. das Kap. Die Überwindung der Strafe als Ziel der Pädagogischen Bewegung des 20. Jahrhunderts. S. 219 bis 288.

27 W. Reese, Wissenschaftliche Arbeit in der Volksschule, in: Beltz-Texte 26, S. 41.

28 Die pädagogische Bewegung „Vom Kinde aus", a. a. O. S. 102.

29 S. u. „natürliche Methode".

30 Flitner-Kudritzki I, S. 70.

31 Wilhelm Paulsen, Die Überwindung der Schule. Begründung und Darstellung der Gemeinschaftsschule, Leipzig 1926.

32 Flitner-Kudritzki II, S. 227.
33 Beltz-Texte 26, .S 41.
34 A. a. O. S. 264 u. 266.
35 S. Das Schulleben (Klinkhardts Quellen) 1969.
36 Die pädagogische Bewegung „Vom Kinde aus", S. 39.
37 S. Günther, a. a. O. S. 26.
38 Die pädagogische Bewegung „Vom Kinde aus", S. 63 u. 121.

Vierter Abschnitt: Berthold Otto und seine Reformpädagogik

1 Nohl, Päd. B., S. 82.
2 Berthold Otto, Ausgewählte pädagogische Schriften, bes. v. Karl
  Kreitmair, (Schöninghs Sammlung) 1963. Paul Baumann, Berthold
  Otto — der Mann, die Zeit, das Werk, das Vermächtnis. Verlag Die
  Wende, Berlin 1959 f. (6 Bde.).
3 Berthold Otto: Ratschläge für häuslichen Unterricht. (Haus-
  lehrerschriften) Leipzig 1908. Auswahl hrsg. v. H. Holstein (Quelle
  u. Meyer G. u. G., Heft 12) 1965, S. 38.
4 Vgl. auch Ernst und Gertrud Scupin: Bubi, Tagebuch für die geistige
  Entwicklung eines Knaben während der ersten 6 Lebensjahre. Leipzig 1910.
5 Vgl. W. Scheibe: Berthold Otto, in: Unsere Volksschule. Ernst Klett
  Verlag, Stuttgart 1959, S. 145.
6 Ratschläge für häuslichen Unterricht, S. 13.
7 Volksorganische Einrichtungen der Zukunftsschule. Verlag des Hauslehrers, Berlin-Lichterfelde 1914, S. 22.
8 Beiträge zur Psychologie des Unterrichts. Leipzig 1903, S. 302.
9 Gesamtunterricht (1913) vgl. (Schöninghs Sammlung) S. 122.
10 S. „Unterricht als Ergänzung von Erfahrung und Umgang" (Herbart)
11 Die Reformation der Schule. Leipzig 1912, S. 4.
12 Ratschläge, a. a. O. S. 78.
13 Vgl. Ottos Beitrag zu dem Sammelwerk von G. Porger: „Neue
   Schulformen und Versuchsschulen." Bielefeld und Leipzig. 1925,
   S. 137 f.; auch bei Flitner-Kudritzki I, 185—191.
14 Volksorganische Einrichtungen der Zukunftsschule, a. a. O. S. 66.
15 Volksorganische Einrichtungen der Zukunftsschule, a. a. O. S. 49.
16 Ottos Beitrag in: Helmut Alberts: Aus dem Leben der Berthold-Otto-
   Schule. (Die Lebensschule. Schriftenfolge des Bundes entschiedener
   Schulreformer, hrsg. v. F. Hilker) Berlin 1925, S. 151.
17 Flitner-Kudritzki I, S. 186.
18 Volksorganische Einrichtungen, a. a. O. S. 43.
19 Flitner-Kudritzki I, S. 189. Vgl. zu den folgenden Zitaten W.
   Scheibe, Berthold Otto: Gesamtunterricht. Eine Interpretation. (Päd-

agogische Interpretationen, hrsg. v. G. Wehle, W. Klafki, F. Nicolin, Bd. 2.) Verlag J. Beltz 1969.

20 H. Alberts a. a. O. S. 151.

21 Die Reformation der Schule. Großlichterfelde 1912, S. 117/118.

22 Der Lehrgang der Zukunftsschule, Verlag des Hauslehrers, Berlin-Lichterfelde. 3. Aufl. 1928 (1. Aufl. 1900). Der einführende Abschnitt „Der Begriff des natürlichen Unterrichts" S. 1—28 ist wiedergegeben in: Die pädagogische Bewegung „Vom Kinde aus". (Klinkhardts Quellen) S. 78—98, hier die folgenden Zitate.

23 Berthold Ottos Leselerntafeln. Ergänzung zur Mütterfibel 1. Teil. Leipzig 1906, S. 1. Otto sagt, daß „jede Mutter nach dem Buch lesen lehren kann".

24 Vorrede zu den Leselerntafeln, a. a. O.

25 Nohl-Pallat Bd. II, S. 304, auch Schöninghs Sammlung, S. 202.

26 S. Wolfgang Klafki: Das pädagogische Problem des Elementaren und die Theorie der kategorialen Bildung. Weinheim 1959. S. Abschnitt „Berthold Ottos Lehrgang der Zukunftsschule", S. 260 ff.

27 Spracherziehung, a. a. O. S. 315, Schöninghs Sammlung, S. 218.

28 Spracherziehung, a. a. O. S. 316.

29 Die Sage von Doktor Heinrich Faust, Leipzig 2. Aufl. 1909, Vorw.

30 S. Wilhelm Albert: Grundlegung des Gesamtunterrichtes. Wien/Leipzig/Prag: Haase 1928, S. 154. Karsens Bemerkung über „ausgeklügelte Methoden" war auf die Schule Hugo Gaudigs bezogen.

Fünfter Abschnitt: Die Landerziehungsheime

1 Hermann Lietz: Die drei ersten Deutschen Land-Erziehungsheime. Verlag des Land-Waisen-Heims a. d. Ilse bei Veckenstedt a. Harz. 2. Aufl. 1920 S. 14. Vgl. zum ganzen Abschnitt: Die Landerziehungsheimbewegung, hrsg. v. Th. Dietrich, (Klinkhardts Quellen) 1967.

2 Alfred Andreesen im Sammelwerk v. Franz Hilker (Hrsg.): Deutsche Schulversuche 1924, S. 65.

3 H. Nohl: Erziehergestalten. (Kleine Vandenhoeckreihe 55) Göttingen 1958, S. 63. Vgl. Erich Meißner: Asketische Erziehung. Hermann Lietz und seine Pädagogik. Ein Versuch kritischer Prüfung. Verlag J. Beltz, Weinheim 1965. Erich Meißner: Die deutschen Landerziehungsheime, in: Nohl-Pallat Bd. IV, S. 325—332.

4 Vgl. Ulrich Panter: Gustav Wyneken, Leben und Werk. Verlag J. Beltz, Weinheim 1960. E. E. Geißler: Der Gedanke der Jugend bei Gustav Wyneken. Frankfurt 1963.

5 Walter Schäfer: Die Odenwaldschule 1910—1960. (Schriftenreihe der Odenwaldschule) S. 6; ders.: Paul Geheeb. (Aus den deutschen Landerziehungsheimen, Heft 4). Verlag Ernst Klett, Stuttgart 1967.

6 W. Schäfer, Paul Geheeb, a. a. O. S. 7.

7 Erziehung zur Humanität. Paul Geheeb zum 90. Geburtstag. Hrsg. v. Mitarbeitern der Odenwaldschule. Verlag Lambert Schneider, Heidelberg 1960, S. 9.

8 Vgl. Bildung als Wagnis und Bewährung. Eine Darstellung des Lebenswerkes von Kurt Hahn. Hrsg. v. H. Röhrs. Quelle und Meyer, Heidelberg 1966.

9 Alfred Andreesen: Die Landerziehungsheimbewegung und ihre Ergebnisse. Die Erziehung 1930, S. 101 f.

10 P. Geheeb im ersten Prospekt der Odenwaldschule, Schäfer, Die Odenwaldschule, S. 9.

11 Kurt Hahn: Erziehung zur Verantwortung. (Aus den deutschen Landerziehungsheimen, Heft 2). E. Klett-Verlag Stuttgart, S. 83.

12 Schäfer: Die Odenwaldschule, S. 9.

13 Vgl. Flitner-Kudritzki I, S. 69.

14 S. Bespr. v. Rudolf Lennert in: Zeitschrift für Pädagogik 1965, S. 593/594.

15 Die drei ersten Deutschen Land-Erziehungsheime, a. a. O. 1. Aufl. 1918, S. 34.

16 Gustav Wyneken im Sammelband v. Gustav Porger: Neue Schulformen und Versuchsschulen. Bielefeld, Leipzig 1925, S. 19.

17 Flitner-Kudritzki I, S. 73.

18 Die Reichsschulkonferenz 1920. Amtlicher Bericht, erstattet vom Reichsministerium des Inneren. Leipzig 1921, S. 275.

19 Vgl. Die Landerziehungsheimbewegung, (Klinkhardts Quellen) S. 64, 77, 104.

20 G. Wyneken: Der Gedankenkreis der Freien Schulgemeinde. Jena 1919.

21 Schäfer: Die Odenwaldschule, a. a. O. S. 26.

22 Schäfer: Die Odenwaldschule, a. a. O. S. 19.

23 Hans Walter Erbe, in: Der Landschulheimer, Jubiläumsheft 1959, S. 10.

24 Panter, a. a. O. S. 70.

25 Die Freie Schulgemeinde, in: Schule der Zukunft, a. a. O. S. 83.

26 Schäfer: Die Odenwaldschule, a. a. O. S. 4.

27 Die deutsche Nationalschule. Beiträge zur Schulreform aus den Deutschen Landerziehungs-Heimen. Leipzig 1911.

28 S. Panter, a. a. O. S. 126.

29 Vgl. Wagnis und Bewährung, a. a. O. S. 64.

30 Über die gegenwärtigen Aufgaben und Möglichkeiten der Landerziehungsheime, in: Die Eigenständigkeit der Erziehung in Theorie und Praxis. Verlag J. Beltz, Weinheim, o. J. (1952) S. 406 f.

31 Flitner-Kudritzki I, S. 88/89.

32 Flitner-Kudritzki I, S. 74.

33 S. Wagnis und Bewährung, a. a. O. S. 120/121.
34 Flitner-Kudritzki I, S. 74.
35 Flitner-Kudritzki I, S. 91.
36 W. Flitner in: Flitner-Kudritzki I, S. 18.
37 Vgl. die neue „Schriftenreihe der Odenwaldschule", hrsg. v. Wolfgang Edelstein und Walter Schäfer, Hirschgraben-Verlag Frankfurt/M. Bd. 1. 1963 fg. Früher im Eigenverlag.

Sechster Abschnitt: Die Kunsterziehungsbewegung
1 Ausgewählte Stellen aus „Rembrandt als Erzieher", in: Die Kunsterziehungsbewegung, hrsg. v. H. Lorenzen, (Klinkhardts Quellen) 1966. S. 7—17, Zitat S. 13.
2 Alfred Lichtwark: Das Bild des Deutschen (Beltz-Texte, 15). 2. Aufl. 1962, S. 50.
3 Nohl, Päd. B., S. 33.
4 Heinrich Wolgast: Die Bedeutung der Kunst für die Erziehung (1902). Auszug in: Die Kunsterziehungsbewegung (Klinkhardts Quellen), S. 18.
5 G. F. Hartlaub: Der Genius im Kinde (1922), S. 18. Auswahl in Klinkhardts Quellen, S. 66.
6 Konrad Lange: Das Wesen der künstlerischen Erziehung. (Vortrag auf dem ersten Kunsterziehungstag), Auszug in: Klinkhardts Quellen, S. 25.
7 Erster Deutscher Herbstsalon. Der Sturm. Berlin 1913, S. 5/6.
8 Otto Haase: Musisches Leben und künstlerische Erziehung, in: W. Scheibe (Hrsg.): Die Pädagogik im XX. Jahrhundert, E. Klett, Stuttgart 1960, S. 146.
9 Carl Götze: Zeichnen und Formen, s. Flitner-Kudritzki I, S. 122.
10 Alfred Lichtwark: Die Einheit der künstlerischen Erziehung, in: Flitner-Kudritzki I, S. 116.
11 S. Flitner-Kudritzki I, S. 134.
12 Heinrich Geffert: Deutscher Aufsatz und Stilunterricht. (Quellen zur Unterrichtslehre, hrsg. v. G. Geißler) Verlag J. Beltz, Weinheim 1952, S. 9.
13 S. Geffert, a. a. O. S. 42.
14 Flitner-Kudritzki I, S. 140/141.
15 Wilhelm Lamszus: Vom Aufsatz und vom Kinde, in: Pädagogik vom Kinde aus, (Beltz-Texte, 26) 1961, S. 20/21.
16 Waltraut Neubert: Das Erlebnis in der Pädagogik, (Göttinger Studien zur Pädagogik, Heft 3) Verlag J. Beltz, Langensalza 1932, 3. Aufl. S. 12/13.
17 W. Neubert, s. Das Problem der Unterrichtsmethode, hrsg. v. G. Geißler (Beltz-Texte 18) S. 75.

18 S. Wilhelm Fronemann: Schrifttum und Erziehung. A. Henn Verlag Ratingen 1951, S. 12. Vgl. Peter-Martin Roeder: Zur Geschichte und Kritik des Lesebuchs der höheren Schule. (Marburger Päd. Studien, hrsg. v. Elisabeth Blochmann, Heft 2). Verlag J. Beltz, Weinheim 1961.

19 S. Flitner-Kudritzki I, S. 137.

20 S. Flitner-Kudritzki I, S. 137/138.

21 S. Fritz Seidenfaden: Die musische Erziehung in der Gegenwart und ihre geschichtlichen Quellen und Voraussetzungen. (Beiträge zur Erziehungswissenschaft) A. Henn Verlag, Ratingen 1962, S. 36.

22 S. Flitner-Kudritzki I, S. 151.

23 Der Musikant, Lieder für die Schule, hrsg. v. Fritz Jöde. Georg Kallmeyer Verlag, Wolffenbüttel 1927. (Einl.) S. Ulrich Günther: Die Schulmusikerziehung von der Kestenberg-Reform bis zum Ende des Dritten Reiches (Aktuelle Pädagogik). Luchterhand Verlag, Neuwied 1967. S. Flitner-Kudritzki II, S. 54 u. 263.

24 S. Die Pädagogik im XX. Jahrhundert, a. a. O. S. 148.

25 S. Seidenfaden a. a. O. S. 45.

26 S. Flitner-Kudritzki I, .S 146.

27 S. Wilhelm Albert. (Hrsg.): Erziehungsprobleme der Gegenwart. A. Langen München o. J., S. 80/81.

28 S. Flitner-Kudritzki I, S. 154.

29 S. Döpp-Vorwald: Lebendige Bewegung und Menschenbildung. (Weimar 1929), zit. in: Seidenfaden, a. a. O. S. 50.

30 S. Elfriede Feudel, in: Die Kunsterziehungsbewegung, Klinkhardts Quellen.

31 Max Tepp: Frühling und Sommer. Neue Volkstänze. Eugen Diederichts Verlag, Jena 1919. (Einführung).

32 S. Flitner-Kudritzki I, S. 163. Vgl. Margarete Streicher: Das Schulturnen, in: Nohl-Pallat, Bd. III, S. 173—190; Gaulhofer/Streicher: Das neue Schulturnen. (Beltz-Texte 8) 3. Aufl. 1963.

33 Von Seidenfaden a. a. O. besonders betont.

34 S. Seidenfaden, a. a. O. S. 18.

35 S. Seidenfaden, a. a. O. S. 25.

36 Nohl-Pallat Bd. III, S. 416.

37 S. O. Haase, a. a. O. S. 144.

38 S. Seidenfaden, a. a. O. S. 22.

39 O. Haase, a. a. O. S. 145.

40 Vgl. G. Hartlaub: Grenzen der Kunsterziehung (Die Erziehung 1929). S. Die Kunsterziehungsbewegung (Klinkhardts Quellen), S. 67—76 und Flitner-Kudritzki II, S. 185 f.

415

Siebenter Abschnitt: Die Hauptrichtungen der Arbeitsschulbewegung

1 „Seit der Jahrhundertwende hatte Erziehungswissenschaft und Praxis der hauptsächlich aufnehmenden Arbeitsweise gegenüber die Umwandlung des Unterrichts in Handlung, in gemeinsames Planen, Entschließen und Ausführen, d. h. die Arbeitsschule, als neues methodisches Leitbild entwickelt." Verlag Julius Beltz, Langensalza, 18. Aufl. 1930, Vorwort. — Vgl. zum ganzen Abschnitt Flitner-Kudritzki I, S. 199—257.

2 S. Marie Kerschensteiner: Georg Kerschensteiner. Verlag R. Oldenbourg, München 2. Aufl. 1942, S 125.

3 Bibliographie und Zeittafel, in: Georg Kerschensteiner, Bd. I Berufsbildung und Berufsschule, bes. v. G. Wehle, (Schöninghs Sammlung) 1966.

4 In: Grundfragen der Schulorganisation, Berlin u. Leipzig 2. Aufl. 1910, S. 106/107. Jetzt auch: G. K., Bd. II Texte zum pädagogischen Begriff der Arbeit und zur Arbeitsschule (Schöninghs Sammlung) 1968, S. 32/33.

5 Begriff der Arbeitsschule. Verlag R. Oldenbourg, München 10. Aufl. 1953, S. 106. Vgl. im Geleitwort dieser Ausgabe den Hinweis von Josef Dolch auf die Textabänderungen Kerschensteiners in den verschiedenen Auflagen.

6 S. Die Arbeitsschule, Texte zur Arbeitsschulbewegung, hrsg. v. A. Reble, (Klinkhardts Quellen). Die 2. Aufl. 1964 enthält S. 108 bis 121 die Auseinandersetzung Kerschensteiner-Gaudig (1911) im Wortlaut.

7 Die Schule der Zukunft eine Arbeitsschule, Schöninghs Sammlung II, S. 28.

8 A. a. O. S. 30.

9 A. a. O. S. 29.

10 Begriff der Arbeitsschule, a. a. O. S. 15.

11 Berufsbildung oder Allgemeinbildung (1904) s. Georg Kerschensteiner I, (Schöninghs Sammlung) S. 94. Vgl. die Aufsätze Eduard Sprangers zu diesem Thema in: Grundlegende Bildung, Berufsbildung, Allgemeinbildung, (Quelle und Meyer G. u. G. 9/10) 1965.

12 Begriff der Arbeitsschule, a. a. O. S. 49.

13 Begriff der Arbeitsschule, a. a. O. S. 52.

14 Begriff der Arbeitsschule, a. a. O. S. 179.

15 Vgl. Gerhard Wehle: Praxis und Theorie im Lebenswerk Georg Kerschensteiners. (Göttinger Studien zur Pädagogik, Neue Folge, Bd. 1. Hrsg. Erich Weniger) Verlag J. Beltz, Weinheim 2. Aufl. 1964, S. 115.

16 Produktive Arbeit und ihr Erziehungswert, in: Grundfragen der Schulorganisation, a. a. O. S. 64. Auch in Schöninghs Sammlung II enthalten.

17 Begriff der Arbeitsschule, a. a. O. S. 24.

18 A. a. O. S. 79/80.

19 A. a. O. S. 43.

20 A. a. O. S. 47.

21 A. a. O. S. 48.

22 A. a. O. S. 52.

23 A. a. O. S. 66.

24 A. a. O. S. 65.

25 A. a. O. S. 104.

26 Wesen und Wert des naturwissenschaftlichen Unterrichts. Teubner, Berlin/Leipzig 3. Aufl. 1928, S. 48. Auszüge in: Das Problem der Unterrichtsmethode, eingel. von Georg Geißler, (Beltz-Texte, 18) S. 57 f.

27 Begriff der Arbeitsschule, a. a. O. S. 56.

28 A. a. O. S. 87.

29 Hugo Gaudig. Die Schule der Selbsttätigkeit, hrsg. v. Lotte Müller, (Klinkhardts Quellen) 1963, S. 89.

30 Seit der 3. Auflage unter dem Titel „Arbeitsschule in Idee und Gestaltung", Quelle und Meyer, Heidelberg 1951.

31 Freie geistige Schularbeit in Theorie und Praxis, Breslau 1922, S. 36.

32 A. a. O. S. 33.

33 Die Schule im Dienste der werdenden Persönlichkeit. Leipzig. 2. Aufl. 1922, Bd. I, S. 93.

34 Didaktische Präludien. Leipzig 1921, S. 151; auch Beltz-Texte 18, S. 47.

35 Der Begriff der Arbeitsschule (1911), s. Klinkhardts Quellen, S. 16.

36 S. O. Scheibner, a. a. O. S. 33.

37 A. a. O. S. 37. — Zu den Pädagogen, die wie Gaudig die Schulreform im Sinne der selbständigen und methodischen Arbeit des Schülers durchgeführt sehen wollten, gehörte Richard Hermann Seyfert (1862—1940). Lehrer und Seminardirektor, 1919/20 Kultusminister in Sachsen und dann Professor der Pädagogik an der Technischen Hochschule Dresden, hat er sich als Politiker, Schulorganisator und Schriftsteller besonders für die Volksschule eingesetzt. Das „schaffende Lernen", wie er es nannte, war seine Bezeichnung für das bewußte Tun des Schülers im Unterrichtsvollzug, dem er in eingehender und differenzierter Stufung und Systematisierung eine neue Gestalt im Sinne der Arbeitsschule geben wollte. Vgl. Die Arbeitsschule, (Klinkhardts Quellen).

38 Vgl. H. Röhrs (Hrsg.): Die Reformpädagogik des Auslands, a. a. O. S. 88.

39 Vgl. „Vorhaben" (Verf. J. Muth) in: Pädagogisches Lexikon. Hrsg. Groothoff-Stallmann 1961, Sp. 1021/22 (Lit.).

40 Vgl. Werner Corell: Die Anthropologie John Deweys und ihre Bedeutung für die Pädagogik, in: Neue Aspekte der Reformpädagogik, mit einer Einf. v. O. F. Bollnow. Quelle und Meyer, Heidelberg 1964.
41 Quellenauszüge in: Die Arbeitsschule (Klinkhardts Quellen) ab S. 131.
42 A. a. O. S. 136.
43 A. a. O. S. 137.
44 Célestin Freinet: Die moderne französische Schule. L'école moderne Francaise. Bes. v. H. Jörg, (Schöninghs Sammlung) 1965, S. 136 u. das folg. Zitat S. 101. Vgl. H. Röhrs. Die Reformpädagogik des Auslands, a. a. O. S. 289.
45 Vgl. Die Arbeitsschule, (Klinkhardts Quellen) „Sozialistische Richtung" ab S. 139.
46 Karl Marx: Zur Kritik des Gothaer Programms, Verlag Neuer Weg, Ausg. 1946, S. 33. Vgl. Karl Marx: Bildung und Erziehung, bes. v. H. E. Wittig. (Schöninghs Sammlung) 1968.
47 Karl Marx, Bildung und Erziehung. (Schöninghs Sammlung) 1968, S. 236.
48 S. Proletarier, Klassenkämpfer, Staatsbürger. Hrsg. v. K. P. Schulz. (Kindler Taschenbücher, 29) S. 91.
49 S. Die Arbeitsschule, (Klinkhardts Quellen) S. 139.
50 Blonskij: Die Arbeitsschule, Bd. II, S. 83. Auswahl in: Die Arbeitsschule, (Klinkhardts Quellen).
51 Verlag A. Schwetschke, Berlin 1924, S. 147, 196.
52 Vgl. Theo Dietrich: Sozialistische Pädagogik. Klinkhardt Verlag 1966, S. 176 f.
53 A. Fischer: Leben und Werk, hrsg. v. K. Kreitmair, Bayerischer Schulbuchverlag, München 1957, Bd. 5/6, S. 477.

Achter Abschnitt: Charaktererziehung und Religionspädagogische Reformbewegung
1 S. Flitner-Kudritzki I, S. 73 u. 77.
2 Martin Buber: Reden über Erziehung, Heidelberg 1960, S. 63.
3 Nohl, Päd. B., S. 53/54. Vgl. zu diesem Abschnitt Franz Pöggeler: Die Pädagogik Friedrich Wilhelm Foersters. Verlag Herder, Freiburg 1957.
4 F. W. Foerster: Schule und Charakter. Paulus Verlag Recklinghausen 1953 (Neuausgabe). Die Seitenangaben im Text beziehen sich auf die 14. Aufl. 1920.
5 F. W. Foerster: Jugendlehre. Berlin 1912, S. 707.
6 F. W. Foerster: Autorität und Freiheit. Kempen u. München 1910, S. 3.

7 F. W. Foerster: Schuld und Sühne. Einige psychologische und pädagogische Grundfragen des Verbrecherproblems und der Jugendfürsorge. München 1911.

8 Jugendlehre, a. a. O. S. VII.

9 Heft 3, 1912, Verlag Vandenhoeck und Ruprecht, Göttingen. Hier nach Sonderdruck zitiert, teils aus den Leitsätzen, teils aus der Begründung von H. Weinel (W).

10 Verlag Ferdinand Schöningh, Paderborn 1922, S. 1.

11 A. a. O. S. 2 u. 3.

12 A. a. O. S. 37 f.

13 A. a. O. S. 39 u. 61.

14 Vgl. die Darstellungen bei O. Karstädt: Methodische Strömungen der Gegenwart, a. a. O. S. 100—102.

Neunter Abschnitt: Die Begründung der staatsbürgerlichen Erziehung

1 S. Andreas Flitner: Politische Erziehung in Deutschland. Geschichte und Probleme 1750—1880. Tübingen 1957, S. 164.

2 Eduard Spranger: Schule und Lehrerschaft 1813/1913, Leipzig 1913, S. 24.

3 Georg Kerschensteiner: Berufsbildung und Berufsschule I. (Schöninghs Sammlung) S. 5.

4 Verlag Ernst Reinhardt, München 1918. Neubearbeitung „Politische Ethik" Paulus Verlag, Recklinghausen 1956.

5 Vgl. Theodor Wilhelm: Die Pädagogik Georg Kerschensteiners, Vermächtnis und Verhängnis. Stuttgart 1957, S. 139.

6 A. a. O. S. 16.

7 Fr. W. Foerster, a. a. O. S. 177. Die weiteren Seitenzahlen sind im laufenden Text angegeben.

8 A. a. O. S. 18.

9 G. Kerschensteiner: Der Begriff der staatsbürgerlichen Erziehung. R. Oldenbourg, München, 9. Aufl. 1961, S. 45.

10 Nohl, Päd. B. S. 58.

11 Jugendseele, Jugendbewegung, Jugendziel. Zürich/München/Leipzig 1923.

12 A. a. O. S. 35.

13 Begriff der Arbeitsschule, a. a. O. S. 15.

14 Foerster moniert (S. 389), daß „soziale" Erziehung noch keine „staatsbürgerliche" sei. Kerschensteiner hat sich dann in späteren Auflagen gegen diesen Vorwurf gewehrt (Begriff der Arbeitsschule, S. 71).

15 Begriff der staatsbürgerlichen Erziehung, a. a. O. S. 49.

16 A. a. O. S. 41/42.

17 Neuausgabe, Marhold Verlag, Berlin 1965.

18 Schule und Charakter, a. a. O. S. 257. Vgl. Text und Quellenwieder-
gaben in: Scheibe/Bohnsack/Seidelmann: Schülermitverantwortung.
Ihr pädagogischer Sinn und ihre Verwirklichung. Luchterhand Verlag, Neuwied 1966 (3. Aufl.), S. 9 f. u. 150 f.
19 Begriff der staatsbürgerlichen Erziehung, a. a. O. S. 21.
20 A. a. O. S. 18.
21 Begriff der staatsbürgerlichen Erziehung, a. a. O. S. 54.
22 Quelle und Meyer, Leipzig 1924, S. 10. S. auch Flitner-Kudritzki II,
S. 40 f.
23 Abdruck bei Flitner-Kudritzki II, S. 41. Dort auch die „Preußischen
Richtlinien für den Unterricht in Geschichte und Staatsbürgerkunde
in den oberen Jahrgängen der Volksschule." (1920) S. 40.
24 Vgl. Kurt Sontheimer: Politische Bildung zwischen Utopie und Ver-
fassungswirklichkeit. Zeitschrift für Pädagogik 1963, S. 167 f.
25 Abdruck bei Scheibe/Bohnsack/Seidelmann, a. a. O. S. 156, 168.
Vgl. zu diesem Abschnitt Karl Borcherding: Wege und Ziele politischer Bildung in den Schulen 1871—1965. Päd. Pol. Bücherei Bd. I,
München 1965.

Zehnter Abschnitt: Intentionen der Einheitsschulbewegung
1 Aus dem Antifederaliste, Sept. 93, Guill II nach Elisabeth Siegel:
Das Wesen der Revolutionspädagogik (Göttinger Studien zur Pädagogik, 16), J. Beltz, Langensalza 1930, S. 64.
2 Condorcet: Bericht und Entwurf einer Verordnung über die allgemeine Organisation des öffentlichen Unterrichtswesens. Eing. v.
H. H. Schepp, (Beltz-Texte, 36) 1966. S. Adalbert Rang: Historische
und gesellschaftliche Aspekte der Gesamtschule. Zeitschrift für Pädagogik 1968, S. 1 f.
3 Gerhardt Giese (Hrsg.): Quellen zur deutschen Schulgeschichte seit
1800. Musterschmidt Verlag, Göttingen 1961, S. 93.
4 C. L. A. Pretzel: Geschichte des Allgemeinen Deutschen Lehrervereins.
Leipzig 1921, S. 35/36.
5 A. Diesterweg: Schriften und Reden. (Hrsg. H. Deiters) Berlin/Leip-
zig 1950, Bd. II, S. 528.
6 Quellen zur Geschichte der Erziehung. Hrsg. v. K. H. Günther, Berlin
(Ost) 1961, S. 208.
7 Johannes Tews: Die Deutsche Einheitsschule. Freie Bahn jedem Tüchtigen. 1916, S. 48/49.
8 Zitate Johannes Tews: Die neue deutsche Volksschule (1911) in: Zur
Geschichte der Volksschule II, Hrsg. W. Scheibe, (Klinkhardts Quellen) 1965, S. 43—49.
9 Flitner-Kudritzki II, S. 38 f.
10 J. Tews: Die deutsche Einheitsschule, a. a. O. S. 28.

11 A.a.O. S. 34. Vgl. H. Sienknecht: Der Einheitsschulgedanke. Beltz 1968.
12 J. Tews: Ein Volk, eine Schule (1919), S. 60/61.
13 Flitner-Kudritzki II, 28 fg.
14 Otto Boelitz: Der Aufbau des preußischen Bildungswesens nach der Staatsumwälzung, Leipzig 2. Aufl. 1925.
15 Eugen Löffler: Schulreform in den Ländern, in: Nohl-Pallat Bd. IV, S. 294.
16 S. Nohl, Päd. B. S. 69. Nohl sah die „Zerspaltung des Schulwesens" in der Mehrseitigkeit der pädagogischen Funktionen begründet und unterschied die realistische weltmännische, die soziale und die humanistische Funktion (S. 67).
17 Hans Richert: Die deutsche Bildungseinheit und die höhere Schule. Verlag Mohr (Siebeck), Tübingen 1920, S. VII.

Elfter Abschnitt: Schulreformen und -reformbemühungen des Weimarer Staates
1 Der preußische Minister für Wissenschaft, Kunst und Volksbildung, Dr. Otto Boelitz, veröffentlichte 1923 einen Bericht „Der Aufbau des preußischen Bildungswesens nach der Staatsumwälzung" (Quelle und Meyer, Leipzig), der das bis dahin Geleistete und die weiteren Planungen darlegte. Vgl. zu diesem Abschnitt vor allem: Theodor Wilhelm, Pädagogik der Gegenwart, a. a. O. Abschnitt „Die zwanziger Jahre" (S. 65—111). Eine materialreiche, vom Standpunkt der Bestrebungen der sog. sozialistischen Pädagogik der DDR aus gesehene kritische und nur bedingt sachgerechte Darstellung gab Gerd Hohendorf: Die pädagogische Bewegung in den ersten Jahren der Weimarer Republik, Volk und Wissen Volkseigener Verlag, Berlin 1954. Dort heißt es: „Bei einer kritischen Auseinandersetzung mit der Reformpädagogik gelangen wir zu der Erkenntnis, daß die Traditionen deutscher fortschrittlicher Pädagogik nicht in der Reformpädagogik der Weimarer Republik zu suchen sind." (S. 6).
2 Die Reichsschulkonferenz 1920. Amtlicher Bericht des Reichsministeriums des Inneren, Leipzig 1920. Die Seitenzahlen im Text beziehen sich darauf. S. auch Alfons Schorb/Volker Fritzsche: Schulerneuerung in der Demokratie. Die Reichsschulkonferenz von 1920. Klett-Verlag, Stuttgart 1966.
3 S. Flitner-Kudritzki I, S. 255—257.
4 S. Flitner-Kudritzki II, S. 22—27.
5 S. Zur Geschichte der Volksschule II, bes. von W. Scheibe (Klinkhardts Quellen) 1965, S. 53. Auf diesen Quellenband beziehen sich die Seitenangaben in den folgenden Absätzen.
6 S. Flitner-Kudritzki II, S. 40 u. 43 (Richtlinien für den Unterricht in Geschichte und Staatsbürgerkunde und für den Werkunterricht).

7 Vgl. Dietrich Rodiek: Der bäuerliche Lebenskreis und seine Schule. Deutsche Landbuchhandlung, Berlin 1933. Hans Fuchs: Erziehung zum Lande, Verlag Julius Beltz, Langensalza 1933.

8 Neuausgabe, 3. Aufl., Westermann Taschenbuch 1964.

9 S. Anm. 7.

10 Im Auszug in dem in Anm. 5 gen. Quellenband enthalten.

11 H. Nohl: Der Reichsschulgesetzentwurf (1928) in: Pädagogik aus 30 Jahren, Frankfurt/M. 1949, S. 223.

12 Vgl. Hans Scheuerl: Die Einheit der Grundbildung und die Typen der höheren Schule, in: Einsichten und Impulse, 5. Beiheft der Zeitschrift für Pädagogik 1964, S. 96 ff. und Th. Wilhelm, Pädagogik der Gegenwart, a. a. O. S. 109.

13 Vgl. den entspr. Artikel in: Lexikon der Pädagogik der Gegenwart, hrsg. v. J. Spieler 1932, Sp. 403 f.; H. W. Brandau, Die mittlere Bildung in Deutschland, Verlag J. Beltz, Weinheim 1959.

14 Otto Monsheimer: Drei Generationen Berufsschularbeit, Verlag Julius Beltz, Weinheim 1956, S. 18. Vgl. auch Georg Kerschensteiner: Berufsbildung und Berufsschule I, (Schöninghs Sammlung) 1966. Aloys Fischer: Leben und Werk, Bd. 7 Berufspädagogik, bes. v. Karl Kreitmair, Bayerischer Schulbuchverlag, München 1967.

15 Bd. IV, S. 3—72.

16 Die Reformation der Schule, a. a. O. Anhang.

17 Die Schule der Selbsttätigkeit, (Klinkhardts Quellen) S. 76.

18 Langensalza, 3. u. 4. Aufl. 1920, S. 30.

19 Elternbeirat und Elternbeiratswahlen (Weidmannsche Taschenausgabe) 5. Aufl., Berlin 1932, S. 35 f.

20 Spielers Lexikon a. a. O. enthält 6 Abschnitte zum Thema „Elternbewegung". Zitat Bd. I, Sp. 591.

21 Das Schullandheim. Hrsg. v. Zentralinstitut für Erziehung und Unterricht, Verlag Julius Beltz, Langensalza 1926. Dort die Zitate dieses Abschnittes. Vgl. Nohl-Pallat Bd. IV, S. 365.

22 Karl Triebold: Die Freiluftschulbewegung 1931. Vgl. Nohl-Pallat Bd. V, S. 87 f.

Zwölfter Abschnitt: Neue Versuchsschulen und Schulreformpläne in den zwanziger Jahren

1 Franz Hilker (Hrsg.): Deutsche Schulversuche. Berlin 1924. Fritz Karsen (Hrsg.): Die neuen Schulen in Deutschland, Langensalza, Verlag Julius Beltz o. J. (1924) (Karsen I); Fritz Karsen: Deutsche Versuchsschulen der Gegenwart und ihre Probleme, Leipzig 1923 (Karsen II); Gustav Porger (Hrsg.): Neue Schulformen und Versuchsschulen. Bielefeld u. Leipzig 1925. Vgl. auch Otto Karstädt: Versuchsschulen und Schulversuche, in: Nohl-Pallat Bd. IV, S. 333—364.

2 Fritz Karsen: Die Schule der werdenden Gesellschaft. Berlin 1922, S. 129. Die „Fritz-Karsen-Schule" in Berlin-Neukölln ist heute eine Gesamtschule.

3 Porger, a. a. O. S. 191.

4 Die Dresdener Versuchsschule, bei Hilker a. a. O. S. 244 f.

5 Karsen I, a. a. O. S. 139.

6 Unsere Bremer Gemeinschaftsschule, bei Hilker a. a. O. S. 254.

7 S. Hilker, a. a. O. S. 259.

8 Alfred Ehrentreich: Pädagogische Odyssee. Im Wandel der Erziehungsformen. Verlage J. Beltz, Weinheim u. A. Henn, Ratingen 1967, S. 135. Dieses biographische Werk gibt Einblicke in die Arbeit der Landerziehungsheime und der Schule Karsens.

9 Karsen I, a. a. O. S. 190. F. Karsen „Die Aufbauschule in Neukölln" (Auszug) bei Flitner-Kudritzki II, S. 94—104.

10 Karsen I, a. a. O. S. 177/78 und Flitner-Kudritzki II, S. 92/93.

11 Heinz Kloss: Waldorfpädagogik und Staatsschulwesen, Ernst Klett Verlag, Stuttgart 1955, S. 29.

12 Verein Freie Waldorfschule Stuttgart e. V. (1921); s. Porger a. a. O. S. 110, Flitner-Kudritzki II, S. 110.

13 C. v. Heydebrand: Vom Lehrplan der Freien Waldorfschule. Verlag Freies Geistesleben, Stuttgart 1958, S. 7 f.

14 Rudolf Steiner: Rede zur Einweihung der Freien Waldorfschule in Stuttgart, s. Flitner-Kudritzki II, S. 117.

15 Die Erziehung des Kindes vom Gesichtspunkt der Geisteswissenschaft, Stuttgart, Ausg. 1948, S. 9.

16 Flitner-Kudritzki II, S. 109.

17 Porger a. a. O. S. 132.

18 Flitner-Kudritzki II, S. 109.

19 v. Heydebrand, a. a. O. S. 7.

20 Flitner-Kudritzki II, S. 115.

21 Flitner-Kudritzki II, S. 123.

22 Wilhelm Rauthe: Erfahrungen mit dem Epochenunterricht in der Waldorfschule, Zeitschrift für Pädagogik 1961, S. 337—347. „Der Epochenunterricht ist ein wichtiger schulorganisatorischer und zugleich methodischer Begriff im Ganzen der Waldorfpädagogik. Ohne seine Anwendung würden die Waldorfschulen ihre Aufgabe, eine nicht ausgelesene Schülerschaft bis zur 12. Klasse zu führen, nicht lösen können."

23 Flitner-Kudritzki II, S. 121.

24 Flitner-Kudritzki II, S. 117.

25 Heinz Kloss widmete seine gen. Schrift dem „Deutschen Ausschuß für das Erziehungs- und Bildungswesen".

26 Vgl. hierzu die entsprechenden Abschnitte bei Theodor Schwerdt: Kritische Didaktik, 1. Aufl. 1933, 10. Aufl. 1955. Paderborn S. 173, 201; ferner Die Reformpädagogik des Auslands (Hrsg. Röhrs), a. a. O. S. 88, 99, 107, 136.

27 Zu Biographie und Bibliographie Peter Petersens vgl. Peter und Else Petersen: Pädagogische Tatsachenforschung (Schöninghs Sammlung) 1965, S. 577 f. G. Slotta: Die pädagogische Tatsachenforschung, Peter u. Else Petersens, Beltz 2. Aufl. 1968.

28 Peter Petersen: Der Jenaplan einer freien allgemeinen Volksschule, Verlag Julius Beltz, Langensalza 1927, S. 7. Neuauflage im gleichen Verlag, Weinheim.

29 Die Weiterentwicklung führt zur Gesamtschule.

30 „Leitlinien für einen nutzbringenden Besuch der Unterrichtssituationen der Jenaer Universitätsschule" (Hand-Zettel für die Besucher der Petersenschule, bisher m. W. nicht publiziert).

31 Schulleben und Unterricht einer freien allgemeinen Volksschule nach den Grundsätzen Neuer Erziehung. (Jenaplan, Erster Band) H. Böhlaus Nachf., Weimar 1930, S. 203.

32 Führungslehre des Unterrichts, Braunschweig, 7. Aufl. 1963, S. 98.

33 Kleine Jenaplan (Anm. 28) S. 40.

34 Kleine Jenaplan (Anm. 28) S. 41.

35 S. Anm. 31, S. 203.

36 „Der Jena-Plan stellt die eigentliche, praktisch gewordene Synthese der großen Anstöße der Schulreformbewegung dar; neben der Waldorf-Schule Rudolf Steiners liegt im Modell der Jena-Plan-Schule die einzige einheitliche und originale Schulkonzeption der Zwanziger Jahre vor." Flitner-Kudritzki II, S. 279. Vgl. Herbert Chiout: Schulversuche in der Bundesrepublik Deutschland, Crüwell, Dortmund 1955.

37 S. Anm. 27, S. 99 u. 106.

38 S. Anm. 27, S. 109.

39 S. Anm. 30, S. 8.

40 Aufruf Oestreichs in seiner Programmschrift: Der Schulkampf des 20. Jahrhunderts, s. Flitner-Kudritzki II, S. 77.

41 S. die Satzungen des Bundes bei Flitner-Kudritzki II, S. 78/80.

42 Paul Oestreich: Die elastische Einheitsschule. Lebens- und Produktionsschule. (Die Lebensschule, Schriftenreihe des Bundes Entschiedener Schulreformer, hrsg. v. Franz Hilker, Heft 4), Berlin 1931.

43 Paul Oestreich (Hrsg.): Die Produktionsschule als Nothaus und Neubau: Elastische Einheits-, Lebens-, Berufs- und Volkskultur-Schule. Vorträge, gehalten auf der öffentlichen Tagung des Bundes Entschiedener Schulreformer in der Berliner Universität, 30. September bis 4. Oktober 1923, Berlin 1924.

44 Der Wortlaut der Eingabe ist wiedergegeben bei W. Scheibe: Die Strafe als Problem der Erziehung, a. a. O., S. 247 f.

45 Berlin 1947 (Neuausgabe), S. 139.

Dreizehnter Abschnitt: Die Sozialpädagogische Bewegung

1 Nohl-Pallat, Bd. V, S. 3, G. Bäumer (s. o. Frauenbewegung) war von 1916—1920 Leiterin des Sozialpädagogischen Instituts Hamburg und dann bis 1933 Ministerialrat im Reichsministerium des Inneren. Die Abgrenzung im gen. Zitat dürfte sich vor allem auf die von Paul Natorp vertretenen Auffassung von Sozialpädagogik als Gemeinschaftserziehung beziehen (Sozialpädagogik, 1. Aufl. 1899, 4. 1920). Zum Sprachgebrauch des Begriffs Sozialpädagogik vgl. Klaus Mollenhauer: Die Ursprünge der Sozialpädagogik in der industriellen Gesellschaft. Verlag J. Beltz, Weinheim 1959, S. 7 f.

2 Aloys Fischer: Die Entwicklung der deutschen Schulgesetzgebung seit 1918. (Pädagogische Kongreßblätter 1, H. 3—6) München 1925, S. 148.

3 Günther Dehn: Jugendpflege, in: Nohl-Pallat, Bd. V, S. 97.

4 H. Sierks: Jugendpflege, Bd. I Männliche Jugend, Sammlung Göschen, 1913. Die katholische und die evangelische Kirche werden hier als Träger der Jugendpflege behandelt, als ihre Formen zudem die jüdische Jugendpflege, die bürgerlich-nationale, die Turnerschaft, die Schwimmerschaft, Fußball u. a. Sportvereine, Wandervereine, „einschließlich des Verbandes deutscher Wandervögel", Jugendwehr- und Wehrkraftvereine, Deutschnationaler Handlungsgehilfenverband, Gesellschaft für Verbreitung von Volksbildung.

5 Die folg. Zitate nach Sierks, a. a. O., Text des Erlasses dort S. 124 bis 128. Weitere Dokumente in: Staat und Jugend (Beltz-Texte, 32) 1965.

6 Die Erziehung, 3. Jg. 1928, S. 148.

7 Nohl, Päd. B., S. 19; Heinrich Stettner: Jugendpflege in der Bundesrepublik Deutschland, Luchterhand Verlag Neuwied 1966, S. 5.

8 E. Weniger, a. a. O. S. 147.

9 H. Nohl: Die pädagogische Idee in der öffentlichen Jugendhilfe (1928) jetzt in: Aufgaben und Wege der Sozialpädagogik, hrsg. v. Elisabeth Blochmann, (Beltz-Texte, 35) 1965, S. 48.

10 Heinrich Többen: Die Jugendverwahrlosung und ihre Bekämpfung. Münster 1927, S. 53.

11 Einl. zur Neuausgabe 1951.

12 Zuerst abgedruckt in: Jugendwohlfahrt. Sozialpädagogische Aufsätze, 1927, dann in: Pädagogik aus 30 Jahren, Frankfurt/M. 1949; dort die folg. Zitate.

13 Vgl. Erich Weniger: Herman Nohl und die sozialpädagogische Bewegung, 1. Beiheft der Zeitschrift für Pädagogik. Verlag Julius Beltz, Weinheim 1959, S. 5—20.

14 Vgl. Horst Roche: Theorie, Praxis und Bedeutung der Arbeit Karl Wilkers im Berliner Erziehungsheim „Lindenhof", in: Erziehung und Leben (Anthropologie und Erziehung, 4), Quelle und Meyer, Heidelberg 1960, S. 37 f.

15 Karl Wilker: Der Lindenhof — Werden und Wollen. Heilbronn 1921, S. 40.

16 Zit. nach Roche, a. a. O. S. 51.

17 Karl Wilker: Fürsorgeerziehung als Lebensschulung. Ein Aufruf zur Tat, Berlin 1921, S. 25.

18 Lindenhof, a. a. O. S. 40.

19 Flitner-Kudritzki II, S. 139/140 (Auswahl aus Wilkers „Lindenhof").

20 Lindenhof, a. a. O. S. 41.

21 Lindenhof, a. a. O. S. 50.

22 Mit den vollständig wiedergegebenen Satzungen bei Flitner-Kudritzki II, S. 137—139.

23 Lindenhof, a. a. O. S. 74.

24 Von Roche besonders hervorgehoben, a. a. O., dort die folgenden Zitate.

25 J. M. Spaeth Verlag Berlin. Zur Diskussion über Lampel vgl. Gertrud Herrmann, Die sozialpädagogische Bewegung der zwanziger Jahre (Quellenhefte für die soziale Ausbildung). Verlag Julius Beltz, Weinheim 1956.

26 Lampel, a. a. O. S. 9.

27 Walter Herrmann: Das Hamburgische Jugendgefängnis Hahnöfersand. Mannheim 1923, 2. Aufl. 1926. Curt Bondy: Pädagogische Probleme im Jugendstrafvollzug, Mannheim 1925.

28 Herrmann, a. a. O. S. 21.

29 Bondy, a. a. O. S. 31.

30 Herrmann, a. a. O. S. 21/22.

31 Vgl. die genannte Auswahl bei Gertrud Herrmann S. 50 f., hier auch das folg. Zitat.

32 Bondy, a. a. O. S. 5.

33 Bondy, a. a. O. S. 8/9.

34 Aloys Fischer: Leben und Werk, Bayerischer Schulbuchverlag, München o. J. (1950) Bd. II, S. 46.

35 Lina Mayer-Kulenkampff: Ausbildungsstätten für weibliche soziale Berufe, in: Nohl-Pallat, Bd. IV, S. 282—293.

36 S. Die Reformpädagogik des Auslands, hrsg. v. H. Röhrs (Pädagogische Texte) a. a. O.

Vierzehnter Abschnitt: Die Volksbildungsbewegung

1 Vgl. Frolinde Balser: Die Anfänge der Erwachsenenbildung in Deutschland in der ersten Hälfte des 19. Jahrhunderts. Klett Verlag, Stuttgart 1959, ferner Heinz Matzat: Zur Idee und Geschichte der Erwachsenenbildung in Deutschland. Hrsg. vom Verband der Volkshochschulen des Saarlandes, Saarbrücken 1964.

2 Johannes Tews: Artikel „Volksbildungsvereine (W. Rein, Encyklopädisches Handbuch der Pädagogik), 2. Aufl. 1903.

3 Martin Keilhacker: Das Universitäts-Ausdehnungsproblem in Deutschland und Deutsch-Österreich, Stuttgart 1929.

4 Festschrift zum 25jährigen Bestehen der Ferienkurse in Jena. Eugen Diederichs, Jena 1913, S. 13 f.

5 Martin Rudolf Vogel: Volksbildung im ausgehenden 19. Jahrhundert. Stuttgart 1959, S. 69.

6 Zuerst erschienen in „Die Arbeitsgemeinschaft. Monatsschrift für das gesamte Volkshochschulwesen". Hrsg. in Verbindung mit Robert von Erdberg und A. H. Hollmann von Werner Picht. 2. Jg. 1920/21, S. 73—94, dann in: Robert von Erdberg, Fünfzig Jahre freies Volksbildungswesen. Berlin 1924, S. 7—29, schließlich in: Jürgen Henningsen, Die Neue Richtung in der Weimarer Zeit. Dokumente und Texte von Robert von Erdberg, Wilhelm Flitner, Walter Hofmann, Eugen Rosenstock-Huessy (Schriften zur Erwachsenenbildung). Ernst Klett Verlag, Stuttgart 1960, S. 13—40. Diese Quellenpublikation wird im folgenden mit „Henningsen" zitiert. Vgl. R. v. Erdberg: Freies Volksbildungswesen, in: Nohl-Pallat, Bd. IV, S. 370 bis 400.

7 Henningsen, S. 18.

8 Henningsen, S. 22.

9 Henningsen, S. 23.

10 Henningsen, S. 30.

11 Henningsen enthält eine umfassende Aufstellung S. 26/29.

12 Henningsen, S. 31.

13 Henningsen, S. 35.

14 Henningsen, S. 40—61. Vgl. auch Henningsens Untersuchung: Zur Entstehungsgeschichte der Bezeichnung „Neue Richtung", a. a. O. S. 162 bis 169.

15 Werner Picht: Das Schicksal der Volksbildung in Deutschland. Georg Westermann Verlag, Braunschweig 1950, S. 66. Dieses in erster Auflage 1936 erschienene, damals jedoch verbotene, Buch ist die bisher umfassendste Darstellung der Volksbildungsbewegung, geschrieben von einem ihrer stärksten Anreger.

16 Wilhelm Flitner bei Henningsen, S. 117.

17 Henningsen, S. 45.

18 Wilhelm Flitner: Laienbildung (Beltz-Texte, 13) 1931, S. 45. (Die 1. Aufl. erschien 1921).

19 A. a. O. S. 66.

20 Henningsen, S. 118.

21 Henningsen, S. 138.

22 S. o. Anm. 18, dort S. 1.

23 A. a. O. S. 39.

24 A. a. O. S. 48.

25 A. a. O. S. 56/57.

26 A. a. O. S. 45 f., 55.

27 Henningsen, S. 35.

28 Henningsen, S. 55.

29 Henningsen, S. 53.

30 Henningsen, S. 52.

31 Henningsen, S. 57.

32 Picht, a. a. O. S. 187.

33 Picht, a. a. O. S. 68.

34 v. Erdberg, bei Henningsen, S. 43.

35 Abdruck bei Henningsen, S. 103 f.

36 Henningsen, S. 105/106, folg. Stellen S. 109 f.

37 Henningsen, S. 56.

38 Vgl. vor allem Picht, a. a. O. S. 177 f.

39 S. Artikel „Volkshochschulen", in: Lexikon der Pädagogik der Gegenwart, hrsg. v. J. Spieler, a. a. O., Bd. II, Sp. 1221.

40 Bei Henningsen sind ab S. 134 die vorstehend gen. Dokumente mit den Zitaten wiedergegeben.

41 Henningsen, S. 87.

42 Paul Steinmetz: Die Deutsche Volkshochschulbewegung, Karlsruhe 1929, S. 51.

43 Henningsen, S. 123.

44 Henningsen, S. 135.

45 Steinmetz, a. a. O. S. 63.

46 Henningsen, S. 78.

47 Vgl. Franz Pöggeler: Methoden der Erwachsenenbildung, Verlag Herder, Freiburg 1964. Dieses Werk enthält zahlreiche Rückblicke auf die Volksbildungsbewegung, vor allem deren Methoden, z. T. mit kritischer Stellungnahme.

48 Vgl. Hal Koch: Grundtvig Leben und Werk, Verlag Kiepenheuer, Köln u. Berlin 1951 u. Erich Weniger: Grundtvig und der Begriff der historischen Aufklärung, in: Die Eigenständigkeit der Erziehung in Theorie und Praxis. Verlag Julius Beltz, Weinheim o. J. (1952), S. 172 f. N.F.S. Grundtvigs Volkshochschule (Beltz-Texte, 9) 2. Auflage 1962.

49 Eduard Weitsch: Dreißigacker, die Schule ohne Katheder. Pädagogische Schnappschüsse aus der Praxis eines Volkshochschulheims von 1922—1933, Hamburg 1952. Ein früherer Bericht von Weitsch aus Franz Hilker „Deutsche Schulversuche" (a. a. O.) ist bei Flitner-Kudritzki Bd. II, S. 163 f. erneut abgedruckt; dort die folgenden Zitate.
50 Georg Keil: Vormarsch der Arbeitslagerbewegung. Berlin 1932.
51 W. Picht, a. a. O. S. 160, Motto des Abschnittes „Die Volksbücherei".
52 Henningsen, S. 139.
53 Aus Walter Hofmann: Buch, Volk und Bücherei (1917), bei Flitner-Kudritzki II, S. 174.
54 Picht, a. a. O. S. 171.
55 S. Henningsen, S. 139; vgl. Rudi Jörden, Die Volksbücherei, in: Nohl-Pallat Bd. IV, S. 410—418.
56 Henningsen, S. 140, s. auch Jürgen Henningsen: Der Hohenrodter Bund. Zur Erwachsenenbildung in der Weimarer Zeit. Quelle und Meyer, Heidelberg 1958; dazu die Besprechung von Erich Weniger in: Zeitschrift für Pädagogik, 1958, S. 448. Hier das vorige Zitat.
57 Vgl. Karl Bozek: Anton Heinen und die deutsche Volkshochschulbewegung, Stuttgart 1963.
58 Henningsen, S. 140.
59 Plan einer Deutschen Schule für Volksforschung und Erwachsenenbildung, bei Henningsen, S. 114.
60 Henningsen, S. 88 f.
61 Vgl. die in Anm. 56 gen. Besprechung, dort S. 448.
62 Vgl. „Zur Situation und Aufgabe der deutschen Erwachsenenbildung" (Deutscher Ausschuß für das Erziehungs- und Bildungswesen) Stuttgart 1960; Hans Tietgens: Wandlungen der Erwachsenenbildung in der Bundesrepublik Deutschland, in: Internationale Zeitschrift für Erziehungswissenschaft, Vol. XII, 1966, S. 144 f.

Fünfzehnter Abschnitt: Pädagogik als Wissenschaft
1 Ernst Lichtenstein: Die letzte Vorkriegsgeneration in Deutschland. Beiheft 5 der Zeitschrift für Pädagogik. 1964 S. 5. S. F. Kanning: Strukturwissenschaftliche Pädagogik. Heidelberg 1953.
2 Zeitschrift für Pädagogik, 1. Jg. 1955, S. 1.
3 Herman Nohl, Ausgewählte pädagogische Abhandlungen. Bes. v. J. Offermann, (Schöninghs Sammlung) 1967, Herman Nohl: Eine Auswahl schulpädagogischer Schriften, bes. v. Walter Popp, (Quelle u. Meyer, G. u. G.) 1967, Klaus Bartels: Die Pädagogik Herman Nohls. Beltz 1968.
4 Nohl, Päd. B., S. 105, die folgenden Zitate S. 127, 134, 140, 29.
5 H. Nohl, Pädagogik aus 30 Jahren, Verlag Schulte-Bulmke, Frankfurt 1949, S. 112, 124.

6 Zeitschrift für Pädagogik, 1. Jahrgang 1955, S. 9.

7 S. Eduard Spranger, Sein Werk und sein Leben, Hrsg. Walter Bähr u. Hans Wenke. Quelle und Meyer, Heidelberg 1964.

8 Eduard Spranger: Kultur und Erziehung. Quelle und Meyer, Leipzig 2. Aufl. 1923. Vorw. Eduard Spranger: Vom pädagogischen Genius, Lebensbilder und Grundgedanken großer Erzieher. Quelle und Meyer, Heidelberg 1965. Eduard Spranger: Grundlegende Bildung — Berufsbildung — Allgemeinbildung. Bes. v. Joachim Knoll. (Quelle u. Meyer G. u. G. Bd. 9/10) 1965.

9 Aloys Fischer: Leben und Werk, hrsg. v. Karl Kreitmair. Bayerischer Schulbuchverlag, München 1950 ff. und Ausgewählte pädagogische Schriften, bes. v. K. Kreitmair (Schöninghs Sammlung) 1961.

10 Leben und Werk, Bd. III, S. 19.

11 Leben und Werk, Bd. III/IV.

12 Theodor Litt: Pädagogik und Kultur. Kleine pädagogische Schriften. Hrsg. v. F. Nicolin, (Klinkhardts Quellen) 1965.

13 Pädagogik und Kultur, S. 103.

14 Pädagogik und Kultur, S. 87.

15 Theodor Litt: Führen oder Wachsenlassen, Verlag Teubner, Leipzig, 2. Aufl. 1929, S. 107.

16 Helmuth Kittel, Die Entstehung der Pädagogischen Hochschulen 1926—1932. Hannover 1957. Albert Reble: Lehrerbildung in Deutschland. Ratingen 1958.

17 Die Pädagogischen Hochschulen. Dokumente ihrer Entwicklung 1920—1932. Hrsg. Helmuth Kittel. Verlag Julius Beltz, Weinheim 1965. (Neudruck der wichtigsten Schriften).

18 Die Pädagogischen Hochschulen, a. a. O. S. 131.

Nachwort

Ergänzungen zur 2.–8. Auflage

Seit dem ersten Erscheinen dieses Buches hat sich die Erziehungswissenschaft weiterhin in bemerkenswertem Umfang mit den Aktivitäten der Reformpädagogen und dem Selbstverständnis der verschiedenen Richtungen befaßt. Es konnte nicht sinnvoll erscheinen und war praktisch auch nicht möglich, in dieser sich auf das Wesentliche beschränkenden „einführenden Darstellung" die Erkenntnisse und Positionen der einzelnen Neuerscheinungen zu berücksichtigen und sie in den Text einzuarbeiten. Statt dessen wurden von der 2. Auflage an bis zu dieser im Teil „Ergänzungen" ausgewählte neue Publikationen zum Thema dieses Buches angezeigt und mit dem Hinweis auf die Bezugsstelle (Seitenzahl) sowie teilweise auch mit erklärenden und kritischen Vermerken versehen.

Publikationen gerade der letzten Jahre zeigen eine sehr positive Einschätzung der führenden Vertreter der Reformpädagogischen Bewegung, die als „Klassiker der Pädagogik" (s. u.) bezeichnet werden. Die immer aktuell bleibende Frage, ob bzw. in welchem Umfang mit der Reformpädagogik gewonnene Einsichten, Einstellungen und Impulse heute die Praxis der Erziehung durchdringen und das Handeln bestimmen, kann nur differenziert beantwortet werden. Leider ist die Bemerkung von Wilhelm Flitner in seinem Aufsatz „Verwissenschaftlichung der Schule?" gegenwärtig nicht zu bestreiten: „... die in der Didaktik des letzten Jahrzehnts aufgekommene szientistische Tendenz ... hat in der Schulpraxis schnellen Erfolg gehabt und den Ertrag der reformpädagogischen Bewegung weitgehend zerstören helfen" (ZfPäd. Jg. 23 (1977) S. 947f.). Rückschläge sind auch an anderen Stellen nicht ausgeblieben. Gleichwohl haben sich auf die Jahrzehnte gesehen Wandlungen vollzogen, die durch die historische Reformbewegung initiiert wurden: in der Einstellung zum Kind und im Umgang mit ihm, in der

Jugendarbeit, im Lehrer-Schüler-Verhältnis, im Bilde der Schule, im Verständnis für Versuchsschulen, in den Zielvorstellungen der Erziehung, im Stil der Sozialpädagogik, der Erwachsenenbildung u. a. Doch erscheint es weniger wichtig, zu registrieren, „wie weit wir es gebracht haben", als immer wieder von neuem Wege zu erkannten Zielen zu erschließen.

Gesamtdarstellungen und Sammelbände zur Reformpädagogischen Bewegung aus den Jahren 1970–1982

Hermann Röhrs: Die Reformpädagogik. Ursprung und Verlauf in Europa. (Das Bildungsproblem in der Geschichte des europäischen Erziehungsdenkens, hrsg. von E. Lichtenstein† und H.-H. Groothoff. Die Reformpädagogik als internationale Bewegung, XVI, 1). Hannover: Schroedel 1980, 352 S. Diese umfassende Arbeit stimmt in den wesentlichen Zügen mit der unseren überein. Eingehender behandelt sind vor allem die Landerziehungsheime, Maria Montessori, Ovide Decroly und Martin Buber.

Josef Speck (Hrsg.): Geschichte der Pädagogik des 20. Jahrhunderts. Von der Jahrhundertwende bis zum Ausgang der geisteswissenschaftlichen Epoche, Bd. I, II (Urban Taschenbücher) Stuttgart: Kohlhammer 1978, 178 bzw. 166 S. Die Bände enthalten u. a. Artikel über Otto Friedrich Bollnow (G. Bräuer), Martin Buber (J. Speck), Wilhelm Dilthey (K. Bartels), Aloys Fischer (H. Röhrs), Wilhelm Flitner (K. Erlinghagen), Friedrich Wilhelm Foerster (W. Scheibe), Romano Guardini (D. Höltershinken), Georg Kerschensteiner (K. Stratmann), Theodor Litt (F. Nicolin), Maria Montessori (P. Oswald), Herman Nohl (K. Bartels), Berthold Otto (W. Scheibe), Peter Petersen (D. Höltershinken), Eduard Spranger (G. Bräuer), Rudolf Steiner (K. A. Wiederhold), Erich Weniger (K. Bartels).

Hans Scheuerl (Hrsg.): Klassiker der Pädagogik. Bd. II von Karl Marx bis Jean Piaget. München: C. H. Beck 1979, 383 S. In diesen Klassiker-Band sind u. a. aufgenommen: Martin Buber (H. Scarbath/H. Scheuerl), John Dewey (F. Bohnsack), Wilhelm Dilthey (U. Herrmann), Wilhelm Flitner (H. Scheuerl), Paul Geheeb (E. Badry), Kurt Hahn (E. Badry), Georg Kerschensteiner (Th. Wilhelm), Hermann Lietz (E. Badry), Theodor Litt (W. Klafki), Anton Makarenko (L. Froese), Maria Montessori (K. Erlinghagen), Herman Nohl (G. Geissler), Berthold Otto (J. Henningsen), Peter Petersen (W. Kosse), Eduard Spranger (M. Löffelholz), Rudolf Steiner (Ch. Lindenberg), Gustav Wyneken (E. Badry).

Hermann Röhrs: Die progressive Erziehungsbewegung. Verlauf und Auswirkung der Reformpädagogik in den USA. (Das Bildungsproblem in der Geschichte des europäischen Erziehungsdenkens, hrsg. von E. Lichtenstein† und H.-H. Groothoff. Die Reformpädagogik als internationale Bewegung, XVI, 2.) Hannover: Schroedel 1977, 178 S. Im Zusammenhang des Progressive Education Movement sind besonders berücksichtigt: Dewey, Kilpatrik, Dalton-Plan, Winetka-Plan.

Erik Adam (Hrsg.): Die österreichische Reformpädagogik 1918–1938. Symposionsdokumentation (Beiträge zur Geschichte der Pädagogik Bd. 1). Wien–Köln–Graz: H. Böhlau Nachf. 1981, 291 S. Dieser Sammelband handelt von der österreichischen Schulreform, hat sein Schwergewicht jedoch in dem Werk von August Aichhorn und in der Bedeutung der Wiener Schule der Psychologie für die Pädagogik.

Edgar Beckers/Elke Richter: Kommentierte Bibliographie zur Reformpädagogik. (Schriften der Deutschen Sporthochschule Köln, Bd. I) Sankt Augustin: Verlag Hans Richarz 1979, 310 S. Diese Arbeit könnte eine Fundgrube sein, wäre sie nicht durch eine über die Reformpädagogik weit hinausgehende Anhäufung von Material überlastet. Das Register enthält 2500 Namen!

Weitere Neuerscheinungen mit Angabe der Bezugsseite:

37 Walter Greiff/Rudolf Jentsch/Hans Richter (Hrsg.): Gespräch und Aktion in Gruppe und Gesellschaft 1919–1969. Freundesgabe für Hans Dehmel, hrsg. i. A. d. Boberhauskreises. (Quellen und Beiträge zur Geschichte der Jugendbewegung, Bd. 14) Frankfurt/M. 1970.
   Jakob Müller: Die Jugendbewegung als deutsche Hauptrichtung neukonservativer Reform. Zürich 1971.
   Der 3. Band der Dokumentation der Jugendbewegung „Die Deutsche Jugendbewegung 1920–1933. Die bündische Zeit" erschien 1974 (1840 S.). Er ist vor allem in seinen Abschnitten (Sacharbeitsgebiete): Jugendmusikbewegung, Laienspiel-Bewegung, Schulversuche aus der Jugendbewegung, Jugendbewegung und soziale Arbeit, Jugendbewegung und Volksbildung, Arbeitslagerbewegung aufschlußreich für das Studium der Reformpädagogischen Bewegung.
   Wolfgang Sauer (Hrsg.): Rückblicke und Ausblicke. Die deutsche Jugendbewegung im Urteil nach 1945. Heidenheim: Südmarkverlag Fritsch 1978.

54 Dirk Hagener: Radikale Schulreform zwischen Programmatik und Realität. Die schulpolitischen Kämpfe in Bremen vor dem Ersten Weltkrieg und in der Entstehungsphase der Weimarer Republik (Veröffentlichungen aus dem Staatsarchiv der Freien Hansestadt Bremen, Bd. 39). Bremen: Carl Schünemann 1973.

55 Die Lichtwarkschule. Idee und Gestalt. Hamburg: Selbstverlag Arbeitskreis Lichtwarkschule 1979.

Winfried Böhm: Maria Montessori. Hintergrund und Prinzipien ihres pädagogischen Denkens. (Würzburger Arbeiten zur Erziehungswissenschaft) Bad Heilbrunn/Obb. 1969.

Winfried Böhm (Hrsg.): Maria Montessori, Texte und Diskussion. Bad Heilbrunn/ Obb. 1971.

56 Alexander Sutherland Neill: Theorie und Praxis der antiautoritären Erziehung. Das Beispiel Summerhill. rororo Reinbek 1969.
Die Internatsschule des 1970 in der Bundesrepublik zu großer Publizität gelangten Autors wurde zwar erst in den 20er Jahren entwickelt, ging jedoch ganz im Sinne der frühen Pädagogischen Bewegung radikal vom Kinde aus. Die vorwiegend der Erziehung und nur wenig dem Unterricht zugewandten Reflexionen beziehen Erkenntnisse der Psychoanalyse mit ein.
Siegfried Bernfeld: Antiautoritäre Erziehung und Psychoanalyse. Ausgew. Schriften in 3 Bänden. Darmstadt 1970. (Neudruck)

76 Jakob R. Schmid: Freiheitspädagogik. Schulreform und Schulrevolution in Deutschland. rororo Reinbek 1973. Die Studie des Berner Pädagogen erschien 1936 mit dem Titel „Le maître-camarade et la pédagogie libertaire" und wurde erst jetzt übersetzt. Mit starkem Engagement behandelt sie Kapitel der Frühzeit der Reformbewegung, wie B. Otto, Landerziehungsheime, Arbeitsschule u. a. Im neuen Lehrer-Schülerverhältnis und in den Hamburger Lebensgemeinschaftsschulen findet sie besondere Schwerpunkte.

77 Rudolf Lassahn: Das Schulleben. (Klinkhardts Quellen) 1969. Unter den insgesamt 11 Quellentexten beziehen sich 3 auf die Landerziehungsheime, betreffen 2 Peter Petersen und seine Schule und je einer stammt von Berthold Otto, Maria Montessori, Hugo Gaudig und Adolf Reichwein.

81 Rosemarie Wothge: Die Beziehungen zwischen den gesellschaftlichen, psychologischen und pädagogischen Anschauungen Berthold Ottos. Habil.-Schr. Halle 1955 (ungedr.). Auf diese Arbeit und andere Beiträge aus der DDR verwies Rosemarie Ahrbeck in ihrer Rez. in: Deutsche Literaturzeitung Jg. 96 Berlin (Ost) 1975.

111 Karl Schwarz: Bibliographie der deutschen Landerziehungsheime. Stuttgart 1971.

112 Hermann Lietz: Schulreform durch Neugründung. Ausgewählte Pädagogische Schriften. (Schöninghs Sammlung) 1970.

113 Heinrich Kupffer: Gustav Wyneken. Stuttgart 1970.

115 Paul Geheeb – Briefe. Stuttgart 1970.

137 Ziechmann, Jürgen: Theorie und Praxis der Erziehung bei Leonhard Nelson und seinem Bund. Bad Heilbrunn/Obb. 1970.
Eine der Landerziehungsheimbewegung nahe stehende Reformrichtung mit besonderer politischer Akzentuierung wird in diesem Bande erschlossen.

143 Karl Renner: Ernst Weber und die reformpädagogische Diskussion in Bayern. (Würzburger Arbeiten zur Erziehungswissenschaft, hrsg. v. A. Reble.) Bad Heilbrunn/Obb.: Julius Klinkhardt 1979. Ernst Weber (1873–1948) hat in zahlreichen

Büchern und Artikeln die reformpädagogische Diskussion nicht nur in Süddeutschland angeregt. Sein besonderes Interesse galt den Aufgaben der Kunsterziehung (Zeichnen und Literatur).

154 Gisela Wilkending: Volksbildung und Pädagogik „vom Kinde aus". Eine Untersuchung zur Geschichte der Literaturpädagogik in den Anfängen der Kunsterziehungsbewegung (Beltz Forschungsberichte). Weinheim: Beltz 1980.

165 Line Kossolapow: Musische Erziehung zwischen Kunst und Kreativität. 1975.

172 Gerhard Wehle (Hrsg.): Kerschensteiner (Wege der Forschung Bd. CIC) Darmstadt: Wissenschaftliche Buchgesellschaft 1979, 390 S. Der Band vereinigt 18 zwischen 1900 und 1969 erschienene kritische Artikel, dazu eine Einführung, eine umfassende Bibliographie und einen Bericht über das Kerschensteiner-Archiv in München.

195 Hans Gärtner: Reformpädagogik exemplarisch – Franz X. Weigl. Donauwörth 1971. Das vielseitige Werk von F. X. Weigl (1878–1948) enthielt vor allem eine Weiterführung und Modifikation der deutschen Arbeitsschule („Tatschule").

196 Fritz Bohnsack: Erziehung zur Demokratie. John Deweys Pädagogik und ihre Bedeutung für die Reform unserer Schule. Ravensburg 1976.

201 Elise Freinet: Erziehung ohne Zwang. Der Weg Célestin Freinets. Stuttgart: Klett-Cotta 1981.

207 P. P. Blonskij: Die Arbeitsschule (Neuausgabe). Paderborn 1973.

251 K. G. Fischer (Hrsg.): Politische Bildung in der Weimarer Republik. Referate d. Staatsbürgerlichen Woche 1923. Frankfurt 1970.

269 Dieter Margies: Das höhere Schulwesen zwischen Reform und Restauration. Die Biographie Hans Richerts als Beitrag zur Bildungspolitik in der Weimarer Republik. Neuburgweier-Karlsruhe 1972.

273 Christoph Führ: Zur Schulpolitik der Weimarer Republik. Darstellung und Quellen. Weinheim 1970.
Hildegard Milberg: Schulpolitik in der pluralistischen Gesellschaft. Die politischen und sozialen Aspekte der Schulreform in Hamburg 1890–1935. Hamburg 1970.
Manfred Heinemann (Hrsg.): Sozialisation und Bildungswesen in der Weimarer Republik. 1976.

277 Johannes Maass: a) Die eigengesetzliche deutsche Schule. Ein Beitrag zum Verständnis und zur Lösung der Einheitsschulfrage. b) Demokratie, Sozialismus und Schule. c) Die Volksschule im Volksstaat. Wiesbaden 1919. Johannes Maass (1882–1953) entwickelt in diesen drei Schriften seine schulpädagogischen und schulpolitischen Reformgedanken für eine neue der Weimarer Republik entsprechende demokratische Schule.

282 Der amtliche Bericht: „Die Reichsschulkonferenz 1920" wurde 1972 unverändert nachgedruckt im Verlag Auvermann (Glashütten/Ts.) Hrsg.: Heinz-Joachim Heydorn und Gernot Koneffke. Vgl. die Rezension von Christoph Führ: „Schulkonferenzen im Zerrspiegel" in: Zeitschrift für Pädagogik 1974, S. 957f.

287 Luise Wagner-Winterhager: Schule und Eltern in der Weimarer Republik. Untersuchungen zur Wirksamkeit der Elternbeiräte in Preußen und der Elternräte in Hamburg 1918–1922. (Studien und Dokumentationen zur deutschen Bildungsgeschichte Bd. 7.) Weinheim/Basel: Beltz 1981.

295 Dieter Hoof: Die Schulpraxis der Pädagogischen Bewegung des 20. Jahrhunderts. Berichte und Unterrichtsbilder. Bad Heilbrunn/Obb. 1969.
Im Zusammenhang mit 17 Quellentexten, fast ausschließlich aus den 20er Jahren, enthält diese Publikation ausführlichere Hinweise zu den Textwiedergaben und vor allem zahlreiche bibliographische Angaben.

296 Gerd Radde: Fritz Karsen. Ein Berliner Schulreformer der Weimarer Zeit (Historische und Pädagogische Studien). 1973.

310 Peter Petersen: Pädagogik der Gegenwart (Reprint der 2. Auflage 1937) Weinheim/Basel: Beltz 1973.

318 Ingrid Neuner: Der Bund entschiedener Schulreformer 1919–1933. Programmatik und Realisation. (Würzburger Arbeiten zur Erziehungswissenschaft, hrsg. von Albert Reble). Bad Heilbrunn: Julius Klinkhardt 1980.

Winfried Böhm: Kulturpolitik und Pädagogik Paul Oestreichs. Bad Heilbrunn/Obb. 1973.

Helmut König u. a.: Beiträge zur Bildungspolitik und Pädagogik der revolutionären deutschen Arbeiterbewegung in der Zeit der Novemberrevolution und der revolutionären Nachkriegskrise 1918 bis 1923. Monumenta Paedagogica, Bd. V u. VI. Berlin (Ost) 1968.
Dirk Hagener hat in seiner Rezension (Zeitschrift für Pädagogik 1970, S. 587 f.) auf die Bedeutung der in diesen Bänden aufgezeigten sozialistischen Aktivitäten für das Bild der Pädagogischen Bewegung hingewiesen.

Hildegard Feidel-Mertz (Hrsg.): Zur Geschichte der Arbeiterbildung (Klinkhardts Quellen) 1969. Aus den Jahren 1920–31 Beiträge von F. Fricke, E. Rosenstock-Huessy, R. v. Erdberg, P. Tillich, Th. Bäuerle, L. Nelson, W. Hofmann, Th. Leipart, L. Erdmann, P. Hemberg, A. Siemsen, J. Tews.

331 Berthold Simonsohn (Hrsg.): Fürsorgeerziehung und Jugendstrafvollzug. (Klinkhardts Quellen) 1969. Die 19 Beiträge dieses Bandes entstammen sämtlich den Jahren 1921–1933.

350 Anton Makarenko: Ges. Werke. Marburger Ausgabe 1976 f.

353 Hans Tietgens (Hrsg.): Erwachsenenbildung zwischen Romantik und Aufklärung. Dokumente zur Erwachsenenbildung der Weimarer Republik. Göttingen 1969.

375 Josef Olbrich: Konzeption und Methodik der Erwachsenenbildung bei Eduard Weitsch. Stuttgart 1972.

384 Ulrich Jung: Eugen Rosenstocks Beitrag zur Deutschen Erwachsenenbildung der Weimarer Zeit. Frankfurt 1970.

388 Ernst Hermann Ott: Grundzüge der hermeneutisch-pragmatischen Pädagogik in Deutschland. Eine Monographie über die Zeitschrift „Erziehung" 1925–1933. Göppingen (Kümmerle) 1971.

Elisabeth Blochmann: Herman Nohl – in der pädagogischen Bewegung seiner Zeit 1879–1960. Göttingen 1969.

Hans Jürgen Finckh: Der Begriff der Deutschen Bewegung und seine Bedeutung für die Pädagogik Herman Nohls. Frankfurt/M./Bern/Las Vegas 1977.

Wilhelm Flitner: Gesammelte Schriften (Bücher, Aufsätze, Vorträge) 9 Bände. Paderborn: Verlag F. Schöningh, Bd. I, 1982.

Eduard Spanger: Gesammelte Schriften. 11 Bände. Heidelberg/Tübingen: 1969–1978.

397 Wolfgang Klafki: Die Pädagogik Theodor Litts. Eine kritische Vergegenwärtigung. Königstein/Ts.: Scriptor 1982.

405 Bruno Schonig: Irrationalismus als pädagogische Tradition. Die Darstellung der Reformpädagogik in der pädagogischen Geschichtsschreibung. Weinheim 1973. Diese Untersuchung versteht sich nicht als Explikation der Reformpädagogik selbst, gelangt vielmehr aufgrund ihrer Analysen zu der Forderung einer erneuten kritischen Erforschung, „die auf jeden Versuch ihrer Deklaration zum ‚pädagogischen Erbe‘ verzichtet und die Reformpädagogik nicht mehr ideengeschichtlich auf ihre ideologischen Voraussetzungen reduziert, sondern im Kontext ihrer politischen und gesellschaftlichen Bedingungen kritisch analysiert".

Hubertus Kunert: Deutsche Reformpädagogik und Faschismus. Hannover 1973.

Zu den beiden letztgenannten Titeln vgl. Karl Seidelmann: „Reformpädagogik – ins Zwielicht geraten" in: Zeitschrift für Pädagogik 1974, S. 783 f.

Nachwort

Reformpädagogik und ihre Historiographie und Analyse

von Heinz-Elmar Tenorth

Reformpädagogik ist auch seit dem Nachdruck der 10. Auflage Gegenstand intensiver Diskussionen innerhalb der Historiographie, bei reforminteressierten Pädagogen und in einer weiten bildungshistorisch engagierten Öffentlichkeit gewesen. Beim Erscheinen dieses Standardwerkes als Taschenbuch wollen wir deshalb einige der wesentlichen Ergebnisse der jüngeren Auseinandersetzung und vertiefenden Klärung der Reformpädagogik nachtragen.[1] Diese Ergänzungen lassen sich in vier Themenbereiche ordnen: 1. Fragen zur Epochalisierung und historischen Situierung der Reformpädagogik, 2. Praxis der Reformpädagogik, 3. die Reformpädagogik und ihre Akteure und 4. „Politische Reformpädagogik".

1. Fragen zur Epochalisierung und historischen Situierung der Reformpädagogik

Die Epochenfragen, durch Jürgen Oelkers' These von der „Reformpädagogik vor der Reformpädagogik" angestoßen, sind inzwischen durch mehrere Arbeiten weiterbehandelt worden. In einem ausführlichen Vorwort und vor allem in der Einleitung – „Reformpädagogik" als Epochenbegriff – zur 3. Auflage seiner „Dogmengeschichte" von 1996 diskutiert Oelkers selbst ausführlich, welche Probleme damit verbunden sind, die Reformpädago-

---

[1] Siehe dazu auch: Nachwort der 10. Auflage, Weinheim 1994. Eine Information über die laufende bildungshistorische Forschung findet sich in: Deutsches Institut für Internationale Pädagogische Forschung, Bibliothek für Bildungsgeschichtliche Forschung, Berlin (Hrsg.): Bibliographie Bildungsgeschichte 1997/98. Baltmannsweiler 1998 und früher.

gik als „Epoche" zu verstehen, einen Kanon reformpädagogischer Bewegungen zu unterscheiden und dabei sowohl Originalität in der jeweiligen Zeit als auch die Kontinuität über die Epochen hinweg zu dokumentieren.[2] Bei der Diskussion dieser Epochenfragen sind entsprechend mehrere Probleme der historischen Situierung der Reformpädagogik weiter geklärt worden, und zwar für die Binnengeschichte pädagogischer Reflexion und Innovation als auch für das Umfeld der Reformpädagogik seit 1890. Jürgen Oelkers selbst weist darauf hin, daß die Unterscheidbarkeit der Reformpädagogik als einer Epoche auch für die unterschiedlichen Phasen des Reformdenkens in der Pädagogik wesentlich ist, wenn er sagt, daß „nicht alles Vorgängige Reformpädagogik sein (kann), wenn nicht die exklusive Bedeutung der Innovation gefährdet werden soll" (Oelkers 1996, S. 13). In einem Beitrag über die Verbreitung von Reformansprüchen und -programmen im Bildungsbereich hat F.M. Konrad inzwischen gezeigt, daß die Themen der Reform, die seit Beginn der Weimarer Republik auch mit staatlicher Unterstützung kodifiziert werden, zumindest im Bereich der Schule in weitem Umfang als Kanon einschlägiger Bemühungen bereits um 1900 vorlagen.[3] Die unterschiedlichen Elemente der reformpädagogischen Bewegung formen sich also, wie es schon Herman Nohl beschrieben hatte, seit dem ausgehenden 19. Jahrhundert aus, bevor in Deutschland und international in der Kommunikation der Beteiligten die zentralen Leitbilder dieser Epoche festgehalten werden.

Innerhalb der Pädagogik herrscht bis heute Konsens darüber, daß das zentrale Leitbild das Kind ist. Am Ende des Jahrhunderts, das Ellen Key als das „Jahrhundert des Kindes" ausgerufen hatte, werden deshalb die Kindheitsbilder der Pädagogik intensiv diskutiert.

---

2 Jürgen Oelkers: Reformpädagogik. Eine kritische Dogmengeschichte. 3., vollständig bearbeitete und erweiterte Auflage, Weinheim 1996; ders.: Reformpädagogik – Epochenbehauptungen, Modernisierungen, Dauerprobleme. In: Jahrbuch für historische Bildungsforschung 1 (1993), S. 91-108.
3 F.M. Konrad: Von der „Zukunftspädagogik" und der „reformpädagogischen Bewegung". Zur Konstitution einer Epoche in ihrer Zeit. In: Zeitschrift für Pädagogik 41 (1995), S. 803-826.

Nach einigen älteren und epochenübergreifend ansetzenden Arbeiten über die „Mythologie der Kindheit"[4] und nach einem Versuch einer „Theorie"[5] ist jetzt auch das Kindheitsbild in der Reformpädagogik weiter untersucht worden. Ausgehend von Ellen Keys Überlegungen, geschieht das in einer sowohl historisch als auch theoretisch ambitionierten Studie bei Sabine Andresen und Meike Sophia Baader.[6] Beide Autorinnen rekonstruieren Keys Argumentation nicht so sehr in der Kontinuität des Kindheitsmotivs oder einer Kindheitsmythologie, sondern als den Versuch, mit den Problemen der Modernität und der Modernisierung der westeuropäischen Gesellschaften im Medium von Tradition und Utopie, die das Kind personifiziert, umzugehen. Eher auf der Seite der epochenübergreifenden Muster der Thematisierung liegt dagegen die Studie von Jan Weisser.[7] „Das heilige Kind" wird hier erneut in den Kontext des Mythos, zugleich aber auch in die Referenz von Wissen, materialistischer Wissenschaft und Politik eingeordnet. Sigmund Freud und Herbert Spencer werden als Referenzautoren für Ellen Key neu diskutiert. Nicht nur sie als Person, sondern die pädagogische Bewegung als soziale Tatsache haben von hier aus ihre spezifische historische Konnotation.

Nimmt man die einschlägigen historischen Untersuchungen über die Epoche, in der die Reformpädagogik in der Gestalt entsteht, wie auch Scheibe sie darstellt und periodisiert, dann findet er sich in jüngeren historischen Untersuchungen durch seine Epochalisierung also durchaus bekräftigt.

---

4 Dieter Lenzen: Mythologie der Kindheit. Reinbek 1985; ders.: Kindheit. In: Pädagogische Grundbegriffe. Bd. 2, Reinbek 1989; ders.: Vaterschaft. Vom Patriarchat zur Alimentation. Reinbek 1991.

5 Michael Sebastian Honig: Entwurf einer Theorie der Kindheit. Frankfurt a.M. 1999.

6 Sabine Andresen/Meike Sophia Baader: Wege aus dem Jahrhundert des Kindes. Tradition und Utopie bei Ellen Key. Neuwied/Kriftel 1998.

7 Jan Weisser: Das heilige Kind. Über einige Beziehungen zwischen Religionskritik, materialistischer Wissenschaft und Reformpädagogik im 19. und zu Beginn des 20. Jahrhunderts. Würzburg 1995.

In dem jüngst erschienenen fulminanten „Handbuch der deutschen Reformbewegungen 1880 bis 1933"[8] wird seine Perspektive auch in Analysen des Umfeldes bestätigt. Dieses Handbuch zeigt die Welt, in der die reformpädagogische Bewegung entstand, und den historischen Ort, aus dem sich eine Fülle von neuen sozialen Bewegungen bilden konnte: Sie gelten der Reform des Lebens und der Lebensweise, der Beachtung von Umwelt und Heimat, der Durchsetzung der Prinzipien der Gemeinschaft gegen die Gesellschaft, neuen Formen des Lebens und Arbeitens, Wirtschaftens und Wohnens, der Kultur und der Kunst, der Religiosität und Spiritualität. „Erziehung und Bildung", selbstverständlich Thema und Gegenstand dieses ungemein lehrreichen Handbuches, zeigen insofern sowohl ihren epochal besonderen Anspruch der Erneuerung als auch die historisch-allgemeine Form der „Bewegung" als Medium der Veränderung von Gesellschaft.

Vergleichbar der Bedeutung der Erziehungswissenschaften für die reformpädagogische Bewegung, hat die wissenschaftgeschichtliche Forschung auch die Rolle der Humanwissenschaften um 1900 sichtbar gemacht, orientiert an dem auch für die Pädagogik unentbehrlichen Begriff der „Kultur". „Kultur und Kulturwissenschaften um 1900"[9] bilden den wissenschaftlichen Kontext, in dem sich auch das neue Denken über Erziehung und der Versuch einer Erneuerung der Welt über Lebensreform, Erziehungsreform und neue Formen der Vergesellschaftung in Jugend und Kulturbewegungen ereignet und entfaltet. So ist auch die Rhetorik der Krise und die Kritik der zeitgenössischen Welt nicht nur innerhalb der Pädagogik zentral. „Kulturkrise" findet sich vielmehr als grundlegender Begriff in

---

8 Diethart Kerbs/Jürgen Reulecke (Hrsg.): Handbuch der deutschen Reformbewegungen 1980 bis 1933. Wuppertal 1998.
9 Rüdiger vom Bruch/Friedrich Wilhelm Graf/Gangolf Hübinger (Hrsg.): Kultur und Kulturwissenschaften um 1900. Krise der Moderne und Glaube an die Wissenschaft. Stuttgart 1989; Gangolf Hübinger/Rüdiger vom Bruch/Friedrich Wilhelm Graf (Hrsg.): Kultur und Kulturwissenschaften um 1900 II. Idealismus und Positivismus. Stuttgart 1997.

zahlreichen Wissenschaften[10], und die Diagnose bestimmt das Denken der maßgeblichen Theoretiker des ausgehenden 19. und frühen 20. Jahrhunderts.

In der Pädagogik ist die Krisenrhetorik über nahezu klassisch gewordene, jedenfalls nicht mehr problematisierte Personenkonstellationen symbolisiert worden. Auch durch Scheibe ist ja die Trias von Nietzsche, Lagarde und Langbehn als den Urvätern der kulturkritischen Reflexion vertreten und verfestigt worden. Das geschah, hier wir andernorts, nicht selten um den Preis, die historisch besondere Rolle, die spezifischen Argumente und die theoretisch eigenständige, weder vom Nationalismus Lagardes noch vom Deutschtum Langbehns berührte Position Nietzsches zu verzeichnen oder zu ignorieren. „Nietzsche in der Pädagogik", das Thema ist jetzt in subtilen Beiträgen zur Rezeption und Interpretation neu bewußt geworden, ausgearbeitet zu einem Nietzsche-Bild, das jenseits der alten Lagerzuordnungen seinen eigenständigen pädagogischen und bildungshistorischen Anspruch bewußt macht.[11] Für die frühe Epoche des 20. Jahrhunderts wohl in ähnlicher Weise theoretisch folgenreich, sozial inspirierend und für die Selbstverständigung von Bewegungen und Theorien unentbehrlich ist das Werk von Georg Simmel.[12]

Innerhalb der Pädagogik kann ein solcher personenorientierter Zugang schließlich auch sichtbar machen, wie eng Tradition und Modernität, die Beharrungskraft des Alten und der mutige Aufbruch zum Neuen theoretisch und praktisch miteinander verknüpft sind. Am Beispiel von Wilhelm Rein ist das in jüngster Zeit vor allem be-

---

10 Klaus Lichtblau: Kulturkrise und Soziologie um die Jahrhundertwende. Zur Genealogie der Kultursoziologie in Deutschland. Frankfurt a.M. 1996.
11 Christian Niemeyer/Heiner Drerup/Jürgen Oelkers/Lorenz von Pogrell (Hrsg.): Nietzsche in der Pädagogik? Beiträge zur Rezeption und Interpretation. Weinheim 1998.
12 Klaus Christian Köhnke: Der junge Simmel – in Theoriebeziehungen und sozialen Bewegungen. Frankfurt a.M. 1996.

arbeit worden.[13] Ausgehend von der spezifischen Rolle der Jenaer Universitätspädagogik und der Person von Wilhelm Rein, wird hier mit guten Argumenten die Frage aufgeworfen, in welchem Maße der Herbartianismus selbst das Fundament und der Boden war, aus dem reformpädagogische Bewegungen entspringen konnten. Auch wenn man die Differenzen zwischen Tradition und Moderne nicht verwischen sollte, die Erneuerung von Theorie und Praxis der Erziehung ist ohne die Vorgaben des Herbartianismus kaum angemessen zu analysieren.

2. Praxis der Reformpädagogik

Solche theorie- und personengeschichtlichen Hypothesen und Vermutungen bedürfen in ihrer Prüfung und in der Abschätzung ihrer Wirkung selbstverständlich immer der Verknüpfung mit historisch konkreten Bewegungen, Schulreformen und Ereignissen. Die jüngere Forschung hat einerseits die internationale Perspektive solcher Untersuchungen erneut sichtbar werden lassen, gleichzeitig und mit besonders großer Anschauungs- und Überzeugungskraft die lokale Dimension der Umsetzung der reformpädagogischen Ambitionen untersucht.

In exemplarischen Studien ist z.B. die „Reformpädagogik in Berlin" bearbeitet worden.[14]
Die jüngere Forschung intensiviert damit eine Richtung der bildungshistorischen Arbeit, in der die besonderen lokalen Bedingungen für den Erfolg von Bildungsreformen sowie die besondere politisch-soziale, personelle, theoretische und pädagogische Konstellation herausgearbeitet wird, in der überhaupt Reformschulen, Reformbewegungen und Schulveränderungen greifen können. „Ber-

---

13 Rotraud Coriand/Michael Winkler (Hrsg.): Der Herbartianismus – Die vergessene Wissenschaftsgeschichte. Weinheim 1998.
14 Wolfgang Keim/Norbert H. Weber (Hrsg.): Reformpädagogik in Berlin – Tradition und Wiederentdeckung. Für Gerd Radde. Frankfurt a.M. 1998.

lin" als Focus ist dann immer noch eine Referenz, die eher verdeckt, was tatsächlich Reformen möglich macht, nämlich die Verbindung personeller Netzwerke, politisch günstiger Voraussetzungen und historischer Umbrüche, die eine neue Antwort auf gesellschaftliche Fragen erfordern. Das gelingt in Berlin ja nicht in der Stadt insgesamt, sondern z.b. im Stadtteil Neukölln, wo sich reformbereite sozialdemokratische Lokalpolitik mit engagierten Schulmännern, interessierten Lehrerorganisationen und der Wissenschaft zu nachhaltigen Reformvorhaben verbinden.[15] Das lokale Milieu, Publikum und Schule im Zusammenwirken mit Lehrern, Parteien und Schulverwaltung bilden also die wesentliche Voraussetzung dafür, daß Reformen gelingen und Reformpädagogik nicht nur Texte befruchten, sondern auch die Wirklichkeit verändern kann.[16] Und selbstverständlich ist Berlin nicht die einzige Region, in der sich vor und nach 1918 Reformen ereignen. Für Sachsen gilt das in gleicher Weise, und über Hamburg und Bremen sind wir schon länger einschlägig belehrt.[17] Die internationalen Zentren der Reform – von Genf bis Chicago – werden ebenfalls immer neu in ihrer Bedeutung bestätigt.

3. Die Reformpädagogik und ihre Akteure

Nach wie vor sind für solche Reformprozesse Personen von unersetzlicher Bedeutung. Die historische Forschung hat hier in der jüngsten Zeit intensiv weitergearbeitet. Es kennzeichnet diese jüngeren Studien, daß dabei nicht nur das vorbildhafte Engagement einzelner Theoretiker und Praktiker der Erziehung sichtbar wird,

---

15 Gerd Radde u.a. (Hrsg.): Schulreform – Kontinuitäten und Brüche. Das Beispiel Berlin-Neukölln. T. 1: Weimarer Republik und Nationalsozialismus; T. 2: 1945-1972. Opladen 1993.

16 Heinz-Elmar Tenorth/Heidemarie Kemnitz/Klaus-Peter Horn: Der Ort des Pädagogischen. Eine Sammelbesprechung bildungshistorischer Lokal- und Regionalstudien. In: Zeitschrift für Pädagogik 44(1998), S. 127-147.

17 Burkhard Poste: Schulreform in Sachsen 1918-1923. Eine vergessene Tradition deutscher Schulgeschichte. Frankfurt a.M./Berlin/Bern usw. 1993.

sondern zugleich auch immer die Ambivalenz der Reformpädagogik, changierend zwischen Tradition und Modernität, pädagogischer Innovation und politischer Begrenzung der Sichtweise, ja Borniertheit und Verführbarkeit v.a. deutscher Reformpädagogen.

Eine signifikante Persönlichkeit in diesem Sinne war Martin Luserke, der, in Wickersdorf beginnend, die reformpädagogische Praxis von Landerziehungsheimen bis weit in die 1960er Jahre bestimmt hat.[18]

Eine vergleichbar intensive, wenn auch aus der Binnenperspektive der Anthroposophie selbst geschriebene Würdigung hat die Biographie von Rudolf Steiner in jüngster Zeit erfahren.[19] Aus dem internationalen Kontext ist neben der Dauerkonjunktur der Montessori-Pädagogik vor allem die Beachtung für Freinet einschlägig geblieben. Mehr und mehr erweist er sich als eine Person, die den Zusammenhang zwischen Reformpädagogik, Schulreform, politischer Identität einer sozialistisch inspirierten Erneuerung der Bildung und konkreter pädagogischer Arbeit stiften kann.[20] Für die Theorie „moderner Erziehung" sind wohl nur die Arbeiten von Jean Piaget vergleichbar.[21]

Während Luserke im wesentlichen als ein vielfältig inspirierender und in vielen Bereichen der Schul-, Tanz- und Theaterpädagogik kreativ wirksamer Pädagoge diskutiert wird, ist Peter Petersen in der jüngeren Forschung nach wie vor als die problematische politische Figur thematisch, als die ihn die Bildungsforschung seit langem sieht.

Vor allem Hein Retter hat dabei aus der engagierten Auslegung der Petersen-Intentionen und in der Beachtung der Widersprüchlichkeit

---

18 Ulrich Schwerdt: Martin Luserke (1880-1968). Reformpädagogik im Spannungsfeld von pädagogischer Innovation und kulturkritischer Ideologie. Eine biographische Rekonstruktion. Frankfurt a.M./Berlin/Bern usw. 1993.

19 Zur Kritik vgl. die Rezension von Klaus Prange zu Christoph Lindenberg: Rudolf Steiner. Eine Biographie. 2 Bände. Stuttgart 1997. In: Zeitschrift für Pädagogik 44 (1998), S. 769-772.

20 Herbert Hagstedt (Hrsg.): Freinet-Pädagogik heute. Beiträge zum internationalen Celestin-Freinet-Symposion in Kassel. Weinheim 1997.

21 Jetzt gebündelt in: Jean Piaget: Über Pädagogik. Weinheim/Basel 1999.

der damit verbundenen politisch-pädagogischen Optionen, in der
Erschließung neuer Quellen und in der Zuspitzung von Interpreta-
tionsperspektiven entscheidend zu einem vertiefenden Bild dieses
wichtigen Pädagogen des 20. Jahrhunderts beigetragen.[22] Für die
besondere Rolle Petersens nach 1945 liegen inzwischen auch Spe-
zialstudien vor, die gegen anfänglich eindeutige Verurteilungen zeigen, wie schwierig Petersens Rolle in dieser Situation war und wie
problematisch er die Zugriffe von außen erlebt und wie intensiv er
seine eigene Handlungsmöglichkeit zu bewahren gesucht hat.[23]

Von einzelnen Personen aus zeigt sich auch die Möglichkeit von
Schulreform, z.b. für die Berliner Schulfarm Scharfenberg und ihren
Leiter bis 1956, Heinrich Scheel.[24] In das lokale Berliner Umfeld, in
dem oppositionelle und sozialistische Pädagogen wirksam waren,
gehören schließlich auch Personen, die nicht unmittelbar oder ex-
klusiv dem pädagogischen Milieu zugerechnet werden können, z.b.
der Berliner Sozialist, Sexualreformer und Stadtschularzt Max

---

22 Hein Retter (Hrsg.): Peter Petersen und der Jena-Plan: Von der Weimarer Republik bis zur Nachkriegszeit. Berichte-Briefe-Dokumente. Weinheim 1996;
   ders. (Hrsg.): Reformpädagogik zwischen Rekonstruktion, Kritik und Verständigung. Beiträge zur Pädagogik Peter Petersens. Weinheim 1996.
23 Peter Dudek: Peter Petersen: Reformpädagogik in der SBZ und der DDR
   1945-1950. Eine Fallstudie. Weinheim 1996; Dagmar Sommerfeld: Peter Petersen und „Der kleine Jena-Plan" im Spannungsfeld der Schul- und Unter-
   richtsforschung in der sowjetischen Besatzungszone (SBZ/DDR/Thüringen)
   zwischen 1945 und 1950. Frankfurt a.M./Bern 1995; Renate Richly: Das Verhältnis von Freiheit und Bindung in der Bildungstheorie Peter Petersens.
   Frankfurt a.M./Bern 1995.
24 Heinrich Scheel: Vom Leiter der Berliner Schulfarm Scharfenberg zum Historiker des deutschen Jacobinismus (1946-1956). Autobiographische Auf-
   zeichnungen. Berlin 1997. Zu Scharfenberg selbst gibt es demnächst auch die
   umfassende Studie von Dietmar Haubfleisch: Schulfarm Insel Scharfenberg.
   Mikroanalyse der reformpädagogischen Unterrichts- und Erziehungsrealität
   einer demokratischen Versuchsschule im Berlin der Weimarer Republik. Marburg (Diss.) 1998. Vgl. außerdem: Jörg-W. Link: Wilhelm Kircher (1898-
   1968). Reformpädagoge – Nationalsozialist – Erwachsenenbildner. Eine biographische Untersuchung zur Ambivalenz reformpädagogischen Unterrichts
   zwischen Weimar, Weltkrieg und Wirtschaftswunder. Potsdam (Diss.) 1998.

Hodann.[25] Die Ambivalenz solcher Leitfiguren der pädagogischen Bewegung wird aber auch hier bewußt, denkt man daran, daß Max Hodann nicht nur zur Emigration gezwungen wurde (und dann in Peter Weiß' „Ästhetik des Widerstandes" zur Leitfigur wurde), sondern auch noch in der 20er Jahren in voller Kenntnis der fatalen politischen Nutzung z.b. eugenischer Argumente für Eugenik, Sexualberatung und sogar „Geburtendrosselung" votieren konnte. Einfache Muster des Umganges mit Reformpädagogik, Abwehr oder Kritik, Verurteilung oder emphatische Apologie verbieten sich angesichts solcher Konstellationen.

4. Politische Reformpädagogik

Die politische Dimension der Reformpädagogik wird deshalb immer Thema bleiben. In einem jüngst erschienenen Sammelband ist das Thema „Politische Reformpädagogik" intensiv und ausführlich behandelt worden.[26] In mehr als 30 Beiträgen wird in diesem Sammelband die politische Dimension der Reformpädagogik innerhalb ihrer Epoche und vor dem Hintergrund der politischen Motive und Zielsetzungen zentraler Vertreter im nationalen und im internationalen Kontext, in der Gefährdung angesichts des Nationalsozialismus und in der Kontinuität und Diskontinuität der Epochenentwicklung behandelt. Sowohl personen- als auch institutionenbezogene Studien, qualitative Auseinandersetzungen, neue, bisher ungedruckte Quellen, Perspektiven auf Personen, die man in der internationalen Rezeption und in der Eigenpolitik der Reformpädagogik, z.B. für Maria Montessori, bisher so nicht gesehen hat, werden in dieser Arbeit in hervorragender Weise historisch und theoretisch behandelt. Die Diskussion über die politische Dimension der

---

25 Wilfried Wolff: Max Hodann (1894-1946) Sozialist und Sexualreformer. Hamburg 1993.
26 Tobias Rülcker/Jürgen Oelkers (Hrsg.): Politische Reformpädagogik. Bern/Berlin/Frankfurt a.M. usw. 1998.

deutschen Reformpädagogik hat von diesem Band aus eine eigene und ganz neue Ausgangsbasis gefunden.

Das heißt nicht, daß alle Fragen gelöst sind, sondern daß die politisch wichtigen Fragen jetzt eine konzentrierte Präsentation gefunden haben. Erfreulich ist vor allem, daß neue Fragen angestoßen werden, u.a. dadurch, daß die Perspektiven der Betrachtung nicht nur binnenzentriert aus dem deutschen Selbstverständnis der Reformpädagogik, sondern auch von außen gewählt sind. Am Beispiel von Maria Montessori und ihrer Politik und Strategie der Durchsetzung der Montessori-Pädagogik haben das Brita Rang und Hélène Leenders[27] exemplarisch gezeigt. Sie können nicht nur verdeutlichen, mit welchen bewußt eingesetzten und fein dosierten Strategien Maria Montessori ihr eigenes Programm durchsetzt, zugleich die Verwendung kontrolliert und dabei auch die jeweils Herrschenden und Regierenden, von Mussolini bis zu amerikanischen Politikern zu nutzen versteht, sie machen auch klar, daß Montessori dabei ihr eigenes Programm, je nach Rezipienten, anders akzentuiert, konfessionellen, politischen, faschistischen oder demokratischen Erwartungen anpaßt und jeweils auch Rezipienten findet, die ihrer Lesart gläubig folgen (auch wenn mir die Erklärung für den bald schwindenden Erfolg in den USA immer noch nicht hinreichend scheint).

Eine andere Perspektive auf die politische Dimension der Reformpädagogik ergibt sich auch dann, wenn man ihre Politik und ihre politischen Theorien nicht nur im deutschen ideengeschichtlichen Traditionszusammenhang liest, sondern aus der Perspektive radikaler demokratie-theoretischer Alternativen. Fritz Osterwalder[28] hat im Lichte der positivistischen Theorie, wie sie der Österreicher Hans Kelsen in der Zwischenkriegszeit von Wien aus entwickelt

---

27 Brita Rang/Hélène Leenders: Die politische Karriere der Montessori-Pädagogik in Italien, den Vereinigten Staaten und den Niederlanden im Interbellum. In: Rülcker/Oelkers 1998, S. 379-406.

28 Fritz Osterwalder: Demokratie in den Konzepten der deutschen Reformpädagogik. In: Winfried Böhm/Jürgen Oelkers (Hrsg.): Reformpädagogik kontrovers. Würzburg 1995, S. 139-174.

und dann in Westeuropa verbreitet hat, eine solche Untersuchung vorgelegt. Osterwalder legt nahe, daß die deutsche Reformpädagogik in all ihren Spielarten, ob links oder rechts, staatsfixiert, letztlich undemokratisch, autoritär, den protestantischen Traditionen verpflichtet gewesen sei, immer geneigt, den Staat heilig zu sprechen und die Rechte des Individuums gering zu achten. Das ist eine irritierende und zunächst fremde Perspektive, sie ebnet – in der Außenbetrachtung – wichtige Unterschiede vielleicht auch über Gebühr ein. Osterwalder erinnert aber zugleich daran, daß der Blick aus der Distanz und auch die vergleichende Perspektive wichtig sind, damit Historiographie der Reformpädagogik nicht nur zur Selbstbespiegelung der Reformprogramme verkommt.

Reformpädagogik wird deshalb „kontrovers" bleiben, und man muß begrüßen, daß die bildungshistorische Forschung sich in dieser Weise intensiv und engagiert auch an diesem Thema abarbeitet. Praxis und Theorie, Politik und Pädagogik, Reflexion und Handeln werden nach wie vor in konzentrierter Weise von diesem historischen Phänomen angezogen. Reformpädagogik gewinnt diese Bedeutung, weil sie Ursprung und Kodifikation der modernen Pädagogik darstellt. Wolfgang Scheibes Buch kann dazu beitragen, das Selbstverständnis dieser Bewegung in seiner historischen Gestalt und in ihrem eigenen Anspruch zu vergegenwärtigen.

Sachverzeichnis

453

Personenverzeichnis

Hartmut von Hentig

Bildung

Welche Bildung brauchen wir?

Die Schule erreicht ihre Ziele nicht, die Schule erreicht ihre Schüler nicht. Auf diese Krise werden derzeit vor allem zwei Antworten gegeben: Entweder man müsse die Schule von allem entlasten, was nicht Unterricht ist und so ihre Leistungskraft steigern oder man müsse Schule in einen Lebens- und Erfahrungsraum umwandeln, in dem Pädagogik überhaupt erst möglich ist. Hartmut von Hentig beschreibt in diesem Buch, daß beide Lösungen in die Irre führen werden, wenn man sich keine genaue Darstellung von dem gemacht hat, was Bildung sein und leisten soll. Die eine Schule ist in Gefahr, eine Einrichtung zur Anpassung der Schüler an die gesellschaftlichen Entwicklungen zu werden. Die andere Schule ist in Gefahr, ihre Aufgabe mit Sozialpädagogik zu verwechseln. Aus beiden werden keine Menschen hervorgehen, die sich zutrauen, die Verhältnisse zu beurteilen und zu verändern.

»Ein gutes Buch, weil es gut tut. Weil es ehrlich ist und radikal. Und weil es Mut macht.«

Deutsche Lehrerzeitung

Hartmut von Hentig
Bildung
Ein Essay
Beltz Taschenbuch 35, 208 Seiten
ISBN 3 407 22035 9

BELTZ
Taschenbuch

Aus eigener Wahrnehmung lernen

Martin Wagenschein

Verstehen lehren

MIT EINER EINFÜHRUNG VON
HARTMUT VON HENTIG

BELTZ
Taschenbuch

Wagenschein fragt nach dem, was wir alle wissen wollen, aber nicht zu fragen wagen. Zum Beispiel, woher man so etwas, wie weit der Mond entfernt ist, eigentlich wissen kann: »Man braucht fast keine Mathematik zu können, um das Ergebnis selber nachzuprüfen. Jedes Kind von etwa 12 Jahren an kann das: Ein Apfel, ein Ball, ein Globus, das soll die Erde sein. Auf ihm bezeichnen wir Kapstadt und Berlin. Ein Streichholz zeigt den Berliner, ein zweites Streichholz den Kapstädter. Beide sehen nun den Mond ...«

Wissen, zu dem es keinen Vergleich, keine Erfahrung, keine Anschauung gibt, bleibt leer. Mathematische und physikalische Entdeckungen sollen aufgehen dürfen, nicht vorgesetzt werden. Dieses Buch zeigt an ausgearbeiteten Beispielen, wie Schüler und Lehrer *exemplarisch-genetisch-sokratisch* gemeinsam Entdecken, Denken und Verstehen lernen und lehren können.

Martin Wagenschein
Verstehen lehren
Mit einer Einführung von Hartmut von Hentig
Beltz Taschenbuch 22, 180 Seiten
ISBN 3 407 22022 7

BELTZ Taschenbuch

Die Aktivität des Lernenden

JEAN PIAGET

Über Pädagogik

BELTZ
Taschenbuch

»Über Pädagogik«, 1998 erstmals erschienen, vereinigt bisher unveröffentlichte und völlig unbekannte Aufsätze von Jean Piaget zur Pädagogik des Kindes und wurde in Frankreich als wissenschaftliche Sensation gefeiert.

Der bekannte Entwicklungspsychologe beschäftigt sich darin mit der Formulierung von Grundsätzen einer »modernen Pädagogik«, welche die Aktivität des Kindes und seine Wissensbedürfnisse in den Vordergrund stellt, was der Autor »*self government*« des Kindes nennt. Er geht davon aus, daß im Rahmen der kognitiven Entwicklungsstufen des Kindes nur die selbständige geistige Aktivität zu wirklichen Lernerfolgen führt und wendet sich damit gegen eine einseitige Wissensvermittlung von seiten des Lehrers. Aktuell und bisher weitgehend unbekannt ist sein Plädoyer für eine national übergreifende und Feindbilder abbauende Pädagogik, die er im Rahmen seiner Arbeit für die UNESCO propagiert hat: Eine Erziehung zum Frieden ist für ihn nur möglich, wenn die Pädagogik auf Strukturen gegenseitiger Achtung und länderübergreifender Kooperation auch der Kinder zurückgreift.

Jean Piaget
Über Pädagogik
Deutsche Erstausgabe
Beltz Taschenbuch 1, 288 Seiten
ISBN 3 407 22001 4

BELTZ
Taschenbuch

Kindliche Lernfähigkeit entfalten

John Holts Buch gilt als Klassiker der Reformpädagogik. Basierend auf seinen langjährigen Erfahrungen als Lehrer und seiner geradezu genialen Verhaltensbeobachtung von Kindern entwickelt er sein Lern- und Erziehungsmodell und seine Kritik am bestehenden Schulsystem. An vielen Beispielen stellt er dar, wie seiner Meinung nach ein Unterricht aussehen müßte, der die Lernfähigkeit der jungen Schüler auch auf unkonventionelle Weise zur Entfaltung bringt. Seine Unterrichtsvorschläge setzen dabei auf Selbständigkeit, Spontaneität und den eigenen, nahezu unerschöpflichen Wissensdurst der Kinder.

John Holt gilt als Wegbereiter einer Pädagogik, die von der Weltsicht des Kindes ausgeht. Wie auch in diesem Buch hat er Zeit seines Lebens die emotionale Intelligenz der Kinder in den Vordergrund gestellt, ohne die keine wirklichen Lernerfolge erzielt werden können. Der amerikanische »Lehrer-Philosoph« (Ute Andresen) hat sich immer wieder gegen starre Erziehungsprinzipien gewandt ohne einem anti-autoritären Habitus das Wort zu reden.

John Holt
*Kinder lernen selbständig
oder gar nicht(s)*
In neuer Rechtschreibung
Beltz Taschenbuch 9, 304 Seiten
ISBN 3 407 22009 X

BELTZ Taschenbuch

Der Lehrer als Partner

Dietlinde Baillet

FREINET – praktisch

BEISPIELE UND BERICHTE AUS
GRUNDSCHULE UND SEKUNDARSTUFE

BELTZ
Taschenbuch

Mit einer Fülle von Unterrichts-
beispielen und Material veran-
schaulicht eine französische
Freinet-Lehrerin die Praxis der
Freinet-Pädagogik. Detailliert
beschreibt sie die einzelnen
Techniken und ihren Einsatz in
den verschiedenen Schulstufen
und Fächern. Im Vordergrund steht der Unterricht in der
Grundschule. Baillet vermittelt aber auch, wie es in der
Sekundarstufe gelingen kann, trotz Fachunterrichts und enger
Lehrpläne einen schülerorientierten Unterricht anzubieten.
Das Buch macht deutlich, daß Freinet-Pädagogik kein
geschlossenes, fertiges System ist: Die Kooperation und der
Austausch zwischen Lehrern und zwischen Klassen gehört
dazu.

Dietlinde Baillet
Freinet – praktisch
Beispiele und Berichte aus Grundschule
und Sekundarstufe
Beltz Taschenbuch 32, 268 Seiten
ISBN 3 407 22032 4

BELTZ
Taschenbuch

Magie der Kindheit

Richard Lewis

Leben
heißt Staunen

Von der imaginativen Kraft
der Kindheit

BELTZ
Taschenbuch

Viel zu oft wird die reichhaltige Phantasie und intellektuelle Erfindungsgabe von Kindern nur als vorübergehende Erscheinung angesehen, die keinen oder nur wenig Bezug zum späteren Lernen hat. Richard Lewis dagegen zeigt mit Texten, Gedichten und dem Spielen von Grundschulkindern auf, wie deren imaginative Fähigkeiten den eigentlichen Antrieb für jegliches Lernen bilden. Fern davon, »nutzlos« zu sein, stellen sie die reichhaltigste Quelle jener Welterfahrung dar, an die jeder Unterricht anknüpfen kann. Darüber hinaus spiegelt das kindliche Denken, wie es in diesem Buch auf wunderbare Weise zum Ausdruck kommt, Werte, die uns als Erwachsenen und unserer Kultur im weitesten Sinne verlieren zu gehen drohen.

»Irgendwo in der Kindheit wurden wir zu Wurzelgräbern, die den Dingen auf den Grund gehen wollten, begabt mit der Fähigkeit, aus dem Reich des Unbekannten wieder an die Oberfläche nachvollziehbarer Tatsachen zurückzugelangen.«

Richard Lewis
Leben heißt Staunen
Von der imaginativen Kraft der Kindheit
Beltz Taschenbuch 2, 144 Seiten
ISBN 3 407 22002 2

BELTZ
Taschenbuch